夏丏尊与现代语文教育

程稀 著

中国社会科学出版社

图书在版编目（CIP）数据

夏丏尊与现代语文教育/程稀著. —北京：中国社会科学出版社，2010.6

ISBN 978-7-5004-8809-5

Ⅰ.①夏… Ⅱ.①程… Ⅲ.①夏丏尊（1886～1946）—汉语—教学研究 Ⅳ.①H19

中国版本图书馆 CIP 数据核字（2010）第 092209 号

责任编辑 胡 兰
责任校对 张玉霞
封面设计 毛国宣
技术编辑 李 建

出版发行 中国社会科学出版社
社 址 北京鼓楼西大街甲 158 号 邮 编 100720
电 话 010－84029450（邮购）
网 址 http://www.csspw.cn
经 销 新华书店
印 刷 北京君升印刷有限公司 装 订 广增装订厂
版 次 2010 年 6 月第 1 版 印 次 2010 年 6 月第 1 次印刷
开 本 880×1230 1/32
印 张 13.125 插 页 2
字 数 328 千字
定 价 33.00 元

目 录

序 言

一门学科由术转学的标志是史的研究。语文学科百年发展历程中涌现出许多具有实践经验和理论建树的优秀教师，其中不乏大师级的人物，他们应成为现代语文教育史研究的主体。夏丏尊作为 20 世纪上半叶的一位语文教育大家，毕生从事的是以生活教育为理念的大语文教育。他是新文化运动白话文教学的探索者，科学性语文教材的建构者，充满情爱的感化教育的践行者与倡导者，《爱的教育》、《文心》一译一作，畅销不衰，影响了一代又一代人，绝非偶然，值得下工夫去研究。

程稀所著《夏丏尊与现代语文教育》，以叶圣陶概括的教育至情、语文创见为主线，有导论和七章，题旨鲜明，结构完整，在现代语文教育发展的背景里，较为全面系统地阐释了夏丏尊大语文教育的理论和实践。其中如小品写生、语感培养等，都曾为过去和现行的课程标准所吸取，而且这一切包括翻译《爱的教育》，都是在地处僻静的白马湖春晖中学（当时为农村民办学校）所成就，不仅再次证明校以师名这一浅显而深刻的道理，对于今天为我们国家、民族美好的明天深情耕耘的广大农村教师来说，也有积极向上的参照和启迪。白马湖一批志同道合的教师，有高远而切实的理想，他们边教边学、通力合作，营造了良好的学风，诞生了白马湖教师作家群体；转而汇聚开明书店，创办《中学生》杂志，编写一部部语文教科书和课外读物，在中国现代教育文化史上留下了深深的足迹。

这部书不是篇急就章。作者花时较多、用力不少，也曾任教中学多年，在上海师范大学长期从事语文教育学的教学研究工作，书中读解夏丏尊发表不少见解，有着自己的经验和感悟，言语也较为通畅。想必会受到第一线教师的欢迎，便利共享共建具有中国特色民族气派的语文教育家的教育思想，推进素质教育的实践。

祝程稀写出更多更好的语文课程与教学研究的新书来！

袁振国

2010 年元月于中央教育科学研究所

导论

语文学科始于清光绪二十九年十一月《奏定学堂章程》的颁布，其时初小称中国文字、高小以及中学为中国文学。辛亥革命后合称国文，五四运动后又统为国语，1929 年《暂行课程标准》分小学国语、中学国文，直至 1949 年一律更名为语文。中间也有汉语、文学分科和政文的一段。从学科名称的分合变更上，便可见百年来的波澜与曲折。如果说设科后之十余年还只是形制初建、累积变革的话，那么，西风东渐激起的新文化浪潮则掀开了现代语文教育崭新的一页。它注入并融合了科学、民族、大众的文化基因，其特征就是共同以生活教育为理念的大语文教育。

如同生活教育"教学做合一的理论已经成立了，但是教学做合一之名尚未出现"① 一样，大语文教育也是从经验里发芽抽条开花结果后才有其名。相比之下，历经了漫长岁月的甄别和期待。在创建者看来，大是语文教育的本性（那时虽叫国语、国文，但体认的就是这样）；后之人命名"大"，实有警示醒目的用心，表明其常见缩小窄化的倾向。实至而名归，流同于一源。

现代语文教育的进程，始终伴随着中外新旧教育文化思潮的冲击，涌现出一批批、一代代从事语文教育的名家大师。无论与

① 陶行知：《陶行知全集》第 2 卷，湖南教育出版社 1985 年版，第 42 页。

同时代人相比，还是置于当下，夏丏尊（1886—1946）都无愧于最为著名的语文教育家。他的文学创作、翻译，杂志编辑工作，都心系于教育和语文。诚如朱自清所说，“夏先生才真是一位诲人不倦的教育家。……他是始终献身于教育，献身于教育的理想的人”①。叶圣陶评价“治教育则归于至情，研语文则时获创见”两面一体、画龙点睛，并以为其“虽未以宗师自期，而实为举世所仰”②。所以，沿着夏丏尊从教论学的生命历程：时间——从1908年至1946年，地点——浙江一师、湖南一师、春晖中学、立达学园、开明书店，人物——以夏丏尊为中心、为线索，串起一代名师，在中外新旧教育文化的碰撞中，孜孜探寻教育理想和语文教学新路的踪迹，是一项责无旁贷的课题和艰巨而光荣的任务。

夏丏尊构建的大语文教育逐步成型，其实践与理念一以贯之。以时空节点大致可分三个发展阶段：

1908年至1920年浙江一师（包括前身两级师范学堂）、湖南一师为奠基期。夏丏尊先和鲁迅同事，自称“受他启蒙的一个人”；后与李叔同交友，佩服“他的感化力大”。1913年任舍监，有学生把他的教导比作“妈妈的教育”；教语文，忧心于学生作文“全篇谎言”，觉得“矫此颓风者，舍吾辈而谁”？都是带着强烈的责任感和使命感自告奋勇地去做。他教学生作文要求“言之有物，不说假话，不无病呻吟，避用陈腔滥调”，并边学边教语法，采用的课本是章士钊的《中等国文典》。在学生的心目中，先生的见解和“五四运动时候陈胡诸子‘文学革命’的主张多半吻合”，并可见“夏先生是我国启蒙运动的先驱者”。1916年被

① 朱自清：《朱自清全集》第4卷，江苏教育出版社1990年版，第461页。

② 叶至善等编：《叶圣陶集》第6卷，江苏教育出版社1989年版，第211页。

校长经亨颐任命为国文科主任，从此就肩负着教改的重担。他贯彻执行“与时俱进”的办学总方针，和陈望道、刘大白、李次九等共同拟定大纲，编写教材，率先进行白话文教学。其课程与教学理念可在五四运动之际发表的《教育的背景》文中窥见一斑，关注的是学生、时代和教师的人格，并经受了“风潮”的考验。在湖南一师任教时，夏丏尊着手作文法讲义的编写，即《文章作法》里的前五章。

1921 年至 1925 年春晖中学为开拓期。所作《作文教授上的一个尝试——教学小品文》，是语文教育百年史上值得写记的一笔。它不仅洞开了阅读的视野，丰富了教材的内涵，调整了作文思路和训练程序，还促进了国文课程标准的改订。《初中国语科兼教文言文的商榷》则发出了中学生读文言文、不作文言文的强烈信号，和新学制《初中国语课程纲要》明显不同。事实证明，这也是富有远见卓识、实事求是的。《我在国文科教授上最近一信念——传染语感于学生》，论述了学生的语感客观存在一个转误为正、自偏渐全、由浅入深、不敏到敏的层次和过程，并指出了从知情两面着手训练的方法。这期间编写小品文作法讲义，后编入《文章作法》第六章；也是现代小品散文理论的第一章。翻译《爱的教育》，先在《东方杂志》上连载，后由开明书店出单行本。不仅使既往“妈妈的教育”实践上升到理性领悟教育真谛的高度，使爱的人格感化的教育成为热议的话题、共同的信仰，而且开辟了一种教育方式，一种结合自身实践叙写《教育学》篇章的新格局。可以说，已充分展示出“治教育则归于至情，研语文则时获创见”的特征来。

1926 年任教立达学园至 1930 年创办《中学生》杂志后，可看作成熟期。他有多篇小说、散文创作发表，这些大多为教学用的“下水作文”，却被台湾诗人兼散文家杨牧编的《中国近代散文选》里认为夏丏尊《白马湖之冬》树立了白话记述文的模范，并将朱自清与之并列为白马湖风格派的领袖。还出版了《文艺论ABC》，领衔主编了《中学各科学习法》以及《开明国文讲义》、《国文百八课》等教材。陈子善认为，开明书店对中国现代文化史的一大贡献，就是这些优秀语文教材的编纂。夏丏尊还向全国中学生作关于国文学习的广播讲话，和叶圣陶合著《文心》、《阅读与写作》、《文章讲话》等，其中特别值得一提的是《文心》与《国文百八课》，可说是成熟期的代表作、流行流传的语文教育经典。内地和港澳台不知有多少出版社重印《文心》，和《爱的教育》一样，不仅拥有众多的读者，而且有着为数不少的续写者。著名散文家王鼎钧的《讲理》，便是“仿照《文心》的模式写成”[①] 的。

从浙江一师、春晖中学的教学实践以及《中学生》杂志、《文心》中，不难感到：夏丏尊的大语文教育是学校、家庭、社会互通声气，课内外打成一片的教育；是着眼学生生存发展的教育，读写为课程的事项，也是生活技能的训练，较比知识的积累，能力的培养、人格的修炼更重要，无论在读还是离开了学校，都要且会自学和自我教育，是知行合一、自强不息、终身以之的教育；是教师间同心同德、师与生、生与生合作互助充满情爱的感化教育。正因为其大，而凸显了创见性和现代性；反之，现代有创见的语文教育，势必为大语文教育。

研究夏丏尊，有如下意义：

1. 弥补现有研究之不足。启动于十一届三中全会前夕的新时期语文教改，在输入、吸纳国外教育学、心理学、语言学理论的同时，愈益感到适合学科自身特点的理论的贫乏。当然《马氏

---

① 王鼎钧：《讲理》，山东文艺出版社2003年版，前言第2页。

文通》式的“曲为比附”的路子可以继续去走，《奏定学堂章程》颁布以来，特别是五四新文化运动之后，本土培植出来的语文课程教学理论也需要。1980 年《叶圣陶语文教育论集》的出版，满足了人们的迫切需求。自此，全国掀起了学习研究叶圣陶语文教育思想的热潮，语文类杂志上，从不同角度研究的文章不计其数。可以说，近三十年来语文教育家思想的研究，基本上是分割的个体研究，主要则是叶圣陶的研究，这样的研究对被研究者都不免有些孤独。我们曾经有过现代文学史只讲鲁迅的时候，根植于“一统”、“一元”语境中的集体无意识，可以理解，却不能苟同、蹈袭。因为毕竟幸逢改革开放、实事求是的年代。1990 年 4 月“叶圣陶中学语文教学研讨会”召开，叶至善到会发言，他说：“我父亲如果还活着，听说这次研讨会冠上他的名字，他一定又要皱眉头的，我也不敢来参加了。我父亲为中小学语文教学的改革做了不少工作，这是事实；尤其在课本的编写方面，还发表过不少探讨教育目的和教材教法的文章，这也是事实。可是几乎所有的工作，都是他跟朋友们一同做的；发表的许多主张，也大半是他和朋友们共同的看法。就说研究我父亲吧，也得把他的朋友们放在一起研究。从研究语文教育来说，这样做显然是不够的，恐怕还得研究一下历史上发生过哪些争论，研究一下传统的影响和外来的影响，看我们的先辈到底扬弃了一些什么，继承和引进了一些什么。”① 嗣后，语文教育界曾倡导过三人组合。即视叶圣陶、夏丏尊、朱自清为“三老”，不久便切转为叶圣陶、吕叔湘、张志公三人，未能见到多少有比较分析的综合性研究成果，却看到一些误读和曲解。遵循叶至善指点的路径，在多角度

① 叶至善：《二十世纪前期中国语文教育论集》，四川教育出版社 1991 年版，序言第 1 页。

大视野里，着眼于夏丏尊个案的研究，是回归具有中国特色的语文教育思想生存发展的本真，也是老一辈语文教育家发自内心深处的期许和愿景。

2. 为当下语文课程、教材、教学的改革以及名师工程的打造提供资源。语文科起伏曲折前行的历史经验昭示人们：时新性与现代性并非一项等式。过去是既往的现在，现在是未来的过去。不只是无法断然弃绝传统，也不只是夏丏尊的国文教学实践和理论建树在同时代人中独特而超前，有些已被现行课程标准吸纳，如语感；有些还等待补充，如写作的读者观念、共同习作等等，更为重要的是体现并代表了先进教育文化的努力方向，许多方面值得今人继承和发展；他视野开阔、放眼中外，善于把外国的教育理念和同事的教学方法，如六 w、图画科的写生移植到语文教学中来，他注重学生的知识学习，更注重读写能力培养、人格感化，毕生致力于语文的教学实践和理论探索，这些都值得后生效法。回味历史，评说前贤，在立体观照夏丏尊的同时，连类比较数十位先辈的国语文教学见解，展示研讨的热点和发展的脉络，为新世纪的语文教改和教师培训贡献一份参照，无疑具有历史价值和现实意义。

本书主要采用文献分析法、比较研究法、案例分析法和调查访谈法多种。除阅读《夏丏尊文集》外，尽可能搜集其未编入的文篇，包括论文、译作、教材等，从接受的视角了解不同时期学者的诸多评说，从比较的需要出发阅读了相关语文教育家的大量著作和教材以及当今课程与教学论专家和语文教育史学者的著述。此外，在材料准备和写作过程中，还主动与有关人士联络，得到夏丏尊女婿叶至善尤其是长孙夏弘宁的支持和帮助。除拜访夏弘宁外，还曾去杭州高中（原浙江一师旧址）、上虞春晖中学等地考察。力图做到：

1. 变个体为个体群体结合的研究

如上所述，以往语文教育家的研究单显个体特性，不见群体共识。浙江一师时的白话文教学改革，是“由国文教授会议，暂定了一种国文教授法大纲，选辑了一百多篇的国文教材”，发表《对于中等学校国文教授的意见》一文的沈仲九（那时在一师代课）也确认这一点。那时以国文科主任夏丏尊为首的“四大金纲”包括陈望道、刘大白、李次九组成的教改群体，通力合作，共同承受了“风潮”的袭击，守护了学生和教改的成果。和旧教材录用原则相反，从此，夏丏尊领衔主编的国文教材新人新作、新文体占有较大的比重。

孙俍工、沈仲九的《初级中学国语文读本》就全选白话文而言，是浙江一师《国语教材》的翻版；而其附录的《国文教学大纲》又为春晖中学任教的夏丏尊着手小品文教学、编写作法讲义提供了依据和空间。沈仲九《初中国文教科书问题》文中的构想，直到夏丏尊、叶绍钧编制《国文百八课》才得以实现，而其中的知识部分又得益于陈望道的《修辞学发凡》。人物处于多重复杂的关系之中，彼此影响、取长补短。春晖中学、立达学园、开明书店也是夏丏尊等志同道合的教育家群体辛勤耕耘之所在，《文章作法》、《开明国文讲义》、《国文百八课》、《文心》、《阅读与写作》、《文章讲话》这些在现代语文教育发展史上值得一记的著述，都是两位以上作者合作的成果。因此，个体与群体结合、特性与共识并呈，就不只是笔者主观的研究方法变更，更为重要的考量则是出于对客观实情的尊重。

2. 变平面的看取为立体的观照

试以下列三篇论文为例，谈谈平面的看取。

“夏氏十分专注于文章学的研究。早在 1919 年，他在长沙一师任教的时候，就参考当时国外的资料编写了各体文作法的讲义，专门讲授文章法则；1922年在春晖中学执教，又进一步充实了讲义的内容。后来，这部讲义经刘薰宇修改补充，二人联名发表，书名《文章作法》。在我国，这是现代文章学的一部早期专著，对国文科的教学影响甚巨。”①

这只是介绍叙述，对欲了解者可起导向作用。其实读《绪言》可知，“参考当时国外的资料”主要是日本同性质的书籍，如五十岚力氏《作文三十讲》。春晖中学使用时，学生“表示有兴味”，刘薰宇教了一年，修改了一年，“大家认为可作立达学园比较固定的教本”。说其影响，既是文白兼教的佐证，又为后之以文为例的教材编写提供了启迪。“这是现代文章学的一部早期专著”，有无更早的呢？刘大白认为，陈望道的《作文法讲义》“是中国有系统的作文法书底第一部”。该书1922年由上海民智书局出版，可作比较评说。

“夏丏尊与叶绍钧合编的《国文百八课》，正是针对国文教材没有序列，内容杂乱的弊端所作的一次教材改革。《国文百八课》的‘编辑大意’开宗明义地说明‘本书编辑旨趣最重要的一点就是想给与国文科以科学性，一扫从来玄妙笼统的观念。’对教材作科学性的探索，这是本书的显著特色。”②

“《国文百八课》在指导思想上最突出的一点是编辑大意第三条所说那层意思……50年前，夏丏尊先生和叶圣陶先生就提出语文教学科学化这个概念了。这不但在我国，就是国际上，都是相当先进的。”③

---

① 顾黄初：《现代语文教育史札记》，南京出版社1991年版，第154页。

② 俞越龙：《论夏丏尊语文教学改革思想》，《上海师范大学学报》1989年第1期。

③ 张志公：《重温〈国文百八课〉再谈语文教学科学化》，《中学语文教学》1986年第6期。

国内语文教育界，大多数人说《国文百八课》编得好，大多数人都是复述“编辑大意”，追求的科学性是什么？就是不笼统、有序列，什么序列？就是教材的一、二、三。如此忠实地转述不是平面地看取吗？笔者认为，该教材的科学性就是与数理教材同列的纲目，再就是逻辑性。

平面的看取多介绍叙述，估价往往笼而统之。影响巨大，大在哪里？国际先进，和谁比较？没有参照，无法明了。立体的观照不囿于夏丏尊论语文教育的文篇，且着眼于整个的人。他所处的时代背景，主要是五四新文化运动以来的教育思潮；他的智力背景、人际交往，因种种机缘形成的独特的知与行。

3. 变粗线的勾勒为细密的阐发

中国语文教育史的专著有张隆华的《中国语文教育史纲》、李杏保与顾黄初的《中国现代语文教育史》等，史记大事，宏观粗犷，需要大手笔，却不免有所挂漏；专题个案研究正可以作史的补充。现已有学人“以白话文教学取代文言文教学为主线，考察了中国语文教育走向现代化的变革历程，揭示了变革背景和动因、演进的轨迹，特别着力探讨了语文教科书的变革和语文教学法的变革”[①]，还有《民国时期语文教育的现代化研究》[②]，凡此种种，都将丰富现代语文教育发展史的研究。

笔者的夏丏尊研究，着力于其“大语文教育”的理论与实践，揭示其课程理念、教材编制、读写构想、为师从教的独创性和现代性。某些方面也修正学人研究的某些不足，如夏丏尊、叶圣陶语文教育思想成熟期的代表作《文心》，在《中国现代语文

① 王炳照：《从文言文教学到白话文教学》，北京师范大学出版社 2000 年版，序言第 1—2 页。

② 黄小燕：《民国时期语文教育的现代化研究》，《华东师范大学学报·教育科学版》1998 年第 1 期。

教育史》中只作为国文课外读物视之，而不看成一部新颖别致的教学法著作，多少降低了其学术品味。再则，如将《文心》中学生习作与创作对立起来、把百年教材概括为一“文选型”、现存教材的去知识化倾向等等，这些方面也是必须细密阐发之处。

第一章

夏丏尊国文课程与教学论

第一节　形式:国文学习的着眼点

“学习国文应该着眼在文字的形式方面”，是作为教育家的夏丏尊以学生为本，扬弃传统国文教学经验，根据语言文字学科的性质，从学科现状和社会发展以及中学课程的整体出发，所作的独特的设计；其课程内容与架构既有底本又有蓝图。在诸多方面表现出个性和创意。

一　以人为本的课程设计

教育以人为本是当今的共识，用 1919 年时夏丏尊的话说“人是教育第一种背景了”。这是几代人梦寐以求的明天的美好。以人为本从社会发展的大系统立论，以人为背景从教育的子系统建言，更切合课程的设计。语文设科之际西风东渐，斯宾塞“什么知识最有价值”的命题、赫尔巴特派的课程教学论，给中国教育界以科学思潮的冲击。从夏丏尊文篇中时而出现的“经济的方法”、“经济的读法”以及《国文百八课》“想给与国文科以科学性”中，不难看到这方面的影响。不过，若以为他是一个片面、机械的科学主义者，一个语文的纯工具论者，那就大错特错了。

在理性、科学地考察国文课程、教材、教法上，他始终洋溢着人文的关怀。《教育的背景》就是他的教育艺术论，也是他的课程价值论。

和胡适《建设的文学革命论》贬文言褒白话不同的是，他抑戏剧扬诗词。“古来的诗词，却颇多用背景的。用了背景，就添出许多的情趣。譬如‘风萧萧兮易水寒，壮士一去兮不复还’，这可算得最悲壮的文字了。但是离开了第一句，便失却它悲壮的意味，因为第一句就是第二句的背景的缘故。其余如‘暝色入高楼，有人楼上愁’，‘落日照大旗，马鸣风萧萧’等许多好文章，也都可以用这个道理来说明它的好处。”由此推论：“背景差不多可算艺术的生命了。教育从一种意说也是一种艺术，主张这一说的人近来很多。就是当初将教育组成为一种科学的海尔把尔脱（赫尔巴特）也有这个意见；也应当有背景。没有背景的艺术不能叫做艺术。没有背景的教育也不能叫作教育。”可见，他是教育的科学艺术论者；行文上则为“我们所行的是人的教育，当然应当用人来做背景”张本。五四是人的觉醒、解放的时代。他对“人的真相”的思考是灵肉兼有的，并认为“古今东西的哲人都从这两方面来解释人”。“一面有肉欲的本能，一面还有理性的本能；一面有利己的倾向，一面还有利他的倾向；一面有服从的运命，一面还有自由的要求。这两方面使他调和一致，不生冲突，这就是近代人的理想。近代伦理学上主张自我实现，教育上主张调和发达，也无非想满足这个要求。‘不管学生将来入何等职业，先使他成功一个人。’卢骚（卢梭）这句话说在百年以前，到现在还是真理。”他反对中学教育为职业的预备，主张课程以人为本的设计，断言：“课程自课程，人自人，这种无背景的教育，就是再办几十年也没有什么效果。”

从浙江一师到白马湖春晖中学，再到开明书店，夏丏尊不断丰富着教育的人论。他对杜威“教之于学就如卖之于买”的中国式写照具有特别的敏感和解读。“现在的学校教育是学店的教育，教育者与被教育者的中间但有知识的授受，毫无人格上的接触；简直一句话，教育者是卖知识的人，被教育者是买知识的人罢了。机械的大家卖来卖去，试问这种知识有什么用处？真正的教育需完成被教育者的人格，知识不过人格一部分，不是人格的全体。”① 即有知识无人格，不是真正的教育；教育须培养有人格的知识者。据钟子岩回忆，1922 年秋“开学后不久，他就写了一篇题目叫《我们应把学生培养成怎样的人?》的文章，刊登在《春晖》半月刊上，阐明学校培养学生德、智、体全面发展的方针，并且他是切实贯彻执行的”②。他的人格论、他“对各科目要普遍地学习”的倡导，都是针对“近来中学生之间，常有因浅薄的实用观念或个人的癖好，把学习的科目偏重或鄙弃的事”、且教师只教书不育人的现象适时有感而发的。30 年代，面对大量因失学而苦闷的青少年，夏丏尊常常撰文给予他们心灵的抚慰。他说：“学和受教育是‘终身以之’的事情，离开了学校还可以学，还可以受教育，而且必须再学，必须再受教育。威尔斯等在《生命之科学》一书里说得好：‘教育的目标是要使各个人成为善良的变通自在的艺人（因为环境在变迁，所以要变通自在），成为在那一般的规画中自觉能演一角的善良的公民，成为能发挥其全力的气象峥嵘、思虑周到、和蔼可亲的人格者。终其生都要有能受教育的适应性。旧式的那种阴晦的观念，以为人当

---

① 夏丏尊：《夏丏尊文集·平屋之辑》，浙江人民出版社 1983 年版；《夏丏尊文集·文心之辑》，浙江文艺出版社 1983 年版。本书中凡出自上述两本书的引文不再一一注明。

② 夏弘宁主编：《夏丏尊纪念文集》，上虞市文学艺术界联合会 2001 年版，第 259 页。

在青年期之前把一切应该学的东西都学好，而以后只是用其所学，和多数的动物一样，那种观念是在从人的思想中消逝了。'可是我觉得，一班给'失学'两字威胁着而感到苦闷的青年还没有抛开那种阴晦的观念。住在学校里边叫做学，离开学校叫做'失学'，好象离开了学校，一切应该学的东西就无法学好了，其实哪里是这么一回事，所谓'自学'或是'自己教育'，非但是可能的，而且是必须的。"不只是一般号召，他还创办了函授学校，编印《开明国文讲义》，为失学的青少年提供机会和帮助。总之，他所期望的人，不是读书为荣的士，不是带有匠气的职业者，而是善良的公民、变通自在的艺人，《文心》第19篇里提出"精神劳动与体力劳动相调和"、读文字书还读不用文字写的书，做一个自强不息的青年人。这可以说和马克思全面发展的教育思想息息相通。

在时代思潮与人的关系上，他反复强调"教育上第一件是以人为背景"。所以，不全因五四新文化运动而教白话文，更不为研究国学整理国故而兼教文言文。浙江一师与时俱进的办学总方针是以人为背景、以学生发展为本的。"现在教育家只求博古，不屑通今，所以教育界中完全是尊古卑今的状况。十几岁的学生一动著笔便是古者如何，今则如何，居然也有'江河日下，世风不古'的一种遗老的口吻。这虽是他们思想枯窘聊以塞责的口头禅，也可算是教育不合时势的流毒了。"时任国文科主任的夏丏尊和陈望道、刘大白、李次九等组成的一师群体，"由国文教授会议，暂定了一种国文教授法大纲，选辑了一百多篇的国文教材"①。率先进行白话文教学正是为了消毒

① 浙江省委党史征集研委会编：《浙江一师风潮》，浙江大学出版社1990年版，第45页。

化瘀。“无论何物，不能离开空间与时间的两大关系，这个空间时间，在人就是境遇和时代了。……所以教育上，第二应当以境遇和时代为背景。”二者是相互关联次第分明的。这对不合时宜、因循守旧者，对一味赶潮流、视语文为政治子科者，都是一种警示。

在课程、教材与人的关系上，他认为：“现在普通教育上所列的科目，除了以人为背景以外，完全是毫无意义的。”“现在普通教育中所列的科目，都是养成人的材料，不是教育之目的物，也不是学问。……若当作教育之目的物看，当作学问看，那就大错了。”《受教育与受教材》等篇中又进一步指出：“所谓教育，就是能力给与的设计。学校就是为施行这设计的而特造的人为的环境。”就学习条件和途径而言，“人为的有组织的养成机关，不得不推学校教育”，然而“身心诸能力，原也可从自然环境或职业部分地获得”。学校教育“这只是狭义的学，狭义的受教育。按照广义说起来”，“离开了学校，没有教师的指点，没有种种相当的设备，就方便上说自然差一点，然而有一个‘自己’在这里，就是极大的凭藉。自己来学！自己来教育自己！只要永久努力，绝不懈怠，一切应该学的东西还是可以学得好好的”。并以为“这种观念，无论在校不在校的人都是必需的”。如果说，五四运动时还只是读白话文作白话文、心中“不忘有一个我”，不代圣人立言或做他人子孙与奴隶，破除旧的束缚，那么，30 年代“自学”与“自己教育”的呐喊，就是临于新的困境下，人之个性的又一次顽强地翻身解放，学校与社会生活的进一步沟通。“所谓课程也者，无非施行教育作用的一种材料而已。”这样说，只能理解为人之教育须有课程的设计和专用的教材，不能作出夏丏尊之课程即教材的误判。“使一切科目与生活打成一片”，才是他的确切完整的课程观，国文课程自不例外。

针对狭隘浅薄的文选、观止急功近利的流风遗韵，他指出："中学校的国文科的内容不是什么《古文观止》，什么《中国国文教本》，也不是教师所发的油印文选讲义，所命的课题，所批改的文卷；乃是整个的对于本国文字的阅读与写作的教养。课本和讲义等等只是达教养目的的材料，并非就是国文科的正体。"也就是说，国文课程内容是由培养目标命定的，是为目标达成服务的，不能本末倒置、以偏赅全。在夏丏尊看来，国文科的学习具有生活的内质和相等的外延。惟其如此，才能达到读写的训练要求。理论上讲，"学科内容一旦明确了应教授的内容，同时也就开辟了一连串教材系统的客观存在（即谁都能在教学中使用该教材）的可能性"[①]。但实际上，国文科要复杂得多，神秘得多。如今人们所指认的《奏定学堂章程》上中学语文课程的内容，有读经讲经、中国文学两项。从章程本意尤其是《学务纲要》讲，这是十二门课程中的两科，前者有宗教的因素，后者有音乐的成分[②]。混为一谈，观照是否历史？设科是否独立？都有待商榷。边界不清、性质不明，这似是国文科先天的不足，给后之纠缠埋下了根。20 世纪二三十年代的内容与形式、50 年代的文与道、六七十年代的语文与政治、当下的工具与人文，分分合合，无一不是在划线找北。诚如夏丏尊所说，"国文科的性质太复杂太笼统了"，课程内容自然免不了。1923 年新学制课程纲要首设"毕业最低限度标准"，1929 年暂行课程标准亦然。他以为"这限度中有几项原也定得很笼统，什么'名著六种'咧，'名著十二种'

① 钟启泉：《现代学科教育学论析》，陕西人民教育出版社 1993 年版，第 208 页。

② 舒新城：《中国近代教育史资料》（上册），人民教育出版社 1981 年版，第 200—202 页。

咧，什么‘略能’咧，‘大致’咧，什么‘浅近的’咧，‘平易的’咧，都是些不着边际的话”。许多“不曾下着定义”，也“都无法说明其所以然”。课程毕竟是个纲要，内容化为教材。就20年代来说，无论课程与教材编制为同一人或不同的人，多半未能协调一致、较充分地教材化的。从课程与教材两面，使合目标的“可能”变为现实，夏丏尊等是不懈地努力着。“凡事认清，不为陈套的文字所拘缚，不为传统的惯例所蒙蔽。”看出国文课程文本和教科书不够周全、完善的可能，感到一些“很重要的知识”却“在中学校的教科书里也许是不列入的，学校的教员们的口里也许是不提及的”缺憾，而知识是能力的基础，能力是知识的归宿。可说正反映了夏丏尊对国文课程和教科书的态度。从他的阅读概念，从他引领学生到实生活中去找材料，从他以为知识不尽在书上，从他以为写作法则必要而不充分，少不了学生自觉刻苦的反复练习等等，逆推其国文课程内容：应该是包括教科书在内的兼具学科知识、生活和学习经验、学习者自主活动的诸要素，与现代课程内容的取向并无二致①。而这一切，全然是为了学生读写能力的提高、良好学习素质的培养。

二　简约个性的课程目标

夏丏尊国文课程目标的表述一向非常简约。《关于国文的学习》文中：“能阅读，能写作，学习文字的目的就已算达到了。”《国文科课外应该读些什么》篇里，国文科解释为“整个的对于本国文字的阅读与写作能力的教养”。《国文百八课》文话一中：“中学里国文科的目的，说起来很多，可是最重要的目的只有两个，就是阅读的学习和写作的学习。这两种学习，彼此的关系很

① 施良方：《课程理论》，教育科学出版社1996年版，第106页。

密切，都非从形式的探究着手不可。”[①] 简约本是课程目标表述的特色，但因他者的不简约，方显出其个性来；再则，学习国文着眼于形式二字，并认为非此不可，的确是简约而有个性的。

1923 年新学制《初级中学国文课程纲要》目的三条。条目虽不多，但“兼习文言文”这一动就牵全身了。穆济波评说“一方要练习用文言作文，一方又要学生继续发展语体文的技术”，犹如“同时左手画圆右手画方是办不到的事情”。直指“胡先生是提倡语体文的人，一方又有整理国故的嗜好，所以主张这样双管齐下”，主张：“学生由小学学语体文来，便以初中完成他语体文的技术；大学文科哲科都注重研习国故，高中程度愈进，便尽可专攻故籍。”这番议论并未使目标简洁明朗起来，相反条目更多，内涵更加丰富复杂。他拟的初中国语课程“共通目的”有五条：(1) 在人生教育上，须使明了人生现实之可贵，及社会的共存，与人人应有的责任。(2) 在国家教育上，须明了国民资格之修养，职业的联合，及今日国际的侵略与压迫的危险，起谋自卫。(3) 在民族教育上，须使明了民族之特有精神，及现世的堕落现象与其补救的方法。(4) 注意社会现象的观察，奖掖青年能力以内的活动与救济。(5) 注意青年团体的团结，与共同生活应有的知识与修养。“特殊目的”三年共计 10 条。作为分年级目标条陈有其必要，但他“以为国文国语这一种科目，对于中等教育所具有的目标，便应该负绝对的责任”[②]，这就把共同承受的重任转为国文教师一人独担了。是否合情合理？且他将数理化科除外，难道这些学科的教师能够只教书不育人吗？穆济波的目的

① 夏丏尊、叶绍钧：《国文百八课》（第一册），人民教育出版社 1985 年版，第 1 页。

② 穆济波：《新制中学国文科课程标准纲要》，《中华教育界》1924 年第 13 卷第 8 期。

论，有照单全收者，如王森然《中学国文教学概要》书中；有批评者，如朱自清《中等学校国文教学的几个问题》、宋文翰《一个改良中学国文教科书的意见》篇里。部分的接受和间接的批评更多，几乎成了一个热而不冷的话题，一个至关紧要、不能回避而又无法定夺的难题。因为目标不明、主次不分，课程要素与教材编制都难以确定，教学操作更难以适从。虽然穆济波只发一介书生的议论，但在百年语文教育史上，往往是高调说唱容易得到官方的通过，写入课程标准中；而民间的认识如开明派则要简单得多、朴素得多。这是一个值得关注、分析的现象。所以，“说起来很多”并非空穴来风，是有根据、有针对的。

就 20 世纪 30 年代写入课程目标的“了解固有文化”以及时而刮起的“尊孔读经”风，夏丏尊等人的态度是：“有人把《经》看作符咒，我们觉得‘其愚不可及’。有人想把《经》这种符咒来‘治’青年，希望青年成为违反时代的人物，我们反对这种荒谬的见解和举动。我们编辑国文教本，也偶尔要从所谓《经》里选取一点材料，但是我们只把它看作普通的文章罢了。文章不坏，没有古奥难懂的词句，内容也还适宜于现代青年，这样，我们就把它选出来了。这正和从其他书籍中选取材料的办法相同。”[①] 针对“有人说国文科的材料应该是中国文化的全体；所以如《太上感应篇》也得看看，因为这也是中国文化。有人说方今国难当头，应该多读岳飞戚继光等人的传记，以期振起民族精神”，觉得“颇有问一问国文科的目的到底是什么的必要。我们的回答是‘整个的对于本国文字的阅读与写作的教养’。换一句

---

① 王伯祥、夏丏尊、叶圣陶：《我们的态度》，《写作与阅读》1937 年第 2 卷第 2 期。

说，就是‘养成阅读能力、’‘养成写作能力’两项”[①]。还是老生常谈。夏丏尊非常清楚“一国的文字又有关于一国的全文化，所以重要”，但在传统文化精华与糟粕和现代文化先进与落后未厘清确认之际，国文课变为国文化或中外文化课，绝不可能是妥当之举。他们均以为固有文化重在“了解”，道德品质、民族精神、爱国情感，不仅要听其言，更主要的是观其行，“是身体力行的事”，各科都要承担的。他们就是这样一如既往地坚守着简约而个性。

有论者以为，“在三十年代，夏氏议论的重心逐渐转向国文科的个性特征”[②]。其实，浙江一师时“共同拟了一种国文教授法大纲”里：“目的 1——形式的。使学生能够了解用现代语或近于现代语——如各日报杂志和各科学教科书所用的文言——所发表的文章，而且能够敏捷、正确、贯通。目的 2——形式的。使学生能够用现代语——或口讲，或写在纸上——表现自己的思想感情，而且要自由、明白、普遍、迅速。目的 3——实质的。使学生了解人生的真义和环境的现状。”[③] 从目的形式实质主次论到主张学习国文该着眼在文字的形式方面，几乎是一脉相承的。除了教材编制上有过波折，课程目标并没有“转向”。夏丏尊、叶圣陶在国文课程目标取向上，可说同归于殊途。叶圣陶 1922 年发表的《小学国文教授的诸问题》文中指出：教师观念错误之一即“不明白国文教授之真作用，徒视为形式的教科”。由这种“谬误观念，便轻视文字的内容和表出的方法；仿佛学习国文的目的，至能读能识能讲能写而止”。而“新观念，则知教

---

① 《中学生·卷头言》1932 年第 29 号。

② 顾黄初：《现代语文教育史札记》，南京出版社 1991 年版，第 153 页。

③ 仲九：《对于中等学校国文教授的意见》，《教育潮》1919 年第 1 卷第 5 期。

授国文不以教授形式为目的，这不过是附带的目的”[①]。1935 年与夏丏尊合编《国文百八课》时已更改了上言，是同归的标志。1944 年和朱自清合写《国文教学·序》里说道：“我们都做了多年的国文教师，也编过一些国文科的读物给青年们看，本书的各篇文字便根据这些经验写成。不过这些文字都偏重教学的技术方面，精神方面谈到的少。因为精神方面部定的课程标准里已经定得够详细的。再说五四运动以来国文科的教学，特别在中学里，专重精神或思想一面，忽视了技术的训练，使一般学生了解文字和运用文字的能力没有得到适量的发展，也未免失掉了平衡。而一般社会对青年学生们要求的，却正是这两种能力；他们第一要学生们写得通，其次是读得懂。我们根据实际情况立论，偏向技术一面也是自然而然。”[②] 其中包含着教学的经验、历史的总结和群体的见解。由此可见，叶圣陶的思路是否定之否定，而夏丏尊是肯定再肯定。他从阅读心理上提“请大家注意，就是文字的内容是有吸引人的力量的东西，我们和文字相接触的时候，容易偏重内容忽略形式”。小学生更容易被吸引，“用实在的例来说，依年代想来，诸君在小学里学国语，第一课恐怕是‘狗，大狗，小狗，大狗叫，小狗跳’吧。这寥寥几个字，如果从文字的形式上着眼去玩味，有单语和句子的分别，有形容词和名词的结合法，有押韵法，有对偶法，有字面重叠法，但是试问诸君当时读这课书，曾经顾着到这些吗？那时先生学着狗来叫给诸君听，跳给诸君看，又在黑板上画大狗画小狗，对诸君讲狗的故事，诸君心里又想起家里的小花或是间壁人家的来富，整个的兴趣都被内容吸引去了，哪里还有工夫来顾到文字形式上的种种方面”。为

---

① 叶绍钧：《小学国文教授的诸问题》，《教育杂志》1922 年第 14 卷第 1 号。

② 朱自清：《朱自清全集》第 2 卷，江苏教育出版社 1988 年版，第 3 页。

补缺，中学国文应该着眼于形式。再者，“从前的读书人学文字，把大半的工夫花在揣摩和诵读方面。当时可读的东西没有现在的多，普通人所读的只是几部经书和几篇限定的文章。说到内容，真是狭陋得很。所写的文字也只有极单调的一套，如‘且夫天下之人……往往然也’之类。他们的文字虽然单调，在形式上倒是通的，只是内容空虚顽固得可笑而已。近来学生的文字，毛病适得其反，内容的范围已扩张得多了，缺点往往在形式上。这是值得大大地加以注意的”。他的一再肯定，考察了种种，依然是以学生、学情为背景的。

着眼于形式的国文学习并非不顾及内容，而是不满足止于内容的获取。这内容只是大意、概要，还不是作者深意、读者新见。夏丏尊在春晖中学任教时即指出：“现在的所谓选文，并不是象以前的只是空洞的文章，或是含着什么问题，或是记着什么事理，内容很复杂的。如果学生只当作国文去读，必至徒记诵着外面的文字，而于重要的内容不去玩索，结果于思想推理方面毫无补益，头脑仍然空虚，仍旧只会作把文言‘且夫天下之人……’翻成白话的文章。”[①] 夏丏尊意识到这是穿新鞋（读白话文）走从前读书人学文字的老路，所以教学写生小品，另辟蹊径。对于只合时节不合程度的《秋夜》，《文心》第 2 篇《方块字》采用的就是形式的处理；第 25 篇《读书笔记》例举多多，也只为学生了解写法。所以，他们以为“从形式上着眼去处置现成的文章，也许可将内容不适合的毛病减却许多”[②]。实际上就是启示第一线被动接受的教师作出主动的选择，以简驭繁，轻装

---

① 夏丏尊：《作文教授上的一个尝试——教学小品文》，《春晖（半月刊）》1923 年第 14 期。

② 夏丏尊、叶绍钧：《阅读与写作》，开明书店 1938 年版，第 123 页。

上阵，不至于把什么问题主义或复杂的心语灌注给一时难以理解的学生。这是一种权变的教读策略。程度基本适合的，就课内外大量举例，如茅盾的小说《子夜》，当作语言文字来学习，应注意的不仅仅是“书里的故事，对于书里面的人物描写、叙事的方法、结构照应以及用辞、造句等等该大加注意，诸君读诗歌，假定是徐志摩的诗集，如果当语言文字学习的话，不但该注意诗里的大意，还该留心它的造句、用韵、音节以及表现、着想、对仗、风格等等的方面”。并比较同一材料国文与历史的异、与英文的同。指出“不论国文、英文，凡是学习语言文字如不着眼于形式方面，只在内容上去寻求，结果是劳力多而收获少”①。内容是无限的，形式是有限的。“语言文字上变化技巧，其实并不十分多的”，这样有限的形式无限的使用，势必读写的能力提高得快。对学生有利，何乐而不为？由此可见，他们使用的不是非此即彼的对立式，而是由此及彼的递进式。否则，课程、教材、教法只注意内容，“一方面侵犯了公民科的范围，一方面失去了国文科的立场，我们未敢赞同”②。着眼于形式，是语言文字学科的性质所在，国文科的目标、任务所在。

用外国教育家“形式教育”的定义来诠释夏丏尊着眼于形式的国文学习，也许是无一例全然适切的。孟禄主编的《教育百科全书》中说：“形式训练主张通过学生学习的方法，而不是通过学习的内容，来培养学生的能力。”凯洛夫等主编的《教育百科全书》中说：“形式教育论的拥护者们断言……发展儿童理智的最重要的材料是语言（尤其是拉丁语及希腊语）和教学；他们捍卫教

---

① 夏丏尊、叶绍钧：《阅读与写作》，开明书店1938年版，第120、123页。

② 瞿葆奎、施良方：《“形式教育”与“实质教育”》（上），《华东师范大学学报·教育科学版》1988年第1期。

育上的所谓古典主义倾向。他们认为教师的主要作用，是借助以发展学生思维能力为目的的专门练习来训练学生。至于这些练习的内容则似乎是完全‘无所谓’的。”能力目标是认同的，却不排斥内容，更重要的是学习知识、法则才算到位，才能完成任务实现目标。它是具有中国特色、语文学科特点的课程目标论。

这一课程目标论在国语文教育发展史上拥有众多的知音。自1919年浙江一师《国文教授法大纲》提出国文目的形式实质次第论后，1920年陈启天《中学的国文问题》里有国文目的主副说；1924年孟宪承《初中国文之教学》指出：“国文科的训练，本注重思想的形式上，至于思想的内容，是要和各科联络，而受各科供给的。”[①] 同年黎锦熙《新著国语教学法》国语要旨：先形式的语文理解和发表，后实质的心意方面。1925年朱自清《中等学校国文教学的几个问题》里以为：“中学国文教学的目的只须这样说明：(1) 养成读书思想和表现的习惯或能力；(2)‘发表思想，涵育情感。’这后一条原是穆先生所举出的；但他将所要发展的思想，所要涵育的情感——规定(如上文所举的一条便是)，我觉可以不必，只大体说明好了。这两个目的之中，后者是与他科相共的，前者才是国文科所特有的；而在分科的原则上说，前者是主要的；换句话说，我们在实施时，这两个目的是不应分离的，且不应分轻重的，但在论理上，我们须认前者为主要的。”[②] 1931年宋文翰《一个改良中学国文教科书的意见》里比较：“别的学科重在知识的传授；国文科重在传授知识的文字的运用的训练。别的学科重在

---

① 周谷平、赵卫平编：《孟宪承教育论著选》，人民教育出版社1997年版，第40页。

② 朱自清：《中等学校国文教学的几个问题》，《教育杂志》1925年第17卷第7号。

内容实质的深究；国文科重在形式表现方法的探讨。别的学科在使学者明了；国文科则于明了外，尚须使学者能运用。”学科的性质决定了各科“各有各的特质，且负有一种为他科所不能负的责任，而强拉他人的工作，或包办一切为本科所不能胜任的事，结果，不但本科得不到什么好处，而且侵入他科的范围，妨碍他科的统一，破坏及学校各科平均发展的趋势。那末，以国文科而论，应有的特殊目标是什么？依国文科的性质和所独备的责任来说，我以为最重要的只有两事：（1）阅读，（2）发表。”[①] 也是这么复杂而简单。1935 年于在春《要求合理的语文教学》即“语文教学的初步工作是了解教材的内容，而研究教材的形式是进一步的深入的工作”[②]。似乎无须再列举了，这简直就是一波前呼后应、彼此共鸣的强大声浪，一条连续 30 年的发展线索，一代语文教育家精英的精神遗产。1950 年郭绳武《语文教学的方向问题》列举种种现象，其中“有的害怕犯‘单纯技术观点’的嫌疑，有的故意表现自己进步，因而矫枉过正，干脆把国文当‘第二政治课’讲”。提出“为什么忽视了这个中学语文教学的主要方面与主要目的呢”？原因之一，即“五四以来，语文教学上的先进人士如叶圣陶、夏丏尊等人虽然已经在这方面创造与总结了不少经验与理论，但由于一般国文教员没有钻研业务的习惯，因而没有接受下来”[③]。结果一种，原因多多。六七十年代是政文的年代，内容即思想政治，形式很容易缀上主义，变得可怕起来；新时期语文课改三十余年，中断的线索有无可能和必要接续上去？是一个问

---

① 宋文翰：《一个改良中学国文教科书的意见》，《中华教育界》1931 年第 19 卷第 4 期。

② 于在春：《要求合理的语文教学》，《语文》1935 年第 1 卷第 5 期。

③ 郭绳武：《语文教学的方向问题》，西北人民出版社 1950 年版，第 115 页。

题。其实，语文课程与教学着眼于内容的形式上，是偏正的，也是辩证的。

三 字里行间的课程蓝图

夏丏尊除参与浙江一师校本课程《国文教授法大纲》编写外，没有参加部颁国语文课程标准的起草，然而他心中有学生，视点在形式，着重于读写能力的教养，是颇有研究心得的。著述的字里行间看到他反复强调“若能依了‘整个的程度的水平线’为标准，自定取舍，奉行上就不会有什么困难了”。也就是既有课程底本又有标准蓝图的。

他参照的底本主要是 1929 年的《初级中学国文暂行课程标准》。1931 年 1 月发表的《关于国文的学习》文中“将十八年八月教育部颁行的《中学课程暂行标准》中所规定的高中及初中的毕业最低限度抄列如下”后，“把我所虚拟的中学生的国文程度和教育部所规定的中学生国文科毕业最低限度两相比较，似乎也差不多。不过，教育部的规定把初中、高中截分为二，我则泛就了中学生设想而已。现在试姑把这定为水平线，当作一种学习的目标”。之所以主要参照 1929 年的暂行课标而不是 1923 年的课程纲要，不是因为前者系南京政府教育部颁布的、具有法规性质的第一个体例较为完整内容较为翔实的课标，后者为全国教育会联合会下的新学制课程标准起草委员会编订。更不是因为时间的靠近、心理的亲近，而是课程目标、内容的理念与取向上接近。

新学制课程纲要颁布，“一唱雄鸡天下白”时过境迁、风光不再。一些国文教师不要说兼作，连兼教的心态都难以调整过来。初中课程纲要一、二年级“作文以语体为主，兼习文言文”，三年级“作文语体文体并重”。毕业最低限度的标准仅“作普通应用文，能清楚达意，于文法上无重大错误”[1] 而已，要求不高，却把气力用于语体向文言的过渡和文言阅读写作分量逐步加重上了。目的 1“使学生有自由发表思想的能力”，即使不似 1912 年《中学校令施行规则》所说的那样落空，也会大打折扣。“白话是用今人的话，来传达今人的意思，是直接的。文言是用古人的话，来传达今人的意思，是间接的。间接的传达，写的人与读的人，都要费一番翻译的工夫，这是何苦来?”[2] 夏丏尊直言：“我是不主张学生再作文言文的，我的教文言文，目的只在读解的方面。”既认可文言文是国文课程的要素，又不让学生吃苦。至于不作文言文的理由，也似乎不必详加申说了。五四运动前胡适那一篇篇激扬文字不在眼帘，蔡元培《国文之将来》中话语还响在耳边。当时这一切业内是无人不知不晓的，只是国文科之门道变得快。暂行课标的编者刘大白不必问，他把文言文看作死话文；孟宪承也是反对课程纲要双管齐下的。他认为穆济波所说，“这真慨乎其言之，而也是凡实际教学和调查研究初中国文教学的人的所同感。穆先生主张就初高中两级的利便，分语体文言为两部，分别教学，所见甚高”[3]。所以初中目标 1 是“养成运用语体文及语言充畅地叙说事理及表达情意的技能”。不作文言文，这一条左右并奠定了课程的基本格局，为后之同类文件所复制，也对国文教科书的文白比例作了重新调整。初中课程纲要一年级“语体约占四分之三”，二年级“语体约占四分之二”，三年级“语体约占四分之一”；文白各占 50％。而顾颉刚、叶绍钧

---

① 课程教材研究所：《20 世纪中国中小学课程标准·教学大纲汇编（语文卷）》，人民教育出版社 2001 年版，后文凡出自该卷中的引文不再一一注明。

② 蔡元培：《国文之将来》，《新教育》1919 年第 2 卷第 2 期。

③ 周谷平、赵卫平编：《孟宪承教育论著选》，人民教育出版社 1997 年版，第 48 页。

编写《初中国语教科书》6册260篇课文，白话文95篇，占36.5％，文言文165篇，占63.5％，文白比例显然是不对称的。夏丏尊在春晖中学任教时，“本校中学部现有一、二两年级，文言文新从本年起在二年级教授，分量约占全体国文科十分之三四”[①]；暂行课标初中“各学年分量的比例递次为七与三，六与四，五与五”，白话文占60％，和夏丏尊的比例接近。吕叔湘认为，《国文百八课》里的文选的一大特色，就是“语体文比文言文多”。出版“四册七十二课有选文144篇，其中语体86篇，文言58篇，大致是三比二。现在看起来，这好象是理所当然，但在当时这是很突出的。当时流行的几种初中国文课本都是文言文比语体文多，销行最广的正中书局出版的初中国文课本几乎全是文言，只有很少几篇语体文点缀一下”[②]。也许可贵的不是比例大小，而是明白了目的、理由后的一贯坚持，不管风吹和雨打。

叶圣陶《论中学国文课程的改订》文中说：“我国有课程标准，从民国十一年颁布《新学制课程标准》开始。以后历次修订，内容和间架都和第一次颁布的相差不远，没有全新的改造。普通人的习性原来如此；地面本没有路，有些人走过了就成了路，随后大家就依着那条路走了。”[③] 其实，暂行课标没有这样走，夏丏尊也没有这样去做。至少在文言写作和教材文白配置两点上，当然还不只这两点。在内容和间架上，课程纲要首先明悬目的。不过《中学校令施行规则》已有“国文要旨”，浙江一师《国文教授法大纲》有目的为形式实质的次第论；除兼习文言文、

---

① 夏丏尊：《初中国语科兼教文言文的商榷》，《春晖（半月刊）》1923年第19期。

② 吕叔湘：《吕叔湘论语文教学》，山东教育出版社1987年版，第115页。

③ 中央教育科学研究所编：《叶圣陶语文教育论集》，教育科学出版社1980年版，第74页。

学生发表思想难得自由外，“其最可注意之点，即在目的明明为使学生能看平易的古书，引起他们研究中国文学的兴趣，而很有一部分教材，并不从平易的古书来，且并不从中国文学来”[①]。因而，暂行课标目标 3 改为“欣赏文艺的兴趣”，就显得十分得体。内容和方法里分精读与略读、初中讨论、高中讨论和答问。孟宪承连说“这‘讨论’两字，又太含糊了”。不知为什么？当时一些有实践有理论的教师使用讨论一词时，也是各说各的。有何仲英、萧楚女的学生提问讨论说，朱经农的师、生提问讨论说，只有胡适、林铁西把讨论和质疑并列起来。在《中学国文的教授》里，胡适虽未给讨论下定义，不过已解释得相当清楚，并举了实例。他是得风气之先的人，曾读过杜威的《思维术》（现译《我们怎样思维》）。杜威认为：“传统上既定的讲课的特点是由教师提出问题让学生回答。但这种提问，常常以取得答案为满足，而不是引起疑难，由师生讨论。”[②] 书中对如何提问也“提示了几个要点”。两相比较，不难看出胡适的解说是中规中矩的，设计的问题也是有想头、连续递进的。俨然一名能治中国教育界中人疾病的西式大夫，只是没有临床经验。那么，叶圣陶为何不早早地告诉同行：欲知讨论作何解说，且听胡适分解呢？及至《论国文精读指导不只是逐句讲解》等篇后，才作出教师提问讨论说，可谓姗姗来迟。讨论、质疑的提出和孟禄来华作中德、中美对比亦有关。《孟禄的中国教育讨论》里说：“日本教法，多效法欧州，欧州有些国家，常用这种法子。德国教语言，第一步教师逐字逐句，讲授清楚，一切文法，解释明白；第二步始详细问

---

① 周谷平、赵卫平编：《孟宪承教育论著选》，人民教育出版社 1997 年版，第 46—47 页。

② 杜威著，姜文闵译：《我们怎样思维·经验与教育》，人民教育出版社 1991 年版，第 221 页。

学生懂不懂，务必使学生答复真正了解才算。……中国的教授法和德国的相比较，不同的地方，就是实行第一步，遗漏第二步。”[①] 1922年《对于中国教育意见的概要》又说到“中国之教育，不以学生之质问为然，而美则否”；“我希望中国学生要努力启发自己的能力，在讲堂上务必要发展自己的本能，去问，去研究，去想，能够这样，他日在社会上就可运用这种学识能力去做种种事业来。”[②] 虽然“讨论”与“质疑”并非没有土生土产，但五四运动时的确是受外来教学论影响的。初中课程纲要开讨论之先河，浙江一师《国文教授法大纲》里有辩难，即“教员学生得提出对于一问题的甲乙两说，请各学生认定赞成那一说，两方面互相辨难。教员随时加以判断，并得参加意见”。名异而实同；高中课程纲要“上课时，由教员与学生讨论答问”，就是孟子“教亦多术矣”中的“有答问者”，也是浙江一师《国文教授法大纲》里“学生对于教材的文字和内容，如有不明了的地方，应询问教员。教员亦得随时讲解文章的结构，或令学生轮讲、断句”。暂行课标教法要点颇为详明，精读“重在引起自习的动机，作扼要的，有趣味的介绍和问答，不逐字逐句的讲解”。略读“在所读书内提出问题”或“随时解答学生的疑难”。作为先进的课程内容与教学理论，时人是相互交流，集思广益，你中有我，我中有你的。也就是说，彼此有着因缘。课程纲要、暂行课标均有概念无诠释，《国文教授法大纲》既有概念，又有诠释；自己清楚，也让别人明白。由此可见，夏丏尊等是细致周到而有底气的。有底气不难作出正确的选择，从他的心里或今人的比照、分析中，

---

① 凌冰口译，胡适等编辑：《孟禄的中国教育讨论》，《新教育》1922年第4卷第4期。

② 顾黄初：《现代语文教育史札记》，南京出版社1991年版，第78页。

都可以看出，自1929年始，初中国文课程内容和间架真的相去不远。

夏丏尊把初、高中一分为二的暂行课标合二为一，择善而从。作文抛弃文言写作、坚守语体写作后，要求有所提高，形式、方法多种多样，给予学生自由发表思想能力的空间和便利。既与初中“作文题材取有关于现实生活的，并多取记叙描写的题材”无二，又和高中“课堂内作文，可养成学生作文敏捷的习惯和能力。课堂外作文，可养成学生作文详密的习惯和尽量发抒的能力”一致。如同初中“教师命题，以适合学生经验为准”，却又让学生有不止一题的选择；学生可自由拟题作文，无须“学生提出题目，由教师择定之”。弥补了初中课程纲要作文有定期不定期或命题不命题之项而无其目的的缺憾。另剔除了暂行课标初中“教室听讲的笔记”，采纳高中“须教学生多作有条理，成片段的笔记。尤须注重养成怀疑不苟且，不潦草的习惯”条，使读书笔记成为真正意义上的作文练习，且不似初中限于“课外读书的笔记”。翻译练习方式比初中的多，认识水准却是高中的“为最可以训练精确的作文技术之练习”。夏丏尊《国文科的学力检验》文里说道：“今为总检验计，似应另用比较具体的标准来自己检查。第一种标准是翻译，翻文言为白话也好，翻英文为汉文也好，把普通文言诗歌或所读英文的一节，忠实地翻译出来，再自己毫不放松地逐字逐句与原文加以对照，就能看出自己的能力及缺陷所在。因为翻译是有原文的，既须顾到译文，又须顾到原文，一切用字造句都不能随意轻率，一有错误，对照起来立即现出，所以是试练写作的好方法。第二种标准是评改他人的文字，把一篇他人的文字摆在面前，细心审读，好的部分加圈，坏的部分代为改窜，但好与坏都须把理由说得出，不准有丝毫的含糊。这两种标准比自由写作及命题作文来得可靠，既用不着滥调子，也用不着虚伪的修饰。而真实的写作能力可以赤裸裸地表现无遗。诸君自己试行了这两种检验，对于成绩如不敢自定，则不妨请师长父兄或靠得住的朋友共同批判。”第二种标准类似于高中的有证据的批评，《文心》第 24 篇《推敲》是其范例。翻译的样式多，要求高，却是没有“译语体文为文言文”的。还把高中“凡小说，诗歌，戏剧，各种散文，皆可令学生试作”条，改为允许试作，变指令、自流为辅导。

口语练习不限“于课外行之”，而是由课内训练延伸至课外。《国文教授法大纲》就有口头批评、学生讲演、辩难等项，均有保留。对初中课程纲要里久违的“诵习”并不陌生，也不采用暂行课标“低声讽诵”的法子，还讲解抑扬顿挫的朗读法，要求“读文言文时声调铿锵，足以传出原文的情趣。读语体文时就同话剧的演员在舞台上念诵剧词一般，贴合于语言之自然，表情说理，都能使听者不但了然，而且深深地印在心坎里”。并以为加强朗读是语言文字学科特点使然，不因为现代可看的书多，信息量大又教了语法等知识就可忽视和放弃。书法练习，如同暂行课标“于课外行之”，要求也差不多，不像初中课程纲要那样有“楷书”和“名人书法赏鉴”。夏丏尊以为：“书法在科举时代向为检验国文能力的重要标准，自改办学校教育以来，就被忽视了。其实书法与我们实际生活关系甚密，在现代生活中差不多没有人可以一日不执笔的，现代工商社会中人，用笔的工作比从前士大夫都要忙。书法好坏的标准，现代亦和从前不同，应以敏捷、正确、匀净为目标，不会写端楷，不会临碑版，倒不要紧。寻常需要的是行书，是钢笔字。”即便是一点一处，都能反映出他以人为本、与时俱进的作风来。

语法、修辞等内容在他主编的教科书《开明国文讲义》、《国文百八课》里都有，参考书《文心》里也有；包括《文章作法》在内的国文教科书里还有逻辑的内容。这是暂行课标里没有的。最与 1929 年《初级中学国文暂行课程标准》相似的，是教法要点精读“课文二篇以上为一单位，须性质互相联络，或可互相比较的”，并“就选文中摘取文法或修辞的习题，令学生练习”。由此可说，《国文百八课》等是有课程依据的独特设计。这样勾勒，就夏丏尊国文课程的底本而言，可能大致清楚；就蓝图来说，还免不了挂漏，以下的章节里再作补充。

第二节　创新:国文课程共通的取向

创新是现代教育的主题和使命。夏丏尊的读写构想兼具创作的态度、创新的精神，无论过去还是现在来看，都是光耀夺目的一大亮色；且他对读写的关系梳理细致、思虑周密，对读写如何求新步步设想、循序渐进，使人们直感到的不只是必要性，而且有了极大的可行性。以下从两个方面剖析读与写的诸多共通点。

一　读与写分得开、合得拢

分得开、合得拢是夏丏尊审视国文课程两大目标、任务的总原则。他认为：“依文字的本质来说，国文的学习途径，普通是阅读与写作两种，阅读就是我在前面所说的‘从文字理解他人的思想感情’的事，写作就是我在前面所说的‘用文字发表自己的思想感情’的事。”虽然未讲到学龄前乃至相伴人之终身的生活视听也是一种阅读、口头表达也是一种写作，但在春晖中学的教学和《文心》的著述中，他就是这样去说和做的。这里专就文字的读与写而言，是两种，并强调“读书与作文实在是两件事，应当分别看待”。

之所以强调两种，是因为长期以来绵延不绝地有人把它看成一种；即使列出两项，也认为是等级森严的。写是主子，读是奴仆；写是中心，读是边缘。读写关系的理解与操作几乎是新旧国文课程与教学观念的两张可以比对的试纸。借《文心》第13篇里枚叔的话说：“普通人都以为读书就是学作文，作文须从书上去学习，这实在是大错特错的见解。”这一方面表明旧观念、旧势力在社会上影响之深广，另一方面却启示人们去追问：大错特错是否仅仅为普通人的见解？

1914年钱基博在《国文教学私议》中写道：“予之教授国文，一以浚瀹儿童性灵，鼓动兴趣，考察平日闻睹之事物而记载之为主旨。”主旨既定于一，虽“断断注意者，尤在讲读作三者之联络”[①]，读却不成其为并列的另一种。1918年刘半农《应用文之教授》“着手第一步，便抱了‘要能作应用文’的目的，故前文所说的选讲两方面，其实都是个‘作’字的预备而已”[②]。1929年阮真《中学作文教学研究》中也主张“在讲文法和读文章的时候，就要做作文的预备工夫”。这种预备论，不仅得到响应，而且有了新的阐发。他认为“读文是因，作文是果。读文成绩的好不好，往往在作文中表现出来，所以作文教学的成绩，也可包括全部国文教学的成绩”；读写之关系“又好比种瓜得瓜，种豆得豆”，诘问“读的是苏东坡《赤壁赋》，作的是《双十节感言》；读的是左国汉史，作的是什九语法不通的白话文；种的是瓜，希望得的是豆，那有这个道理？”[③] 话似有些道理，却是对

① 钱基博：《国文教授私议》，《教育杂志》1914年第6卷第4号。

② 刘半农：《应用文之教授》，《新青年》1918年第4卷第1期。

③ 阮真：《中学作文教学研究》，民智书局1929年版，第2—3页。

取材于现实生活的白话文写作不感兴趣，这是其走入怪圈误区的原因之一。1932 年《国文科考试之目的及方法》明了“国文科分读作两项”，表达了对只考一篇命题作文的不满，对读文考试的重视和设计，颇具眼力。可 1936 年《中学国文教学法》仍坚持“读文教学的应用练习，其主要目的当然在作文。所以读文和作文，应该要联络，才能使两者发生功效……要解决这个问题，我以为要把读文的大部分工夫当做作文的预备，作文当作读文的应用练习”[①]。立了两项，强调联络，还脱不了个预备，只是程度、分量上有些变化。从预备论到因果论、瓜豆论可见，他们的读写关系阐释，是与传统的写为鹄的、读为附庸，以及后继的写作是学语文的关键、以作文为中心的论调一脉相承的。所以，泛论读写联络、结合意义不大。那不过是群体默许或法律认定的夫妻名分，自古而然。至于是否平等互助、各自尊重人格的独立，是否搞大男子主义、娶妻只为生子，才是考察、判断两人世界健康、和谐、美满与否的标尺。首先得承认阅读为与写作并列的一种、一树、一人，她自有目标、任务、功用和品格；其次才谈得上联络与结合；否则由郎来拉配，那是旧式婚姻，不是新鸳鸯蝴蝶。

尊重并确认读与写相对独立、平等的地位，可说是语文教育界的“女性主义”维权行动。夏丏尊等是早期积极倡导、发起人之一。他之所以分得开，大致有三点理由：

1. 读文（书）自有目的和方向。

在春晖中学任教时，夏丏尊对课内外阅读的目的作了具体详细的阐述。声明“兼学文言文的目的，最重要的是无非阅读旧时的书籍”、“养成读书能力”，并以为“专就读解方面着眼，觉得

① 阮真：《中学国文教学法》，正中书局 1936 年版，第 57 页。

这目的也比较容易达到”[1]。读文言文不是为了写文言文，读书不只是为了作文。其本身的目标也不只一个，是可以变动提升的。“读了一部书，将他底里面底主张一成不变的拿来使用，或者摆在读者脑里作一个主宰，固然是一种目的，但读书的目的本不只这一个，也不必就只为这一个目的才读书。将书里所主张的或讨论的作研究的对象，或作研究的参证，这也是读书的目的，或者还是第一个重要的目的。”他认为“读书为求知识，不如说为修养还根本些”[2]，所以“我们学生所读的书，应照下面所列的两个条件决定：一、做普通中国人所不可不读的书，二、做现代世界的人所不可不读的书”[3]。《关于国文的学习》以及《国文科课外应该读些什么》文里又提及“中国普通人该知道的”和“全世界所认为常识的”，列举种种，并以为“上列的许多书，要一一全体阅读，在中学生是不可能的。但无论如何要当作课外读物尽量加以涉猎，有的竟须全阅和精读”。可见，他始终从人的需求、发展出发，思索学生阅读的目的、方向，规划范围、种类等。

2. 读文（书）能力可以也应该检测。

《国文科的学力检验》指出：“一般人日常生活上阅读的时间多于写作的时间，故理解可以说比写作更重要。理解的条件甚复杂，检验理解力最简单的标准是标点与分段。碰到一篇艰深的文章或一本书，如果你能逐句读得断，全体分得成段落，可以说你对于这篇文章或这本书已大体能理解的了。次之是常识的测验……在普通文字中所谓内容，无非是些常识而已。”

---

① 夏丏尊：《初中国语科兼教文言文的商榷》，《春晖（半月刊）》1923年第19期。

② 夏丏尊：《答问——为课外读书问题》，《春晖（半月刊）》1923年第19期。

③ 夏丏尊：《叫学生在课外读些什么书》，《春晖（半月刊）》1923年第17期。

单就该文发表的时间看，的确晚于阮真的《国文科考试之目的及方法》，然其中的检测法却是夏丏尊早年实地使用过的，内容与方式也十分丰富。傅彬然写道："考查阅读成绩，（先生）最爱用'书取'的方法。'书取'大概是个日本名词，相当于英文 dictation。"计学期国文成绩是作文"加上'书取'和文法的分数，平均起来"①。贾祖璋回忆："一九一五年，我考入浙师，丏尊师开始讲授国文，就教我们这一班。当时印发的选文教材，没有断句，更不分段。上课时丏尊师就随便指定一位同学读断句子。读错或读完了一段，指定另一位同学再读。全文读完，再指定同学分段讲解。同学们常恐点到名，读不断，讲不好，因而上课前总认真预习。讲授的柳宗元的几篇游记，韩愈的《祭十二郎文》，苏轼的前后《赤壁赋》等都留下深刻的印象。"② 叶圣陶在《〈精读指导举隅〉前言》里说到现在的书籍报刊包括课本都有标点、分段落，认为"练习精读，这样的本子反而把学者的注意力减轻了。既已分了段落，加了标点，就随便看下去，不再问为什么要这样分，这样点，这是人之常情。在这种常情里，恰恰错过了很重要的练习机会。若要不放过这个机会，惟有令学生用一种只有文字的本子去预习，在怎样分段、怎样标点上用一番心思。预习的成绩当然不免有错误，然而不足为病。除了错误以外，凡是不错误的地方都是细心咬嚼过来的，这将是终身的受益"③。夏丏尊一向重视文章的标点与分段，却能取短为长、拙里藏巧、随机应变，除了教材

① 傅彬然：《怎样才对得起夏先生对得起自己》，《中学生》1946 年第 176 期。

② 中国出版协会编：《我与开明》，中国青年出版社 1985 年版，第 49 页。

③ 中央教育科学研究所编：《叶圣陶语文教育论集》，教育科学出版社 1980 年版，第 5—6 页。

编制与教学方法上得到启迪外，还可注意到他对一般人日常生活中读写比重的说法。的确，现代人可以一月不写文章，却不能一日不读书报。读与写是可以分得开的。

3. 作文的材料不只在文里书上。

“作文的材料到处都是，并非仅在书中。专从书上去学文字，即使学的好，也只是些陈言老套，有什么用处呢？我劝你勿只把文字当文字读，勿只从文字上去学文字。”该如何去学呢？夏丏尊以感性的经验与理性的认识指出：“我们自己写作的时候，原也需要内容，这内容要自己从生活上得来，国文教科书上所有的内容，既乱杂，又陈腐，反正是不适用、不够用的。我们的目的是要从古人或别人的文字里学会了记叙的方法，来随便叙述自己所要叙述的事物；从古人或别人的文字里学会了议论的方法，来随便议论自己所想议论的事情。”达到“随便”用来的程度，那是文章读得烂熟、具象更抽象的境地，在读文上要下大工夫；再则不做古人、今人（别人）的影子，写出依样画葫芦的文章，也是五四新文化运动传统的继承和发展。钱玄同《随感录》里“敬告青年学生：诸君是二十世纪的‘人’，不是古人的‘话匣子’。我们所以要做文章，并不是因为古文不够，要替他添上几篇；是因为要把我们的意思写出来。所以应该用我们自己的话，写成我们自己的文章。我们的话怎样说，我们的文章就该怎样做”。胡适《建设的文学革命论》将他的“八事”概括为“四条”，即“要有话说，方才说话”，“有什么话，说什么话；话怎么说，就怎么说”，“要说自己的话，别说别人的话”，“是什么时代的人，说什么时代的话”。时隔8年后，鲁迅《无声的中国》一文谈及五四文学革命目标时，归纳为“要说现代的，自己的话；用活着的白话，将自己的思想、感情直白地说出来”，并号召青年“先可以将中国变成一个有声的中国。大胆地说话，勇敢地进行，忘掉了一切利害，推开了古人，将自己的真心的话发表出来”。先驱们的声音，是殷切、响亮、持续的，国文教学实践与理论研究岂能彷徨。20 世纪 20 年代相继出版的几部作文法书，均把“力求真实”与否看成新旧作文观念与操作的分野。夏丏尊把真实视为写作者应有的态度，确定为“最要紧的基本条件”的首条，并以为“勿模仿勿剿袭”是“最要注意”的第一点。指出：“文章是发表自己的意思和情感，所以不能将别人的文章借来冒充；剿袭的不好是大家都承认的，古来早已有人说过，不必再讲。至于模仿，古来却有不以为非的。什么桐城派阳湖派的古问呀，汉魏的骈文呀，西昆体的诗呀……越学得象越好。其实文章原无所谓派别，随时代而变迁，也无一定的格式。仅仅象得哪一家，哪一篇，决不能当作好的标准。从另一方面说，文章是表现自己的，各人有各人的天分，有各人的创造力；随人脚跟，结果必定抑灭了自己的个性；所作的文章就不能完全自由表示自己的意思和情感，也就不真实不明确了。”可见，他强调表现真我的风采，不仅是起码的达标，更深的意图还在人之个性与创造力的弘扬。

中国古人确有如夏丏尊所说的不以模仿为非，视读书与写作间有着直接紧密的联系。所谓“读书破万卷，下笔如有神”、“劳于读书，逸于作文”是也；朱熹的“古人作文作诗，多是模仿前人而作之，盖学之既久，自然纯熟”为一种普遍的概括。然真能师其神不师其貌、融会变化，做成自家一种手笔者究竟是少数，且流传的名作必是作者适合时事的真实怀抱的抒写。模仿用绘画的术语说近似临摹，作为一种练习形式和途径，并非不可取。学画只临摹不写生，即使像得以假乱真，依旧还是别人不是自己，平添了几幅赝品罢了。失去个性与创造力不必说，心术与道德的沦落更为可怕。学作文亦然。作为技法、风格的学习，所谓师其神者，正是夏丏尊主张的；对于生吞活剥、“照原形排泄出来”的模仿，却是坚决反对的。阮真也谈经验体会：“我幼时常常摹拟古文，得到很大的益处。不过有时因为题目材料不相宜，而我硬学一篇古文的‘间架结构’就失败了。但如题目材料相宜的，往往什九得到成功。梁任公先生《中学以上作文教学法》中，也说过这种方法；张九如先生的《记事文教学本》，也用这种方法编辑的。”这有点拉人造势、以壮行色的意味。他明知偏重模仿“往往不见许于新教育家”，却列数中外古今有名的文人，“都是从模仿练习进步的”，并以为“只有多选些好的模范文，时常教学生摹拟”[①]。不知如他似的只有模仿、“往往什九得到”的是怎样的“成功”？离作者个性与创造力究竟有多远？

夏丏尊之合得拢，也有如下几点理由：

1. 读文与写作均是整体的部分。国文科是“整个的对于本国文字的阅读与写作能力的教养”。国文是整体，是属概念；读与写是部分，是其中的两种。相对独立，相辅相成。联络，并非读随从、依附于写；结合，乃是彼此促进的互惠双赢，统一到提高学生国文素养的整体上来。这是国文课程目标的总要求。

2. 读文与作文都要下触发的工夫。《文心》第13篇里解释：“所谓触发，就是由一件事感悟到其他的事。你读书时对于书中某一句话，觉到与平日所读过的书中某处有关系，是触发，觉到与自己的生活有交涉，得到一种印证，是触发；觉到可以作为将来某种理论说明的例子，是触发；这是就读书说的。对于目前你

① 阮真：《中学作文教学研究》，民智书局1929年版，第146—148页。

所经验着的事物，发见旁的意思，这也是触发，这种触发就是作文的好材料。”篇中所举《领袖》、《鸡叫》条，是日常生活中触到的片断，表明了作者的一种重要导向；因所读书报而有自己的话说、写成文章，也未尝不可。宋云彬《夏丏尊先生》文里写道：“八一三”前几天，他曾拿了一张《立报》到我家里，眯着眼指着“小记者”写的一首短诗给我看，说：“这两句好：‘只要有那一天，一切牺牲都情愿！’我也这样想，只要有那一天，我牺牲一切都情愿。”因此，他住在狄司威路麦加里，人家都搬东西，他不搬，嘴里常常念：“只要有那一天，一切牺牲都情愿。”[①]《整理好了的箱子》一文，既是当时纷扰情形“簇新鲜”的实录，又是夏丏尊蓄积情感的爆发，而导火索，正是那小记者的诗句。

3. 作文须包括读文在内的多方注意。“无论自由写作或命题写作，只靠临时搜集，是不够的。最好是预先多方注意，从读过的书里，从见到的世相里，从自己的体验里，从朋友的谈话里，广事吸收。或把它零零碎碎地记入笔记册中，以免遗忘，或把它分了类各各装入头脑里，以便触类记及。”还用比喻反复讲述：“所谓写作，在某种意味上说，真等于母亲生产小孩。我们肚里虽有许多的思想感情，如果那思想感情未曾成熟，犹之胎儿发育未全，即使勉强生了下来，也是不完全的无生命的东西。文章的题目不论由于教师命题，或由于自己的感触，要之只不过基本的胚种，我们要把这胚种多方培育，使之发达，或从经验中收得肥料，或从书册上吸取阳光，或从朋友谈话中供给水分，行住坐卧都关心于胚种的完成。如果是记事文，应把那要叙的事件的经过逐一考查。如果是议论文，应寻出确切的理由，再从各方面引了

① 宋云彬：《宋云彬杂文集》，三联书店 1985 年版，第 482 页。

例证，加以说明，使所立的断案坚牢不倒。”这个比喻岂只是生动、形象，更重要的是入木三分的深刻、透辟。文中述及秀才做不出文章，感觉比他娘子生孩子还艰难、痛苦，是因为其肚子里没有货色，却要硬做文章。再说，从前的正式文章是八股文，须代圣人立言。秀才做出文章来，也无异于大网膜接种的借腹生子、宫外孕，又是替别人家传后代，不是自己的胚种，何必遭此罪受呢？阮真比读文为种瓜、种豆，都是把别人的文章看成自己作文的胚种，而且是一因一果，种什么得什么。夏丏尊以为作文是受触发的思想情感的自身培育、完善，作文之果是多种因素的复合。读文只是一个条件、一种助缘，其一而又不执于一；它还有自己的果子要结——阅读能力和习惯。所以，作文是多因之果，读文是多果之因，并不是单纯的依赖、附属，而必须多方注意。

4. 读文与作文是国文课程里的项目，也都是生活上的项目。他在《阅读什么》里指出：“我以为书只是求知识的工具之一，我们为了要生活，要使生活的技能充实，就得求知识。所谓知识，决不是什么装饰品，只是用来应付生活，改进生活的技能。”《文心》第3篇里又说“作文是应付实际需要的一件事情”、“作文是生活，而不是生活的点缀”，“犹如读书、学算一样”、同“说话、做工一样，是生活中间缺少不来的事情”。都需多方注意、多加练习。20世纪30年代教学做合一，已成为普遍认同的教学原理。有孙怒潮编的包括教案、选文、练习三项的教学做，也有阮真的读古文学做文言文的教学做。他说：“现在高中的国文教材，十之七八不能和作文联络的，于是‘教学做’三者不能不分离，这也是一件教学上最不经济的事。”并声明：“我是主张‘教学做合一’的，学生实际上需要做什么，就应该学什么；教师也应该教他们做什么。教读文，就是教他们应用所读的材料方法去做文。”[①] 试看他作的教材质的分配，主要教材占 60%，与写作联络。高三上学期主要教材哀祭文 30%，占一半。如此，少则数日，多则数月，学生要呜乎哀哉、以泪洗面了。这究竟是谁的需要？还有多少真情实感？夏丏尊虽然没有明说教学做合一，却是把原理融化于论述之中的。

在读的内容丰富、写的来源广泛的背景下，夏丏尊看取读与写，势必存有隐显、松紧、疏密、散整的辩证关系。古诗文，显然不是仿拟的样品，尤其是情调和学生生活距离较远的。如陶渊明的田园诗，“目的大概是供给常识”；即便急切需要的工场诗、都市诗，也只读而不勉强去作。有怎样的生活，有怎样的诗篇、怎样的情调，像这样的读对于写，就是含蓄、隐约、疏松的，阅读古诗文，了解文化遗产，打素养的底子，对读写都有潜移默化的影响，现代诗文也不例外。读须整体感知，精品还得反复吟咏、记忆背诵，直接作用于写的往往是其中的词语、句式和表现法。《学习国文的着眼点》中指出：“对于词儿，不但要知道它的解释，还要懂得它的情味。你在读文字的时候，如果不用这步工夫，那么你不但对于所读的文字不能十分了解，将来自己写起文字也难免要犯用词不当的毛病。……读文字，听谈话，能够留心句式，找出若干有限的格式来，不但在理解上可以省却力气，而且在发表上也能得到许多便利。”表现法是“我们心里有一种意思和情感，用文字写出来或口里讲出来，这就是表现。……意思只是一个，表现的方法却不止一个，在许多方法之中究竟哪一种好，这要看情形怎样，无法预定的。读文字的时候最好能随时顾到，看作者所用的是哪一种表现法，用得有没有效果？自己写作文字，对于自己所想表现的意思，也须尽量考虑，选择最适当的

① 阮真：《中学国文教学法》，正中书局 1936 年版，第 57、42 页。

表现法”。来源不止一处，功用不止一方，均少不了“我”这个学习主体；并非原血肉骨骼的移植，是局部、抽绎的借用。夏丏尊不似一般教师那样，读什么即写什么。难得看一场演出、电影，举办一次春游、秋游，就早早地宣告回来交一篇作文。《文心》第10篇是以游带读促写的范例，气氛是融洽而宽松的。读与写间紧密联系、相互促进、反复来回纠结的有：翻译、评改、读书笔记以及缩、扩、续等多种，常做这类练习，不仅须读得真、读得精，而且是多读多作了。

二　读与写求真、求精、求新

求真、求精、求新，是夏丏尊读写环环相扣、逐层递进的价值取向。真、精、新，均是读写的公因式，其中新是读写的高标，即“读书贵有新得，作文贵有新味”。从《关于国文的学习》和《文心》等著述里，可以感受到作者强烈的创新意识和不懈、切实的追索。

阅读之新在鉴赏。鉴赏是不断接近文本、作家的心路历程，厨川白村曾名之为“共鸣底创作”[①]。夏丏尊以为“真的，鉴赏不失为一种创作，只是创作是作家的自己表现，而鉴赏是由作家所表现的逆溯作家，顺序上有不同而已”。中学生常用文体的习作和“自由地无拘束地去写出文艺作品来”的创作，其生命都“在乎有新鲜的意味”。把阅读鉴赏（欣赏）与写出有新意的作文相提并论，就初中而言，是有课程依据又超出标准的。自新学制《初级中学国语课程纲要》始，欣赏作持续发展观；1932年《高级中学国文课程标准》目标4破天荒地提出

① 厨川白村著，鲁迅译：《苦闷的象征》，人民文学出版社1988年版，第61页。

“培养学生创造新语新文学的能力”。夏丏尊仍然是“自定取舍”，“泛就了中学生设想而已”。他的构想，与其说超越了当时同级的水准，不如认为是对中学国文课程作适度有选择的整合，从目标的一致性去考量发展的连贯性和年级的阶段性，充分释放学生的潜能。具体过程是一步一个脚印，扎扎实实的，个中的分寸感极强。

鉴赏之新基于理解之真。《关于国文的学习》里指出：“第一是理解。理解又可分两方面来说。(1) 关于辞句的；(2) 关于全文的。关于辞句的理解，不外乎从辞义的解释入手，次之是文法知识的运用。辞义的解释如不正确，不但读不通眼前的文字，结果还会于写作时露出毛病。”建议“多翻字典多问师友，切不可任其含糊”。《学习国文的着眼点》中进一步挑明：“一个词儿的意义是多方面的，辞典当然不能一一列举，只能把大意用别的同义语来表示了。词儿不但有意义，还有情味，词儿的情味，完全要靠自己去领略，辞典是无法帮忙的。……读文字的时候对于每一句句子不但要单独的认识它，还要和上下文联结了认识它。”词句通解了，尚未可说能理解全文了。“文字的理解，最要紧的是捕捉大意和要旨，否则逐句虽已理解，对于全文仍难免有不得要领之弊。一篇文字，全体必有一个中心思想，每节每段也必有一个要旨。文字虽有几千字或几万字，其中全文中心思想与每节每段的要旨，却是可以用一句话或几个字来包括的。阅读的人如不能抽出这潜藏在文字背后的真意，只就每句的文字表面支离求解，结果每句懂了，而全文的真意所在仍是茫然。”这是一种局部与整体兼顾、由表及里的概括法。“理解之外，还有所谓鉴赏的一种重要功夫须做”，那是“想知道其每句每段或全文的好处所在”；“如果这文字是平常的作品，能确认出错误的处所来，那么直斥之为坏的不好的文字，原无不可。”《文心》第 30 篇更鲜明、具体阐述了批评的理由。“我们读了一篇不好的文章，如果能一一指摘出它的毛病，等于读一篇好文章能一一领会它的好处。并且，实际上真正好的文章，自古以来就不多，我们日常所见到的往往都是有些毛病的文章。犹如人的相貌一样，我们一生之中难得见到绝代的美人或美男子，日常所碰见的都是些普通的人物，不是鼻子太低就是眉毛太浓，或是眼睛旁有个小疱点。如果我们定要遇到好的才去鉴赏，不是机会就很少了吗?”篇中申明“这见解，是读了《中学生》杂志中的《文章病院》以后才发生的”。其实，《文艺论 ABC》第 10 节就有相关论述，并把这一面面观贯彻到教科书的编写中。

如果说，理解主要用概括的方法，那么鉴赏主要用比较的方法。(1) 我之所思与作品所写比。“鉴赏的第一条件，是把‘我’放入所鉴赏的对象中去，两相比较。一壁读，一壁自问：‘如果叫我来说，将怎样?’对于文字全体的布局，这样问；对于各句或句与句的关系，这样问；对于每句的字，也这样问。”常作自问自比，“文章的好坏就显出来了。那些和我写法相等的，我也能写，是平常的东西，写法比我好的就值得注意。我心中早有此意见或感想，可是写不出来，现在却由作者替我写出了，这时候我就觉到一种愉快。我们平常所谓‘欣赏’者，大概就是这愉快的心情吧。文章之中，尽有写法与我全然不同，或在我看去不该如此写，读去觉得有些与我格格不相入的。我对于这种文章，如果当时未曾发见它的错处，常自己反省，暂时不加判断，留待将来再读。我以为鉴赏是作者与读者之间的共鸣作用，读者的程度如果和作者相差太远了，鉴赏的作用就无从成立”。说鉴赏，不忘说教材的选编。名家名作，也须有可接受性。(2) 今之我与故之我比。“诸君于第一年级读过的好文字，到第二年级再读时，会感到有不同的处所，到毕业后再读，就会更觉不同了。从前的所谓好处，到后来有的会觉得并不好，此外别有好的处所，有的或竟更觉得比前可爱。我幼年读唐诗时，曾把好的句加圈。近来偶然拿出旧书来看，就不禁自笑幼稚，发见有许多不对的地方，有好句子而不圈的，有句子并不甚好而圈着的。这种经验，我想一定人人都有，不但对于文字如此，对于书法、绘画，乃至对于整个的人生都如此的。”所以，“好的作品至少要读二遍以上。……用了‘玩’的心情，冷静地去对付作品，不可再囫囵吞咽，要仔细咀嚼。诗要反复地吟，词要低徊地诵，文要周回地默读，小说要耐心地细看！”（3）我之所见与他之所解比。“把前人鉴赏的结果拿来做参考，足以发达鉴赏力。读词读诗不感到兴趣的，不妨去择一部诗话或词话读读；读小说不感到兴趣的，不妨去一阅有人批过的本子。诗话、词话、文评、小说评，是前人鉴赏的记录，能教示我们以诗词文或小说的好处所在，大足为鉴赏上的指导。”但“自己须由此出发，更用了自己的眼识去鉴赏，切不可为所拘执”。

鉴赏之新赖于读者之心。鉴赏的“鉴”字，是看的同义词，“同是一个看，有‘见’‘视’‘观’三个阶段，我们看到别人的一篇文章或是一幅画是‘见’，这时只知道某人曾作过这么一篇文章或一幅画，其中曾写着什么而已。对于这一篇文章或一幅画去辨别它的结构、主旨等等是‘视’，比‘见’进了一步了。再进一步，身入其境地用了整个的心去和它相对，是‘观’。……‘观’是整个的心理活动。不论看文章或看绘画，要到了‘观’的境界，才够得上称鉴赏。‘观’是真实的受用，文章或绘画的真滋味，要‘观’了才能亲切领略，用吃东西来做譬喻，‘观’是咀嚼细尝，‘见’和‘视’只是食物初入口的状态而已”。不求甚解地狼吞虎咽、大吃快喝，与鉴赏无缘。“美的一种条件是余裕。这话原是就创作上说的，我觉得在鉴赏上也可应用。”文章的新意味须“全副精神都放在里面”、乐此不疲地“玩赏”出来的。除心态外，还得脑存。“作者的生平，作品的缘起，以及其他种种与这作品有关联的事件，最好能先知道一些，至少也该临时去翻检或询问别人。这些知识本身原不是鉴赏，却能作我们鉴赏上的帮助，不可轻视的。”更须驰骋想象。“所谓共鸣，无非是我们自己要去和作者共鸣罢了。……想象是鉴赏的重要条件，想象力不发达，鉴赏力也无法使之发达的。”

援用夏丏尊的法子，把《关于国文的学习》与《文心》第30篇《鉴赏座谈会》联系起来比较，可见，鉴赏是学生主动投入、精心细读、触类旁通，发挥想象力和创造性思维的阅读过程，对学生良好的阅读习惯形成和能力培养，具有非常重要的意义；而夏丏尊等也的确铺设了一条求真、求精、求新的心路。自有这样的鉴赏观，国文阅读教学的境界全出。

作文之真源于外发于内之情。源于外即上述的多方注意、广事吸收，发于内即“文章是传达自己的意思和情感给别人的东西。倘若自己本来并无这样的意思和情感，当然不应该作表示这样的意思和情感的文章，不然便是说诳了”。他引用刘勰《文心雕龙》：“情者，文之经；辞者，理之纬；经正而后纬成，理定而后辞畅：此立文之本也。”表明“作文先要有真实的‘情’，才不是‘无病呻吟’”。批评“近来，许多青年欢喜创作，却又并不从实生活上切切实实地观察体验，所以虽然作了许多篇东西，却全同造谣一样，令人读去觉得非常空虚”。并以为“所谓‘真实’，固然不是开发票或记帐式地将事实一件一件地照样写出，应当有所选择；……虽然文章是表现作者的实感，往往有扩大缩小的事实，而同一事物看大看小也随人随时而不同；但这是以作者的心情作基础，不能凭空妄造。用一块钱买一件东西，是一桩很简单的事；但因时间和各人的情形不同，有的人觉得便宜，就说：

'不过花一块钱。'有的人觉得昂贵，就说：'这要一块钱呢！'心情完全不同。但都是真实的，所以没有不合理的地方。'白发三千丈，缘愁似个长。''笔落惊风雨，诗成泣鬼神。''朝如青丝暮成雪'，'边亭流血成海水'，这类名句所以有价值，就因它们是表现作者的实感。倘若并没有这样的心情，徒然用这样笔法来装饰，便是不真实"。正反对比，告诫中学生在考虑作文内容、体裁、技法时，得先扪心自问一下：是否出于真情实感的自然流露？

作文之精在于明了与适当。精与粗对立，而与真相关；明了从《文章作法》中"明确"而来。"所作的文章要读的人读了能够得着和作者作时相同的印象，才算是好的，所以对于自己所要发表的意思和情感必须十分忠实。这本不是一件容易的事，第一步工夫就在用辞。用辞要适如其分，不可太强，也不可太弱，不可太大，也不可太小。从来文人无不在用辞上下过苦功夫，贾岛的'推敲'就是最显明的例。法国文豪福来培尔（福楼拜）教他的学生莫泊三有几句名语，很可做教训。"所以，"须自己造辞，勿漫用成语或典故"。自己造辞非生造令人读不懂，而是选出最适当最有表现力的一个来，且只有这一个非用不可。这是份精细的活儿。成语与典故具有预制、固定的特点，"如果真和自己所要表示的内容吻合，用也无妨，但事实上很难得有这样凑巧的事情"。虽未如胡适"八事"中的弃用典，不过"用成语典故真能确切的实在不多，所以这样的错误触目皆是，非特别留意不可"。这样的提示，是中肯、恰当的。《关于国文的学习》中，用词纳入内容意义上的明了。不只就成语典故或外国语、方言论，也不只从人称、"的地得"等用字上注意，还着眼于可作两种解释的歧义等多方面的问题研讨；并"欲求文句形式上的明了，第一须注意的是句的构造和句与句间的接合呼应。句的构造如不合法，那一句就不明了；句与句间的接合呼应如不完密，就各句独立了看，或许意义可通，但连起来看去，仍然令人莫名其妙”。前者“须别从各方面留心”，“积极的方法是多认识辞”；后者“可由文法知识来救济”以求通畅。“明了是形式上与部分上的条件，适当是全体上态度上的条件。我们写作文字，当然先有读者存在的预想的，所谓好的文字就是使读者容易领略，感动，乐于阅读的文字。”更须明了的是，夏丏尊向来不以为作文的精通、精练全在于法则，从《文章作法》到《关于国文的学习》都是如此。“文字的学习，虽当求之于文字的法则（上面的所谓明了，所谓适当，都是法则），但这只是极粗浅的功夫而已。要合乎法则的文字，才可以免除疵病。这犹之书法中的所谓横平竖直，还不过是第一步。进一步的，真的文字学习，须从为人着手。‘文如其人’，文字毕竟是一种人格的表现，冷刻的文字，不是浮热的性质的人所能模效的，要作细密的文字，先须具备细密的性格。不去从培养本身的知识情感意志着想，一味想从文字上去学习文字，这是一般青年的误解。我愿诸君于学得了文字的法则以后，暂且抛了文字，多去读书，多去体验，努力于自己的修养，勿仅仅拘执了文字，在文字上用浅薄的功夫。”只有这样去理解，才是完整、适当的。

作文之新须下触发的工夫。“读书贵有新得，作文贵有新味，最重要的是触发的功夫。……触发要是自己的新鲜的才好，用月的圆缺来比喻人事的盛衰，用逝水来比喻年华难再，用夕阳来比喻老年，诸如此类的话在最初说出来的人原是一种好触发，说来很有新味，我们如果袭用，就等于一味说人家的话，自己不说什么了。”拾人牙慧、人云亦云，向来是平庸、愚弱的表现。可对中学生而言，“语不惊人死不休”难道不成了不切实际的过高企求、反而束缚了手脚动弹不得呢？《文心》里以具体的实例一再告知：作文之新，绝非一蹴而就、一步登顶，而是生活与读书的日积月累、不断超越自我的渐进的旅程。第 25 篇《读书笔记》借用王先生的话说："你们有你们的书在日日读着，如果你们的读书不是浮光掠影的，必能随时有所见到，把见到的写出来，就是你们的读书笔记了。读书要精细，才能写得出读书笔记，反过来说，试写读书笔记，也就是使读书不苟且的一种方法。我的叫你们试写读书笔记，用意大半在此。"他提示的"可加探讨的事项"的确很多。"例如，你们已知道'所'字的意义了，但是'所'字有几种用法，你们知道吗？如果能够随处留意，遇到新的用例，归纳起来，不是一条很有意义的笔记吗？又如，有些文章读起来觉得雄健，有些文章读起来柔婉，你们是知道的，但是怎样才会雄健，怎样才会柔婉，这条件你们知道吗？如果能关心这个问题，多读雄健或柔婉的文例，发见出若干法则来，不是很好的笔记吗？又如你们是喜欢读小说的，小说开端和结末几行的文字，作者往往费过许多苦心才下笔。你们看过许多小说了，开头或结末共有多少写法，也不妨当作笔记写记出来。又如，你们读了某篇文章，某首诗或词，觉得其中有几句是好句，如果你们能说出其所以好的理由，写出来也是笔记。此外如阅读时对于书中的话有疑点，或与你们自己的生活有可相印证的时候，也都不妨写记出来。"当有同学提出"我们学识有限，这样写记出来的东西，也许都是别人说过的陈套哩"时，王先生回答："这不要紧。只要你的见解不是抄袭别人，完全出于自己思索的，那与人家说过不说过毫无关系。……你们是中学生，写笔记只是一种练习，当然不必以发明发见自期。"说适度调整也好，心理宽慰也罢，有上述种种探讨的课题，认真去做，何愁不能读出写出较前有心得新见的笔记？现今的研究性学习不过如此。即使见解和专家的差不多，也是小荷才露、锋芒初试、潜能与才华的展现。不仅是拓展地细读、有目的地筛选，写出了作文，而且树立了学好语文的自信心。

作文之新与创作有关联。王森然在《中学国文教学概要》里指出："教学作文的目的，在养成学生抒写的能力，和发展思想的能力。像练习，创作，长时间限定之作文，短时间限定之作文，均属于第一个目的；日记，读书录，批评，均属于第二个目的。"所谓"创作就是自由作文，自由作文和出题作文比较起来，意思可以自由，作品每每发现出人意外的优良。可见出题作文是练习工作，创作是成熟的发表。中学生不能说个个无发表能力，应当指导其方法，引起学生创作的兴趣以发展其独创之天才"①。蒋伯潜在《中学国文教学法》里表明："中学生作文就是习作，——练习写作，——不是创作。"② 两本教学法著作的观点，大致可代表多年来截然不同的两种看法。蒋伯潜还曾撰文说："'习作'和'创作'不同，夏先生和叶绍钧先生合编的《文心》里已说得很明白。"重申"中学生国文底'习作'，只是'习作'，不是'创作'，更不是'文学的创作'"③。所以，有必要作进一步的解说和澄清。

夏丏尊等把国文学习与生活打成一片，把读与写课内外打成一片。所以，在他们看来，作文包括应用之作、习作、创作三个项目，是既有区别又有联系的。"诸君的写书信是应用之作；作文是习作；将来择定了题材自由地无拘束地去写出文艺作品来，便是创作。习作只是法则与手腕的练习，应用之作只是对付他人和事务的东西，创作才是发挥自己天分的真成绩。"限定、速成

① 王森然：《中学国文教学概要》，商务印书馆 1929 年版，第 301—309 页。
② 蒋伯潜：《中学国文教学法》，中华书局 1941 年版，第 59 页。
③ 蒋伯潜：《习作与批改》，《国文月刊》1946 年第 48 期。

是应用之作、习作的基本要求，创作正相反。习作“每次大概有一定的着眼点，一次习作，不必花过多的时间和劳力；应用之作是对付他人和事务的东西，有他人和事务在眼前，也不许我们多费时间，以致妨碍他人和阻滞事务；至于创作，全是自由的天地，可以尽自己的心力忠实地做去，做到自己认为满意了才放手。……时间和劳力是不能计较的”。他主张区别对待：“你们在教室中作文课，如果到了规定的时间不缴卷，我就要催促责备了，可是你们自己在课外爱写什么，无论怎样慢，我决不会干涉。因为创作全是自己的事，忠于创作，就是忠于自己。”三项中主次、本末、重轻是非常分明的。“诸君是中学生，中学原是整个的习作时代，创作虽不妨试试，所当努力的还应该是习作。”允许试作并加以指导。“创作是一种创造，其生命就在乎有新鲜的意味。无论文章或绘画，凡是摹仿套袭的东西，决不配称为创作。创作第一步的工夫是发见题材，题材须是有新鲜意味的才值得选择认定。世间的事物，原都是现成的，平凡的，旧有的，所谓新鲜的意味，完全要作者自己去发见。……题材选定了以后，第二步还要使它成熟”，即多方注意、广事吸受，第三步“要写成作品，就非有熟练的手腕不可”。因此，创作与习作不是生生分离的。“创作是无程限的，所需要的习作根底也是无程限，习作的根底越深越好。越是想从事创作的人越应该重视习作。至少该一壁创作，一壁习作。”夏丏尊反对的是“专喜写小说诗歌”却“把习作认为卑鄙不足道的工夫”或“不从实生活上切切实实地观察体验”而来的“全同造谣一样”的“创作”。《文心》第32篇《最后一课》：“再说写作，当然不只限于文课以及应考试的作文；这些都只是习作，没有多大的意义。但是我也不是要人人做文学者，大家都从事于创作；……我只是说对于写作既已学习到相当的地步，就该让这写作的技能永远给你们服务；无论是应用之作，或是兴到时所写的一篇东西、一首诗，总之用创作的态度去对付，要忠于自己，绝不肯有半点的随便和丝毫的不认真。文学者固不必人人去做，然而文学者创作的态度却是人人可以采取的。惟能如此，才能受用不尽呢。”这番话，语重心长！并非贬低、否定习作，而是强调持续发展；其中创新的意识、创作的态度，是素质教育的灵魂。不仅对读书作文，也是学生今生今世安身立命的法宝。

第三节　奉献:国文课程与教学论研究

“治教育则归于至情，研语文则时获创见。”[①] 这是叶圣陶对夏丏尊人格与语文学风格的概括。正因为他对教育事业、对学生一往情深，所以悉心研究，给语文教育界奉献出累累硕果：訇然洞开的阅读天地，另辟蹊径的小品写生，富有远见的兼教不作，耐人寻思的语感议题，不同凡响的精读略读……现取夏丏尊任教春晖中学一段，阐述他对语文百年课程与教学的建树和影响。

一　富有远见的兼教不作

兼教不作就是在国文课程与教材、教学中，学白话文的同时教文言文，却不写文言文，只写白话文。就半个世纪以来中学语文教学的实况来看，这是平常不过、正当不过的事，然而在二三十年代却是意见分歧、争论不断的热门话题。阵势大致为不相容的对立关系概念，既有对垒的两面，又有中间状态。可分为：

---

① 叶至善等编：《叶圣陶集》第6卷，江苏教育出版社1989年版，第211页。

1. 不作文言论。以夏丏尊、黎锦熙等为代表，夏丏尊在《初中国语科兼教文言文的商榷》一文中共说了三次不作。“我以为现在，自小学以至大学的学生，文言文尽可不作”，“我以为：现在做中国普通阶级的人，自己尽管可以不作文言文”，“我是不主张学生再作文言文，我的教文言文，目的只在读解方面”[①]。该文写于他在春晖中学任教期间，其作文观却是浙江一师时的延续。浙江一师拟定的《国文教授法大纲》要求“学生能够用现代语——或口讲，或写在纸上——表现自己的思想感情，而且要自由、明白、普遍、迅速”。1919 年秋之国文教学改革，读与写都是白话文。据上海《民国日报》1919 年 11 月 28 日第 3 版载，“不满三个月，该校学生差不多全体都用白话作文”。极个别写文言文的出自省政府秘书教的班里，后有转变（见陈望道《“五四”时期浙江新文化运动》一文）。夏丏尊前后一致，黎锦熙态度也很坚决。《中等学校的“国文科”要根本改造》的一点即“凡中等学校四年间的‘作文’，纯粹地练习语体，绝对废止文言”。理由是“须知文言文的用处，只在‘阅览’一切文言的书籍，只是我们民族遗传下来一个知识仓库的锁匙”，而“绝对不是拿来做‘文学的模范’的”；并反问：“语体文定是容易作得好的吗？难道不要长时间的练习吗？还有功夫去依样画那已死的葫芦吗？还有心情去迷恋那已朽的骸骨吗？”[②]

2. 语体为主论。以朱自清等为代表，朱自清《中等学校国文教学的几个问题》里说道：“至于‘文白’之别，我以为初中应全作白话文，高中亦应以白话文为主，其愿意作文言者听

---

① 夏丏尊：《初中国语科兼教文言文的商榷》，《春晖（半月刊）》1923 年第 19 期。

② 黎泽渝等编：《黎锦熙语文教育论著选》，人民教育出版社 1996 年版，第 186—187 页。

之——因无论如何，我相信将来通用的只有白话文!”[1] 把蔡元培“将来白话派一定占优胜的”预想，推进到中学生作文体式上来，1929 年初高中暂行课标之作文目标 1 似乎是照此抄录的。

3. 文语随意论。以梁启超为代表，他的《作文教授法》“预备中学以上教学用。假定学生在小学期间对于语体文已有相当之素养，到中学以上无专门教授语体文之必要”。课内“作的文文言白话随意”，理由是“文言和语体我以为是一贯的，因为文法所差有限得很；会作文言的人，当然会作语体。或者可以说文言用功愈深语体成就愈好。所以中学以上在文言下些相当工夫，于语体文也极有益”。他申明：“我主张中学以上国文科以文言为主，但这是专从讲授一面说，至于学生自作，当然不妨语文并用；或专作语体亦无不可。因为言作文与否和文学做得好歹，所重不在体裁而在内容。”[2] 这一观点与蔡元培《致公言报答林琴南君函》里表达的“白话与文言，形式不同而已，内容一也”同一机杼。随意论在 20 世纪二三十年代教学第一线颇有市场。张震南等便是“文言白话各从其便”[3]。阮真《中学作文教学研究》里写道：“‘文言白话一任学生自做’这差不多是现在个个教师、个个学生公认的绝对的原则。谁敢否认这个原则呢？但是据我的观察，有些学生自进校到毕业，完全做白话，不做一篇文言；教他写文言便不能下笔了。有些学生因为从前做惯了文言，便自进校到毕业，完全做文言，不做一篇白话；教他写白话文便做不好了（这些学生不但白话文做不好，便是国语也说不好。）那么文

① 朱自清：《中等学校国文教学的几个问题》，《教育杂志》1925 年第 17 卷第 7 号。

② 梁启超：《饮冰室合集·专集 70》，中华书局 1936 年版，第 1—41 页。

③ 张震南等：《中学国文述教》，商务印书馆 1925 年版，第 44 页。

语限制，在作文练习上不能不成为问题了。”[①] 梁启超的假定并不可靠，文言语体的转换中学生也未必如他似的信手。阮真反对放任自流是不错的。

4. 文语兼习论。以叶圣陶等为代表，以新学制《初级中学国语课程纲要》为依据。周予同认为，“就实际说，中学生在现在还有阅览或发表文言文能力的必要”[②]。朱经农认为：“‘读古书’与‘作语体文’尽可并行不悖的，并不是读了古书就非作古文不可的。中学校学生也不妨练习用文言作文，但是主张非古文不作，那就错了。……初中学生国学根底浅薄，还是多做语体的好。”[③] 尽管有全作文言文和选拔考试以一篇文言作文定取舍的现象，在国文课程层面却不外乎上述四种看法。

第一、二种里夏丏尊、黎锦熙、朱自清的看法，均可视为对新学制国语课程纲要的批评和修正，虽然不像穆济波那样直指胡适。诚然，作为课程纲要起草委员会的负责人，胡适有不可推卸的责任。他的转变来得快，五四运动后是一再变动。1922 年《再论中学的国文教学》与其两年前假定的标准“人人能以国语自由发表思想”、“人人能作文法通顺的古文”不同。所拟的“四学年内，作文均应以国语文为主”。解释“作古体文但看作实习文法的工具，不看作中学国文的目的。因为在短时期内，难望学生能作长篇的古文；即使能作，也没有什么用处”。并说“黎锦熙先生提了一个议案，他说：‘中学作文仍应以国语文为主……愿意学习文言文者，虽可听其自由，但只可当作随意科……’，

① 阮真：《中学作文教学研究》，民智书局 1929 年版，第 125 页。

② 周予同：《对于普通中学国文课程与教材的建议》，《教育杂志》1922 年第 14 卷第 1 号。

③ 朱经农：《对于初中课程的讨论·国语科内容》，《教育杂志》1924 年第 16 卷第 4 号。

可以做个参考”。[①] 陈平原“读胡适1922年7月5日日记，发现在中华教育改进社第一次年会期间，为黎锦熙的议案，胡适与之‘辩论甚烈，几乎伤了感情’。黎锦熙所提‘议案主文’为：现制高小国文科讲读作文均应以国语文为主；中等各校应以文言文为主，作文仍应以国语文为主；新学制国文课程依次类推。黎氏的这一主张，与梁启超的设想十分接近。但这一带有‘折中色彩’的主张，受到胡适的坚决抵制；适之先生要求将其修改为：‘当小学未能完全实行七年国语教育之时，中等各校国文科讲读作文亦应以国语文为主。’（《胡适的日记》394页，中华书局，1985）这里的差别在于，黎、梁等更多考虑中学教育的特点，以传播知识培养人才为目标；而胡适则担心好不容易取得胜利的白话文，在其立足未稳之时，会被传统的中小学教育架空”[②]。其实，黎锦熙、胡适的分歧在讲读；黎锦熙、梁启超的区别在作文，两人的设想并不十分接近。所谓随意科只是应用的文言文、古体的美文，“可随个性自由拟作”；其“必修者，即从初小以讫高中，真切、迅速、正确之‘语体文’技术，必按级各达到相当之水准。……要之，能自由运用语体文发表思想者，乃‘作文’之目的，而自由阅读并欣赏一切文言文及有注解之古籍者，则读书之目的也”[③]。从《中等学校的“国文科”要根本改造》到《本国语文教学法提要》等篇可见，黎锦熙在文言文兼教不作这一点上，与夏丏尊的主张不谋而合。

胡适五四运动前是国语文学的倡导者，属第一种；1920年

---

① 胡适：《胡适文存二集》卷四，东亚图书馆1928年版，第247页。

② 陈平原：《八十年前的中学国文教育之争——关于新发现的梁启超文稿》，《中华读书报》2002年8月7日第5版。

③ 黎泽渝等编：《黎锦熙语文教育论集》，人民教育出版社1996年版，第104页。

是第四种、后为第二种，新学制课程纲要出，又是第四种，暂行课标高中转为第二种。1923 年的双管齐下，大概是穆济波《新制中学国文科课程标准纲要问题》里点明、夏丏尊《叫学生在课外读些什么书》中又说到的“往往容易犯‘阿己所好’的毛病”吧？也许是既没能考虑学生和中学作文教学的实际，也未去担心来之不易的新文化成果。而这两头却全由夏丏尊、黎锦熙、朱自清等人承担兼顾着，其中夏丏尊表现得尤为果敢和坚韧。穆济波指出胡适等人双管齐下，主张初高中分段。初中继续语体文写作，高中文言文写作，虽不是平行的双管，却是二节管，两头也未必接得上，很可能是两根或两段管子。真正一竿子到底，形成通透的长管的是夏丏尊。如果说 1919 年蔡元培推测“将来应用文，一定全用白话，但美术文，或者有一部分仍用文言”，他的“应用文，不过记载与说明两种作用”，那么 1922 年胡适已分明看到小品散文的成功，“就可彻底打破那‘美文不能用白话’的迷信了”，语体作文的天地自由广阔。此时，夏丏尊不仅正为作文教学问题“烦闷”着、想方设法改变学生作文的态度，并且凭借着这自由广阔的天地，“周遍地养成各种文体的写作能力”。这条路是始于足下面向未来的。

当时也有减轻学生负担的问题。减负不等于同时降低要求，而双管齐下或上二节管则加重了负担、降低了要求、收不到效益。1932 年《高级中学国文课程标准》目标 2“除继续使学生能自由运用语体文外，并养成其用文言文叙事说理表情达意之技能”，比 1929 年《高级中学普通科国文暂行课程标准》“并依学生的资性及兴趣，酌量兼使有运用文言作文的能力”标的高、弹性小，实际上却做不到。阮真拟定的作文进程也是初中作语体、高中写文言。他“从教学上增进效率着眼，故以为初中一年级当集中精力，切实教学，先使学通白话文。而于二三年级则当尽力注意白话文言之过渡训练，使渐能读作文言文。而高中学生则当完全读作文言文”[①]。读写的文言文，“以报章文言、科学文字与现时社会之应用文字”为准，“应用文艺除外”；和叶圣陶的“近代文言”、“应用文言”无二。之所以初中不表明写文言，教学步骤与写作标准又不一，是因为“至望初中毕业生能学通普通文言文，而为通畅的文言文章，此事实上所必不可能者。试思民元至民十年间，小七中四，受十一年教育之中学毕业生，学通文言者几何？而今日初中毕业生，仅受教育九年。程度等于旧制中学二年生，既有文白两重负担，而国文时间又少于旧制小学七年及中学一二年级，安能望其通乎”[②]？据阮真对所教高中各班历届毕业生之观察，“大约文言能通者（白话亦通）百分之十”，“作白话大致通顺者（不能作文言）百分之五十”[③]。哪一种更利于学生、符合教育原理和社会需求呢？为区区百分之十奋力拼搏值吗？连阮真自己都感觉到这是一场“师生两困，教学兼疲”的无望的苦斗。他的经验反证了夏丏尊兼教不作的明断。不把写作文言文列入课程目标之中，某种意义上讲，也是一种“节育”；少养一些，让另一些茁壮成长。可以说，夏丏尊就是20世纪前期语文教育界的马寅初。虽然他不能去制定国文教育的政策法规，扭转大局，但他的观点是有极大的价值和深远的意义的。计算一下中学生兼习文言文付出了多大的代价！

夏丏尊兼教不作，不全出于把有限的教育资源用于刀刃上，他还认为白话文的事业未竟，中学作文教学任重道远。他在《文艺论 ABC》第8节里说道：“最近的五四运动与白话文学有关，

---

① 阮真：《中学国文教学法》，正中书局1936年版，第177页。

② 同上书，第183页。

③ 同上书，第181页。

是大家知道的事。白话文学运动原也是受了西洋文艺的洗礼而生的，但可惜运动只在文艺文字的形式上，尚未到文艺的本身上。我们更该尽量地接近外国文艺，进一步来作文艺本质的改革运动。”在20世纪30年代的文言、白话、大众语论战中，他认为：“要改进白话文，要使白话文与大众发生交涉，第一步先要使它成话。”“五四以来的白话文，因为提倡者都是些本来惯写文言文的人们，他们都是知识阶级，所写的文字又都是关于思想学术的，和大众根本就未曾有过关系，名叫白话文，其实只是把原来的‘之乎者也’换了‘的了吗呢’，硬装入蓝青官话的腔调的东西罢了。凡事先入为主，白话文创造不久就造成了那么的一个腔壳，到今日还停滞在这腔壳里。当时提倡白话文的人们有一句标语叫‘明白如话’。真的，只是‘如话’而已，还不到‘就是话’的程度。换句话说，白话文竟是‘不成话’的劳什子。”把这些文字与他的《关于国文的学习》里中国普通人该知道的、全世界所认为常识的书目比照，可见他是大处着眼、小处着墨。

在语体文如何成话的问题上，各家说法也不一。20世纪20年代拟定兼习文言文的叶圣陶，30年代却主张：“要把语体文写得纯粹，也不该向文言讨救兵。……写语体文要纯粹是语体，正同写文言要纯粹是文言一样。”[①] 并指出夏丏尊《整理好了的箱子》“这一篇里有些语句是文言的调子，像‘赖以打破黄昏的寂寞的’和‘一星期来的愁眉为之一松’，都和我们的口头语言不一致。为求文章的纯粹起见，能够把这些语句改一下自然更好”。[②] 这不仅和作文教学有关，还与国文教科书文白的分合相

① 中央教育科学研究所编：《叶圣陶语文教育论集》，教育科学出版社1980年版，第422页。

② 叶圣陶：《文章例话》，三联书店1983年版，第38页。

连。穆济波曾说道:“读物混淆,思想杂乱,所模仿的又不一类,结果大多数学生弄成不文不白的怪状,这是现时一般中学的真实情况。”[①] 阮真也常常批评学生习作文不文、白不白。还是朱自清说得好:“阅读些文言,于了解别人文字与自己作文都有帮助!——至于说混合教足以混乱学生心思,我想是杞人忧天;因为只须分别轻重,学生自知孰主孰从,不致与教师的期望相戾的。便是作文时容或有语不语、文不文的现象,那也毫不要紧;我上面已说过了,现在的白话正要从文语里搜罗些旧料,建筑新屋——语不语,文不文,正合于这个趋势,怕甚么呢?”[②] 在《鲁迅先生的中国语文观》一文里,他以为鲁迅“赞成语言的欧化而反对刘半农先生的‘归真返朴’的主张”,“现阶段一种特别的语言,或四不象的白话,虽然将来会成为‘好象普通话模样的东西’。……‘这白话得是活的,因为有些是从活的民众口头取来,有些要从此注入活的民众里面去’”[③]。如果说 20 年代夏丏尊兼教文言文,主要是让学生了解文化常识、“享受先人精神的遗产”,那么 30 年代则顾及到有生命力的语汇、句式的广泛吸收,文言文自然是让学生成为语汇、句式上“富人”累积活用财产的一部分。他说:“白话文最大的缺点就是语汇的贫乏。古文有古文的语汇,方言有方言的语汇,白话文既非古文,又不是方言,只是一种蓝青官话。从来古文中所用的辞类大半被删去了,各地方言中特有的辞类也完全被淘汰了,结果,所留存的只是彼

① 穆济波:《新制中学国文科课程标准纲要》,《中华教育界》1924 年第 13 卷第 8 期。

② 朱自清:《中等学校国文教学的几个问题》,《教育杂志》1925 年第 17 卷第 7 号。

③ 朱自清:《朱自清全集》第 3 卷,江苏教育出版社 1988 年版,第 175—177 页。

此通用的若干辞类。于是写小说时一不小心，农妇也高喊‘革命’，婢女也满嘴‘恋爱’了。编成戏曲的说白可以使台下人听了莫名其妙。”他破中有立：“用词应尽量采取大众所使用的话语，在可能的范围以内尽量吸收方言。凡是大众使用着的话语，不论是方言或是新造语，都自有它的特别情味，往往不能用别的近似语来代替。……放弃现成的大众使用着的话语不用，故意要用近似的语言来翻译一次，再写入文中去，就是从来文言文的毛病。白话文对于这点虽经痛改，可惜还没有改革得彻底，结果所表达的情意还不亲切有味。”如同鲁迅一样，他有现时研讨的重心，综合他的文章以及有关国文教学的见解，可见他的语体话风是兼容了外来语、古文辞句、官话、方言的四不像。只要明了、适合又有何妨？

由兼教不作可使今人获得多方面的启示：首先是已为时间、历史证明了的远见卓识；其次是文白教材分编没有理据；再次是现行课程标准只把写话作为习作的初阶，而未视其为作文的最高境界，有修订的必要。

二　另辟蹊径的小品写生

春晖中学《作文教授上的一个尝试——教学小品文》，是语文教育百年史上值得写记的一笔。它不仅丰富了夏丏尊国文课程与教材内涵，调整了当时流行的作文思路，其产生的积极广泛的影响，还促进了国文课程标准的改订。

经过五四新文化运动的一次冲击，20 世纪 20 年代初之国语文界并未能彻底改变传统狭隘、片面的观念，教材即课本、知识在书上、读与写一切尽在书本的认识较为普遍。这和旧的习惯势力以及新文化运动倡导者的天真都有关。胡适《中学国文的教授》里认为：“我说与其读《范增论》，不如看《史记》、《项羽本纪》，给他们一些有系统有趣味的材料。让他们自己去摸索，应该有更好的成绩。……看了一部《茶花女》比读了一部《古文辞类纂》还好。按良心说，我们的成绩完全是从《三国演义》、《水浒传》、《新民丛报》等有系统有兴味的文章得来的。"[1] 就形式来说，不过是换本本，还在本本。似乎一白、将就点白话性质的便可成绩得来、安然无事了，而且偏重数量和文学；"看小说，至少二十部以上五十部以下"，国文教学为国语的文学教学。国文成绩的评判一向以作文为定，现实的情况究竟如何呢？

夏丏尊觉得"国文在学校中，是个问题最多的科目，其中作文教授，尤其是最麻烦讨厌的部分。说起这星期要作文，先生学生都大家害怕，先生怕改文课，学生怕作不好，这是一般学校作文教授的现状"。他从一般现状说到春晖中学自己任教的情形，"这一年中，为想改进作文教授，曾也费过许多心力，想过许多方法。稿上订正、当面改削、自由命题、共同命题，教授作文方法（曾把文体分为说明、记事、议论等几种，编了讲义分别讲解），大概普通教授上所用的方式，都已用到；而学生的成绩，实在太幼稚了，本校学生的作文能力，较之一般同等学校底学生，也许并不特别不良，但不良总是不良，无法辩解的"。不良之表现在于："叫他们作日记，他们就把一日的行事帐簿式地排列起来，什么'晨几时起床，上午上课四班……九点半钟就寝'，弄成每日一样、每人一样的文字。叫他们作一篇象《公德》题的文字，他们就将什么'人不可无公德'、'中国人公德不讲究'、'外国人都很讲公德'，'我想，我们非讲公德不可'、'我劝同学们大家要讲公德'等无聊的套语凑集起来，再加以'为什么呢？因为……所以……'样的自问自答，把篇幅伸长，弄成似是而

① 胡适：《中学国文的教授》，《教育丛刊》1920 年第 2 集。

非、敷泛不切的一篇东西。”夏丏尊分析到毛病主要出在内容的贫乏和形式的陈旧。“现在通行的是语体，本校各班又都在教授语法，学生在词句间，除了几个特别幼稚者外，毛病不用说是很少的。结果教者可改者只是内容了，不，只是补充内容了。但是又因为他们底文字中，本没有内容，结果补充也无从补充，于是只好就顺序上、繁简上，勉强改削一下，把文课还给学生，而学生也感不到特别的兴味，得不到什么益处。”而内容贫乏和形式陈旧，又几乎是传统文言文教学的一体两面。“用了语体作文，表面上已叫做‘新文章’了，其实除了把文言翻成白话以外，内容上何尝有一点的新气？现在学生文课中底‘外国怎样好，中国怎样坏’，同以前学生文课中底‘古者……今也则否’有何分别？‘西儒说……’、‘杜威说……’，不就是新式的‘古人有言曰’、‘子曰’吗？‘我所敬爱的某君……祝你健康’，不就是从前‘某某仁兄大人阁下……敬请台安’底变形吗？”由此可见，读了语体文去作语体文，并不能万事大吉、高枕无忧。也许表层是全新的了，内骨子还是旧的。夏丏尊意识到根源还在态度和思路，“但改变了文体的形式，而不改变作文的态度，结果总是无什么用处的”①。

所谓改变态度，就是不只从书本文字上且须从实生活的材料中去读去写，这是一条不同于以往也异于胡适等人的思路。或以为浙江一师时学生不就是大量阅读白话报刊、杂志，得以思想活跃、行文自由的吗？据周伯棣回忆，当时同学们写的文章，发表在自办刊物《浙江新潮》上的大多“是《新青年》思想的幼稚复写”。那时的夏丏尊翻译了莫泊桑的小说，发表在《教育潮》上，

---

① 夏丏尊：《作文教授上的一个尝试——教学小品文》，《春晖（半月刊）》1923年第14期。

不过关注的重心在文体的形式上。春晖中学期间，原有的种种方法并不灵验，既有传统又为新潮的白话散文小品在文坛获得成功，更重要的是福楼拜像美术教师那样教学生莫泊桑去写生的经验，促使他另辟蹊径教学小品文。这一着棋出，国文教学全盘都活了起来。仿佛一切皆有可能，利益不胜枚举。如能养成观察力，小品文所引来的源头活水，不是大风大浪、大江大海，而是小河流水，吹皱涟漪。“小品文字数不多，当然不能记载大事，用不着敷泛的笔法，非注意到眼前事物底小部分不可，这结果就可使观察力细密而且锐敏。有了细密的观察力，作文必容易好。”把生活视听和文本阅读结合起来，便于增强学生理解文字的能力，治愈消化不良的病症，不仅拓通了作文的内容，丰富了课程与教材的内涵，而且为部颁课程标准的修订提供了有说服力的材料。介于既往的教学实践与未来的理想教学之间，课程标准总是表现出滞后性与超前性对立统一的特征来。写生作为一种练习形式中外早已有之，无数事实足以证明功效，20 年代初之校本课程里也写得清清楚楚，但没有贯彻执行。覆盖面最大的部颁课程若没有来自第一线的教学经验，势必操作茫然、束之高阁。夏丏尊教学小品文的尝试为课程修订提供了切实有效的教育资源，而且几乎是 20 年代唯一有积极广泛影响的经验，这是作出两者之间相关的理由。

1929 年《初级中学国文暂行课程标准》里首次设立“野外写生”项，解说：“这是借用图画的习语。分学生为几组，由教师率领，到郊外实地描写景物。教师即就地指示观点的迁移，景物的远近及色彩的浓淡等，以定叙述先后的方法。”这可看作是对夏丏尊教学经验的推广。1932 年《初级中学国文课程标准》“分学生为数组，由教师提示事物，实际描写”。文字略有简约，为 1936 年《初级中学国文课程标准》所复制。1940—1948 年初中课程标准中，文字有所变动，但写生练习项一直保留。1963年全日制《中学语文教学大纲（草案）》作文是常用文体的写作，“加强课外的阅读指导和写作指导”。1978年全日制十年制《中学语文教学大纲（试行草案）》有“写局部、写片断”的方式，强调的是1963年式的书面文字的读写结合。1980年无改变。实际上还停留在20年代初一切从本本出发的水准。1986年全日制《中学语文教学大纲》“要注意指导学生观察事物、搜集积累材料”，却到高一才提出“重视观察自然环境和社会现象，有一定的选择和组织材料的能力”。1990年全日制《中学语文教学大纲（修订本）》“作文要注意联系学生生活、思想和学习的实际，培养实事求是、有的放矢、言之有物的好文风”，其余和1986年同。1992年九年义务教育全日制《初级中学语文教学大纲（试用）》“观察、分析周围的事物，用自己的话写出观察的结果和感受”。2000年九年义务教育全日制《初级中学语文教学大纲（试用修订版）》“养成观察分析周围事物、收集积累语言材料、勤动笔多修改的习惯”。2001年全日制义务教育《语文课程标准（实验稿）》“在写作教学中，应注重培养观察、思考、表现、评价的能力”。可见，50年代后的语文教学大纲、课程标准，虽然表述很正确、很有原则，总体上却是着力于常用文体的写作，初一记叙，初二说明，初三议论；观察在高一强调，次序上也不合理。观察作为另一种视听的阅读，去描写生活的片断，不说丢失也是认识不够。其实，初中起始作小品写生是很有道理的。夏丏尊指出：“画家学画，须先从小部分起，非能完全描一木一石的，决不能画全幅的风景；非能完全写一手一足，决不能画整个的人物。文章也是这样，不能作全部分的文字的，即使作了长篇的文字，也决不会有可观的价值。所以与其乱作无谓的长文，不如多作正确的小品文。换句话说，就是学文须从小品文入手。”这不仅符合作文训练的程序和规律，而且使生活源泉、“有的放矢、言之有物的好文风”等大道理，可以在具体的实践操作中不断加深感悟，所以一直受到好评，也有必要继续提倡。叶圣陶在《论写作教学》文中借用罗庸的话说：“国文教师似应采取图画一课的教法，教学生多写生，多作小幅素描，如杂感短札之类，无所为而为，才是发露中诚的好机会。”[①]《开明国文讲义》第三册文学史话九对“小品文的流行及其渊源”、“盛衰及其影响”作了阐发，小品写生是自由时代的自由文体，先端正态度，放胆做去，打好基本功，何愁写不来常用文体？

除能养成观察力、可为作长文的准备外，还能多作。“作文的时间不必多，两星期一次尽够了。平时应该鼓励学生作札记、写长信、办报。写的长信、札记、报纸文字，都可以代课艺；但学校出题目的课艺切不可在报纸上发表。”[②] 两周一作，在国文教学界有着广泛的影响，暂且不评价其得失，总之夏丏尊的观点是与胡适不同的。《学生杂志》第 10 卷第 11 期转载他的文章，改为《教学小品文的一个尝试》，其实原题为《作文教授上的一个尝试——教学小品文》，是别有深意广度的。他是以小品文为切入，带动作文态度、思路、方法以及次数的全方位变革。能多作曾是他考虑“其对于作文练习上的价值”的第一条，《文章作法》里为第二条。他说：“无论如何，多作总是学文底必要条件之一。现在校中每月二次或三次的文课实嫌太少。”《文章作法》里又补充道“长篇文字要多作，实不容易，小品文内容既自由，材料又随处可得，并且字数很少，推敲，布局都比较容易，很便

---

① 中央教育科学研究所编：《叶圣陶语文教育论集》，教育科学出版社 1980 年版，第 443 页。

② 胡适：《中学国文的教授》，《教育丛刊》1920 年第 2 集。

于多作，能多作，作文的能力就自然进步了”。还能使文字简洁。“现在学生作文最普通的毛病是浮蔓不切，或不应说的说，或应说的反不说，因为他们还没有取舍选择的能力的缘故。小品文非用扼要的手腕不可，断用不着悠缓的笔法。多作小品文，对于材料自然会熟于取舍选择起来，以后作文自不致泛而不当了”。更长远可持续的一点，是能养成作文的兴趣。“我国从前作教师的往往以国家大事或圣贤道德等为题叫学生作文，学生对于题材没有充分的知识，当然只好说些泛而不切的套语来敷衍了事（这恐怕不但从前如此，现在的教育上也依然如故的）。结果学生没有好成绩，而对于作文的兴趣，也因以萎滞了。小品文是以日常生活为材料的，题材容易捕捉，作了不佳，也容易改作，普通的学生也可偶然得很好的成绩。既有这好成绩，作者自身就会感到兴趣，喜于从事文字起来。”把苦差事变为一件乐事，何乐而不为呢？文篇中所说的五点与《文章作法》里的小异而大同，相比之下，前者的针对性、批评性强一些；而后者更突出其初始性、第一步，着眼于作文整体系统训练的合理安排。诚如作者所说“学作小品文的好处如要细述，还不止此，但这已很足证明有学它的必要了”。其他的好处另章中述及、补充，在此，借用夏丏尊的话向同学们发出号召：“读者要学作文章吗？先努力作小品文吧！”

另辟蹊径的小品写生给今人的启示是：国文课程中重要的两项——读写不应只从书本上来，文字功夫也不全在文字内；伴随人之一生的生活视听真是读写取之不尽用之不完的源泉，课内外、文本与生活的结合是必然的选择。理论未必灰色，具有可行性、操作性的小品写生，为今日的课程与教学改革积淀了丰富的经验，每一次语文课程编写、修订，既不能率由旧章、任意取舍，也不宜腾空而起、形同虚设。须放出眼光、运用脑髓、自己去拿，小品写生是否写入九年义务制语文课程标准，指导读与写的教学，是一种考验。

三 耐人寻思的语感议题

《作文教授上的一个尝试——教学小品文》发表于《春晖》半月刊第十四期、《初中国语科兼教文言文的商榷》第十九期、《我在国文科教授上最近一信念——传染语感于学生》第三十期。从先后次序上，可见夏丏尊尝试成功后并未止步不前。兼教不作，有所取舍，是因为打开阅读视窗、解决了写作内容后还有更多的工作去做，他为“学生的国文成绩总不见有显著的进步”又一次陷入痛苦的思考之中。“近来，我因无力多购买新书，时取以前所已读而且喜读的书卷反复重读，觉得对于一书，先后所受的印象不同，始信‘旧书常诵出新意’是真话。而在学生的教授上，也因此得了一种新的启示，以为一般学生头脑上的简单空虚，或者可以用此救济若干的。”这就是《我在国文科教授上最近一信念——传染语感于学生》的由来。

作为国文科教授上的信念，一种自己认为可以确信的看法，夏丏尊是不轻易改变的。曹聚仁《我们的舍监夏丏尊先生》里评价：“他的为人，不带一点急功近利的意味。”并以一事例表明“在举国若狂，如水趋下的时候，夏先生要青年们检讨自己的真实信仰，这必须有真实的胆识，才敢说的”[①]。对外来的教育思潮，他不盲从、不排斥、不保守，真心面对，为我所用。《教育的背景》里说道：“一国有一国的历史，自然不能样样模仿他人，但是一般的趋势，也应该张开眼来看看。一味的保守因袭，便有不合时宜、阻止进步的流弊。”发表于 1924 年 1 月 1 日《春晖》第二十二期的《一年间教育界的回顾和将来的希望》之一即“希

---

① 转引自王尚文《语感论》，上海教育出版社 1995 年版，第 1 页。

望对于各种教育思潮方案等有确实的信念和实际的试验。杜威来就流行‘教育即生活’，孟禄来就流行‘学制改革’，推士来就流行‘科学教育’，罗素来就自负‘国学’和什么。忽而‘设计教学’，忽而‘道尔顿制’等类的走马灯式的转变，总是猴子种树难望成荫的”。主张“赤裸裸地照了自己的信念做去”。他的人格、他的学养、他的经验，完全可以为他的信念做出一份担保，毋庸置疑。

文中夏丏尊对语感作了初步的界定和解释，语感即“对于文字应有灵敏的感觉”、“有正确丰富的了解力”。20 世纪 90 年代一本《语感论》第一章第一节语感的概念，“拿词典来说，不但《辞海》《辞源》《汉语大词典》《中国大百科全书》《简明不列颠百科全书》《新编实用汉语词典》等没有收列，就连《语言与语言学辞典》《语文知识辞典》等也无此条目”①。这许是事实，可由此“说是一片亟待开垦的处女地”，就有点自言自语了。只要读一本《文章作法》或《夏丏尊文集·文心之辑》便可了然。研究可站在前人的肩膀上，但不能目中无人。一本近 20 万字的《语感论》竟未提到夏丏尊三个字，耐人寻思。语文教育界正做着怎样的研究？《语感教学的内涵和外延》的论者似乎有点进步，承认“语感问题，老一辈语文教育家有许多精辟的见解。实际上，语感教学论就是在老一辈语文教育家关于语感的精辟见解的启发下提出来的。但是，在老一辈语文教育家那儿，语感是作为一种心理语言学概念，具体说是一种对阅读心理的描述提出来的，至多，是作为语文教学内容的一个方面提出来的。而语感教学论则把它上升为一种教学思想，作为一种新的语文教学理论体

---

① 曹聚仁：《文坛三忆》，三联书店 1999 年版，第 39—40 页。

系的核心概念即教学论范畴提出来的”[①]。还是片面地理解前人，拉抬自己。《语言的隐含意义、语感与语感教学》里提到的老一辈语文教育家，也只有叶圣陶、吕叔湘、张志公三人。以吕叔湘为例，他发表议论：“语文教学的首要任务就是培养学生各方面的语感能力，让他们记住某些事实是次要的。一个学生的语感强了，他在理解方面和表达方面都会不断前进。”[②] 可见他并非“是作为语文教学内容的一个方面提出来的”。再以夏丏尊为例，他的文题明明为《我在国文科教授上最近一信念——传染语感于学生》，且附录于作文法专著，也不可能仅“是一种对阅读心理的描述提出来的”。夏丏尊是国文科提出语感说的第一人，后之朱光潜、叶圣陶、吕叔湘等都和他有着联系，均在其研究的基础上发表各自的见解。收入《阅读与写作》中叶圣陶的文章《文艺作品的鉴赏》里，还引述了夏丏尊谈语感的一段。今之论者无视其信念，是夏丏尊个人的悲哀，还是语文教育界表面热络下的冷漠？耐人寻思。

夏丏尊对语感的研究首先是从国文教学的实际出发的，由作文成绩的进步不显著而谈论基础的阅读。他认为学生的语感，客观上存在一个转误为正、自偏渐全、由浅入深、不敏到敏的层次和过程。“我现在的见解以为：无论是语是句，凡是文字都不过是一种寄托某若干意义的符号。这符号因读者的经验能力的程度，感受不同：有的所感受的只是其百分之一二，有的或者能感受得更多一点，要能感受全体那是难有的事。普通学生在读解正课以及课外读书中，对于一句或一语的误解不必说了，即使正

---

① 李海林：《语感教学的内涵和外延》，《语文学习》1995 年第 7 期。

② 刘连庚：《学习语法和培养语感——访吕叔湘先生》，《语文学习》1985 年第 1 期。

解，也决非全解，其所感受到的程度必是很浅。收得既浅，所发表的也自然不能不简单空虚。这在学生实在是可同情的事。”字里行间，的确是把吸收与发表联系起来，从经验能力上找原因；既对学生表同情，又看到人与语言之间普遍存在的缺憾。“要把一语的含义以及内容充分了解，这在言语的性质上，在人的能力上，原是万难做到的事。因为一事一物的内容本已无限，把这无限的内容用了一文字代替作符号，已是无可如何的办法。要想再从文字上去依样感受他的内容，不用说是至难之事。除了学生自己的经验及能力以外，什么讲解，说明，查字典，都没有大用。夸张点说，这已入了‘言语道断’的境地了!”佛家谓“言语道断”为无上妙谛，非言语所能表达。夏丏尊却并未难至而不事、难言而不语。正如“国文二字，是无止境的。要谈中学生的国文学习法，先须预定中学生应具的国文程度。有了一定的程度，然后学习才有目标，也才有学习法可言”一样，语感的培养不是游离国文读写能力目标的又一种，更不是另立山头、特设中心。浙江一师《国文教授法大纲》目的中读“能够敏捷、正确、贯通”、写“要自由、明白、普遍、迅速”，就包含着语感的要求，这是现代国文教学的需要，不过未“姑且名这感觉为‘语感’”而已。就经验能力而提出语感来，着眼于形式培养读写能力，借用夏丏尊“觉得从古以来古人所遗留下来的文章诀窍”评说，也是“一即一切”、“一切即一”的话。

语感无止境、有层次、有差距，差距主要表现在作品与读者、教师与学生两方面。就作品与读者，“一部名著，可有种种等级的读者。第一流的读者不消说是和作家有同样心境的人了，这样的读者才是作家的真知己。那么，我们要修养到了和作家同等的心境才去读他的书吗?”夏丏尊自问自答：“这不消说是办不到的事。我们当因了钻研作家的作品，在知的方面、情的方面、意的方面，使自己丰富成长了解作家的心境，够得上和作家为异世异地的朋友，至少够得上做作家的共鸣者。对于一部名著，初读不感兴味，再读如果觉得感到些兴味了，就是自己已渐在成长的证据。”一本书、一篇文均如此。就教师与学生，“在绝对的境界上，可以说教师对于学生什么都无从帮助。因为教师自身也并未能全体感受任何一文字的内容。其实，世间决没有能全体感受任何一文字的内容的人，所不同的只是程度之差罢了。数学者对于数理上的各语所感受的当然比普通人多，法律学者对于法律上的用语，其解释当然比普通人来得精密。一般作教师的，特别的是国文科教师，对于普通文字应该比学生有正确丰富的了解力”。因而，他激励“自己努力修养，对于文字，在知的方面，情的方面，各具有强烈锐敏的语感，使学生传染了，也感得相当的印象”，确认语感训练“为理解一切文字的基础，这是国文科教师的任务。并且在文字的性质上，人间的能力上看来，教师所能援助学生的，只此一事”。这就可做应做、非做不可了。

从知、情两方面着手，是因为夏丏尊知道学生如对空间一词“只认为是屋外仰视所及的地方”和“有天文学的常识与否，了解的程度大相径庭”，力的一语“只解作用手打人时的情形”和物理学常识的缺失有关，学生语感素养的整体提高有赖于多学科知识的学习。然而相比之下，他科教师因其专业背景，可使学生有充分的了解，往往专注于知，是丰富趋向于正确；就文体说，科学的文字也“重在诉之于知”。而国文教师重知更重情，所期望学生的了解力，是基于正确的丰富。“在语感锐敏的人的心里，‘赤’不但只解作红色，‘夜’不但只解作昼的反对吧。‘田园’不但只解作种菜的地方，‘春雨’不但只解作春天的雨吧。见了‘新绿’二字，就会感到希望焕然的造化之工、少年的气概等等说不尽的情趣。见了‘落叶’二字，就会感到无常、寂寥等等说不尽的诗味吧。真的生活在此，真的文学也在此。”语感思维的特征不只是线性的逻辑理性，更多的却是发散的诗性感悟。它需要取艺术的态度如实去观照玩味、凭丰富的经验并借以想象，可以说，灵敏语感的真意在此，国文科的基础性、独特性、优越性也在此。虽说国文不等于国文学，夏丏尊也曾“劝学生不要只将国文当国文学”（意指不应只记诵文字而忽略了思想推理），但若以为他否认文学在国文教材与语感训练中应有的地位和作用，那只能是误解了。文艺的文字“重在诉之于情”，“好的文艺作品，就是作家高雅的情热，慧敏的美感，真挚的态度等的表现”，自然是语感训练的好材料。从这一视角出发，完整地理解《文心》第 15 篇《读古书的小风波》里王先生主张：“国文科的教材该以文学作品为范围，一本书，一篇东西，是文学作品才选用，不是文学作品就不选用。……高中的国文教材应该是‘历代文学作品选粹’一类的东西。”也就不至于产生失之偏颇、自相矛盾或和他人观点无二的印象了。他一方面是为了厘清国文与国学，更重要的是强化选材与教学的重点——语感。

从知、情两方面着手，是因为夏丏尊意识到学生学习国文“第一是词儿的辩别要清楚，中国的文字是一个个的方块字，本身并无语尾变化，完全由方块的单字拼合起来造出种种的功用。中国文字寻常所用的不过一二千个字，初看起来似乎只要晓得了这一二千个字，就可看得懂一切文字了，其实这是大错的”，字数有限，拼合起来，“每个词儿意思情味并不一样，老实说每个都是生字”。字典不够，“辞典对于词儿的解释，是用比较意思相象的同义语来凑数的，譬如说‘轻狂’和‘轻薄’两个词儿，明明是有区别的，可是你如果去翻辞典，就会见‘不稳重’或‘不庄重’等类的共通的解释。这不是辞典不好，实在是无可奈何的事，一个词儿的意义是多方面的，辞典当然不能一一列举，只能把大意用别的同义语来表示了”。编字典、辞典的，是对语境中语用的一种压缩；查字典、辞典者须由此再作还原或类比。所以，《文心》第17篇《语汇与语感》里介绍了一种辞类的收集和比较法，即“每遇一辞，要连同相近的辞作成一个系串，编入胸中的语汇去。用辞的时候，要在同一系串中辨别其语气的强弱与范围的广狭，择最相当的一个来使用”，“辞的情味可从好几方面辨认，有的应从字面上去推敲，有的应从声音上去吟味”，并认为“要做这步工夫，非对于辞类有锐敏的感觉力不可”。《学习国文的着眼点》中除要求对词儿的意义、情味以及句中的用法有多方面的了解外，还提醒学生“读文字、听谈话，能够留心句式，找出若干有限的格式来，不但在理解上可以省却力气，而且在发表上也可以得到许多便利”。这些文字，不仅令人感觉到陈鹤琴《语体文应用字汇》、郃爽秋《科学化的国文教授法》的若干影响，更可以看出他根据国文学习特点与现有条件、切实训练学生语感的努力。《文章讲话》里又指出：“写作文章，句子的安排是一种值得留意的功夫。要句子安排得适当，第一步是各种句式的熟习。一句句子摆上去，如果觉得不对，就得变更别种样式的句子来试，再不对，就得再变更样式来再试，直到和上下文适合才止。越是熟习句式的人越能应用这方法。犹之下棋的名手能用有限的棋子布出各种各样的阵势，去应付各种各样的局面。”由此可见，无论是自身修养还是传染学生，语感所需绝非知之甚少，而是知之甚多。知包括陈述、程序操作的知，情也不只是言语之情味，还有国文实情、学生学情之理解。再则，下棋名手的比喻可谓精妙绝伦。许国璋《从两本书看索绪尔的语言哲学》文中，说到语言好像下棋“这是索绪尔最心爱的一个比喻”，就“七个比喻中尤以乐章、下棋、代数三者为上品，下棋尤上”。正如他所言“理想的比喻是一喻比全局”[1]，夏丏尊浅近深刻的比喻比比皆是，具有大局观的比喻如《受教育与受教材》、《学习国文的着眼点》篇中都用上了代数式；无论是句法如下棋，还是形式同算式，都是有限的规则无限的使用；既考虑到规则，更注重了随机变通的策略。在语言哲学层面上，和异时异地的索绪尔、洪堡特等人有着某些相通之处。这表明：在自己祖国语言的大地上，为着民族的未来，深情耕耘，终能长出鲜嫩的苗、开出美艳的花、结成丰硕的果。

夏丏尊的语感研究历经了从实践中得到启发、确立信念到扩张开去理论探讨再通过多种方式、途径给中学生指导的过程。《文艺论 ABC》里的一部分就是扩张开去的理论探讨。第 7 节中他从科学与文艺的源起说：“读过科学史的人，想知道科学起于惊异之念的吧。文艺亦起于惊异之念。所谓大作家者，就是有惊人的敏感，能对自然人生起惊异的人。他们能从平凡之中找出非凡，换言之，就是能摆脱了一切的旧习惯、旧制度、旧权威，用了小儿似地新清的眼与心，对于外物处处感觉惊异。他们的作品，就是这惊异的表出而已。”他举张俞的一首小诗：“昨日入城市，归来泪满襟。遍身罗绮者，不是养蚕人。”以为就是于常人不足为奇、不发疑问之处，感到了矛盾、表出了惊异。这较之《文章作法》中文学的记事文“须记述从感觉上得来的印象。所以要作好的文字，非对于事物有锐敏的感觉不可”、小品文“可使观察力细密而且锐敏。细密而且锐敏的观察力，实在是文人最重要条件之一”，是照应更是引申。前者尚侧重于某一文体之局部，后者却着眼于立意谋篇之大观，并附带出敏感为科学发明和

---

① 许国璋：《许国璋论语言》，外语教学与研究出版社 1991 年版，第 116—121 页。

作品生成的共同素质，这就使语感训练的价值和意义获得了更高而新的估量。“用了小儿似地新清的眼与心”，可谓生活观照与文本阅读的指南。渐渐长大的中学生特别是成年人就须摆脱种种、保持一颗童心一双真眼。他说“人生所最难堪的，恐怕要算对于生活感到厌倦了吧。这厌倦之成，由于对外物不感到新趣味新意义。小儿的所以无厌倦之感者，就是因为小儿眼中看去什么都新鲜的缘故。我们如果到了什么都觉得‘不过如此’‘既啥道理’的时候，生命的脉动亦就停止，还有什么活力可言呢？文艺的功用就在示我们以事物的新意义新趣味，且教我们以自然人生的观察法，自己去求得新意义新趣味，把我们从厌倦之感中救出，生活于清新的风光之中”。这关系到读写乃至为人做事的态度问题，夏丏尊国文课程与教学向来如此考量。第 14 节中他就文艺内容形式的两面论，“创作家对于自然或人生观察经验，如果比之常人，体感不出别的深而远的某物来，所作的东西毕竟只是人云亦云，毫无新鲜泼剌之趣了。凡是好的创作家，都能于平凡之中发见不平凡，于部分之中见到全体。他们有常人所未曾感到的忧愤，也有常人所未曾感到的悦乐。……敏感的重要不但在文艺的内容上，至于文艺的形式上亦大大地需要敏感。文艺是用文字组成的艺术，文章的美丑，结构的巧劣，都是文艺的重大关键。大概的文艺作家，也就是文章家。所谓文章家者，就是对于文字的使用有着非常敏感的人。贾岛的‘推敲’，勿洛培尔（福楼拜）的‘一语说’，都可证明敏感的必要。至于近代的象征派的作家，对于文字上的感觉，其敏锐更足惊人，他们之中，竟有人能从五个母音上分出五色来，说什么‘A 黑、E 白、I 赤、U 绿、O 青’的话”。这里所说的语感已包含敏捷、迅速与新锐、独特的因素。

夏丏尊在文艺理论层面研究语感的基础上，又返回到中学国文教学，通过《文心》、《文章讲话》等著述，弥散到文章学整体与读写的系统之中。如《句读和段落》里例说：符号的使用、段落的划分，“成了文章的一部分，竟是有生命的会起作用的东西”，它们“在规则以外尚有技巧。这技巧要对于文章有敏感的人才能体会得到”。他体察到“近来的文章段落逐渐在趋向于短而多的一方面，向来认为不必分段的地方，往往也分段另行写。这实是新闻文字的影响”。不是长期做编辑工作，哪有先知先觉？如《句子的安排》里考察到句式、字面和字数诸项后指出：“句子的安排以谐和为原则，只合文法上的律令还是不够。话虽如此，文法上的律令究竟不失为起码的条件。凡是句子，第一步该合乎文法。”他认为谐和是“一句句子和全篇文章许多句子能不冲突，尤其和上下文能合拍”，文法则“是以独立的句子为对象的”。尽管明知古诗文中有“为了谐和而牺牲文法的律令的好例”，却以为不足令人为法；而“从文法上看来毫无毛病的句子，摆入文章中去并不一定妥贴”。相反，文章中并无不妥的句子与组合，单挑出来却未必合乎事理或“不犯律令”。照第一步从语法再加上逻辑去检查，现行语文教材中依文意、合修辞的例句，就既不会成为阅读的盲点，也不至于争论不休了。究竟是语文基础知识用处不大，还是没能把它用大？耐人寻思。再如《意念的表出》中，他说：“言语这东西是会因了时代而变迁生长的。一个符号，本身意味往往会今昔不同。……诸如此类的变化，只好随时随地去体会，用锐敏的感觉力去辩别，寻常的字典上是翻查不出的。”还是不能一切全从本本来。“选择符号的积极的标准是求适合情境。此外还有一个消极的标准，就是求意念明确。……如果找不到适合情境的符号，就是创造新符号也无妨。”

从夏丏尊不懈的语感研究中，更能体悟《文心》为何要标举“读书贵有新得，作文贵有新味”；从其确立信念、语感便一直成为语文教育界探究的议题，也可见其魅力无穷。现行语文课程已将“培养语感”写入理念，至少在操作上，还不及夏丏尊著述中的丰富多样；20世纪90年代的语感研究未能作实质的迈步，因为连学术的起点都不分明。倘若须回答课程标准何以有这一条理念，出示两项必居之一的选择：一是吃鸡蛋不必寻找生蛋的母鸡，二是喝水不忘掘井人，从忠实于历史、忠诚于学术出发，从语文教育界研究语感的现状出发，理当毫不迟疑地选择后者。

语感议题给今人的启示是：语感耐人寻思，20世纪90年代的语感研究也耐人寻思。以夏丏尊为首的老一辈语文教育家的研究成果是奉献给后人的一份厚重的精神遗产，值得继承发展。当下，有理由更有必要为培养语感，尽快确立适应与发展学生经验能力的课程理念、教材选编、教学策略和评价尺度。不宜以语感置换能力，更不宜否定语法、修辞和逻辑等基础知识的学习，应在知识的选择、加工、整合上做文章，使其作用大起来。语感不是外加的因素，语文读写能力达到准确而敏捷、新颖而独特的程度就是高级、理想的语感。

第二章

夏丏尊国文教材理论与编制

第一节　理论建构

夏丏尊的国文教材理论建构伴随着教学与教材的编制，理论引导实践，实践丰富理论。在长达三十余年的潜心探讨中，逐步理清了国文教材的内涵与外延，形成了较为完整、科学的概念体系和价值判断，创立了着眼于形式、纲举目张的编制学说。

一　教材的内涵：文本与生活化的课程载体

时下的语文教材内涵揭示，有泛指、特指、专指之分，其特指乃为泛指、专指实即特指。根据国家教委《关于颁发〈全国中小学教材审定委员会工作章程〉的通知》中所列“包括教科书、习题集、练习册、教学挂图、音像教材、教学软件、选修教材等，以及供教师用的教学指导书、教学参考书”的特指，不是仅限于“学校开设的语文课上教师和学生所使用的材料”；引用张志公“所谓‘教材’，不单指一本‘教科书’，而是应当包括教师用的、教学用的教学指导书或教学参考书、音像材料以及学生用的各种辅助读物、课外活动材料等等一个完整的系列。不过，在这完整的系列中，那本‘教科书’毕竟是核心”的专指，即“在上述的语文教材系统中占有特别重要地位的语文教科书"[①]，倒是语文课上教师和学生非使用不可的材料。总之，无论何指，论者眼里的特指、专指，不过前者罗列种种，后者主次分明了一些，给人以物化的实感，缺少了生活的气息。至于以夏丏尊、叶圣陶言论为据的所谓泛指，也难免有空而不切之嫌。"大语文教育"观支配下的"大语文教材"有着怎样系统、全面的论述？这使我们备感领悟其真谛的迫切和重要。

遵循语文课程标准（教学大纲）编写或选用教材去教学，是自然、普遍的现象。作为课程与教学的中介——教材不可或缺。正如钟启泉指出的：学生不可能以原封不动的形式学习课程内容（学科要素），否则就是一种注入式教学，是单纯的观念的灌输。科学的概念与法则唯有通过具体的事实与现象才能掌握。因此，课程内容必须教材化。[②] 20世纪二三十年代，由于课程理解的差异与技术条件的有限，教材化的唯一形态还是编印的书本。1923年我国第一座广播电台"空中之音"由美国记者奥斯本在上海设立，1928年8月南京国民政府的中央广播电台正式播音。1935年夏丏尊受教育部之托，向全国中学生作的广播中就讲道："人类的历史不知已有多少年，书的历史比较起来是很短很短的。太古的时代并没有书，可是人类也竟能生活下来，他们的知识原不及近代人，却也不能说全没有知识。足见书不是知识的唯一的来源，要得知识并不一定要靠书的了。……今天的讲演是用无线电播送给诸君听的，假定听的有一万人，如果讲得好，有益于诸君，那效力就等于一万个人各读了一册'读书法'或'读书指

① 顾黄初、顾振彪：《语文课程与语文教材》，社会科学文献出版社2001年版，第44页。

② 钟启泉：《现代学科教育学论析》，陕西人民教育出版社1993年版，第203页。

导’等类的书了。我们现在除无线电话以外还有电影可以利用，历史上的事件，科学上的制造，如果用电影来演出，功效等于读历史书和科学书。假定有这么一天，无线电话和电影发达得很进步普遍，放送的材料有人好好编制，适合各种人的需要，那么书的用处会逐渐消灭，因为这些利器已可代替书了。”这番自以为有点“荒唐的议论”，其“意思只是想借此破除许多读书的错误观念”。夏丏尊觉得：“有些人把读书认为高尚的风雅事情，把书本当作玩好品古董品，好象书这东西是与实际生活无关，读书是实际生活以外的消遣工作。有些人把书认为唯一的求学工具，以为所谓求知识就是读书的别名，书本以外没有知识的来路。这两种观念都是错误的，犯前一种错误的以一般人为多，犯后一种错误的大概是青年人，尤其是日日手捏书本的中学生诸君。”当然，书不会消灭，也无以取代而并存。不过，在中国的传播事业的起步阶段，在国文教材长期为印刷媒介所主宰的情况下，夏丏尊展望到电子媒介教材的出现，不能不说是有远见卓识的。一旦期许的种子结为正果，国文教材就不仅有静态的文字和少许的插图，而且有生动可感的实像了。这大概是夸美纽斯以来，卢梭、裴斯泰洛齐、福楼拜所强调的“直观原则”的现代化吧。

夏丏尊寄望未来，立足现实。他“承认书本在今日还是有用的，我们生存在今日，要求知识，最普通、最经济的方法还是读书”，却“不承认有许多独立存在的所谓国语科的书籍，书籍之中除了极少数的文法、修辞等类以外，都可以是不属于国语科的”，更不承认国文教材仅有一本薄薄的教科书。“只要是白纸上写有黑字的东西，当作文字来阅读来玩味的时候，什么都是国文科的材料。”泛指说以此言“大”，还未得其精髓。体现其课程要素的教材概念是文本与生活化的课程载体，即“一切科目与生活打成一片”、“读书和生活两件联成一气、打成一片”。在他看来，书“乃是培养生活上知识技能的工具”、“是改进生活、丰富生活的手段”，“一个人该读些什么书，看些什么书，要依了他自己的生活来决定、来选择”。就印刷文本的阅读范围来说，“首先该阅读的是关于职务的书，第二是参考书，第三是关于趣味修养的书。中学生先该把教科书好好地阅读，因为中学生的职务就在学习中学校课程”。这看似一个张志公式的教材系列，其实是颇为不同的。张志公是以教科书为核心的教学两面分，夏丏尊则是课内外教材学材的一体化。当时的中学生甚至教师、专家，不是全盘承袭传统、把教材视作《古文观止》或《今文观止》，就是彻底否定传统、提倡课外看书，忽视教科书的教与学。不仅胡适、梁启超分别开列出《一个最低限度的国学书目》、《国学入门书要目》，连叶绍钧起草的新学制《初级中学国语课程纲要》略读书目例举的小说、戏剧、散文也数量多多，且“由教师指定”。国文不等同于国学、国文学。鉴于“有些中学生喜欢读小说，随便看杂志，把教科书丢在一边，……一般的中学生虽没有这种偏向的情形，也似乎未能充分地利用教科书”，夏丏尊把教科书的阅读看作“诸君的职务”，显然不只是确立了其在文本系列中的地位以纠偏，而且挑明了这是一份应做的工作、一种该担当的责任。有如“银行家所该阅读的书和工程师不同，农业家所该阅读的书和音乐家不同”似的，中学生是未走上社会的社会中人，“在职务上该阅读的书不是别的，就是学校规定的各种教科书”。职务各别，所读内容不同，程序无二。这样的规划无疑是学校与社会连贯、切近而又长远的。教科书是“学校规定的”、群体通用的，参考书“因特种的题目而发生，是临时的”、个体多样的，至于趣味修养的书“更该让各个人自由分别选定”，这样的文本阅读，对于中学生也的确是兼具了他主性与自主性的。

夏丏尊的视界里，完整的教材系列不只是按照教科书、参考书、趣味修养书的序列来排列，“最要紧的是教者学者都要认清楚：教科书不过是个纲领，是宾；真实的事事物物才是教学的材料，是主”。[①] 这不是平行反向的两条线，而是趋向相同的一股绳。从 1919 年发表《教育的背景》到 1930 年发表《受教育与受教材》等文篇中不难看出：文本与生活化的课程载体是其一贯的教材理念。他认为，“一切教科，无非是基本的事项，不是全体”，与课程配套的教科书“无非施行教育作用的一种材料而已”，“是养成人的材料，不是教育之目的物”。然而当时“不但社会和学生不晓得这个道理，就是教育者，不晓得这个道理的也很多”，他们“都是将材料当做目的物看”而“不当它养成人的方便看”。两种看法的不同在于：前者以物为目的，即教科书自有一切、尽在其中，读教科书就能达到目的。于是教师只从国文去教国文，学生只从国文去学国文，国文成了自作自受的狭笼。从终极上说，所谓目的不过由过去的取士变为应世、换饭碗罢了。这种教育，夏丏尊称之为“彻头彻尾是书本（而且只是教科书）的教育。先生拿了书上堂下堂，学生拿了书上班退班”，内容虽由“之乎者也”改作“的了吗呢”，却仍是“科举式的老斯文”。后者以“养成人”为目的，以材料为“方便”。材料不是目的，也无法决定目的；相反倒是目的制约了材料的内容、数量、形态和使用。就国文科而言，主要是培养学生读写的能力而为他们的生活服务，没有教材怎得方便？方便是课程、教科书生成的理由。“学生所要求的是知识。说得更切实一点，那便是生活经验。……为摄取的方便起见，不得不把它们分个门类，于是学校里就有了各种的科目。每一种科目如果漫然去学习研究，势必混乱而没有头绪，为有所依据起见，不得不给它定一个纲领，于是

① 《中学生·卷头言》1936 年第 68 号。

学校里就有了各种的教科书。”方便是教材内涵与外延的考量。“读教科书并不是进学校的最后目的，最后目的乃在取得生活经验。必须一方面依据教科书上所定的纲领，一方面不忘和‘杂然并陈’的外界的一切打交涉，这个最后目的才可以达到。仅仅知道一些文字记录下来的纲领，此外再不做什么工夫，那是绝对不行的。”① 所以说，教科书只是其一，不是唯一。光读教科书达不到要求，也就是不够方便。学生不仅读教科书、参考书，走进书本的图书馆，还读不用文字写的书，“在你眼前森罗万象的事物上获得新的触发”，“在社会的图书馆里做一番认识、体验的工夫”。这样的教材，必定是文本与生活化的，是白纸黑字与生活经验互渗、互动的，因而也是便利、适宜的。

“方便看”，是夏丏尊大语文教材的总取向。文本与生活化是其选择的必然。为人熟知的所谓“凭借”说、“扩张”说、“例子”说，均是系于此的。20 世纪 30 年代初，就当时使用的读本，他指示：“受到一篇选文，对于其本身的形式与内容，原该首先理解，还须进而由此出发，作种种有关系的探究，以扩张其知识。……知识不是孤立可以求得的，必须有所凭借，就某一点分头扩张追讨，愈追讨关联愈多，范围也愈广。好比雪球，愈滚愈会加大起来。”这里是靠船下钩，“所列文选，以文话为中心”还未见行，也就是“例子”说没成熟；待《国文百八课》出版，“目标”说、“例子”说，瓜熟蒂落、水到渠成。凭借与扩张针对教科书文本与参考书，是有机的关联，多次多层多向地扩张：“有不能解决的事项，则翻书查字典或请求教师指导，那么读过一篇文字，不但收得其本身的效果，还可连带了习得种种的知识，较之胡乱读过就算者真有天渊之差了。”在夏丏尊看来，教

---

① 《中学生·卷头言》1936 年第 68 号。

科书、参考书是凭借，凭借却不只是这两种；扩张也不限于书上。凭借是载体、是依据、是手段，犹如一张戏票、一份食物，不仅得收下来，还要进戏园子里去欣赏、吃下去消化为自己的血肉，即“是借了材料给与能力的”。这才是凭借的含义、凭借的流程、凭借的使命。扩张自是理所当然的事，目标、例子的确认，也是便宜凭借、优化凭借。既知这一点，教者“不应留声机器似地，徒把教本上的事项来一页一页地切卖给诸君”；学生也不宜“重视书册，求教师多发讲义，囫囵吞枣似地但知受教材，不知受教育”，因为这“究是‘买椟还珠’的愚笨办法”呀！20年代业内人士普遍感到：“现在学生界作文力薄弱极了。薄弱的原因，一般都以为是头脑饥荒的缘故，主张用选文去供给他们材料，或叫他们去涉览书籍。”而夏丏尊却认为：“现在学生作文力底薄弱，并非由于头脑饥荒，实由于不能吟味咀嚼题材，就是所患是一种不消化的病症。如果对于患不消化病的人，用过量的食物去治疗，肠胃将愈不清爽，结果或至于无法可治。患不消化症的大概将食物照原形排泄出来。试看！现在学生所作出来的文字，不多就是选文或什么书报上文字底原形吗？”[①] 有如一位高明的医生，不仅就一定数量的临床病例作出诊断，而且探明了流行病症的病因并向教育界向社会广而告之。“我以为学生学国文的态度如果不改，只从国文去学国文，只将国文当国文学，一切改良计划都收不到什么效果，弄得不好，还是有害的！……我们不要对于消化不良的学生奖励多食了！作文底材料到处皆是，所苦者只是学生没有消化的能力。”[②] 反复劝告之中流露的是对学

① 夏丏尊：《作文教授上的一个尝试——教学小品文》，《春晖（半月刊）》1923年第14期。

② 同上。

生发自内心的怜惜。更可贵的是他对症下药，“为要使消化不良的有消化力，非叫他们咀嚼少量的食物不可，叫学生作小品文就是叫学生咀嚼玩味自己实生活底断片”。取得了疗效，并“以为或有供大家参考的价值”[①]。如此，减少些文本的数量，加增生活的元素，提升了凭借的质量，岂不更方便？阅读也一样。“你研究一句句法，必得问实际生活中这样说法是不是妥当，你研究一个字眼，必得问实际生活中这个字眼该怎么使用，这才读一篇文章得到一篇的好处。”[②]

《文心》第 2 篇《方块字》、第 11 篇《辞的认识》中就有这样的做法。凭借如此、扩张如此，“教科书好比一张旅行的路程单，你要熟识那些地方必须亲自到那些地方去旅行，不能够单单记住一张路程单”[③]。例子也如此，看《文心》第 10 篇《印象》，里面就有文句与实景的交融。所以说，都是文本与生活化的。夏丏尊的国文教材论，确有一个自具体系的概念群。

今之论者单以叶圣陶 20 世纪 40 年代后发表的文章探讨其语文教材理论，主要是《略谈学习国文》、《〈精读指导举隅〉前言》、《谈语文教材》等篇什，把凭借仅限于教本，不及其余，虽不是言之无据，却也不是全面、系统、准确的阐述，也未必符合叶圣陶的原意。1922 年发表的《小学国文教授诸问题》中说道：“似乎国文科的教材，将成非常广大的范围，环绕于学童四周的，无不可为国文教材。这确是如此。但有一层，无论什么事物，都要化而为文字，才与国文有关系。于是文字终为国文科的重要材

---

① 夏丏尊：《作文教授上的一个尝试——教学小品文》，《春晖（半月刊）》1923 年第 14 期。

② 《中学生·卷头言》1936 年第 68 号。

③ 同上。

料。"[1] 由此可知，20 年代叶圣陶教材内涵与外延也是大而丰富的。夏、叶二人在国文教科书、参考书方面有着多年多次合作，推出了多部具有现实和历史价值的力作，没有理由完全割裂开来数一列二、说三道四。比较分析两人的大同小异、你我先后还不是最终目的，全面、系统、准确地理解夏丏尊以及叶圣陶的教材概念、体系，为当今的语文教材理论构建和编制、使用提供参照，才是无愧于先辈、无悔于今生的追求。

二　教材的价值：没用而有用

教材的价值不是先验的，而是经验的；不是孤立静止的，而是相对变动的。从陆游《老学庵笔记》中"《文选》烂，秀才半"的谚语，到吴楚材、吴调侯"叹观止矣"的书名，再到胡适的《建设的文学革命论》，教科书的价值大致可划出一条由半价上升为全值再跌落为近乎于零的曲线来。古人的自信与今人的颠覆，都有其存在的理由。谚语的半个秀才说，较为真切地反映了宋代莘莘学子的实感和记录者的体悟。"明朝以来，读书人全靠八股文猎取功名；他们用不着多读书，只消拿几种选本加意揣摩，便什么都有了。"[2] 胡适本是提出一条不同于陈独秀等人的推行国语的思路，因"现在新文学既不曾发达，国语教科书又不曾成立"（事实上也难以成立），所以，"先须造国语的文学"。但他在判定"用死了的文言决不能做出有生命、有价值的文学来"的同时，将教科书的价值也贬低了。

"我曾说，'那几本薄薄的古文读本是决不会教出什么成绩来

---

① 叶绍钧：《小学国文教授的诸问题》，《教育杂志》1922 年第 14 卷第 1 号。

② 朱自清：《朱自清全集》第 2 卷，江苏教育出版社 1988 年版，第 79 页。

的'。这话我至今认为不错。"[①] "天下的人谁肯从国语的教科书和国语字典里面学习国语？所以国语教科书和国语字典虽是很要紧，决不是造国语的利器。……试问我们今日居然能拿起笔来做几篇白话文学，居然能写得好几百个白话的字，可是从什么白话教科书上学来的吗？可不是从《水浒传》、《西游记》、《红楼梦》、《儒林外史》等书学来的吗？这些白话文学的势力，比什么字典、教科书都还大几百倍。"[②] 不仅古文读本，连白话读本也难于幸免、相形见绌。

《开明国文讲义》文学史话里说：胡适"这篇文章虽名为'建设的'，其实还是破坏方面最有力"。孙本文"对于国文教授之希望，在废课本而代以课外自读，课内之任务，仅为指示订正而已。盖课本之死教育，原不合创造进化时代之新学生"。今之主张，"作异日废止课本教育之准备"[③]。就是破坏方面的进一步发挥。嗣后，教科书虽未能如其所愿地废止而纷纷地建设起来，如洪北平、何仲英的《白话文范》（上海商务印书馆 1920 年 5 月），孙俍工、沈仲九的《初级中学国语文读本》（上海民智书局 1922 年 8 月）等，但编撰的思路基本上为"国语的教科书，便是国语的文学；便是国语的小说、诗文、戏本"。相当一部分人信赖：只要是白话或"带有白话性质"的文选，就是绝好的读本；再加多看课外的书，作文就能由此学来。教材的价值似乎是无须谈论、不言自明的了。

夏丏尊"有两种见解：一是劝学生不要只从国文去学国文，二是劝学生不要只将国文当国文学"。这与其说是揭露传统国文

---

① 胡适：《胡适文存二集》卷四，东亚图书馆 1928 年版，第 254 页。

② 胡适：《胡适文存》卷一，东亚图书馆 1928 年版，第 77—78 页。

③ 孙本文：《中学校之读文教授》，《教育杂志》1919 年第 11 卷第 7 号。

教学的弊端，毋宁说是对上述教材观念的挑战。这种挑战，撼动了时尚而又传统的国文教材价值体系和评价尺度。和时人选取教材“总要以有文学的意味为前提”，文堪作“模范”、体以小说为“主干”所不同，他声明：“我的叫学生作小品文，完全是为救济学生的病起见，完全当作药用的。小品文自身，原是价值可说，兹不具论。我所认定的，只是小品文对于作文练习上的价值”[①]。也就是说，不是简单地调换选文、体裁，而是挪移评估的重心。教材的价值不是编者自诩的，也不仅仅是由其文本的价值内定的，更重要的是通过教与学的信息交换外显、证明了的。包括“教学小品文的一个尝试”在内的《文章作法》，就是一本编写长达六七年，历经长沙一师、春晖中学、立达学园等多校反复使用、随教随改，集中了两位作者教学经验与智慧，因而颇有价值的作文教科书。不过，夏丏尊对自己的作品有着清醒的认知和估算。

首先，他对教材的内容作了明确的定向。文章的“内容是否充实，这关系作者的经验、知力、修养。至于形式的美丑，那便是一种技术。严格地说，这两方面虽是同样地没有成法可依赖，但后者毕竟有些基本方法可以遵照，作文法就是讲明这些方法的”。即作文教科书的内容是文章的形式、技术，主要是法则与例子的呈现。其次，他把教材置于指向目标的学习过程来分析。“技术要达到巧妙的地步，不能只靠规矩，非自己努力锻炼不可。学游泳的人不是只读几本书就能成，学木工的人不是只听别人讲几次便会，作文也是如此，单知道作文法也不能就作得出好文章。反过来说，不知作文法的人，就是所谓‘神而明之’的也竟

① 夏丏尊：《作文教授上的一个尝试——教学小品文》，《春晖（半月刊）》1923年第14期。

有成功的。总之，一切技术都相同，仅仅仗那外来的知识而缺乏练习，绝不能纯熟而达到巧妙的境地。”强调练习的重要，为客观地阐述教材的价值张本。再次，他比较教材中法则的有无与学习的功效相关，消除人们的误解。“照上面所说的一段话，必定有人疑心到作文法全无价值，依旧确信‘文无定法’，只想‘神而明之’，这也是错的。专一依赖法则固然是不中用，但法则究竟能指示人以必由的途径，使人得到正规。渔父的儿子虽然善于游泳，但比之于有正当知识，再经过练习的专门家，究竟相差很远。而跟着渔父的儿子去学游泳，比之于跟着专门家去练习也不同，后者总比前者来得正确快速。”如果说，上一段话侧重学生的自觉，那么，这一番话则是侧重了教师的指导。一切都在关系之中辩证看取，实事求是。由此得出结论：“法则对于技术是必要而不充足的条件，真正凭着练习成功的，必是暗合于法则而不自知的。法则没用而有用，就在这一点，作文法的真价值，也就在这一点。”夏丏尊的法则观，也就是他的作文教科书、国文教材观。

夏丏尊并非忽视教材文本内存的价值要素，更看重教材在教学实践中的价值体现。《关于国文的学习》写道，“就眼前的实况说，中学国文尚无标准读本，中学国文课程中的读物，大部分是选文。别于课外由教师酌定若干整册的书籍作为补充。……今天选读一篇冰心的小说，明天来一篇柳宗元的游记，再过一日来一篇《史记》列传，教师走马灯式地讲授，学生打着呵欠敷衍，或私自携别书观览，这是普通学校中国文教室中的一般情形”。他毫不掩饰对文选为主体的读本与课外整本的书单摆浮搁的不满，却不将这般情形的出现全然归咎于这样的教材，而是觉得问题的本质还在态度、价值观。所以，他在一系列文篇中对国文教材的价值作了具体而详细的阐述：

1. 教科书要“好好地”、“充分地利用”，并须知其“不够用”。他说：“教科书专为学习而编……对于学习还是有价值的工具。学习一种功课，应该以教科书为基础，再从各方面加以扩充，加以比较、观察、实验、证明等种种切实的工夫，并非胡乱阅读几遍就可了事。举例来说，国语科的读书，通常是用几篇选文编成的，假定一册国文读本共有三十篇文章，你光是把这三十篇文章读过几遍，还是不够，你应该依据了这些文章作种种进一步的学习，如文法上的习惯咧、修辞上的方式咧、断句和分段的式样咧，诸如此类的事项，你都须依据了这些文章来学习，收得扼要的知识才行。仅仅记牢了文章中所记的几个故事或几种议论，不能算学过国语一科的。”这样利用是个由表及里、从具象到抽象的言语思维过程，本身即需要扩展阅读，包括多读几篇、多读几遍，在不同变式中发现“共同的关系和法则”，光读教科书上的业已不够；从作文的角度看，“国文教科书上的内容，既乱杂，又陈腐，反正是不适用、不够用的。我们的目的是要从古人或别人的文字里学会了记叙的方法，来随便叙述自己所要叙述的事物；从古人或别人的文字里学会了议论的方法，来随便议论自己所想议论的事物”。事物“要自己从生活上得来”。

2. 参考书“因选文而旁及”、“为有了题目才发生的”，“不能预先开单子”自成格局，更不能取代教科书，否认其功用。他说：“如果诸君之中有人问我，关于某一学科应看些什么参考书？我老实无法回答。干脆地说，对于第一种职务的书籍阅读得马马虎虎的人，根本没有阅读参考书的必要。要参考，先得有题目，如果心里并无想查究的题目，随便拿一本书来东翻西翻，是毫无意味的傻事，等于在不想查生字的时候去胡乱翻字典。……没有题目，参考无从做起，学校图书室虽藏着许多的书，诸君自己虽买有许多的书，也毫无用处。”“参考书是为用功的人预备的，因为要参考先得有参考的项目或题目，这些项目或题目，要阅读认真的人才会从各方面发生。”他不随意加厚增多教科书和参考书，多多未必益善；有的放矢，势必物有所值、物超所值。相比胡适、梁启超的书单，二三十年代课标上的略读书目、八九十年代教材上的自读篇目，无不以固定的形式在数量上做着加减法，关注的是文章、体裁。夏丏尊真正从教材与学生的实际出发，“因参考的题目随时决定”，于是“关于文字理法的书籍”、“理解文字的工具书籍”分列一、二，而“文字值得阅读，内容有益于写作的书籍”则后置于三，一切以解疑释惑为准。也许数量上没法比，但种类上多，更显著的是经济得多、实惠得多。

3. 趣味或修养的书“可自由选择，种数不必多，选择要精，读到厌倦了才更换”。他说：“一个人的趣味是会变更的，一时喜欢绘画的人，也许不久会喜欢音乐，喜欢文学的人，也许后来会喜欢宗教。至于修养，方面更广，变动的情形更多。在某时候觉得自己身心上的缺点在甲方面，该补充矫正。过了些时，也许会觉得自己身心上的缺点在乙方面，该补充矫正了。这种自然的变更，原不该勉强拘束，最好在某一时期，勿把目标更动。这一星期读陶诗，下一星期读西洋绘画史，趣味就无法涵养了。这一星期读曾国藩家书，下一星期读程、朱语录，修养就难得效果了。”虽然夏丏尊申明“这类的书可以说是和学校功课无关的”、是“正课以外，有闲暇就读”的，但他提示“星期日读，每日功课完毕后读，旅行的时候在车上船上读，逛公园的时候坐在草地上读”，“也该尽量地利用参考书，……使你读着的书更明白，更切实有味，不至于犯浅陋的毛病”。如此认真、勤奋地读去，所养成的良好的习惯和生活情趣，不能不说，正是国文科的应有之义。

照上述分析，“没用而有用”似是说教科书有所用、有所没用，是相对相应地用，“必要而不充分的条件”；参考书“随时连类牵涉到的”用，不务正课一味多读用处不大；趣味或修养的书“目的不在会考通过，也不在毕业迟早，完全为了自己受用，一种书读一年，读半年，全是诸位的自由，但求有益于自己就是，用不着计较时间的长短。把自己欢喜读的书永久地读，是有意义的”，也脱不了个有所没用、有所用。实际上，这只是其表层的含义，是具体列举的功用；深层的含义，是“全的功用，综合的功用”。那就是为养成人提供方便，以此接受教育培养能力。这是中学校的性质决定的，是课程的目标之所在。针对“社会上大概批评学校里的课程无用”、教材不能“应世实用”，夏丏尊提醒人们：“学校犹如商店，在中学校里所可吸收的是普通的身心能力，不是可以直接应世的教材。”不要“找错了门路”。教材的功能在用这一点毋庸置疑，却不能将中学误认为狭义的职业学校、把教材错看成急功近利的目的物。他一贯反对浅薄的实用，文学上、国文教材上均如此；也不以为文本的价值全等于教材的价值。“中学原只是普通教育，其中的学科都是些人类文化的大略的纲目，换言之，只是一个常识，在综合地养成身心的能力上看来，不消说是好材料。”好材料的标准是适宜、便利能力培养的程度，越适宜、越便利、越好。在他看来，中学生的身心能力包括德、智、体诸方面的综合实力，“这种能力，虽是很空洞，很抽象，却是人生一切事业的基础。犹如数学公式中的X，诸君学过数学，当然知道X的性质。X本身并无一定价值，却是一切价值的总摄，只要那公式是对的，无论用什么数目代入X中去都会对。上面的各身心能力，本身原不能换饭吃，成学者，或有助于革命，但如果没有这诸能力，究竟吃不成什么饭，成不了什么学者，或有什么贡献于任何革命事业的”。能力的培养与中学生的人生发展如此密切关联，那么，为能力养成设计、使用的教材理应不可等闲视之了。

国文科主要是“读书力，发表力”的培养，旨归在这两种能力的教材之用，是既顾眼前又及长远的用，明明白白有具体目标、有所选择的用，而不是瞎子摸鱼式的乱碰、囫囵吞枣式的贪吃。是大用而不是小用，是多用而不是一用。试看《文章作法》第六章第二节小品文在文章练习上的价值，作者就列举了如下五种：（1）可为作长文的准备；（2）能多作；（3）能养成观察力；（4）能使文字简洁；（5）能养成作文的兴味。总之，“可以增长关于作文所需要的各种能力，所以对于文章练习上，利益很多”。即使就某个问题使用参考书，也是一方面“劝诸君暂时认定参考的范围，不要把自己所要参考的项目或问题抛荒”，另一方面“乘参考之便，留意一般书籍的性质和内容大略”。把教科书以外的一分为二，与正课或近或远，至少也透露出这样的信息：读书不只是为了应试，不只是为了作文，阅读自有目的、读者有“可自负之处”。尤其是过程之中所练就的学习习惯和品性，则不仅仅是多用，而且是大用了。大，不只是文本与生活化的范围大，还有功用大。以夏丏尊《文艺论 ABC》中谈论文艺的真功用的视角，来看取其国文教材的真价值，就教科书、参考书一部部议，许是有所用、有所没用；就教材的整体系统论，应为各司其用、“是为大用”。

三　教材的编制：与数理教材同列的纲目

无论是有关教材的论述，还是具体教材的编制，夏丏尊心底笔下总有一个关键词，那就是“纲目”。这也有两层含义：一是国语文课程纲要（标准或教学大纲）应有与其配套的国语文教材；二是教材选编的文章也该有条主线，把散列的篇章、句段在事项之下具体分明地串连起来，形成有纲有目、纲举目张的特色。夏丏尊认为，这些“原只是普通教育上的老生常谈，并非什么新说，照理，教师们都该知道了的”。然而，在当时乃至现在，却未必为人们所理解；即便知道了，也未必编得出、选得好。回顾国文教材编写的历程，不难在文化源流上寻觅到各自依据，从比较中看出夏丏尊教材编制理念的超前性和创造性。

20世纪起始的中学国文教材编制，以现代语文课程要素教材化的水准衡量，大致走过三十余年的摸索、探究之路，才拿出了为当时及后人所认可的“体例较为完备的新型教科书”，诞生了“在语文教材史上具有划时代意义的《开明国文百八课》”[①]。其间改良与革新并存，改良之中孕育着革新的期盼，先期的革新又为后一波的革新奠基、蓄势，几多风云变幻，曲曲折折，分分合合。国语文教科书如此，夏丏尊编制理论与实践亦如此。就新型教科书而言，真正具有革新意义的突破性的变化，发生于五四运动后、30年代中期这两个时间节点。

之前是旧制文选、逆溯或类纂加评注的时代。《奏定学堂章程》颁布后，曾一度没有为之选编中学国文教科书；伴随着新文学运动的发展、深入，五四运动后白话文体选进课本，几乎以“太白”文选型为主调。《白话文范》作为最早出版的一套中学国文教科书，仅以供四年制中学用与《中学校令施行规则》协调，至于“首宜授以近世文，渐及于近古文”的内容则全然相悖，并使“通解普通语言文字”一句“欺人的门面语”有了真情实意。《初级中学国语文读本》既是国语文学的后应，又是新学制的早产。它在课纲酝酿之际即前言：“编辑宗旨，在供给新学制初级中学国语文教学的需要。”“选文作家，以现代人为限。”而夏丏尊在课纲出台后不久发声：“兼教文言文。”于是在沈仲九与夏丏

① 顾黄初：《现代语文教育史札记》，南京出版社1991年版，第129、137页。

尊、孙俍工与朱自清之间发生了一场教材内容的争议。他们都是白话文入选的积极拥护与参与者。正如夏丏尊在一篇文章里写道："数年以来，语体文以一泻千里的势力，袭入教育界，又经过了许多人的扶助，到今日只要不十二分顽固的学校，也都堂皇地教授，早已不成问题了。"而"向来在教科书上占着正统位置的文言文"反倒成了一个问题[①]。照1923年新学制初中国文课程纲要及其后之课程标准来看，文言文在教材中应有一席之地。不久，便有顾颉刚、叶绍钧的文白混编本的新学制《初中国语教科书》（上海商务印书馆1923年2月），沈星一的文白分编本的《初级古文读本》（上海中华书局1923年1月）、《初级国语读本》（上海中华书局1924年8月）等面世。尽管在教本文篇的数量上，文言文有卷土重来大分天下的迹象和可能，但白话文的入选，登录了生存人思想新锐格式独特的小说、诗歌、议论，国语的文学有了播种的基地，有了庞大稳定持续不断的受众；而中学生又本能地愿意呼吸时代的气息，有的因作品而成为作家的粉丝，甚至产生创作的冲动和野心。真可谓桴鼓相应，力所难挡。按课纲说，夏丏尊等主张兼选兼教似无不合，但若将其主张看成是依课纲而立却并不适当。他对教材选编白话文者均给予高度的评价："他们是语体文的忠臣，语体文的得有今日，平心而论，多半是他们奋斗的结果。"又不隐瞒彼此的分歧："我是主张在初中兼教文言文的，对于他们所持的理由，当然有许多不能赞同的地方。"[②] 只是一时与不选不教者的矛盾凸显出来，其实在兼选兼教者内部，他与课纲、教材编者的矛盾分明更深刻、更久远。

---

① 夏丏尊：《初中国语科兼教文言文的商榷》，《春晖（半月刊）》1923年第19期。

② 同上。

因为课纲是要“兼习文言文”的，而他却主张“文言文尽可不做”。这自然会影响到教材文白比例的分配，影响到课纲目的“使学生有自由发表思想能力”的达成。

从浙江一师、湖南一师来到春晖中学任教的夏丏尊致力于孙俍工、沈仲九纲目缺失的修补，是一项严肃的建设性、探究性的工作。《初级中学国语文读本》每册均附一份“国文教授大纲”，除文言文读解纲目上全无外，课程里所列的语法、修辞、作文都是有纲无目。就作文而言，他们列有：（1）听写：笔述讲词；（2）问答；（3）约述：把一篇文章主要的意义，用较简略的文章写出来；（4）写生：描写实际观察的景物；（5）实录：记录参观或旅行的实地状况；（6）演题：分教员出题学生拟题两种；（7）日记通信等。“第一年注重1—5项，第二年起当注重学生自由拟作；每月须做长篇叙记文或议论文一次；预先提出题目，广搜材料，藉以养成有系统条理的思想能力。”应该说，上述项目、方法、程序不乏价值与可行性，然而却未能让人见到相关的成绩或感到编制作文教材的先兆。孙俍工《文艺在中等教育中的位置与道尔顿制》篇中说：“从前讲演式的教法，只有教员在台上讲解，学生除每星期或间一星期照例做一篇敷衍的文章而外，其余没有一点什么事可以做，所以也没有什么研究方法底必要，‘道尔顿制’重在各个人自己作业，故指示学生以作业的方法，成了必要的条件。……作文法分为四段作业，所用的书是陈望道的《作文法讲义》。所分四段底作业法是：（一）自第一页至三九页为一段。这段应研究的范围，为词、句、段等。所以我们拟定的作业题为……”① 可见“学生拟题”成了一句空话，1—7项的内容、

① 孙俍工：《文艺在中等教育中的位置与道尔顿制》，《教育杂志》1922年第14卷第12号。

方法、程序又有多少不是形同虚设呢？且四段作业法也没有时间说明，仿佛借用《作文法讲义》是为了让自身“逃而遁”的。相反，夏丏尊切切实实、足踏在地上进行着依纲立目、选材施教的探索。笔述讲词是小学低年级作文过渡的方法，问答除有一定篇幅的对话体外，均不算作文；约述即文本缩写。夏丏尊在《作文教授上的一个尝试——教学小品文》中说：“第一叫学生注意的，是自己的生活，叫他们用实生活来做作文底材料。”练习有日记、书札，样式多多，机会多多，几乎兼容了以上第 4、5、6、7 项的绝大多数。更重要的是，一面“叫他们以一二百字写生活底一个断片，一面又编了一点小品文的讲义教授讲解。行之几时，学生作文底态度及兴味，似乎比前好些，题材以实生活为限，命题听学生自由，学生很喜欢作，作来的文字，虽还不十分好，然较之于前的空泛，却算已有点进步，至少不至于看了讨厌，替他们改削，也不至于徒劳了”①。国文教材内涵与外延获得崭新的诠释；学生作文态度端正、兴趣浓厚，教学效率提高，这不正是材料与方法的价值实现吗？

在要素教材化的层面，有纲缺目的现象客观存在。有的缺而后补，如孙俍工的《记叙文作法讲义》于 1923 年 9 月民智书局出版发行，几乎与夏丏尊在《春晖》半月刊发表的上述文章同时，可说殊途同归。然而，细加分析，两者还有些相异之处。孙俍工的“讲义”在其读本第二册于 1923 年 2 月发行时即登广告，4 月作序时人已在东大附中，可知书既成，学刚讲；而夏丏尊的文章是“尝试”后的总结，是通过教学实践的真经验、真体会。孙俍工说：“这部讲义编辑的目的是在供给初级中学一年级（或

---

① 夏丏尊：《作文教授上的一个尝试——教学小品文》，《春晖（半月刊）》1922 年第 14 期。

二年级）国文教授的需要，在我和仲九所拟的初级中学国文教授大纲里，关于教材的分配，主张第一年级注重记叙文，第二年注重论说文，第三年注重文艺。教记叙文时须兼教记叙文作法；教论说文时，须兼教论说文作法；教文艺时，须兼教文艺作法。这部讲义就是根据这意思而编的。”[①] 这一兼教说是全新的感悟，并非预先商量好的。大纲里只有阅读教材一项，分读本、看书两种，看的是“新出版的国语书报和从前的国语文学作品”。讲义“包含写景、叙事、游记三大部分。彼等底次序，因为写景文易学而又最重要，所以列在最先；游记是合写景、叙事两种文体而成的一种文章，换言之，就是要先学过写景、叙事两种文体然后才能作游记，所以列在最后。……所举的例子，大部分都是从各名家小说里摘选出来的”[②]。夏丏尊写道：“小品文的内容性质全然自由，可以叙事，可以议论，可以抒情，可以写景，毫不受何等的限制。”文章发表时，全是学生习作的实例；成书后，也不乏自己和学生的例子。带有鲜活的教学气息。小品文一章篇幅则约为《记叙文作法讲义》的十分之一，从便利学生来说，谁薄谁厚？自能分辨。有的缺而不补，如顾颉刚、叶绍钧、沈星一等，均没有为作文编制教科书。也许有人提到《作文论》，该书 1924 年 2 月由商务印书馆发行，列入百科小丛书中国语文学之下。百科小丛书说明：“本丛书依高级中学普通科课程而扩充之。凡中等学生及小学教员应具之普通智识，无不具备。”所以，只能将它看作是一本参考书，不是讲义。陈望道的《作文法讲义》“为著者在复旦大学及女子师范体育学校实地施行之讲义”，就编者的使用对象说，类似于梁启超的《中学以上作文教学法》。当然，

① 孙俍工：《记叙文作法讲义》，民智书局 1923 年版，第 1 页。

② 同上。

作文的原理相通，上述论著、讲义均为中学生或社会上自学的青年提供了读写的帮助。有大胜于无。回到问题上来，有纲缺目即国文教科书仅有读本、迟到或不来作本究竟何在？也许能说出种种理由。《文心》第1篇枚叔的一番话流露了作者的想法和苦衷："照理原应该有人来按了年龄程度替你们特地编的，可是这事情并不容易。我从前在中学校教国文的时候，也曾想约了朋友另编一部中学国文教本。后来终于因为生活不安定，没有成功。"这是当时社会环境里教师普遍的生活状况对教材编制的影响。夏丏尊、叶圣陶、陈望道、孙俍工等均如此。单说作本断档、短缺，根源还在相当多人的肩上无形并无意识地背负着历史的包袱，尤其长期深受"文选"、"观止"、"读书破万卷，下笔如有神"这些语词的浸润、积淀，成为避之不及、挥之难去的"影子"，左右了教科书的元件和构造。连新文化运动的主将胡适都主张学作文看小说，并介绍"差不多完全是自己暗中摸索出来的"；一些编者以为"读本是选集形式内容都好，可作作文模范的文章"。结果一误再误："现在学生读了几篇选文，依样模仿，以为记了几句文句或几段大意，作文时可以用的，于是作出文来，就满纸陈言，千篇一例，这就是只从国文去学国文的毛病。"① 吸取了教训的夏丏尊觉醒了，孙俍工、何仲英等人也觉醒了。他们都以切身的经验告知后人：作法内容不可少，明示大大地胜于暗合。

可怪的是今之论者对20世纪20年代客观存在的作文教科书视而不见，并说国语文教材编制百年整个是"文选型"。是自身受了传染，还是作无情的抹杀？其实仅以地盘的占有、选文形式内容的替换，是不尽彰显"创编"或"突破"的。文体的简约尤

---

① 夏丏尊：《作文教授上的一个尝试——教学小品文》，《春晖（半月刊）》1922年第14期。

其是标准的确立，标点符号的重视，总之语法、修辞、逻辑、文章学等知识的成果，这些本身即为新文化运动的实绩，且是国文课程所有的、教材中不可缺乏的要素，已以参考书尤其是作文教科书的名义逐步呈现了。这些都是易于忽略而又不容忽略的新变。如果承认这一点，那么知识进入国文教材比论者所说的至少提早十年。

在教材要素的组合层面，"无论是传统上还是现在，把教材限定于概念和法则的观点是根深蒂固的"①。知识是个纲，包括陈述性、程序性知识；其余都是目，包括词、句、段、篇。可惜，夏丏尊等同仁没能及时积跬步迈大步，在自己或他人作语法、修辞等教科书内容与架构的基础上，合成出新型国文教科书。相当长的一段时期内，曾有穆济波《道尔顿实验班国文教学计划》对孙俍工、沈仲九的读本进行了排列组合。舒新城认为："穆先生所选的文章，在一个月的工约中自成一系统，好象一个设计的单元样，这是教材系统上可供我们参考的地方。"② 可穆济波所编的《新中学教科书高中国语读本》组、篇的"旨趣"多在内容。孟宪承、何种英的混合文典编制，却是有纲无目即有详细规划发表而未出版教科书；沈仲九在《初中国文教科书问题》篇中发表了较前者要好的见解，可坦言已是"能说不能行"了。既往的经验、构想在 30 年代逐步化为一部部实实在在的教科书。孙俍工的初中《国文教科书》（上海神州国光社 1932 年 3 月），以文章作法为线索，组成读写结合的单元。每册分 8 个单元，各有具体的事项；每项下有文 10 余篇。设置到位、有珠有串；不

① 钟启泉：《现代学科教育学论析》，陕西人民教育出版社 1993 年版，第 185 页。

② 舒新城：《道尔顿制功课指定概说》，《教育杂志》1924 年第 16 卷第 6 号。

过，相对独处，仿佛是砍了知识陈述、加长添多了例子的作文教科书。乃不可露骨处太露骨，可不丰腴处太丰腴。傅东华的复兴初级中学教科书《国文》（上海商务印书馆 1933 年 5 月）编排先文选、后习作，将语法、修辞、文章学知识结为一体，依次讲解。就知识与选篇的联系而言，远不甚紧密，仅点到为止，且文选在前，所以，不止一人称其为“新式文选型教科书”。夏丏尊、叶绍钧的《国文百八课》各取其长、自去其短，有穆济波的便利自习，兼沈仲九的侧重形式；有孙俍工的纲目明晰，兼傅东华的知识丰厚，创设出独特的单元结构。如吕叔湘所言：“文话是全书的纲领，是全书成败所系，因而也是编者用力最多的部分。”[①]须补白的是，介于话题与文选之间的文话，是教科书纲目骨骼与血肉生命活力的重要保障；另“文法或修辞，就文选中取例，一方面仍求保持其固有的系统”，所以是各有纲目又拧成一股的主辅系统。范例也不只是文章两篇，且包括词、句、段的“各项例证”。以《国文百八课》为标志的新一轮教科书革新，新就新在要素的汇聚和优化组合。知识是纲，形式是其公因素；篇章、句子均是目。相对纲的稳定性与程序性，目则呈现出变动性与多样性的特点来。

从文化的根系上探讨夏丏尊等人的国文教材编制，也许比以往归于多年的教学经验与某些著述更宏观更深邃。因为《文章作法》类作文教科书、参考书以及语法、修辞的编著，其体系、框架就是外来的，经“曲为比附”而渐渐中国化、本土化，本身即科学性、现代化时代思潮的必然产物和组成部分。曾有人感叹学制新了，有的学科、教材也是全新的，唯有国文还是旧的；至多教材文白的半旧半新而已。夏丏尊是位教育家，他善于从中学各

① 吕叔湘：《吕叔湘论语文教学》，山东教育出版社 1997 年版，第 113 页。

科尤其是数理教材学习中进行比较分析、获得启迪。如讲国文学习时，“再举一个例来说，算学教科书里有许多习题，你得一个一个地演习，这些习题，一方面是定理或原则的实际上的应用，一方面是使你对于已经学过的定理或原则更加明了的。例如四则问题有种种花样，龟鹤算咧、时计算咧、父子年岁算咧，你如果只演习了一个个的习题，而不能发见这些习题中共通的关系或法则，也不好称为已学会了四则。依照这条件来说，阅读教科书并非容易简单的工作了”。在他看来，国文和数学的教材与学习是有异曲同工之处的。或许正是这样的视野、这样的思路，促使产生了这样的结果。

他没有只从国文教材去编国文教材，却又和传统教材文化有着联系。譬如上述教科书的利用法，不就是杜甫教子似的“熟精《文选》理”吗？他并非反对读破万卷，只是不主张暗中摸索、神而明之；文之理即法则、纲领，是必要的、导向的。在凭借教材养成能力上，欧阳修所说的“三多”，被陈望道《作文法讲义》引入扉页，也是夏丏尊《文章作法·绪言》里概述重申的“多读、多作、多商量”，并认为“这话虽然简单，实在是很中肯綮，颠扑不破；要想作好文章的不能不在这方面下番切实的工夫”。拿“类纂”来说，不似旧式教本分类不一，杂且多；不似 20 年代教本这大略、那大略；也不似八九十年代教本只讲常用文体。“单就前四册来看，大纲目仍然是按记叙文、说明文、议论文的顺序讲解，可是在这三部分之内和之外都是提出若干小题目，一次讲一个题目，既有联系，又不呆板，很少出现‘一、二、三’或‘甲、乙、丙’。”① 无愧乎标准、明晰、联络、精细这八个字。

---

① 吕叔湘：《吕叔湘论语文教学》，山东教育出版社 1997 年版，第 114 页。

总之，外来也好、传统也罢，是一份可分享的文化遗产，还是一副羁绊前行的冰冷的锁链？关键是你为何拿、如何用。纲目与数理教材同列而又有国语文特点的《国文百八课》，已为后人作了一例成功的示范。

第二节　编写轨迹

五四运动后二十年间，夏丏尊领衔编写的国文教科书，共有《国语教材》（与陈望道、刘大白、李次九等合编，1919 年）、《文章作法》（与刘薰宇合编，1926 年开明版）、《开明国文讲义》（与叶圣陶、宋云彬、陈望道合编，1934 年开明版）、《国文百八课》（与叶绍钧合编，1935 年开明版）、《初中国文教本》（与叶绍钧合编，1937 年开明版）五部，大致呈现出这样的演变轨迹：即教材体例由分科向综合转型、单元目标由内容向形式侧重、结构方式由归纳向演绎置换。

一　教材体例由分科向综合转型

教材体例即教材内容诸要素的组织形式和编写格式。分编两本及以上，为分科型；合成一本，为综合型。《国语教材》是 1919 年 9 月浙江一师编印使用的一部白话文教科书。现今已无法看到全貌，只能在有关文献以及回忆录里读到一些片断，编织起来，形成如下的大意。

1. 新意：崭新的选文与编列。

教材中的一百多篇文章，都是从《新青年》、《新潮》、《星期评论》等新出版的报刊杂志上选取的。和过去“生存人不录”恰恰相反，全是思想内容表现形式都新的新人新作，又是学生们新近阅读着的材料。《时事新报》1919 年 12 月 15 日载：浙江一师有学生组织的书报贩卖部，“这个贩卖部，对于该校，可说是极大的效力。该校改革的动机，大半由于学生的自觉”[①]。报上对该部书报的种类、销量均有统计。从学生贩卖、阅读书报到自办杂志、发表文章，傅彬然、夏衍等人均提到新派教员即被守旧派称为新文化运动“四大金刚”的支持和影响。如此由具有新思维的新教师群体从新发表的新内容形式的新人新作中选编的新教科书，一切都是新的了。更需一提的是，它的编制不是像文言文读本那样依时代、发表先后，顺流而下或逆水而上的，也不是依文体类纂，而是以人生、家庭、妇女、劳动、文学、科学、道德等16个问题为单位，“依着问题去寻材料。大约每问题选集了七八篇文章；教授时候，不过讲解一二篇，其余的学生作参考”[②]。课上“使学生自己研究，教员随时指导，并和学生讨论”[③]。来自不同处的反响归纳起来可知：当时虽没有精读、略读或基本篇目、自读篇目之名，却已有其实，并用上了如大纲所说、适合白话文教科书特点的新教法。新的一切又转化为新行动、新气象，用夏丏尊的话说“牛痘苗发作了”！学生作白话文的，占绝大多数；另效法《湘江评论》将原有的《双十》周刊改组为《浙江新潮》。该刊第2期发表了施存统《非孝》一文，于是早已潜藏在校内外的一股凶险的暗流找到了兴风作浪的借口。省长、教育厅长带头，“查阅各科讲义，尚无大疵。惟国文讲义，全用白话，弃文言而不授，与师范学校教授国文要旨，未尽符合。推其宗旨，注重新思想及文化运动。然所延教员，以学无本原，一知半

① 浙江省委党史征集研委会编：《浙江一师风潮》，浙江大学出版社1990年版，第185—186页。

② 何仲英：《白话文教授问题》，《教育杂志》1920年第12卷第2号。

③ 浙江省委党史征集研委会编：《浙江一师风潮》，浙江大学出版社1990年版，第185—186页。

解，夹杂凑合，以为教材，不免有思想中毒之弊”[①]。对教材、编者恶意诽谤、攻击，挑起了震惊全国的一师风潮，校长经亨颐、教师夏丏尊等四人愤然辞职。若不然，这也许是先于《白话文范》的第一部，且不止一部。

2. 深意：适时更合人的改革。

为什么这样新文新编？夏丏尊《教育的背景》文中的说法还较为概括，经亨颐《对教育厅查办员的谈话》里回答得具体明确：“本校从本年起，国文教授确有大大的改革。不过改革的原因，人家说是迎合新思潮哩，五四运动的影响哩，这都是很浅近的推测。我认定中国文字不改革，教育是万万不能普及。我做了师范校长，不是单单制造几个学生；设法使教育可以普及，这是我的本务。……所以我决定‘国文应当为教育所支配，不应当国文支配教育’的宗旨，非提倡国语改文言为白话不可。”[②] 浙江一师对国文的重视与教改的倡议，至少于1916年9月经亨颐《丙辰秋季始业式训辞》中就能看到：“国文宜注重，已言之屡矣，本校定四主科，国文实为主科之主科，但从前尚不过对诸生先事提示，自本学年则将于教授上实行改革。”[③] 也就是在这样的场合与时刻，他宣布夏丏尊担任国文科主任。1919年4月《动学观与时代之理解》里说道：“余料今后一切事业，必以‘广’字之势力，战胜‘久’字之势力。文字亦独不然。”[④] 这篇文字与夏丏尊《教育的背景》同时刊载于《教育潮》第1卷第1期，不只是发蔡元培《国文之将

① 浙江省委党史征集研委会编：《浙江一师风潮》，浙江大学出版社1990年版，第527页。

② 张彬编：《经亨颐教育论著选》，人民教育出版社1993年版，第227页。

③ 同上书，第69页。

④ 同上书，第193页。

来》"白话派一定占优胜"的先声，而且是彼此呼应、为即将着手的国文教改指明方向。风潮来袭，《全校教职员挽留经校长宣言》中仍坚信："本校是造就高等小学校国民学校教师的初级师范学校，尤其非改授国语不可。"① 由此可见，浙江一师《国语教材》的拟定、编制，是有思想准备和培养目标的适时更合人的改革举措，绝非闻风而动地赶时髦。尤为可贵的是，他们在风潮之中极力保护学生，不计个人的名利得失，并道出编制的原委："国语底教授，因为是创始的事情，最为难的，就是没有现成的教材可用。但是方针既经决定了，在短期间里，没有完美的法子想得出来。所以就草草地由国文教授会议，暂定了一种国文教授大纲，选辑了一百多篇的国文教材。虽是依纲分列，却仍异说并存，叫学生用批评的眼光，取研究的方法。当时以为近来的新出版物很多，里边的文字、主张是很庞杂的，与其听学生自由阅看，免不了有盲从的地方，何如把他整理一番，依着问题归类起来，叫他们经过一番有系统的研究，不至于不明去取，有盲从底弊病。"冷静地分析尚有不足后，将其他内容的教材重提到议事日程："国语问题，在学科制组织法上头，规定教授语法和修辞法，并责成国语科主任精选教材，规定教授程序。这种预定的方法，不但可以齿得我们自己知道自己的缺陷，随时打算补救，并且可以见得本校底改革精神，是随时表现，随处表现的！"② 不过，这只是对后来者提醒、负责了。"为了业务上的信用"，他们各奔前程。

从上述文字，从《试行学科制说明书》"教材为速写、语法、

---

① 浙江省委党史征集研委会编：《浙江一师风潮》，浙江大学出版社 1990 年版，第 45 页。

② 同上书，第 46 页。

修辞、读解、作文五目”，从《教育潮》刊登的广告[①]，都清楚不过地表明：《国语教材》正正经经的的确确是一部读解类的分科教材，是预定选辑种种之中的一种。和后之全白，或半文半白，或混编分编，总之认选文读本为国文教材的全部，在体系、体例上不可相提并论、同日而语。前者是较为清醒、觉悟的，只是次序问题；知道做了什么，还要做什么。后者是朦胧、追认的，不免新鞋老路，碰鼻子拐弯，才去补救什么。教材的系统观上存在落差。

《文章作法》也是一本分科型教科书，是与孙俍工、沈仲九初级中学国语文教授大纲、读本配合的作本。谈论的是白话文的写法，所举之例，白话占 70%，白话性质的占 20%，文言占 10%，可知他不仅讲读时兼选兼教，写作教材中也已分中有合了。是否他在春晖中学任教时才意识到国文教材中不可忽略文言文的要素呢？浙江一师时，杭州的报刊上曾称他们为古文的叛徒，他的确说过“已经用白话文了，有的学校同时还教着古文”，以为属《误用的并存和折中》“其实都是悖的”。这篇文章被孙俍工、沈仲九编入读本第一册，成为论争的一个焦点。如沈仲九所说，夏丏尊似是“以前主张初中专教国语文，现在却主张兼教文言文了”。仿佛一下子由逆子转为贰臣，真的如此突发摇变吗？其实不然。《国语教材》选编未用之际，他们就清楚地“知道学生争看新出版物的狂热，新思想底灌输非常利害，要遮拦也无从遮拦，要禁止也无从禁止”。[②] 沈仲九“在浙江第一师范学校代

① 1919 年《教育潮》第一卷第五期发布了国语丛书出版预告：第一种《新式标点用法》陈望道编，第二种《国语法》夏丏尊、陈望道、李次九、刘大白编，第三种《注音字母教授法》陈望道、刘大白编。

② 浙江省委党史征集研委会编：《浙江一师风潮》，浙江大学出版社 1990 年版，第 45、362 页。

课的时候，和诸位国文教员，共同拟了一种国文教授法大纲”里“使学生能够了解用现代语或近于现代语——如各日报和各科学教科书所用的文言——所发表的文章”[①]，就是兼教白话与文言的。夏丏尊在《教育的背景》中指出：“现在是何等时代，我们现在是何等境遇，这都是教育家所应当考求的问题。教育家虽然不能促进时代，改良境遇，断不可违背大势而误人子弟。已经这个时候了，还要去讲春秋的大义。冕旒的制度，教人读《李斯论》、《封建论》的文章，出《岳飞论》、《始皇论》的题目，……学了几年，一切现在的制度，生活上应有的常识，仍然茫然。这不是现在教育界的罪恶么？八股时代有一句讥诮读书人的话，说道‘八股通世故不通’，现在的教育界能逃避这个讥诮么？”由此可知，他是从学生阅读与社会发展的需求，觉察到国语教科书的有势力、有功效，因其势而利导之，并非盲目地顺从、消极地应付。学生设书报贩卖部、出刊物，都有他们的身影。夏衍答《求是》记者问中说道：“《浙江新潮》这份刊物，是‘一师’学生宣中华、俞秀松等在陈望道、夏丏尊的支持下办起来的。”[②]“四大金刚”中，提倡白话文是他们的共识，所以新编新文；对于旧文，夏丏尊一向不如刘大白等人激进，认定文言文是“死话文”、“鬼话文”。同在上一文中即指出：“旧材料并非不可用，就是用这个材料的态度，很宜注意。……若用了这些材料来说明现在的文化的来历，使人了解所以有新文化的道理和新文化的价值，自然是应该的事。若食古不化，拘泥了这个过程，这就是于现在生活无关系的用法，这种教育就是无背景的教育了。”此话表明，

① 仲九：《对于中等学校国文教授的意见》，《教育潮》1919年第1卷第5期。

② 浙江省委党史征集研委会编：《浙江一师风潮》，浙江大学出版社1990年版，第45、362页。

他本不属决裂派，而是位今用者。在那狂飙突进的时期，许多人都免不了过激主义，他却能出此言，是需要深厚的学养和定力的。尽管有着认知的矛盾冲突，但他想着学生、关注用材料的态度和取向，这一点始终未变。新编新文，意在打破旧国文教材的一统天下；新编旧文，意在今用、活用，即使文白混编，“如果能‘并行而不悖’原也不妨”。

《文章作法》中所选文言的句、段均是作知识、法则的例子来用的。如第五章第三节直接证明：“即是对于一种主张，找出积极的理由来证明。”引《孟子·尽心》中片断，“这篇的主旨是说梁惠王不仁，而用‘以其所不爱，及其所爱’的事实来证明”。先陈述，后示例，再解说，间接证明也如此。白后文、文后白，旧材料新用，学生便于理解，获益实非浅。再如演绎法的要素省略，分别以“桀纣之失天下也，失其民也”（《孟子·离娄》），“天子不能以天下与人”（《孟子·万章》）为例，并“将省略的补足，成了一个完全的三段论式”，上下比较。更可贵的是，他在阐释中“用批评的眼光，取研究的方法”。文白一视同仁，不任性厚薄，应褒则褒，该贬则贬。如第三章第五节，就《三国志》“作者陈寿一个人的笔下而论，一个是以蜀为主体，一个是以魏为主体，居然有两样的观察点，就未免不当了。叙事文底观察点，就是作者所站的地位，可分为三种”。与陈望道《作文法讲义》同章节的内容相比，可见夏丏尊写得具体清晰。又如附录二，《左传》中鄢陵之战，他以为是“记叙文中的典型文字。其所以为典型的，就在作者不露面目，能使读者恍如直接耳闻楚子与伯州犁的对话”。“我喜读《孔雀东南飞》，但对于末尾的‘多谢后世人，戒之慎勿忘’二句，常感不快，以为缺陷，不如没有了好。因为作者在这二句中突然伸出头来了。……中国旧小说中，这种不统一之处很多。”新文学《风波》、《沉沦》、《潘先生在难中》、《超人》中，均“有着我所谓不统一的瑕疵的”。不是他作品研究、批评的眼光难能，而是给学生做样子、身先士卒的姿态可贵。

这种理性的批判精神，从《国语教材》到《文章作法》再到《开明国文讲义》都是一脉相承。在讲作法的同时，他已将语法、修辞、逻辑、鉴赏学的一部分知识结合进来，兼容并包了。不是简单、生硬地搬来，而是经过一番学习研究、化为自已的见解而提出的。如陈望道是我国较早引进、研究、倡导标点符号使用者之一。《作文法讲义》第十二章讲标点、第五章讲分段；《文章作法》“注意符号和分段”，把散列的连缀起来，看作“都是辅助文章使它的意义更比较明确的”。所举都是白话文的例，使学生直感到标点符号是作文里不可缺少的组成构件，须用起来、为表情达意服务，而不是后加上去的、可有无的。这一点虽细微却很重要。朱自清 20 世纪 40 年代初发表的《写作杂谈》里说道：“教育部二十年前就颁行过标点符号施行条例，起草的是胡适之先生。但是青年们和一般人注意这个条例的似乎不多。原因大约有好几种。一是推行的不尽力。……中学教科书里虽然偶有论到标点符号的，也不多，教师们又不认真去教，成效自然不见。二是例句不合式。条例中所举的例句都是古书和文言，加上一些旧小说的白话，现代的白话文记得似乎没有。……这种例句‘加’上标点符号，究竟不很自然；这种例句并不能充分表示每种标点符号的用处。……我想教育部若能将那条例修订一番，细心选择现代白话文作为主要的例句，一面责成中学教师切实教授，并在改文时注意，标点符号的用法会渐渐正确起来的。”① 朱自清的想法，正是夏丏尊的做法。《文章讲话》首篇即夏丏尊写的《句读

---

① 朱自清：《朱自清全集》第 2 卷，江苏教育出版社 1988 年版，第 77—78 页。

和段落》，谈古论今，一例多用，剖析得更具体更细密；原则是遵照文法上论理上的规矩而不死守，依着作者的情意流露“要有目的，要合乎情境”。不仅作文，“平日在谈话上也可应用这法则把语言加以顿挫，传出自己的心情来”。陈望道《序》中说，“这部书，不但处处说得很具体，而且还能在几个问题上披露出自己的独特的见解来的”，《句读和段落》便是其中的一个问题。从《文章作法》的注意到《文章讲话》的首篇，可见夏丏尊一如既往地尽力推行。

《文章作法》里的知识，既有命题、概念“是什么”的陈述性知识，也有关于“如何做”的操作性、实践性的程序性知识。前者一见自明，后者如第二章第三节便有个材料收集、取舍、整理、连缀、做成的次第。大处说，先作记事文，次作叙事文，又次作说明文、议论文，就是如陈望道《作文法讲义》所以为的合理的“练习程序”。夏丏尊叫学生作写生小品，先“画一木一石”、“一手一足”，后“作全幅的风景”、“整个的人物”，不是更切实、合理的练习程序吗？总之，文白的和合、与读本的配合、多种知识的融合，《文章作法》中一系列“合”的气象，预示并呼唤着综合型国文教科书的出现。

二　单元目标由内容向形式侧重

教材单元是教材内容诸要素按某种标准加以集中而构成的单位。拉尔夫·泰勒的《课程与教学的基本原理》中指出：单元是课程组织的最低层次，“每个单元一般包括持续若干周的学习经验，而且是围绕一些问题或学生的主要目标加以组织的”。《国语教材》是依着问题归类，“以和人生最有关系的各种问题为纲，以新出版各种杂志中，关于各问题的文章为目”；《国文百八课》则是“每课为一单元，有一定的目标，内含文话、文选、文法或修辞、习问四项，各项打成一片”。虽都有中心、纲目，但取向上，前者侧重内容，后者侧重形式。

国文教材究竟该侧重于哪一端？也许应从发生、接受的过程中比较分析、找到理由和答案。一师风潮起后，《国语教材》曾被蔡元培过目。他对省长的回答是：“这种教材，选得不成系统。不过备学生的参考，也未始不可。”给经亨颐的信里却提出了“是伦理教材？是国文教材？”的疑问。这一点，“四大金刚”不会不知晓。他们明知当局公然站在新文化运动的对立面，从非议学生的文章、使用的国文教材着手，有借行政手段公行私意的阴谋目的，却没有过多地情绪抗争，而是认真、冷静地理性反思：“我们这国语教材，竟一点没有毛病吗？仔细研究起来，这种方法和教材，却实在很有缺陷！因为太偏重内容的思想方面，于形式的法则方面太不顾及到了，所以决不能算是完美的法子。”① 和《国文教授法大纲》目的——形式 1、2，实质（内容）3 也不相称。这种走样、变型，不能由夏丏尊一人承担的，而理应由集体负责，包括校长。经亨颐在 1916 年 9 月《丙辰秋季始业式训辞》中说道：“或谓国文非实质的陶冶不可，盖道德文章，以多读书为唯一方法，古人求学之道诚如是。余非反对此说，须知学校肄业与终身求学不同，在学仅五年，若取实质的教授，得此失彼，挂一漏万，在所不免，自成国文教授成绩之不良，实坐此弊。兹问题颇大，因无须为诸生言，而诸生不须有好高骛远之野心，仅以五年为读书期，则大谬矣，毕业时国文但求通畅为度，某某等虽尚未读过，决无愧也。”② 1919 年 11 月《对教育厅查办

① 浙江省委党史征集研委会编：《浙江一师风潮》，浙江大学出版社 1990 年版，第 45 页。

② 张彬编：《经亨颐教育论著选》，人民教育出版社 1993 年版，第 70、223 页。

员的谈话》中却说："国文科的教材，几位教员是共同商定的。不过从前的国文教材，和思想没有多大的关系，改了白话，这一点不可不注意。"[①] 可见，面对时代的大潮，在国文教材单元目标的侧重点上，经亨颐也有变动。夏丏尊等是一师环境中人，无不受其影响。经过试验，已有了初步的认识和回归的意向。

自《国语教材》伴随着一师风潮闻名遐迩后，语文教育界对问题为纲的教材编制法就有两种不同的声音。周予同《对于普通中学国文课程与教材的建议》以为"排列国文教材的方法，有讨论价值的，只有四种：一、按文体来分类；二、以问题为主纲；三、用程度作标准；四、依时代而逆溯"。比较种种优缺点后，直白地说："国语文的排列，我主张采取第二种的方法，就是以问题为主纲，以各种文体不同的文章为内容。""文言文的排列，我主张第四种方法。"[②] 王森然的《中学国文教学概要》第三章中学国文教材排列，和周予同观点基本一致。这些从类型上说，仍是分科的；只能看作是对《国语教材》排列的肯定，谈不上新意、创意。何仲英的《白话文教授问题》以为"拘拘以问题为单位，似乎'喧宾夺主'。况且问题别有专科；国文一科，何能'包罗万象'？长此以往，大家皆欢喜讨论问题，发扬虚气；恐怕和国文教授宗旨，越走越远"[③]。孟宪承的《初中国文之教学》针对孙俍工、沈仲九《初级中学国语文读本》"第三四编略以问题为准"，以为："有了这种教材，所以方法上自然也废除了逐字逐句的讲解，而注重到问题的讨论。这不可谓非国文教学上一大解放。然而我以为这样的启发思想说，也多少不免一种偏见，而

① 张彬编：《经亨颐教育论著选》，人民教育出版社 1993 年版，第 70、223 页。

② 周予同：《对于普通中学国文课程与教材的建议》，《教育杂志》1922 年第 14 卷第 1 号。

③ 何仲英：《白话文教授问题》，《教育杂志》1920 年第 12 卷第 2 号。

含有必然的危险。国文科的训练，本注意思想的形式上，至于思想的内容，是要和各科联络，而受各科供给的。现在专重社会问题的讨论，是否不致反忽了形式上的训练，喧宾夺主，而失却国文科主要目的，很是一个问题。"[①] 他俩的议论，倒是切中要处的。可孟宪承在《初中读书教学法之客观研究》中论述"编次教材，最好分为若干单元，每一单元中，至少有一个中心的精神，贯穿的计划"。以郘尔和勃拉地二氏合编的初中一年级用《文学选读》为例，其中几个单元，"目的完全在激发学生爱国的观念的"[②]。似乎一不小心，自己也注意形式的思想上了。走样、变型的情形，并非偶然。

是内容为纲，还是形式为纲？这确是一个有关国文教材学科性、国文科独立性的大问题，是课程拟定、教材编制无法绕开的一个世纪命题。当时的论者往往就选文有内容形式两面，推及单元的目标设置，这样似乎都兼顾到了，四平八稳，却忘了国文教材与他科教材的区别。再说，传统国文教学多偏重于形式，以为熟练了形式可以容纳内容，文学革命"当革其精神，同时亦当革其形式"。革命后的国文教材以形式为纲，是走传统的老路，还是探一条经济、实用的科学发展新路呢？夏丏尊进入了长久而深刻的思索，犹豫过、苦闷过，但最终作出了旗帜鲜明的回答：学习国文的着眼点在形式，国文教科书的单元目标在形式。

知易行难一语，适用于包括夏丏尊在内的同时代人。他自编写《国语教材》、《文章作法》后未能既知即行，却曾设想过改良文选读本的法子。《关于国文的学习》说道："我以为不妨由学生

---

① 周谷平、赵卫平编：《孟宪承教育论著选》，人民教育出版社 1997 年版，第 40 页。

② 同上书，第 67 页。

预先请求教师定就一学年或半学年的选文系统，决定这学年共约选若干篇文字；内容方面，属于思想的若干篇，属于文艺的若干篇，属于常识或偶发事项的若干篇；形式方面，属于记叙体的若干篇，属于议论体的若干篇，属于传记或小说的若干篇，属于戏剧或诗歌的若干篇，属于书简或小品的若干篇。（此种预计，只要做教师的不十分撤滥污，照理应该不待学生请求，自己为之。）材料既经定好，对于选文，应该注意切实学习。”照此编订，选文成为中心，属于思想的若干篇，国文教材的教学岂不变为思想教材的教学了吗？即便师生明白了教材的单元目标，也是内容、形式两分法的。而恰恰是这种两分法，一时成了国文教材编制的主调，只不过比例多少而已。如朱文叔编《初中国文读本》（中华书局 1933 年 7 月发行）每册分 7—8 组（单元），每组一教学目的，选文 5—7 篇。除“政治观念的阐明”、“民族精神的发挥”、“产业与国防的设计”、“生命意义的发挥”、“政治之探讨”、“民生之理论及实际”、“生与死之观照”、“民族体质之与民族道德之”等组明显以内容为纲外，即使以形式为名的，也以内容为实。如“自然现象的描写”，“全组适应青年心理，可以感发其寻求光明之志趣”；“社会风俗文化的记述”，“本组各文，皆以振起民族精神为主旨”；“天演人生和治学方法的说明”，“全组以科学精神的培养为主旨”；“灾情之描写及赈灾方法之记述”，“我国目前最迫切之民生问题，本组即以此为杜意”；第 2 册第 1 组和第 6 册第 3 组，同为“家人间感情的抒写”，均曰“本组以家族伦理为中心”。这样的国文教材，的确是承载了较多他科教材的要素；不过，这样的国文教材是通得过时之教育部审定的。

夏丏尊没有那样去编教材。他一直为国文科的笼统苦闷、为国文教材的编写操心。他编写《开明国文讲义》、《国文百八课》之前、中、后，没有哪一篇文章不提到：“国文科的性质太复杂太笼统了，差不多凡是用中国文字写成的东西都可以叫做国文。”有的一篇之中，就会重复两遍。教材的思考也如此。他以为独立存在的所谓国语科的选文、书籍，“都可以是不属于国文科的”。国文“若就其内容说，或属于历史，或属于哲学，或属于地理，或属于政治，或属于艺术，鲜有无所属的。大家都说对于国文要用功，其实根本就没有纯粹的所谓‘国文’这样东西。所谓‘用功国文’者，只是把普通一般的书籍，当作文字来用功，把它作为阅读的练习与写作的范例而已”。一切在明确目标的关系之中，一切为学生读写能力的培养考虑，在方便的原则下，有适合的范例，没有文白，没有文学与应用，没有非选不可的作家作品。“我们能说《论语》、《孟子》、《庄子》、《左传》是国语吗？能说《红楼梦》、《水浒》、《三国演义》是国语吗？可是如果从形式上着眼，当作语言文字来研究，那就没有一种不是国语科的材料，不但《论语》、《孟子》、《庄子》、《左传》是国语，《红楼梦》、《水浒》、《三国演义》是国语，诸君的物理教科书、植物教科书也是国语，甚至张三的卖田契、李四的家信也是国语了。”这一句句自问自答，看似轻松、爽快，其实是扪心自问良久才得出的结论，反映了他复杂曲折的心迹。

在国文教材的内容诸要素上，夏丏尊一直以为语法、修辞等类知识是在其中的。“除了文法修辞等部分以外，并无固定的内容的”这一句式的多次呈现，表明他看出语法、修辞、作文法之类书，与当时颇为流行国文教科书即读本不同。前者既有较为固定的内容，又是法则、形式的；形式即内容。后者即便有单元、有项目，往往不过戴顶帽子，梳条辫子，生怕走错了门，仍是以选文为中心的；文选是既有内容又有形式，教学时常常得意而忘形。他以现存的教本为依据，所以得出：“教科书有两种性质可分，一种是有严密的系统的，一种是没有严密系统的。如算学、理化、地理、历史、植物、动物等科的书，都有一定的章节，一定的前后的次序，这是有系统的。如国文读本，如英文读本，就定不出严密的系统，一篇韩愈的《原道》可以收在初中国文第一册，也可以收在高中国文第二册，一篇佛兰克林的传记，可以摆在初中英文第三册，也可以摆在高中英文第二册。诸君如果是对于自己所用着的教科书留心的，想来早已知道这情形。这情形并不是偶然的，可以说和学科的性质有关。有严密的系统的是属于一般的所谓科学，象国文、英文之类是专以语言文字为对象的，除文法、修辞教科书外，一般所谓读本、教本，都是用来作模范作练习的工具的东西。所以本身就没有严密的系统了。”这番话似是知其不可为了，文选加语法、修辞、作文法的教科书，只能混而不合，没有系统的了？言之有据，却未必言之有理。说明他为当时的国文教科书氛围所笼罩，一时还脱不出、冲不破选文中心论。多方比较的大视野使他痛苦。“别的科目的内容是以我们所需要的知识为范围排列着的，植物教科书告诉我们关于植物的一般常识，历史教科书告诉我们人类社会活动进步的经过，地理教科书告诉我们地面上的种种现象和人类的关系，都有一定的内容可说。但是国文教科书的内容是什么呢？却说不出来。原来国文科的内容什么都可以充数，忠臣孝子的事迹固然可以做国文的内容，苍蝇蚊子的事情也可以做国文的内容，诸君试把已经读过的文字回忆一下，就可发见内容上的杂乱的情形。”问题提得好，答案却不尽如人意。触及到中心、要害处，本可以上攀一阶，却又下滑一级，坠入了选文。国文教科书内容与文选内容是整体与部分、系统与构件的关系，并非一回事。因此，“国文科的教材如果从内容上看来，真是杂乱而且不适合的”一句，应理解为从“文选”内容上看。“有些教育者见到了这一层，于是依照了内容的价值来编国文教科书，他们预先定下了几个内容项目，以为青年应该孝父母，爱国家，应该交友有信，应该办事有恒，于是选几篇孝子的传记排在一组，选几篇忠臣烈士的故事排在一组，这样一直排下去。这办法无异叫国文科变成了修身科或公民科，我觉得也未必就对。给青年读的文字当然要选择内容好的，但内容的价值，在国文科究竟不是真正的目的。”即以文选内容为主纲的国文教科书，并不能体现国文科的性质、特点，而国文教科书又应该能体现这一点。这一点，夏丏尊是明确的，有着经验和教训。

为此，他寻觅着、思考着体现国文科特征又能以简驭繁、方便学生学习的教科书架构。他说：“凡是文字，都是作者的表现。不管所表现的是一桩事情，一种道理，一件东西或一片情感，总之逃不了是表现。我们学习国文所当注意的，并不是事情、道理、东西或感情的本身，应该是各种表现方式和法则。”不仅有对选文的理性认识，还有在比较各科教科书基础上，对小学、中学国文教科书使用的调查分析。“小学国语教科书的内容更不同，总算是依照了儿童生活情形编造的，内容的吸引力更大，更容易叫读的人忽略形式方面。……诸君之中有些人在中学里读国文的情形恐怕还是如此。诸君读到一篇烈士的传记，心里会觉得兴奋吧。读到一篇悲情的小说，眼里会为了流泪吧。读到一篇干燥无味的科学记载，会感到厌倦吧。这种现象在普通读书的时候是应该的，不足为怪，如果在学习文字的时候，要大大地自己留意。对于一篇文字或是兴奋，或是流泪，或是厌倦，都不要紧，但得在兴奋、流泪或厌倦之后，用冷静的头脑去再读再看，从文字的种种方面去追求，去发掘。”比较了教科书精读与一般阅读的区别，就如何学习到位，阐述了以形式为主纲、为目标的必要。他感到：“竟有许多青年，在中学已经毕业，文字还写不通的，其原因不消说就在平时学习国文不得要领。文字的所以不通，并不是缺乏内容，十之八九毛病在文字的形式上。这显然是一向不曾在文字的形式上留意的缘故。”这样，经过多年思索，多角度比较分析，抓住了又松懈，“苦于无一定的法则可以遵循”，终究还是快乐地遵循了法则。宣告：“教科书照理应该把一般的文字语言的法则包括无遗。”

惟其如此，纲目清晰，主次分明，文选由中心、上位下降为法则的附例。这样的教科书才是真正的“混合编制法”的、有较严密的系统的国文教科书。

三 结构方式由归纳向演绎置换

《开明国文讲义》采用了混合编制法。编辑例言：“通体阅读之后，就可以得到关于国文科的全部知识。”可知编者意在发挥教材“全的功用，综合的功用”，只是没有像《国文百八课》那样明点。粗略一看，似乎整三册均为文在前、话在后。“在第一、二两册里，每隔开四篇选文有一篇文话，用谈话式的体裁，述说关于文章的写作、欣赏种种方面的项目，比较起寻常的‘读书法’‘作文法’来，又活泼，又精密，读了自然会发生兴味，得到实益。在第三册里，每隔开三篇选文有一篇文学史话，注重文学的时代和社会的背景，并不琐屑地作对于文家文篇的述叙，不象一般文学史那样枯燥呆板，读了自然会穷源知委，明了大概。文话、文学史话又和选文互相照应：前者阐发后者，后者印证前者。参合起来看，所得当然更多。在第一、二册里，每隔开几篇选文有一篇关于文法的讲话。文法完了之后，接着讲修辞。”并非否认其功能，只是觉得同在一个平面上的文话、文学史话、文法修辞讲话，其结构方式并不一律，前两种是归纳的，后一种是演绎的。后一种，在《国文百八课》里“仍求保持其固有的系统”，也就是说结构方式不变，并与前三项话题、文话、文选一致。所以，认《开明国文讲义》为归纳式、《国文百八课》为演绎式。

除话与文、段、句结构方式不同外，《开明国文讲义》还有与编辑例言不一致之处。如第一册两篇文选后即“文话一记述文”；六篇文选后，紧接着文话二、三、四、五，分别为叙述文、记述文叙述文的混合、描写、拟人的写作法。疏密不均、格式不齐，和置文话与文法讲话于一层面有关，两头并列必有卡位的麻烦；另随文选的脚跟，为免偏而不全，又不得不集中而至，面面俱到。夏丏尊曾在《国文科的学力检验》文中讲道：“一篇《项羽本纪》当作历史来读，问题比较简单，只要记住历史上楚汉战争的经过情形就够了，如果当作国文来读，事情就非常复杂，史实不消说须知道，史实以外还有难字难句，叙事的繁与简，人物描写的方法，句法，章法，以及其他现出在文中的一切文章上的规矩法则，都须教到学到才行。这些工作，往往一项之中又兼含其他各项，倘若要一一教学用遍，究不可能，教者无法系统地教，只好任学生自己领悟，学者也无法系统地学，只好待他日自己触发。结果一篇《项羽本纪》，对于一般学生只尽了普通历史材料的责任，无法完成其在国文课上的任务。”比较历史与国文教学的不同，颇有道理；不过，就一篇而论，因“篇”而全，多头排列，“要一一教学用遍，究不可能”，亦无此必要。殊不知伤其十指不如断其一指，“待他日自己触发”自是免不了、少不了的；攻其一点，不涉其余，新篇新项中再及旧篇旧项，未必不是系统地教、系统地学呀？仍是单篇或篇篇选文牵引了教材的布局。

文前话后，与《开明国文讲义》编入特有的文学史话密切相关。20世纪20年代初，胡适即不主张文学史列入中学国文教材。以为“从《老子》、《论语》、《檀弓》一直到曾国藩，每个时代重要文体的变迁，都要有代表，这就是具体的文学史。现在文学史记了许多杜甫、李白、元徵之种种的人名集名，是无用的。这种文学史，尽可让到大学去研究”。并反诘“不先懂得一点文学，就读文学史，记得许多李益李颀老杜小杜的名字，却不知道他们的著作，有什么用处”①？周予同赞同胡适的观点，“以为文学史可以避名而取实。这话怎么讲呢？就是当教授文言文的时候，依时代逆溯，于每一时代选出几个代表的文字，而教师于讲坛上再加以系统的说明，这不是实际的文学史吗？这不是强于坊间出版的二三万字的文学史教科书吗？”② 那为什么要编入教材呢？一是和教材的使用对象有关。这是一部 30 年代开明书店办函授学校时的讲稿。校长为夏丏尊，其余三位为教师。“一·二八”战役之后，失学的青少年越发增多，开明在那个时候办函授学校，帮助他们自学课程，正符合社会的需要。收费不多，又是名师讲授，报名入学的很多，而且多数要求批改作业。这几位教师如何招架得住？为了对已入学特别是未能入学的青少年有交代，所以编辑出版了这部讲义。本来是说的，现在是看了，只能形诸文字。文学史话共计十二篇，从诗经与楚辞到文学革命，既讲本土文学的线索，又明外来的文化影响。不尊古卑今，不喧宾夺主。《文心》第 28 篇记述了当时的情形：“我对于这里的三年级就试用这个方法。作品是主脑，同以前一样；我的讲说是辅佐，所讲的就是简略的文学史。这样试了半年多，我觉一班同学读的颇有兴味，而理解上也比较切实。”再者，“最近十几年来，很有人提倡阅读文学史，跟着就有人需求文学史，有人编撰文学

① 胡适：《中学国文的教授》，《新青年》1920 年第 8 卷第 1 号。

② 周予同：《对于普通中学国文课程与教材的建议》，《教育杂志》1922 年第 14 卷第 1 号。

史。这些人互相影响，于是文学史越出越多，文学史的阅读成为一般的时尚了”。有些中学生以为是一条学习文学的捷径，有些教师甚至出关于文学史的作文题，让学生去抄书。夏丏尊以为“从实际的效果上看，这种提倡却有引道人家避去了切实修习而趋重于空泛功夫的弊病”，是近来有的一种“坏风气”。先文选后史话的编制，正是昭示一条切实合理的阅读程序，和胡适、周予同的看法无二致。

先文后话或相反，孰优孰劣？虽不能一概而论，从教材要素系统的组合上看，却并非没有讨论、研判的价值。五四运动后的国文教材历经了单元从无到有的过程。无单元时期，以文选为中心、为主体，曾有唯白是选即一白遮三丑、文白混合或文是文白是白分编的步骤；单元也曾有问题为纲、内容形式同为主纲和尽以形式为纲的流变。组合中还有话题即目标指向有无必要的议论。梁启超《中学以上作文教学法》中说道：“不能篇篇文章讲，须一组一组的讲。讲文时不以钟点为单位，而以星期为单位。两星期教一组，或三星期教一组，要通盘打算。譬如先讲记静态之文，选十篇（或专选同类的或不同类），令学生看。”[①] 如此教法的教材是有单元目标指向的。孙俍工《国文教科书》（1932 年神州国光社版）约近乎斯。朱自清主张：“初中用分体办法；体不必多，叙事、写景、议论三种便够。因为初中学生对于文字的效用还未了然；这样做，意在给他们打好鉴赏力和表现力的基础。类目标明与否，无甚关系，但文应以类相从。”[②] 其实，以文选为主体的教科书的特点和弱点，就是类纂后没有具体的事项标明，更谈不上文话了。即便教师有经验懂得如何去教，学生也不

① 梁启超：《中学以上作文教学法》，中华书局 1925 年版，第 45—46 页。

② 朱自清：《朱自清全集》第 2 卷，江苏教育出版社 1988 年版，第 81 页。

知从何去自学，只得待讲；碰到水平不高、经验不足的教师，那就无法想象了。孟宪承以为顾颉刚、叶绍钧的《国语教科书》“有一种语体文言作品对比的法子（例如《王冕的少年时代》和《王冕传》并列）。我们很感到编者的苦心，然即此便能切实沟通语体和文言吗？我们觉得语文的过渡，须在语法文法上施行特殊的指导和练习，而无取乎在读本上拘拘于语文平行的编制”[①] 就是指出这一点。这一点，直到《国文百八课》第一册第二、三课才得以改观。无论是梁启超标明了“记静态之文”，还是朱自清“类目标明与否，无甚关系”之说，都是以类为目、体分粗而不细。和作者当时没有实际的国文教科书编写经验有关，和还没有见到《开明国文讲义》、《国文百八课》并与他种国文教科书比较有关。孙俍工的《国文教科书》体分三种、类目标明，只是有题无话。朱文叔的《初中国文读本》每册 7—8 组，每组均有具体“教学目的”即有小标题，但“内容”是对篇篇选文讲的，也就是话不对题；一类之中目虽不少，以第一册为例，第一组自然现象的描写、第二组植物的描写、第五组四时景色的描写、第六组动物的描写、第七组战事的描写及敌忾的表抒，但均以所写内容分组，描写手法随文而异同。写法多少、重现与否？难以逆料，也不在编者的目力之中。这样的粗略，标明与否当然关系不大，大处反在文篇了。非着眼于形式，则体分不细；体分不细，则无类目的感觉，也难以标明。即使标出了，也似有若无。单元目标要明悬，还须懂得如何去标、如何去说。《国文百八课》按理有 108 个话题、108 篇文话；《开明国文讲义》第一、二册，也有 29 个话题、29 篇文话。教什么、学什么？课本在手，师生人人

---

① 周谷平、赵卫平编：《孟宪承教育论著选》，人民教育出版社 1997 年版，第 48 页。

可知。这是两部教科书共同的优势。从逻辑上说，归纳、演绎无差别。由选文进而领悟法则，也是适合学生阅读心理的。除了文话与文法、修辞讲话撞碰碰车外，夏丏尊等编者的内心深处，有着怎样的冲突和转变呢？

文前话后或话前文后的大不同，在于前者“作品是主脑，同以前一样”；“我的讲说是辅佐”，同文学史话差不多。后者百八课，虽然只编辑出版了四册 72 课，却不能使人忆及孔夫子的七十二贤，反倒令人想起《水浒传》里的一百零八将。许是定教科书之名时，就有了整体的构思和有趣的联想。一课一题一话是将，课程目标是帅，文选自然是兵卒了。将有将帜，即“一定的目标”，分别写着“书信的体式”、“记述的顺序”、“叙述的倒错”，等等；帅有帅旗，那就是着眼于形式的读写能力培养。忠诚于元帅的各路大将领着兵卒，我是何人、你来何方，教学时一清二楚，不会乱了阵脚，瞎杀一气。不然，士兵奋勇争先，将领坐镇指挥，这是往好听的去说；不好听的，在后方与文法、修辞讲话因位置而发生些小矛盾，布局难以协调统一；充其量也只能是后援、殿军了。从 30 年代的学术研究背景来说，单元建构的国文教科书，也应是演绎式的。“教材是照论理的次序排列的：先定义或原则，后倒证和说明，纲举目张，有条不紊。所谓教学单元，就不过是呆板的书本上的分章分课。”① 孟宪承不是针对《国文百八课》而说的；针对说的吕叔湘却是评价它“不呆板”，“给读者的整个印象是生动活泼”。

说《开明国文讲义》尽受或不受傅东华复兴初级中学教科书《国文》的影响，都未必妥当。先文选后知识解说是基本一致的。

---

① 周谷平、赵卫平编：《孟宪承教育论著选》，人民教育出版社 1997 年版，第 250 页。

另《初中国文教本》“含有精读范文及文章法则两项教材，文章法则又分甲乙两部，甲部提示文法要项，乙部提示文章理法。皆按照范文分别安插，即以范文为例证，全部打成一片”。格式更与傅东华的《国文》接近了，不过“本书注重文言与语体之沟通，每于提示文法要项时，必双方并及，说明异同。并与注释中特别留意凡文言特有之词及用法，皆与初见时详加注释比较，以期减少文言文教学之困难”。还是有其特色的。《开明国文讲义》与《国文》的异处，不在文学史话（一有一无，无法比），不在文法、修辞讲话（都有，也不去比），还在文话。《国文》中与文话对应的是暗示，暗示从傅东华、陈望道合编的基本教科书《国文》“注释与说明”中来，是单篇的说，非单元的话。总之，教材中傅东华的暗示、朱文叔的内容、孙怒潮的教案均不同也不及夏丏尊等特有的文话。文话是单元的话。教材单元始于赫尔巴特学派的“教法单元”，目的指示、联络比较、应用练习是其题中之义。话题即提示，话里必有联络与比较。如第一册文话二叙述文，既让你明了什么是叙述文，又告知你将读或已读的“《美猴王》、《小雨点》、《王熙凤》、《卖汽水的人》都是叙述文”。所写内容不同，都是想叫别人知道自己已知的一些事情“为着这种需要写成的文字”。四篇选文的联络比较少不了，还有文话二与文话一的联络比较。“记述文告诉别人一些东西，叙述文告诉别人一些事情；记述文是静的，单说东西在空间的情状，叙述文是动的，列叙事情经过时间逐渐进行的步骤；记述文好比一幅相片，叙述文好比一套电影片；这是记述文和叙述文的分别。”这已是跨单元的综合了。居中不仅瞻前还顾后，“以前说过，作记述文要讲究怎样把话语连缀起来的工夫；其实作任何门类的文字都得讲究这一层。关于叙述文的连缀有个绝好的依傍，那就是事情本身的进行次第”。指点多具体操作性有多强又不把话说绝对。“作叙述文也可以不依据事情本身的进行次第，这待以后再讲；现在我们先记着，依据事情本身的进行次第，是作叙述文最普通、最自然的方法。”主旨明确、突出，话留有余地，后之再讲，一元又一元。有待讲式，也有导学式。如文话十三辩论，就是对文选二六《致胡适书（关于〈我的儿子〉）》讲的。单篇书信中附录胡适的诗《我的儿子》，组成一单元并提示“他的朋友汪长禄见了，很不以为然，就写了一封信和他辩论。胡适也有一封回信。这两封辩论的信，后来都收入《胡适文存》（第一集）中”。这分明是引导学生课外去扩展、去参读，课内外打成一片；文与话照应、阐发、印证，学知识、懂道理、有气度。曾有《丧家的资本家的乏走狗》入选中学语文课本，只闻鲁迅驳，不听梁实秋辩，落得个断章取义会骂人的印象外，能有什么？这是本不该有的印象呀！现今不选入了，问题并未解决。行笔至此，忍不住也作联络比较。

如果说，《开明国文讲义》文话有什么不足之处，除上述已论之外，尚有两至三篇内容虽好针对性不强、大而空的。二十八材料的来源与处理、二十九写出自己的东西，话后均注明“大半是编者旧著《作文论》里的话”，《国文百八课》里没有此类情况。较之于前，形式确乎为一归纳、一演绎，如讲义第一册文话十一抒怀，百八课第二册文话十二抒情的方式，都以《背影》、《先妣事略》为例，细看一下，前者言“抒怀须依附于叙事”，后者说抒情有明显、含蓄两种方式，各有视角。前者文话里有时附一单篇或多篇比较的文字，如文话一、五、十一等；后者没有。这仍是考虑教材的使用对象。一是自读本，一是自读教读本。更明显的是《国文百八课》的大局观、系统论、科学性，“编辑旨趣最重要的一点就是想给与国文科以科学性，一扫从来玄妙笼统的观念”。表现在文话里则从文章由面到点，体类大点之后有细分的小点，点点连成线又合成面，总、分、总的框架是感觉得到的。这样，不是没有，也不是“至少有一个”，而是每一单元只有一个、全书也有一个“中心的精神，贯穿的计划”了。

虽然他俩后编过《初中国文教本》，叶圣陶与他人也合编过多部教科书，但夏丏尊向读者介绍的国文教科书，只有“一部叫《国文百八课》”的代表作。经过几多风风雨雨，叶圣陶晚年感叹：“咱们一向在选编（选文）的方面讨论的多，在训练的项目和步骤方面研究的少，这种情形需要改变。”① 并指出“切实研究，得到训练学生读作能力之纲目与次第，据以遍撰教材，此恐是切要之事”②。仿佛又回到他俩合编《国文百八课》时那激情燃烧的岁月。

第三节 影响深远

夏丏尊的国文教材理论建构和编写实践，谱写了现代语文教材史上崭新的一页。其多方面所作出的开拓性原创性的研究探索，有如烙在地上深深的脚印分明可见、无法磨灭。像任何研究一样，他的成果也不是独自凭空异想得来的，而是有着丰厚的学理背景和根基的。

一 本土与异域的教材理念

夏丏尊1919年发表译文《杜威哲学概要》，那是篇日本学者述评《民主主义与教育》的文章。在确认国文教材内涵与外延上，

① 叶至善等编：《叶圣陶集》第13卷，江苏教育出版社1992年版，第244页。

② 中央教育科学研究所编：《叶圣陶语文教育论集》，教育科学出版社1980年版，第744页。

即便不是直接受此书的触发，也与杜威的论述不谋而合，杜威感到："总有一种危险，正规教学的材料仅仅是学校中的教材，和生活经验的教材脱节。永久的社会利益很可能被忽视，那些没有为社会生活结构所吸收，大部分还是用符号表现的专门知识，受到学校的重视。"① 那时中国人并未因杜威来华而引起警觉，更多考虑的是国文教材符号的信息即什么内容的文章可选、不可选，或符号的形式即语体文言可选、不可选的问题。读写的能力培养只有"多看书"一剂药方。夏丏尊却是高度重视这一信号，恪守国文教材的文本与生活化。他读文字的书，还读不用文字写的书，既基于文本又从实生活材料中摄取的写作训练，都充分证明了这一点。来源自非单一，陆游"纸上得来终觉浅，绝知此事要躬行"（《冬夜读书示子聿》其三）、"汝果欲学诗，功夫在诗外"（《示子遹》）的教子经验和严复"读大地原本书"的谆谆告诫，以及"神往的理想人物"卢梭"以世界为唯一的书本，以事实为唯一的教训"，还有《教育的背景》文中提到的赫尔巴特，将"教学作为经验与交际的补充"，指出"有谁在教学中想撇开经验与交际，那就仿佛避开白天而满足于烛光一样"②。智力活动不是孤立于两者之间的，"如果把周围世界与书本这两者结合起来的话，就可以在它们的结合之中找到它"③。再加上杜威"最好的一种教学，牢牢记住学校教材和现实生活二者相互联系的必要性，使学生养成一种态度，习惯于寻找这两方面的接触点和相互的关系"④。可说吸取

---

① 杜威著，王承绪译：《民主主义与教育》，人民教育出版社 1990 年版，第 10 页。

② 赫尔巴特著，李其龙译：《普通教育学·教育学讲授纲要》，浙江教育出版社 2002 年版，第 69 页。

③ 同上书，第 9 页。

④ 杜威著，王承绪译：《民主主义与教育》，人民教育出版社 1990 年版，第 173 页。

种种融为一体，成为他审视国文教材的力量之源。

这种教材概念才是“真正有功效有势力”的，是教学效率提高的保证。教学小品文，不正是如杜威所说的那样吗？不仅于此，阅读中也少不了经验调动的。学生不是一块白板，除文本经验外，就是生活经验。《文心》第1篇初一新生面对《秋夜》等篇，的确有“忽然”之感。枚叔“也许无法指导”有言在先，并以为“惟其做过多年的国文教师，所以这样说”，颇为耐人寻味。“你们非从文章中收得经验，学到大人或古人的经验不可”是总的阅读要求。具体说，“外面的经验是差不多人人共同的，最容易明白。内面的经验却各人不同。如果和外面的经验合在一处的时候，比较还容易懂得。象这节，全然是写作者那时个人的心境的，是纯粹的内部的经验。我们除了说作者自己觉得如此以外，别无什么可解释的了”。《秋夜》是一篇与学生经验差距较大的例子，“你们能懂得多少，就懂多少，从文字里去收得经验，学习经验的方法”。长计议，短打算，因材施教，适可而止。这篇谈经验的经验谈，给后人的思考空间较大。诚如杜威所说：“教材若不适应个人的需要和能力，可以使经验丧失教育作用，同样，个人若不适应教材，也会使经验丧失教育作用。”① 阅读本是经验与经验的交互作用。作为绝大多数不参与教本编撰的教师，是被动的接受与主动的选择。不宜为完成单篇教学任务而急于讲深讲透，尤其是图解意识形态的灌注；也不宜因矫正一味标准化而发一千个哈姆雷特式的时髦滥调。应客观则客观，该主观则主观，区别对待；考虑到文本的程度，更关注学生既有经验与启发。文本与生活化是“教材和方法的统一”、永恒常新的命题，

① 杜威著，姜文闵译：《我们怎样思维·经验与教育》，人民教育出版社1991年版，第269—270页。

因为“教育哲学必须解决的一个最重要的问题，就是要在非正规的和正规的、偶然的和有意识的教育形式之间保持恰当的平衡”[①]。

夏丏尊反对将教材当目的物，视之为养成能力的方便。杜威以为“知识常被视为目的本身，于是，学生的目标就是堆积知识，需要时炫耀一番。这种静止的、冷藏库式的知识理想有碍教育的发展。这种理想不仅放过思维的机会不加利用，而且扼杀思维的能力”[②]。《文心》第 32 篇说道：“如果单把这些认为一种知识，预备在大庭广众之间夸耀于人，以表示自己的广见多闻，那就没有什么意义。……文学是我国文化的一部分，我们要把它容纳下去，完全消化了，作为我们的营养料，以产生我们的新血肉。”不仅看法，连语词都有相同处。夏丏尊编的教科书均比别人的薄，他注重的是消化力、创造力。因为“用这种材料去压倒学生，使他应接不暇，是很容易的；而要把这种材料引进他的直接经验中去，就不容易了”[③]。他明白杜威的意思，也是这样做的。

在考量国文教材的价值上，夏丏尊不只是注意文本的价值，更注重信息交换、目标达成的功用。杜威以为“我们最应该问的是，鉴于学习时间有限，是否没有其他具有内在价值，同时具有更大工具价值的事物”[④]。答案肯定是有的。五四运动之际是白话，胡适主张教材多选小说，“不必限定一回，可以一段一段分”；梁启超针锋相对《中学国文教材不宜采用小说》，“当以应

① 杜威著，王承绪译：《民主主义与教育》，人民教育出版社 1990 年版，第 10 页。

② 同上书，第 168 页。

③ 同上书，第 199 页。

④ 同上书，第 256 页。

用文为主而美文为附”。夏丏尊则实践了应用与文学的结合。“现在的所谓小品文实即 SKETCH 的译语”、“我国古来早已有了”，《开明国文讲义》第一册文话十五小品文、第三册文学史话九中有“小品文的流行及渊源”、“小品文的盛衰及其影响”，以为“文学革命运动勃兴，载道文学才在‘桐城谬种’‘选学妖孽’的两个口号之下寿终正寝，而小品文又盛行一时”。本身即精神与体式解放的产物。历时地观有传统的沿革，共时地看“所受的直接的影响，还是外国的影响”。朱自清《背影·序》提到“夏丏尊、刘薰宇两先生编的《文章作法》，于记事文，叙事文，说明文，议论文而外，有小品文的专章”①。这一章，确是中国现代小品散文理论的第一章。有学者认为“开创了小品文的最初格局，有首创之功”。不仅影响了曾在一校任教的刘薰宇、冯三昧，前者有科学小品文的创作，后者有《小品文作法》（开明书店），而且影响了一批人、一代人。1932 年后出版的小品文理论专著，如李素伯《小品文研究》（新中国书局 1932 年 1 月）、石苇《小品文讲话》（光明书局 1932 年）等，直接或间接引用是时时可见的。作文法类书，如章依萍《作文讲话》，国文教科书如傅东华的《国文》等，多注明以《文章作法》为参考。20 世纪 30 年代正是小品文生机与危机的论战期，不过，夏丏尊已关注科学小品的选编了。如《国文百八课》中入选了贾祖璋的《梅》、《动物的运动》，克士《蟑螂》，李良骐《霜之成因》，顾寿白《菌苗和血清》等科学通俗化、知识趣味性的文篇。因为他从不把读书看作“实际生活以外的消遣工作”、写作当“无谓的游戏”，却强调“把行动和看书打成一片”，作文同“做工一样，是生活中间缺少不来的事情”，就是这样的教、学、做。“中国文学向来大抵以散

① 朱自清：《朱自清全集》第 1 卷，江苏教育出版社 1988 年版，第 30 页。

文学为正宗”，国文教科书文选也差不多以小品散文为主体。由此可知，夏丏尊眼力真的不错。

二　整合新知识的教材架构

钱理群认为：“语文教材的选编和我们的学术研究脱节很大，基本停留在 20 世纪 60 年代的水平。”① 滞后近半个世纪，这种情况在二三十年代并不存在。拿上文里谈到的标点符号来说，“新式标点最早的一部汉文书，是清光绪三十年（1904）出版的，就是严复底《英文汉诂》”②。1915 年胡适发表《论句读及文字符号》，1918 年陈望道发表《标点之革新》，同年《新青年》第四卷出版始用新式标点，次年浙江一师的课堂上就讲这些知识了。即使从《英文汉诂》到《文章作法》也不过 22 年。后之联系更紧密、速度更快。陈望道的《修辞学发凡》1932 年初版，1934 年《开明国文讲义》就有修辞讲话，且不只讲几个格，还说“修辞和修辞学不同。修辞是语言的适用；修辞学是语言的适用的认识”。《关于〈国文百八课〉》里说：“修辞法在中国自古就有不少零碎的宝贵遗产，近来有人依靠外国的著作，重新作系统的演述，其中最完整的有陈望道先生的《修辞学发凡》。这是近年来的好书。有了这部书，修辞法上的问题差不多都已头头是道地解决了。我们依据的就是这部书。”③

从上述国文教科书，不难看出那是一幅多么美丽的风景呀！研究者为编者，编者有研究。不是一般的研究者做编者，是学贯中外的研究者去亲手编，非主而不编、编而不主。《文章作法》

---

① 钱理群：《语文教育门外谈》，广西师范大学出版社 2003 年版，第 77 页。

② 黎锦熙：《国语运动》，商务印书馆 1934 年版，第 60 页。

③ 夏丏尊、叶绍钧：《阅读与写作》，开明书店 1938 年版，第 124 页。

"内容取材于日本同性质的书籍殊不少。附录中的《作文的基本态度》一篇，记得是从五十岚力氏《作文三十讲》中某章'烧直'过来的，顺便声明在这里"。哪几个人编、资料何处来？清清楚楚。那是当年编者的水平和态度。拿来也绝非易事，得有眼光、作比较，在同类书籍中挑"最完整的"即时代一流的学术成果，又是利于读写能力培养的，至少不会得到错误的知识观念，若有这份确信，有用、好懂自精要，自成系统。夏丏尊等编者不只是拿来，还送去。如文法，"朋友之中，颇有从各部分研究，发见某一类词的某一法则，或某一类句式的构造的新说明的。我们也曾努力于此，偶然有所发见"①。修辞也不是照单全收，陈望道"提出所谓格局或组织来"，透露了篇章结构也是一种修辞现象，不过认为"格局无定"、"不必再加考较了"。实际上未能突破修辞囿于语言词句的框框。《开明国文讲义》第一册文话五《拟人的写作法》就讲了篇章修辞。《文心》第26篇《修辞一席话》、第27篇《文章的组织》中也有不少自己的发见。就体式文篇而言，如同白话文兴起而编《国语教材》，科学小品兴起而选入科学小品，所不同的是，前者发源地在《新青年》，后者的发源地在开明书店，更直接、更及时、更丰厚。夏丏尊《〈鸟与文学〉序》说："民族各以其常见的事物为对象，发为歌咏或编成传说。经过多人的歌咏及普遍的传说以后，那事物就在民族的血脉中遗下某种情调，呈出一种特有的观感。这些情调与观感，足以长久地作为酵素，来温暖润泽民族的心情。……故对于某事物关联地来灌输些文学上的文献或典故，使对于某事物得扩张其趣味，也是青年教育上一件要务。祖璋的《鸟与文学》，在这意义上不失为有价值的书。"由此可知，他是从民族文化心理、教育

① 夏丏尊、叶绍钧：《阅读与写作》，开明书店1938年版，第124页。

价值来看取这类谈草木虫鸟却把科学知识与文学情趣结合起来的新体文篇的。“小泉八云曾著了一部有名的《虫的文学》，把日本的虫的故事及诗歌和西洋的关于虫的文献比较研究过，我在往时读了很感兴趣。现在读祖璋此书，有许多地方令我记起读《虫的文学》的印象来。”仍是贯通中外、联络比较的视角。如今有没有这样的编者？有没有这样的文篇培育基地？

20 世纪 80 年代初之语文教材知识大多停留在 60 年代的水平，有些还和当时的学术研究接轨，如解读鲁迅《药》中的明、暗线等。后来在一纲多本的名义下，一方面是语法浓得不肯淡化，一方面是乱砍滥伐，逻辑荡然无存；至今一些教科书竟没有知识陈述了。不会是把应试教育的种种弊端全归咎于学科知识的存在？也不会是教材编得不够系统甚至有错误而否认知识的价值？更不会是语文教材编者的意念里还残留着“知识越多越反动”的未消余毒吧？整合新知识进入课本是新型国语文教科书的标志，是语文学科百年教材编写史上的大事变。无知岂有能力？不写明知识要点，又如何使教材为学材、尽快提高读写能力呢？《国文百八课》以形式为纲不仅容纳了多项知识，还给人们奉献了教材编制方面的知识，如目标例子说。这一知识也是有所依据的。蔡元培 1920 年《普通教育和职业教育》文中讲道：“做学生的，也不是天天到校把教科书熟读了，就算完事。要知道书本是不过给我一个例子，我要从具体的东西内抽出公例来，好应用到别处去。……若果能象这样的应用，就是不能读熟书本，也可说书上的东西学到了。”[①] 蔡元培的公例就是夏丏尊的共通法则，是从各种例子里抽出来，彼此可以印证的，在当时也算是新知识。

---

① 高平叔编：《蔡元培教育论集》，湖南教育出版社 1987 年版，第 304 页。

三　追求科学性的教材范例

20世纪30年代前后的语境里注重法则就是国文教材的科学性追求。沈仲九主张“为促进学生的国文进步起见，国文教授有大大的注重法则的必要；妄用点时髦话来说，就是国文教授的科学化。就是不要像以前的只是讲点文章、改点文章就是了，要求出国文的法则来使学生了解，使学生应用。而这种教授的试行，应先编纂适于这种教授的教科书”[①]。作为浙江一师时的同仁，自己有过读本的编写经验，他认为新型国文教科书是“偏于形式方面的”。具体“内容是什么？次序是什么？我现在关于这一类书，一本都没有，而脑中所记忆得起的，多杂乱无章，请读者恕我不能举实例而详说罢”[②]。《开明国文讲义》特别是《国文百八课》就是夏丏尊等拿出的实例。

效仿者有孙起孟、顾诗灵、蒋仲仁合编的《写作进修读本》（昆明进修出版教育社1942年10月初版）。这是一本作文教科书，并非因当时的国文教科书没有写作的内容，也不为少一本作文教学的专书而补缺，乃是和夏丏尊等编写《开明国文讲义》有着相似的背景：国难当头，情势更为严峻；失学青少年大量，急待辅导。所以，他们“把出版工作延长为直截的教学工作，一本书送达一个人的手里，希望能把他从一个读者转换为一个学生，一本普通读物变成一个教学课本”。体例上，则兼取讲义、百八课之长。“每册包含选文、文话及作业等项（第一册每课后并有语法和修辞）。”先选文后文话像讲义却又均衡，一课一文话似百八课却又未标话题。实际上每一课都有话题的。“选文及文话等

---

① 沈仲九：《初中国文教科书问题》，《教育杂志》1925年第17卷第10号。

② 同上。

项内容，均求前后贯串，选文为文话例证而文话亦可视为选文之说明。第一册之语法和修辞，尽量取例于选文。学者应互为比照，以求融会贯通。”在文选的定位以及课与课的联络比较、语法和修辞取例的做法上，都与讲义、百八课无二。第一课和百八课一样，为总领；选文叶圣陶的《写作是极平常的事》也和百八课文选一孙伏园《读书与求学》、文选二胡适《差不多先生传》似的，意在端正学习教材的态度，明了努力方向和养成良好的习惯。讲义里不见这一点，不过据说“各册讲义都以《讲坛》开头——《讲坛》相当于校长在全校集会上讲话，第一册就讲《自学的精神》”。也有鼓动激励的。二十课首尾呼应，本编两册，只编一册；百八课本编六册，只编四册，都是情势容不得人的遗憾。每课文话先就选文内容形式上具体阐述，后再总括为一要点。如第一课提出“以批判的态度来精读以下的文章”同百八课文话一里“鉴赏与批评”的内容，也是夏丏尊国语文教材的共同特点。第二课由选文读书笔记的一种写法，顺推出共计三种写法，且文话的切换也有特色。语法和修辞讲话也不同一般。总之，这是一部具有鲜明的开明派国文教材风格的、既熟悉又陌生的作文教科书。继往开来，受到时人的好评。庞翔勋表示：“我竭力赞成国文选材数学化，或用演绎法，如夏丏尊、叶绍钧合编的《国文百八课》；或用归纳法，如孙起孟、顾诗灵、蒋仲仁合编的《写作进修读本》，采取单元制，每学期的材料分成若干单元，每一单元包括文选、文章作法、文法、修辞及作业等，文选的选取，应完全根据文体，根据文章作法，竭力系统化，成为文章作法及文法修辞等的例证，而文章作法及文法修辞等，应成为文选的说明，以上数项与作业，尤应取得密切的联系，有机地配合，读什么样的文选，便应练习什么样的作业，如数学之教何种例题作何种练习一样。只有采取这种办法，国文教学才会科学化，只有国文教学科学化之后，学生才会迅速地进步。”[①] 态度如此明晰、坚定。

20 世纪 80 年代初陆继椿为提高中学语文教学的效率，实现刘佛年明确提出的中小学语文教学“一条龙”、初中语文过关的教改设想，编写了《分类集中分阶段进行语言训练实验课本》，供华东师大一附中及各省市部分学校试用，修订后再版。这套教本也是自觉“为探索语文教学科学化而设计的”。他认为：“语文教学只有着眼于能力的提高，才能有目的地去选择需要的知识。语文教学培养学生的能力，应该达到听懂、读通、能说、会写的程度。四者之间尽管有其各自的特点，然而又是紧密地沟通着的。……会写，有可能带动听懂、读通、能说，以写的能力为主线可以找到一个教学的‘序’。”也就说听说读写并提未必没有主次。从分类说，实有记叙、说明、议论能力和文言文阅读、文学作品赏析能力两种五类，并非以作文为唯一中心；每一类分成若干训练阶段，每一训练阶段分成若干训练单元。共计六十单元，一百零八个基本项目即训练点。“这就组成了一个‘一课有一得，得得相联系’的教学的‘序’。六个学期须完成一百零八个训练点的教学，以每周六课时，每学期十八周的实际教学量进行。实行‘一周一点’的教学，使训练点成为一周语言训练的中心”[②]。每册单元有小标题，有单元提要和训练点要求说明。这一百零八个点，大概不是无意的偶合，而是有心的续写和追随。这是一部完整的“初中语文百八课”，“得得派”课本可说是迎来了改革开放新时期的开明派国语文教材的流变。

---

① 庞翔勋：《我的中学读文教学经验》，《国文月刊》1944 年第 25 期。

② 陆继椿：《谈谈“分类集中分阶段进行语言训练”》，《河南教育》1983 年第 2 期。

有论者以为，“单元型结构，这是自《国文百八课》以来普遍推行的结构。志公先生的初中《语文》也是这种类型。‘它体现了语文学科，既有连续性、循环性，又有阶段性’的特点”。[①]百八课“所采的是直进的编制法，步骤的完密是其长处，平板是其毛病”，暂不作具体比较。总之，有影响、有继承和发展。可也有论者以为，“以夏丏尊为主的《国文百八课》，是对‘范文制度’的一次极有分量的挑战，但结果也仅仅是一种探索，并没有被发扬光大”。[②] 何为光大？以什么为凭据？没有光大，是夏丏尊、叶圣陶的悲哀，还是今人不识货、不知情？语文教材的科学性追求可有不同的路径。在知识经济、落实科学发展观的当下，语文教科书里“单元”意向多头，选文为主体、不见知识说明，“人文性”名下的课本变成了学科知识全去的“任文型”，难道不是一种显而易见的倒退？

第四节　启示种种

夏丏尊主编的国文教科书是中国现代文化史上的重要组成部分，达到了普及性与学术性的统一，形成了独特的教材风格和文化，值得进一步赏析。以下就来源于自我与他人、正面与反面的批评作一番阐述，一方面还历史的存在以真实的面目，一方面给语文教材的编制以现实的启示。

一　了不得的著作

夏丏尊在谈论教科书时曾说：“教科书专为学习而编，所记

---

① 董菊初：《张志公语文教育思想概说》，人民教育出版社 2001 年版，第 259 页。

② 倪文锦等：《语文教育展望》，华东师范大学出版社 2002 年版，第 198 页。

载的只是各种学科的大纲，原并不是什么了不得的著作，但对于学习还是有价值的工具。”其中“原……”一句，虽然皆有可能，却需要将否定的“不是”改为肯定的“是”了，绝不是一概而论，从片面走向片面，而是表达对先辈的敬重、对今世今人的期许和鞭策。

文里说，是先退一步再进一步的强调；文外讲，作为编教科书的人，未必不是谦虚。他在《国文科课外应读些什么》中介绍作文法类书，列举数种，“老实说，这些书并不是十分有价值的东西。(别人的书我原不敢武断，至于《文章作法》，我自己就是著者，敢这样说。)”用意在“可任取一种阅之，唯不可一味的当做法宝”而已。其实，以他为主编的几部教材，大多数是既有知名度又有美誉度的。阮真是位颇为自信不轻易表扬别人的语文教育家。他说：“在初中教文章作法，当然以语体文作法为限。坊间出版的，以夏丏尊《文章作法》最为适用。陈望道《作文法讲义》亦可参看。”[①] 2006 年 6 月经济日报出版社“把《文心》和《文章作法》这两部曾产生过重要影响的语文教育名著合成一册重印”，说到《文章作法》“至 1941 年已印行 20 版”，真正是久经时间考验的学习语文的上佳之作。陈子善看到两种重印的开明国文教材后感言：“长期以来，开明书店对中国现代文化史的另一重大贡献，那就是开明同人对中小学教育的关心，对中小学教科书编纂的热诚。……在这些优秀的开明语文教材中，《开明国文讲义》是格外引人注目的一种。”并以为“这四位名家联手为青少年编纂这样一部语文自学教材，本身就是一个创举，是语文教材编写史上难得的一次盛会”[②]。就《发现的愉悦》谈这篇文

---

① 阮真：《中学国文教学法》，正中书局 1936 年版，第 114 页。

② 陈子善：《发现的愉悦》，湖北人民出版社 2004 年版，第 151—153 页。

字，可谓有发现而愉悦、惊喜更多。言“难得的一次盛会”，出自于叶子善《开明国文讲义·重印后记》，其实夏丏尊主编的国文教材何止一次是“谈笑有鸿儒”式的高朋盛会呢？吕叔湘认为：“现在也有以作文为中心按文体组成单元的实验课本，但往往是大开大合，作文讲解和选文各自成为段落，很少是分成小题目互相配合，能够做到丝丝入扣的。这就意味着，直到现在，《国文百八课》还能对编中学语文课本的人有所启发。”① 是否能将《国文百八课》归为“以作文为中心”，有待研讨。他在谈论教材分与合时说道：“比较起来，综合性教材难编。要在选文中找例证，并且要在读过的选文中找，要花费大量时间；设计练习也比分科教材难。如何编得丝丝入扣，技术性很强。分科教材编起来比较容易些。但在使用上，按现在一般教师的水平，似乎综合教材比较容易掌握，比较容易推广。”② 由此可知，夏丏尊主编的国文教科书由分科向综合转型，“做到丝丝入扣”，是把方便留给别人自己迎难而上的善事义举，是了不起的。

夏丏尊自陈：“我对于中学国文教学，曾发表过许多意见，有两部书，一部叫《文心》；一部叫《国文百八课》，都是我和叶圣陶先生合写的，诸君如未曾看到过，不妨参考参考。”对于这类书的通俗性与学术性，陈望道、朱自清等有较全面、明确的判断。赵景深说：“学术的价值该以大多数人的需要为判断吧？我近六年来专研究中国的小说和戏曲，予同和高谊都说是钻牛角尖，这话真是不错的。像丏尊、圣陶那样，除创作外，就专门致力于文法和作文法，给了中学生作文和阅读时许多便利，可说是

① 吕叔湘：《吕叔湘论语文教学》，山东教育出版社 1997 年版，第 117、106 页。

② 同上。

一种切近实际的工作。夏氏所著如《文章作法》，如《国文百八课》的文法部分，如《文心》的一部分，都显出他的致力所在。今后我虽对于旧情仍恋恋不忘，却要跟随夏叶之后，尽心尽力地追逐我的新欢了。”[①] 他的自答自问，语气还不够坚定；谁为“新欢”谁属“旧情”似不必明说，但那时的一大批一流学者是把国文教科书、参考书的建设看作自己学术生命的一部分的，夏丏尊则更是如此。20 世纪 50 年代后有大大的不同。中学语文教科书编写，在师范院校里都够不上学术成果。沪上 S 版主编姚麟园面对笔者说：“李杜诗选为学术，中学语文课本竟不算成果，岂有此理?”颇有不平。学术的天秤过于倾斜了，形态大于内涵，数量胜过质素，有几人甘去做“傻”事呢？和独眼看中国现代文化史一面相通的是，对“另一重大贡献”也是瞎子摸象、顾此失彼的。看到它的通俗易懂，便不见其学术理论，如《文心》；视它为作文法著作，却又忘了其本是部教科书，如《文章作法》。有论者以通俗、高深分，甚至说“作文教科书的编纂，长期以来几乎成了一片空白”[②]，这使一起重温一遍《文章作法·绪言》显得很有必要。夏丏尊说：“这是我六七年来的讲义稿，前五章是一九一九年在长沙第一师范时编的，第六章小品文是一九二二年在白马湖春晖中学时编的……讲的时候，学生虽表示有兴味，但讲过以后，自己就不愿再去看它，觉得别无可存的价值。只把钉成的油印本搁在书架上。有一天，邻人刘薰宇从尘埃中拿下来看了说是很好，劝我出版，我只是笑而不应。这已是四年前的事了。去年，薰宇因立达学园缺乏国文教师，不教数学，改行教国文了，叫我把稿本给他，说要用这去教学生。我告诉他原稿不完

① 赵景深：《文人印象》，北新书局 1946 年版，第 153 页。

② 顾黄初：《现代语文教育史札记》，南京出版社 1991 年版，第 208 页。

全的所在，请他随教随修改。薰宇教了一年，修改了一年，于说明不充足处，使之详明，引例不妥当处，从新更换，费去的心思实在不少。大家认为可作立达学园比较固定的教本，为欲省油印的烦累，及兼备别校采用计，就以两人合编的名义，归开明书店出版。”除 1919 年在杭州不在长沙外，都说得一清二楚；成为写作类著作、小品散文论的第一章全是别人的后话，首先实实在在的是一部作文教科书。

兼具教材与论著两重特性与一部普通的教科书，成因固然是多方面的，编制流程的差异即为其中之一。前者是早已着手，编了教、教了改、再编再教再改，迟迟才出手（出版）；而后者往往是接手才着手，边着手，边出手。前者是冷暖自知，长处短处一一明说；而后者常常教情学况隔山断水，只有“错误在所难免，请批评指正”一句客套话。前者是无所为而为，有些淡泊或矜持；而后者是有所而为之，不免急于事功或视为鸡肋，不肯花大气力。阮真《中学国文教学法·自序》言：“作者之所以未编教科书者，实有二因：一则作者极端反对教部规定之课程标准与教学大纲，与当世之士，不敢苟同，欲遏流挽澜而不欲推波助澜也。二则今日书局所需要者为六个月编成之教本，作者不肯接受任何书局之条件也。”笔者猜测是前辈的特立独行、不敷衍其事、不苟且马虎的严谨，然而用夏丏尊的观点看，阮真不免如他曾有过的“执着于‘理’，忽略了‘事’的一方面”，他听了弘一法师针对其病根临时为他“编的讲义”——事理不二，所以，才有这一部部国文讲义编出来。今之编者不是更有必要、条件，学习前人认真负责的工作态度，编出更有学术性的语文教科书来吗？这应该是一个努力的方向。否则，教学经验、学术素养且不说，这样的流程比较，其结果早已判矣。

二 怎蔽之一文选型

20 世纪 80 年代初的一次语文研讨会上，针对“有人提‘文选派’”，吕叔湘直言：“这个提法不确切，因为真正的文选派是只有文章选读，不讲写作知识，更不讲语法、修辞。他搞潜移默化，不搞有的放矢。这一派事实上是不存在的。”[①] 不过，近三十年来不少业内人士显然未能听进去这番解释，甚至把百年来的语文教科书编撰史概括为一“文选型”。有意无意间曲解和否定了夏丏尊、叶圣陶等人 30 年代前后形成的国文教科书编制理论与实践。

按照论者的类型说，文选型至多是选文加注疏和评点。这是《昭明文选》成为学子教科书的原生态。以吕叔湘的观点和《文章作法》的实际看，就是分中有合的非文选派。有人竟无视这类教科书的存在；有人既认为写作教材“已初步形成了不同于‘文选型’的新格局”，将《文章作法》、《国文百八课》等归为写作教材，又认为“《国文百八课》实际上也是‘文选型’的语文教材，尽管是完全不同于以‘选文’为课程内容的另一类型的‘文选型’”。并认为“通常所说的‘综合型’教材，以及‘分科型’的阅读教材，至今仍笼罩在‘范文制度’中”[②]。不知论者的“文选型”究竟有几种？能否这样今是而昨非？变来变去。再说，综合型就是吕叔湘所说的讲写作、语法、修辞等知识，以句、段、篇为例子的。怎能一笼罩便魔化为一个百年文选型呢？是否论者自投“‘文选型’这一圈圈框框”之中，只见“选文这一焦

① 吕叔湘：《吕叔湘论语文教学》，山东教育出版社 1997 年版，第 106 页。

② 倪文锦等：《语文教育展望》，华东师范大学出版社 2002 年版，第 119—216 页。

点”呢？依吕叔湘的解释，照论者的类型衡量，《国文百八课》都不隶属于文选型。

曲解不一而足。如“针对传统语文教学偏重于个人的吟诵感悟，夏丏尊提出，现代的语文教学更要注重理性的方法；针对传统语文课程（主要体现在语文教材）以综合地领会诗文为标的的课程内容，夏丏尊提出，语文课程的内容（‘语文学习的着眼点’）应该是‘形式’”[①]，硬把并列兼顾的说成针锋相对的，岂不知夏丏尊多么重视朗读吟诵和诗文的整体感悟。至于“暗中摸索”与“明里探讨”之优劣，《文章作法》中讲得清清楚楚，叶圣陶有专论，鲁迅等人也有说法，不必赘述。在教材系统性的问题上，论者也是避实就虚、不识大体。编者“以为杂乱地把文章选给学生读，不论目的何在，是从来国文科教学的大毛病”。这只要略知 20 年代以来教学与读本的情况就不难理解，何必扯到《古文笔法百篇》？“文章是读不完的，与其漫然的瞎读，究不如定了目标来读。本书每课有一目标。为求目标与目标间的系统完整，有时把变化兴味牺牲亦所不惜。”他们追求的是目标之间的系统性，而且是“太严整、太系统化了些”。所谓“直进的编制法”，按《开明国文讲义》第二册文话二十四中说的，“这是逐步逐步进行，一直到底的一种形式”。步骤的严密是其长处。文选是话题与文话下的次级单位，作目标的例证，是有逻辑性的。例子不限于文篇，是包括句、段在内的“各项例证”。如果说一判断句、一因果关系的段是单一的例，那么文选就常常是综合的题。编者注意到多面性与一面性、固定性与灵活性的辩证统一。“文章是多方面的东西，一篇文章可从种种视角来看，也可应用在种种的目标上。例如朱自清的《背影》可以作‘随笔’的例，

① 倪文锦等：《语文教育展望》，华东师范大学出版社 2002 年版，第 211 页。

可以作‘抒情’的例，可以作‘叙述’的例，也可以作‘第一人称的立脚点’的例，此外如果和别篇比较对照起来，还可定出各种各样的目标来处置这篇文章。（如和文言文对照起来，就成语体文的例等等。）我们预定的文话项目有一百零八个，就代表着知识的一百零八个方面。选文每课两篇，共计二百十六篇。”紧接着说：“要把每一篇选文用各种各样的视角去看，使排列成一个系统，既要适合又要有变化，这是一件难得讨好的事。我们在这点上颇费了不少的苦心。”① 论者正是在割断上文的前提下曲解编者心意的，以为编者要构成的系统是抽掉目标的选文系统。其实编者费心的是如何把具有多面性的文选置于单项中，话题、文话、选文的协调一致；否则按文白、文体、时序分，还不是轻车熟路？论者遮蔽了目标谈选文，当然不见系统性，连“秩序感”也全无，只能是断章取义后自我心造的“虚象”，其说怎能自圆。

《国文百八课》“问世以来，颇得好评”，也有指出缺点的批评。除编者自我的外，余冠英曾在一篇文里说道：“有些教本将选文作为‘文章讲话’的例子，有些将选文的门类分别得非常琐细。这样便发生一种流弊。门类要求完备，例子要求丰富，有许多文章便为备格充数而入选，并非为了学生的需要，有时也就顾不到适宜不适宜的问题。而许多该入选的文章地位反被一些不相干的篇什占了去。”② 项目粗细，只见四册，难下断语。相对说，由粗变细难，由细改粗易；文选充数与否，得拿出证据来，一一细说。好在编者把权力下放给教者，可以并有必要“临时提供别

① 夏丏尊、叶绍钧：《阅读与写作》，开明书店 1938 年版，第 121 页。

② 余冠英：《坊间中学国文教科书中白话文教材之批评》，《国文月刊》1944 年第 17 期。

的新材料等”。国文教科书不是中国文学史，非选名家代表作不可；即使入选名家名作，在余冠英论点下，不是例子，又是什么呢？

对“例子”说的质疑由来已久，今之更甚。于漪认为：“教材不仅仅是个例子。报章杂志上的文章多得很，如果是‘例子’的话，为什么不能作教材呢？”不必说应用文，现代文学作品大多选自于报章杂志，稀缺的倒是名家为教材定做的文篇；“语文教材不同于数理化教材，数学中的一些习题倒的确是个‘例子’，教师通过对习题的示范演算，让学生掌握其中的规律，然后运用规律去解决其他习题。语文教材则是众多的功能，有教育功能，认识功能，审美功能——因而也就有积累功能。”这些功能数学都有；语文也须掌握其中的规律，反证了文选可以也应该成为例子。至于她的标准，不是夏丏尊的适宜、便利，而是唯精品是选，非此不可。“读了《捕蛇者说》，学生才能知道‘苛政猛于虎’。同样，读了《项链》，学生才懂得资产阶级虚荣心是多么坑害人”[①]。如此，阅读鉴赏只有崇拜没有批评，选文成为意识观念的传声筒，但仍然不失为一种例子呀。于漪的说法和余冠英的批评有同有异。他们都担忧选文的地位；余冠英是把项目与例子结合起来讲的，而于漪是单就叶圣陶例子说的。有后之论者的共同点，表现出对例子的由来、种类、含义、功能知之甚少，且不管已说、背景、用心是什么，只管自己去说。其实，无论是蔡元培、夏丏尊、叶圣陶的例子，还是孙起孟等的标本、叶圣陶的样品，说辞不同均有枚举之意。标本、样品是偏于文篇的范例；例子当然要有典范性，否则观点材料不一致。例子还包含“保持其固有的系统”的“文法或修辞，就文选中取例”。就对应的目标

① 于漪、闻达：《灿烂阳光下的一次对话》，《语文学习》1992年第2期。

说，标本、样品和例子差不多；就文选的这篇与那篇，例子只要目标下的一点质同，标本、样品则相似点须多。较之商品，标本、样品讲究的就是不走样。所以，可有不同的说法，却是例子说得灵活而实在。可怪的是，竟有曲解后自说“我们鉴别出了‘选文’的四种类型”，似有时下抢注商标之嫌。

话题、文话、选文之逻辑性，除庞翔勋所说的演绎法外，笔者曾以印度逻辑学因明的宗、因、喻来看取：宗（论题）、因（支持论题的理由）、喻（论据、例证）构成三支论式，从教材中文话对话题的周详阐发到两篇选文定有文话的性质，能够协助文话使话题成立来看，编者恪守了“因三相”（指“遍是宗法性、同品定有性、异品遍无性”）要求。编辑大意中表明“本书每课所列文选，以文话为中心，并不一定取同类的文章，使活用的范围更广”，吕叔湘指出“文选和文话的配合，总的来说是相当成功的，当然也不可能让每一篇文话的细节在它后面的两篇选文里都得到例证”，文选也有大于文话之处，都可看作是对这一要求的认可。一般人总以为话题、文话与选文不能同一便无科学性可言，其实第二相用“定有”而不用“遍有”，正适合语文教材选文的实况，具有深刻而独特的逻辑意义。[①] 若是注意到朱自清评说夏丏尊“将教育和宗教打成一片”，注意到《国文百八课》目标与例子的因缘和合，又怎会蔽之一“文选型”？

三　哪得娓娓谈话风

《文章作法》等部教材，因编撰的创意和学理的丰厚，堪为著作，却没有高头讲章式的刻板，面无表情地把知识、文章一一切卖给人；读夏丏尊主编的国文教科书，有一种如沐春雨、如坐

① 程稀：《佛学与夏丏尊的语文教育学》，《扬州师院学报》1992年第1期。

春风的舒畅和惬意。字里行间仿佛总有一位和蔼可亲的长者与你为伴、与你交谈，只要打开课本，就看得见、听得清，于是深奥难解的变得通俗易懂些了，枯涩无味的变得生动形象多了。感受到后不禁要问：哪得娓娓谈话风？

从文话里找也许是最便捷的，因为这一篇篇文字顾名思义就是编者和学生读时孜孜不倦地谈话。不只是叫个“文话”就一气呵成、一挥而就、写个痛快，那便挂羊头卖狗肉了；他们注意通体营造一种谈话的情境和气氛，紧缩时空，使明明不在现场的感觉在场，使远隔几十里、百里、千里的仿佛就在眼前，天涯变咫尺，面对着面；不只是时空的距离的拉近，更重要的是师生间心理的亲近。以《开明国文讲义》第一册为例，文话十二诗和词开头说：“最近我们读了一些诗和词，这一次谈话就把‘诗和词’作题目。”简洁扼要，衔接文选。这类承上启下的过渡语，或以时间或兼内容。如文话十三辩论：“最近读了一篇议论文《致胡适书》。顺便再来讲一点关于议论文的话。”文话二叙述文“以前说过”、“这待以后再讲”等等，瞻前顾后、映带左右、温故知新、以已知求未知，可以说，中外先进教育的原理了无痕迹地化在里面了。称谓上不说“你”、“你们”，而说“我们”，仿佛编者与读者已结为学习的共同体，步调多么一致，态度多么亲切，关系多么和谐；说你、你们则中性而有些生硬，达意而不能传情了。细微之处见精魂，这就是编者人情、人文的一斑。谁说他们提倡纯工具论？又怎能把应试教育的病根记在他们的身上？不敢发泄对现存具体弊端的不满，却形成无物之阵，对所谓纯工具论猛击狠打，这能是人文性吗？夏丏尊、叶圣陶人性、温情的一面不作空谈，他们的教材里就实在地流动着，如“请翻出《画记》来看”。且不只是片言只语，而是整体的言语行为。文话十二多用设问句，把“想来有许多人要这样问”的问题一一作预设。如什么是诗呢？先交代“现在我们不想给诗立下定义，只简略地描摹出‘诗’和‘文’不同的情形。领悟了这个不同的情形，自己再去潜心体会，那就会一次比一次了解诗这样东西了”。原因在于“这个问题不是一句简括的话能够回答的”，已有的定义“不免有着漏洞”。接着谈了“‘诗’和‘文’不同之点，最显著的在各语字数的均等与否，诗是均等的，文是不均等的”后，强调这是“一般地看”并联系古诗文、新体诗作辩证的分析；在说完“诗的特殊之点是‘押韵’（只有近时流行的新体诗的一部分是不押韵的）”后，又端出“什么是押韵”的问题来，不绝对、不片面，好像猜着学生心思似的，“到这里，读者或许要想，凡各语字数均等、押韵、音节和谐的文字，大概总是诗了。其实未必”。一层进一层，步步为营。预设问题，逐层回答，是全篇的话语形式。不仅适合学生阅读心理，文字整体也是篇章修辞的例。就某一问题来谈，文话里巧譬妙喻真是俯拾即是，随处可见。例如，文话二“记述文好比一幅照片，叙述文好比一套电影片”。十二“语句譬如颜料，画家用颜料描写出胸中的感兴，诗人用语句发抒出蕴蓄的情怀”。十四“传记犹之写生法，务求妙肖，小说犹之写意法，意在笔外”。十七“对别人致劝诱犹如医生诊病。一要剖析对方所持见解的不合，并探求所以致此的根源，这好比医生的诊断；二要发表自己的主张，这好比医生的药方”等等，不仅是语言形象生动，适应了初中生的思维特点，而且与他科、与日常生活打通了。

除特编有文话的教科书外，在《文章作法》里也能感受到富有语言艺术的谈话风。如“叙事文原是把事件来展开使人看的，性质好象戏曲。观察点的变动，就是戏曲中幕的更动，戏曲中幕不应多变，叙事文的观察点也不应多变”。再如“就事件的全体来做小品文的材料，结果只能得到点轮廓，不能得其内容。用譬喻来说，轮廓的文字好象地图，是不能作为艺术品的。我们要作绘画样的文字，不需要地图式的文字。因为从绘画上才有情趣可得，从地图上是不能得到的。从许多断片的部分的材料中，选出最可寄托情感的一点拿来描写，这是作小品文的秘诀。好象打仗，要用少数的兵去抵御大敌的时候，应该集中兵力，直冲要害，若用包围式的攻战法，就要失败的”。除巧譬妙喻外，还用重叠反复。如“精细的部分的描写，胜于粗略的全体的叙述和说明；这是从前节已可知道的”是和上述同类的过渡和照应语；“描写！描写！部分的精细的分写，胜于全体的叙述和说明！再进一步说，要印象的描写！”这在一节的结尾处，如此反复重叠，那就是主旨信息及时当量的强化了。

国文教科书中娓娓动听的谈话风从何处来？似乎是不言自明了，就从课堂里来。他们彼此都称是行伍出身，是上过国文教学的火线的，是身经百战的老战士、老将军。想必“描写！描写！”这些激情飞扬的文字，正是夏丏尊在春晖中学的讲坛上引导学生战斗前行的实录。《文章作法》、《开明国文讲义》都是他们带上去又带下来的讲义稿。生动形象、炉火纯青的语言艺术有待长期的锤炼，但著名的作家、语言学家、教育家未必就能够也未必甘愿成为编写国文教材的高手，夏丏尊、叶圣陶、朱自清、陈望道等，他们乐于去编中小学语文教科书、参考书，而且尽心尽力去编好，大概是不能也没有忘情于曾经岁月中教学生活的泉源吧。这是中国现代文化史上多么宝贵的物质和精神的财富！

哪得娓娓谈话风？还须揭示的寻觅处就是《文章作法》里的写作论。夏丏尊认为，文章“所谓要有秩序，要明畅，要有力等等，无非都是想适应读者的心情。因为离了读者，就可不必有文章的”。国文教科书、参考书的编写与之同理。他不只是教学生去做，自己就是这样做的。因此，才会在教材里保留着课堂教学中的印迹和激情，才有艺术美感的鲜活的话语，才能使教材变为学材，使原本师生的信息不对称的问题不是扩大悬殊，而是适度缩小，让学生可自学、乐于自学。这就是为什么要编文话说法则、要有陈述性程序性知识、要明里探讨的最大理由。一切为了读者、为了学生，这就是他们感性和理性的考量。看现在，一些语文教科书编得薄薄的，可练习册、辅导读物却是一本又一本。是为了学生的发展，还是为了自己的钱袋？前辈们的教材不只是话语美妙动听，更重要的是发于胸臆。若问有未光大，且不说上述不少话语成为后来小品文专著中的警句，文话即笔谈的方式在孙起孟等人的《写作进修读本》中也得到了淋漓尽致的发挥。他们的话风既有《词和句》的传承即沿袭了朱光潜《给青年的十二封信》的格式、称谓，又汇聚了夏丏尊《开明国文讲义》、《国文百八课》文话的联络比较。完全可以说，这种亲切和煦的谈话风，正是夏丏尊等同仁共同创设的，构成了开明派国文教科书的风格、特色。所以，不能只见单调干瘪的文选型，乘开明之风前行，梳理、研究更重要的是编出有理据又多姿多态的语文课本来，为当下的要务。

第三章

夏丏尊阅读教学论

第一节　阅读能级

精读与鉴赏、略读与理解是密切相关的概念，与其从不同的文本、过程和方法说，不如从不同的能级和要求讲。为实现国文阅读教学的目标，有如理解以外须鉴赏一样，略读之后尤要能精读，从整体感知走向整体或局部的感悟，逐步培养学生探究性和创造性阅读的能力。因此，是目标、能级决定教材选编与教学过程和方法，而不是适得其反。正是这样的思维路径，夏丏尊作出了和同时代人所不同的精读略读诠释。

在国文教育发展史上，夏丏尊不只是创设议题自己研讨或供别人研讨，如教学小品文、传染语感于学生等。他对别人的议题特别是写入课程标准里的概念尤为关注，往往在倾听多方面见解的同时，陆续作出分析与判断，使原先有些模糊不清、莫衷一是的概念明朗清晰起来，形成各司其职、分工明确而又相互依存、交叉补充的功能系统。一旦建立便坚守不移，且经得起时间的考验。精读与略读即典型的一例。

“每逢见到新辞新语，务须求得正解，多翻字典多问师友，切不可任其含糊。”这是夏丏尊《关于国文的学习》中谈论阅读理解时的一句话。他劝告中学生，自己也是身体力行。1923 年新学制课程标准纲要出现了前所未有的新词新语——精读与略读。《初级中学国语课程纲要》“精读选文（由教师拣定书本），详细诵习，研究；大半在上课时直接讨论。略读整部的名著（由教师指定数种），参用笔记，求得其大意；大半由学生自修，一部分在上课时讨论”。《高级中学公共必修的国语课程纲要》读书也“分精读与略读两种，都用已经整理过的名著，学生自己研究；略读的书，但求了解欣赏书中大体；精读的书，则须有详细的了解，并应注重文学的技术”。这两个字面并不深奥复杂的语词一经进入课程纲要，作为教学论概念，就变得丰富复杂起来，解说多多，大致有以下几种。

（1）陈东原的两个比喻。他把略读称为泛览，认为：“我们现在无论看什么书，都要实行集中注意力。所谓‘泛览’不过像那机器缝衣一样，针在上面吃一遍就算了；那‘精读’却是绣花，要密密地绣，细细地端详。”略读的书“不必文辞华美”，“只要涉猎一遍就可以的。大概这一类所可取材的，大部分在含意，其次就是结构”。夏丏尊以为“辞义的解释如不正确，不但读不通眼前的文字，结果还会于写作时露出毛病”。即便文辞不华美也不深奥的文章，只吃一遍，未必就能理解得了含意与结构？再则陈东原以为“有一些书是非精读不可的，那就是因为它描写的精到，叙述的美丽，或者结构严紧，含意深刻，辞章秀好，这两种全有不同的性质，我们所得的也不同”①。他的精略抉择是由文本决定方法；比喻具象、差异分明，却不够实在。

（2）孟宪承的两个要素。他认为略读“这种课外的阅读，事前要有适当的指导，事后要有切实的考查”。略读能力“分析起

① 陈东原：《国文学习法》，《学生杂志》1923 年第 10 卷第 6 号。

来，至少包括领解与敏捷两个原素”；而“‘精读’一个名词，大多数教师，恐怕还只有很模糊的一个观念。其实为明瞭正确计，不如直截了当地把他作为‘熟读精思’解释，包含记忆与理解两个要素。名为精读，而不能记忆，怎样能永久地欣赏与应用？旧时读书背诵，并非不好，其不好之点，乃在只能背诵而不能理解。至于已经有理解，而不能背诵，则还是不能受用”①。之所以如此诠释，和陈东原一样由文本决定外，尤为着眼的是文白之别。《初中国文之教学》以及《初中国文教材平议》中“私意以为精读宜以中国文言文为中心”、“语体文不必选，翻译文更不必选”的理由，即梁启超《中学以上作文教学法》中的观点——文言文有“许多精深的思想、优美的文学作品”，而“语体尚在发达幼稚时代”②。更多的考虑了“保存过去”，却未有“创辟未来”之处。

（3）朱经农的两种全收。他和孟宪承有所不同的是强调“精读的资料就是各种模范文”，而“略读的资料，就是各种文学作品，尤重近人著作”，并以为“这是初中国语课程与高中课程微有不同的地方”。他的概念诠释，只是“照‘新学制课程标准起草委员会’所下定义”③，即仅仅把初中国语课程纲要的相关内容复述了一遍，照单全收、未加分析。

自 1923 年新学制课程纲要到 1948 年历次修订的国文课程标准，都有精读与略读，消逝四十多年又出现于 1992 年九年义务教育全日制《初级中学语文教学大纲（试用）》，接着，“初步掌

---

① 周谷平、赵卫平编：《孟宪承教育论著选》，人民教育出版社 1997 年版，第 43 页。

② 同上书，第 51 页。

③ 朱经农：《对于初中课程的讨论·国语科的内容》，《教育杂志》1924 年第 16 卷第 4 号。

握精读和略读的方法”一句，又再现于2000年同类大纲（试用修订版）的阅读教学要求中。这是两个跨世纪的阅读教学概念，见仁见智，势必各行其是；“求得正解”，对历史是一种交代，对现今的阅读教学也颇有助益。

先前以为教师包括专家都感到很模糊是自身观念落后或是起草人解说滞后，其实并不尽然。精读与略读是什么、为什么、怎样做？在这一系列必须完整回答的问题上，正是起草人的偏重，导致了分歧、混乱和误解。初中课程纲要精读与略读是以课内与课外、选文与名著、直接讨论与学生自修相区分的，可以说精读是课内选文讨论的教读模式，略读是课外名著笔记的自修模式。自此，历次课程修订均有类似的教法要点说明，起草人也有补充意见，不过从教学方法或教学模式上思考的线路未变。或许他们以为只要这样去做，便能够达到所要求的精读和略读，是什么、为什么是不言自明的了。从实际情况看，逐字逐句讲解之风很难止息，有的竟上课全不讲解。权伯华《初中国文实验教学法》“按照部定的课程标准，曾于精读项下说明：‘教师在课室内，只须略述课本的背景及大意，不逐字逐句的讲解。’作者也曾于指导预习时，告以背景及大意等，专留词句，给学生预习。哪知学生的惰性，惯于依赖，并且是得寸进尺。你若是在更换教材时，告以背景大意；他于自习时，对于背景大意，便不肯自己去研究参考，每次更换教材时，都要你替他讲解。不但如是，他于你讲解背景大意时，还乘势要求你讲解词句。你若稍不坚定，便要逐字逐句的讲解，同从前注入式讲演式，没有什么分别。作者后来，索性全不讲解，只指导他们预习方法，丝毫不予以依赖的地方，行之日久，便能完全自动”[①]。作为逐字逐句教法的反动，

① 祝世德：《初中国文教学经验谈》，《中华教育界》1934年第21卷第2期。

他将精读项下“作扼要的、有趣的介绍和问答”省却，可见并不知晓其必要和用意；也可知单从文本、过程与方法论，并非精读、略读的正解。祝世德的《初中国文经验谈》在指出权伯华全不讲解行不通的同时，说“当今的一般教育家，都不会把‘精读’和‘略读’闹得清楚”。初中课程纲要“前者的解释虽是在读，然而不精，后者却是干脆未读”；略读“是办到‘读’而不仅是‘看’”，精读“是既‘彻底明了’，而又能够‘流利背诵’”，“背诵是精读的最高目的”[①]。他以为孟宪承“先得我心”。尽管有些观点有待商讨，但沿着是什么、为什么去求解的思路是值得借鉴的。

精读与略读接受上遇阻、操作上走样和起草人表述得不严密有关，而这又与解说的思路互为因果。高中课程纲要连带呈现的是四个概念。目的首条“培养欣赏中国文学名著的能力”，却因指令课外读的书而“但求了解欣赏书中大体”、课内读的书“须有详细的了解”，精读不与目的关联。如此弱化了“上课时，由教员与学生讨论答问”的必要，反给逐字逐句讲解留有余地。1929 年《初级中学国文暂行课程标准》袭用了胡适的老谱，精读“使学生对于所读的材料，关于内容方面，有明白的认识，关于形式方面，有详细的了解”，略读“使学生对于所读的内容旨趣，有概括的了解和欣赏”。欣赏为什么只出现于略读？大体、概括的了解是怎样的欣赏？精读中为什么不明确提出欣赏？这一系列问题令人费解、逼人思索。二三十年代，精读和略读或为教读自读的别称，或为记忆的深浅，或为了解的细粗，不是省略了读，就是缺少了新；了解和欣赏或未分化，如高中课程纲要和初中暂行课标；或断为两橛，如常乃德“不重分解，乃在综合，不

① 祝世德：《初中国文教学经验谈》，《中华教育界》1934 年第 21 卷第 2 期。

重学理乃在赏鉴；不重理解，而重练习”[①]。

夏丏尊把教育部初、高中截分为二的规定一体观照后，首先是把了解与欣赏即理解与鉴赏的关系梳理清楚。暂行课标“有概括的了解和欣赏”，是“概括的了解”和“概括的欣赏”还是“概括的了解”后“欣赏”不分明，即夏丏尊以为“那文字可作两种的解释（普通称为歧义）”的一例。他指出阅读“第一是理解”，“理解以外，还有所谓鉴赏的一种重要功夫须做，对于某篇文字要了解其中的各句各段及其全文旨趣所在，这是属于理解的事。想知道其每句每段或全文的好处所在，这是属于鉴赏的事”。后又补充识得坏处所在，也属于鉴赏的事，全面而辩证。这样的两步走，既不混为一谈，又不生生断开。现在看来，天经地义，当时却是不同于一般的见解。朱自清《古诗十九首释·前言》里说道：“只有能分析的人，才能切实欣赏；欣赏是在透彻的了解里。一般的意见将欣赏和了解分成两橛，实在是不妥的。没有透彻的了解，就欣赏起来，那欣赏也许会驴唇不对马嘴，至多也只是模糊影响。一般人以为诗只能综合的欣赏，一分析诗就没有了。其实诗是最错综的，最多义的，非得细密的分析工夫，不能捉住它的意旨。若是囫囵吞枣的读去，所得着的怕只是声调词藻等一枝一节，整个儿的诗会从你的口头眼下滑过去。”[②] 朱自清的议论可谓是对夏丏尊鉴赏基于理解的声援。置于略读——那种大体、概括的欣赏，按夏丏尊文艺鉴赏的等级衡量，学生只是收得作品的梗概，以事件为兴味的中心，做“最幼稚的读者”。诗如此，其他体裁的文章更有可能和必要分析理解，然后再去

---

① 张文昌：《中学国文教学底几个根本问题》，《新教育评论》1927 年第 3 卷第 8 期。

② 朱自清：《朱自清全集》第 7 卷，江苏教育出版社 1992 年版，第 191 页。

鉴赏。

其次是把理解与鉴赏、精读与略读错位了的关系矫正过来。鉴赏作为一个直指阅读教学目标的总概念，它不再为略读所独享，也不是文学的专利，而是精读的取向、评价的尺度。鉴赏与精读的依存度更高，鉴赏必精读，精读须临于鉴赏，既要详细地了解，也用得上第一章第二节中所说的概括的方法和比较的方法。止步理解为略读，归依鉴赏为精读，这样，不仅把四个概念联系起来，而且各得其所、各适其用。

再次从国文课程目标出发，抓纲治本，侧重于精读，沿着求真、求精、求新的思路作实际的迈进。《怎样阅读》中指出：“阅读通常可分为两种，一是略读，一是精读。略读的目的在理解，在收得内容；精读的目的在揣摩，在鉴赏。我以为要研究语言文字的法则，该注重于精读。分量不必多，要精细地读，好比临帖，我们临某种帖，目的在笔意相合，写字得它的神气，并不在乎抄录它的文字。假定这部帖里共有一千个字，我们与其每日瞎抄一遍，全体写一千个字，倒不拣选十个或二十个有变化的有趣味的字，每字好好地临几遍，来得有效。”这涉及教材编写和使用、学习态度和方法等问题。在数量与质量之间，他宁愿选择和追求后者。所以，他直白相告：“我劝诸君能在精读上多用力。”

异于夏丏尊从目标、能级、学法上诠释，叶圣陶从课内外、程序、教法上区分。《论国文精读指导不只是逐句讲解》题意中不废止讲解，文里说道：“只因单篇短什分量不多，要做细琢细磨的研读工夫正宜从此入手；一篇读毕，又来一篇，涉及的方面既不嫌偏颇，阅读的兴趣也不致单调，所以取作精读的教材。学生从精读方面得到种种经验，应用这些经验，自己去读长篇巨著以及其他的单篇短什，不再需要教师的详细指导（不是说不需要指导），这就是略读。就教学而言，精读是主体，略读只是补充；但就效果而言，精读是准备，略读才是应用。精读与略读的关系如此，试看，只做逐句讲解的工作，是不是就尽了精读方面的指导责任？”[①] 如何尽精读的指导责任，在《〈精读指导举隅〉前言》里阐述了预习、讨论、练习的教学过程模式。“对于每一个观点，都可以提出问题，令学生在预习的时候寻求解答。如果学生能够解答得大致不错，那就真个做到了‘精读’两字了——‘精读’的‘读’字原不是仅指‘吟诵’与‘宣读’而言的。”[②] 读有多种方法，学生解答得大致不错，表明是带着问题认真去读了，比粗略地看一篇读一遍好得多，但是否“真个做到了‘精读’两字了”？能理解且能鉴赏？还得打上两个疑问号。问题是不宜把属于精读的部分看作是精读的全体、精读的品质，精读自有品质与取向。课前预习即使检查时“解答得大致不错”，程度上还是略读，否则何须讨论和练习。《〈略读指导举隅〉前言》中，除复述主体、准备与补充、应用之关系外，更把课内外推及校内外。“学生在校的时候，为了需要与兴趣，须在课本或选文以外阅读旁的书籍文章；他日出校之后，为了需要与兴趣，一辈子须阅读各种书籍文章；这种阅读都是所谓应用。使学生在这方面打定根基，养成习惯，全在国文课的略读。如果只注意于精读，而忽略了略读，功夫便只做得一半。其弊害是想象得到的，学生遇到需要阅读的书籍文章，也许会因没有教师在旁作精读那样的详细指导，而致无所措手。现在一般学校，忽略了略读的似乎不少，这是必须改正的。”又说“以为略读只是‘粗略的’阅

---

① 中央教育科学研究所编：《叶圣陶语文教育论集》，教育科学出版社 1980 年版，第 66 页。

② 同上书，第 10 页。

读，甚而至于是‘忽略的’阅读；而在实际上，他们也就‘粗略的’甚而至于‘忽略的’阅读，就此了事。这是非常要不得的，积久养成不良习惯，就终身不能从阅读方面得到多大的实益。略读的‘略’字，一半系就教师的指导而言：还是要指导，但是只须提纲挈领，不必纤屑不遗，所以叫做‘略’”。[①] 叶圣陶仍然是以课内外、单篇短文与长篇巨著、教师指导的多寡来看取精读与略读的，是一种界分、具象、线性的思维，缺少了夏丏尊整合、抽象、切实而不失空灵的观照。

课内单篇的预习、讨论、练习与指导是精读，不等于如此指导就一定能够达到精读的水准；很有可能还是理解层面的略读，甚至还有粗略和忽略的地方。正因为如此，所以，还得读，或查辞典，或看参考书，或请教教师和同学。如有疑问而不去做这一切，求得甚解，即使命定的精读的材料，也只是忽略地或粗略地读，至少算不上是精读。精读未必教读一次完成，需要学生课外自读，课外读书与读课外书，也不是同一概念。课外可读教科书，也可读教科书以外的书。教科书以外的阅读，首先是因选文而旁及的。精读与略读并非两条平行而不交叉的文本系列，无论出于需要还是兴趣，与教科书的关系密切或疏远，是一种拓展、一种补充，均对前继或后继的学习产生影响。前一篇、一册的经验能力积淀，成为后一篇、一册学习的现有水平；倘若后之学习为最近发展区，当利用这现有水平循序渐进。所以，课内教科书、课外参考书、趣味或修养的书，是完全可以打成一片，互为补充、不断应用的。为何“略读才是应用”呢？夏丏尊劝学生“在精读上多用力”，绝不是叫学生只在课内教科书上用力，课外

① 中央教育科学研究所编：《叶圣陶语文教育论集》，教育科学出版社 1980 年版，第 19 页。

读物“有的竟须全阅或精读”；精读是高于略读的能级，是一种真用心、不马虎、求甚解、有新得的态度和精神。为何“打定根基，养成习惯，全在国文课的略读”呢？不止一人感觉到夏丏尊的国文教学思想，某些方面比叶圣陶的超前而深刻，精读与略读的解说可见一斑。

2001年全日制义务教育《语文课程标准（实验稿）》教学建议：“加强对阅读方法的指导，让学生逐步学会精读、略读和浏览。”评价建议：精读“重点评价学生对读物的综合理解能力，要重视评价学生的情感体验和创造性的理解。根据各学段的目标，具体考察学生在词句理解、文意把握、要点概括、内容探究、作品感受等方面的表现”。略读和浏览“评价略读，重在考察能否把握阅读材料的大意；评价浏览能力，重在考察能否从阅读材料中捕捉重要信息”。与1992年、2000年大纲所不同的是学段安排先略读后精读，评价建议里对精读与略读作了具体明确的要求，和夏丏尊一样从能级上引导人们理解这两个概念；不及之处，在于未能如夏丏尊似的以鉴赏为统领，以求真求精求新为发展线索，串起一系列阅读教学概念来。

第二节 阅读方法

夏丏尊分步行进、着力于精读的国文教学，有一套较为完整、卓有成效的训练方法。它们是心、眼、口、耳并用的朗读，一遍再一遍熟练的同时不断抽绎出新意趣来的复读，为了精读拓展开去又顺带略读的参读，与文本结合的有形有声有色的非文字阅读。这些概念的诠释和方法的运用，反映了他对国文课程与教材，特别是对如何提升学生的阅读素养、提高阅读教学效率的独特见解。

一　还我琅琅读书声

书声何时何以从课堂里消逝的？可能要从变书屋为班级教授的课堂说起。《奏定学堂章程》认为“凡教授之法，以讲解为最要”。语文设科之前，私塾里教课，读是主要方法之一。先生范读，学生循声朗诵，人声鼎沸，甚至有陶醉书中、摇头摆辫的姿态。朱自清以为“早年学校里教古文，也还是如此。五四以来，中等以上的国文教学不兴这一套”[①]。夏丏尊以为“自有学校教育以来，对于文字往往只用眼睛看，用口来读的人已不多了”。其实，国文推行赫尔巴特派教段后，朗读曾悄然有变。在日本教习木村指导的通师实小里，更多地强调了学生个读，免却一味齐读中的滥竽充数者，这是增加读的方式，向切实的路上去走。大多数班级里但闻教师滔滔讲说，只见学生默默聆受。姚铭恩1915年发表的《小学作文教授法》中说“今之教授读法者，往往注重讲解，而不注重诵读，以熟诵为私塾之陋习而排斥之”[②]。五四运动后朗读、吟诵的方法连同姿态一起跑到现代作家讽刺的笔下去，成了迷恋骸骨、保守落后的丑态。从此国文教师大都不敢在教室里吟诵古诗文，学生更是怕人耻笑。所以，是渐变的过程，而又以五四运动后为烈。

从教材上看，新文化运动的开展和白话文学地位的逐步确立，导致了国文教材的重大变革。反映新观念用白话语体写的散文、小说、诗歌、议论文，篇幅较文言文长得多，教材的新变势必引发教法的改革。一些著名学者如胡适“提倡自己看书”，课堂上“只有质疑问难，大家讨论两项事可做”，主张用“看书”

---

① 朱自清：《朱自清全集》第2卷，江苏教育出版社1988年版，第53页。

② 姚铭恩：《小学作文教学法》，《教育杂志》1915年第7卷第6、7号。

代替“讲读”；梁启超以为“一篇长文读一遍亦须三十分钟，若再要一句句的讲，不但做不到；亦且不必”，主张“须选文令学生多看，不能篇篇文章讲，须一组一组的讲”，上课用讨论式。他俩都强调“看”而忽视“读”，新颖超前的国文教法见解与泛而不切、顾此失彼的缺憾并存。

如果说自称国文教学“门外汉”的学者，一时忘却了自己年幼时的学习经验，或许因立论的自圆其说而重阅轻读，那么，教育心理学专家采用国外科学方法调查研究得出的结论，时人就更容易相信而难以质疑了。杜佐周《国文教学的几个问题及现在一般儿童读书能力的测验》是对江苏、山东、湖北、广东、浙江等省中小学生读书能力进行抽样测试后所写的报告。其中第 5 条“注重静读”（速读），内容归纳有三：（1）朗读是传统，静读为新潮。“我国国文教法，差不多百分之九十九是叫学生朗读；静读的方法，向来没有人说过。”他的静读“与平常所谓默读不同。静读须有特别教学的方法，注意速率和理解力，时时须有进步的精神。否则，我们读报览书，默读的机会正多，但于读书能力毫无进步”。为抬举静读，他把默读也贬了。（2）朗读无用，静读有用。“学校为社会的一部，无论何种科学，当以灌输社会上有用的智识为目的。试问社会上能朗读的地方有几？演说、报告、发表意见等，虽是今日国民常有的机会；但朗读国文，对于这种能力，究竟有什么补助呢？我以为凡此种种，学校内部应设有特别时间练习之，万不能借重朗读的方法。至于静读一节，则社会上几无时不需用他。我们读报、览书，增进智识，探求新闻，没有不以静读为主。现在学校所学，非社会所用；社会所用，非学校所学；这真是违背教育的宗旨。”（3）朗读有害，静读有益。“倘学校里仍旧拘守旧法，注重朗读，忽视静读，则学生费数点钟工夫，所读也不过数页。恶习一成，后将难改。既缺乏读书优良的能力，想成为一个富于常识有用的国民，就不容易了。”而静读“教练一二个月，学生读书的能力，就是速率和理解力，便可进步许多”[①]。杜佐周倡导速读，因“现在文化灿烂，所应学，所应知的事极多”，本无可非议；但如此褒贬，把速读与朗读尖锐地对立起来，做减法、除法而不擅长加法、乘法，只能说是儿童所有的极化思维之所致。换句话说，就是犯幼稚病。一些有经验并有研究的中小学教师，如沈百英虽不反对朗读，却以为“朗读适用于低年级，高年级以少用为妙”。阮真则认为初中默读，高中朗读，和教材的文白相关。周铭三、冯顺伯以为“按生活需要是默读不是朗读”，“按阅读心理学上原则”，朗读“不如默读思想既容易集中，时间也可经济”[②]。朗读就是这样在创办新式学堂、提倡科学与民主的新文化背景下，随着国文教材教法的改革，蒙着羞辱销声匿迹的。

梳理过程与揭示背景表明当时夏丏尊、叶圣陶等人站出来重视并加强朗读训练，需要多大的勇气和力量。朱自清《论朗读》一文里针对课堂里朗读、吟诵等方法的丢失，重复三遍说着同一句话——“这是教学上一个大损失”，同时指出：“近年渐渐有人见到这个道理，重新强调吟的重要；如夏丏尊、叶圣陶二先生的《文心》里便有很好的意见——他们提议的吟古文的符号也简单切实。作者主张学校里恢复从前范读的办法，吟、读、说并用。”[③] 可说是继其作《文心·序》后的又一次重点推介。

从《文心》第 14 篇发出书声归去来的呼唤到《文章讲话》等著述的字里行间，不难感觉到夏丏尊看取朗读的与众不同之

① 杜佐周：《国文教学的几个问题》，《教育杂志》1923 年第 15 卷第 7 号。
② 周铭三、冯顺伯：《中学国语教学法》，商务印书馆 1926 年版，第 144 页。
③ 朱自清：《朱自清全集》第 2 卷，江苏教育出版社 1988 年版，第 58 页。

处。表现在以下几点。

1. 不是简单的“恢复从前”而是扬弃传统，并将语文学的新知识融入训练之中。

朱自清的《论朗读》以为“朗读人多称为‘朗诵’，从前有‘高声朗诵’的成语，现在有‘朗诵诗’的通名。但‘诵’本是背诵文辞的意思，和‘抽绎义蕴’的‘读’不一样；虽然这两个词也可以通用”。古代的诵是有腔调的，近代私塾儿童诵读“大致两字一拍，每一停顿处字音稍稍延长，恐怕已经是佛教徒‘转读’经文的影响，不尽是本国的传统了”，又说“吟特别注重音调节奏，最见出佛经‘转读’的影响（参看胡适《白话文学史》上卷二〇五至二一五面）”[①]。《文心》第14篇《书声》由王先生“每日清晨傍晚都听到和尚的诵经声”，“于是对于读法就发生了研究的兴趣了”，就是形象地揭示这个传统。当然读不是有口无心的小和尚念经，而是抽绎文意、以声传情。第14篇里王先生以为“读的文字须择意义内容已明白的，所以我想从上年讲授过的文字中选取若干篇为将来叫你们诵读的材料”。这一方面出于弥补的需要，另一方面则是强调理解的基础和通过朗读作进一步的加强，并非朗读置于讲课之后不可。第15篇《读古书的小风波》写到“王先生讲授朗读方法已经两回了，这一课令学生作朗读练习。各个学生手头的选文上都加上了关于读法的符号，就依照着符号所指示的轮流朗读”。读文“声音的差异不外乎高低、强弱、缓急三种”，另还有一个“表示读到这里须摇曳的”。让学生注上符号朗读，均“须顾虑到文句的构造与感情两方面才好”。朗读训练不限于教本，就学生习作提出句调的课题，让他们作研究报告，第21篇中可见。超音段音位中的音调往往称为句调或

① 朱自清：《朱自清全集》第2卷，江苏教育出版社1988年版，第56页。

狭义的语调。振宇关心字的奇偶，“觉得中国文字有一个特性，是宜于偶数结合的。一个辞与别的辞相结合时，如果不成偶数，就觉读来不易顺口”，并认为这种现象白话比文言更明显。慧修注意句子上的排列，“要想文字的句调流利，句法须错综使用，切勿老用一种句式”，乐华补充有意趣的重复字句须除之以外。大文留心音节，志青谈论上下文的呼应，并强调“关于这层，标点也该连带注意”。听到这样的研究报告，大概其中议论的“正而不奇，平而不倚，无畸新畸旧之嫌”不难体会。

2. 不是贬一褒一、以一换一而是既阅又读、兼而有别，寻求适切中学生国文学习、效率提高的方法和途径。

姚鼐以为“大抵学古文者，必要放声疾读，只久之自悟；若但能默看，即终身作外行也”。（《尺牍》、《与陈硕士》）曾国藩以为：“如《四书》、《诗》、《书》、《易经》、《左传》、《昭明文选》，李、杜、韩、苏之诗，韩、欧、曾、王之文，非高声朗诵则不能得其雄伟之概，非密咏恬吟则不能探其深远之趣。二者并进，使古人之声调拂拂然若与我之喉舌相习，则下笔时必有句调凑赴腕下，自觉琅琅可诵矣。”（《家训》、《字谕纪泽》）对于朗读与默读，古人与近人的观点恰恰相反，形成鲜明的比照，却都只是以一换一、贬来褒去。夏丏尊了解到：“同是对于文章，古代人和近代人所取的手段不同，古代人重在用口念，近代人重在用眼看。近代人从早晨接到报纸起，到晚上睡觉为止，不知道眼睛上要经过多少字数的文章，可是都只在眼睛上经过而已，用口念诵的真是极少极少。”同样，“近来学生们虽说在学校里‘读书’或‘念书’，其实读和念的时候很少，一般学生只做到一个‘看’字而已”。古今读法之异，和“当时可读的东西没有现在的多，普通人所读的只是几部经书和几篇限定的文章”有关，且应试、作文从书上来，“把大半的工夫花在揣摩和诵读方面”究有可能和必要；中学生并非具备较强阅读能力的成年人，只看不读，贪多求快，反而难以达到能理解进而能鉴赏的目的。少少许可胜多多许，急事未必不能缓办。和时人静止地视朗读少慢差费而默读尤其是速读多快好省、意欲取而代之不同，夏丏尊主张兼容并蓄、各尽其能，他自陈："我所谓读，不一定要高声唱念，低声读或在心里默读也可以。"就国文科的特点和学习的效率论，他区而别之、另有其解，以为"不该只用眼与心，须于眼与心以外，加用口及耳才好。读，就是心、眼、口、耳并用的一种方法"。看是单通道，读是多通道，多种感觉器官的协同作用有利于提高学习效果，读的地位及方法无以撼动和消解。

3. 不拘以课本古文而是白话、文言课内外全面训练，以读带动学生国文素养的整体提高。

五四运动后第一线的教师除不敢的恐惧外，另有白话语体文不能读的误解，还有不会范读指导的困惑。"究竟这不可读的语体文，是否要有别种方法来代读，尚是疑问。"① 若只是拘以课本古文的朗读指导，则不能满足现实的迫切需求；若不是，则又为可以消除的误解。且不说《文心》第 14 篇里王先生讲解读法符号所举之例大多是白话，就是"取出张溥的《五人墓碑记》与梁启超的《最苦与最乐》来，各选一节来读给大家听，遇到可应用强弱法则的地方，随时说明"，其中梁启超的文篇也不是纯粹的文言。第 15 篇写到"读文言文时声调铿锵，足以传出原文的情趣。读语体文时就同话剧的演员在舞台上念诵剧词一般，贴合于语言之自然，表情说理，都能使听者不但了然，而且深深地印在心坎里。朗读的几篇文字原是上一学年读过了的，现在经这样地指导，读来便觉得有不少的新意趣"。可见，文言白话兼而有

① 陈东原：《国文学习法》，《学生杂志》1923 年第 19 卷第 6 号。

别。朗读的训练又不仅仅限于课内，“下半年预备在原有的讲演会以外再设一个朗读会哩”。其用心自然是夯实基础，养成良好的习惯，对读、说、写都有助益。第19篇写到“志青自从王先生注重读书的声调以后，他不仅对于读书，就是平时说话，当众演说，对于高低、强弱、缓急三方面也留心揣摩；所以他的说理很能引起大家的注意”；第27篇写到在H市及邻县多所中学举办的演说竞赛会上，周锦华名列第二。既展示了学生取得的成绩，又反映了王先生的意愿。从《文心》的若干篇什里，不难看出作者完整、长远的规划与实施。

4. 不只是方法并用还分开来说、分开来用，从国文与他科的比较中领悟朗读的必要性，从文体类别中把握训练的适用性。

夏丏尊的方法并用，不是抽象的优劣长短，也不是这也行那也可的折中调和。继《文心》第14篇点明“别的功课”和“语言学科”不同后，《怎样阅读》作了具体的阐述。“如果把阅读分开来说，一般科学的教科书应该偏重于阅，语言文字的教科书应该偏重在读。一般科学的教科书虽也用了文字写着，但我们学习的目标并不在文字上，譬如说，我们学地理、学化学，所应当注意的是地理、化学书上所记着的事项本身，这些事项除图表外原用文字记着，但我们不必专从文字上记忆揣摩，只要从文字去求得内容就够了。至于语言文字的学科就不同，我们在国文教科书里读到一篇文章——假定是韩愈的《画记》，这时我们不但该知道韩愈这个人，理解这篇《画记》的内容，还该有别的目标，如文章的结构、词句的式样、描写表现的方法，等等，都得加以研究。如果读韩愈的《画记》，只知道当时曾有这样的画，韩愈曾写过这样的一篇文章，那就等于不曾把这篇文章当作国文功课学习过。我们又在英文教科书里读华盛顿砍樱桃树的故事，目的并不在想知道华盛顿为什么砍樱桃树，砍了樱桃树后来怎样，乃是要把这故事当作学习英文的材料，收得英文上种种的法则。所以阅读两个字不妨分开来用，一般科学的教科书应懂得它的内容，不必从文字上去瞎费力，只要好好地阅就行，象国文、英文两门是语言文字的功课，应在形式上多用力，只阅不够，该好好地读。”他不是就教科书作简单的分割，《史记》可选为国文科教材，“算学书里的文章，朴实正确，秩序非常完整，实是学术文的好榜样。这样看来，任何书籍都可有两种说法，如果就内容说，只阅可以了，如果当作语言文字来看，那么非读不可”。由此可见，朗读是国文科性质、教学目的使然，是精读、鉴赏必下的工夫。

如果说《关于国文的学习》中指出“诗要反复地吟，词要低徊地诵，文要周回地默读，小说要耐心地细看”是一种文体类别的分说，那么《学习国文的着眼点》里以为“词儿、句子、表现法等类的事项，大半是可以在读的时候发见领略的”，则是不为文体类别所囿、突出语感因素的进一步的分说。《句子的安排》提出几件可注意的事项中，所举之例各体都有，强调“要分别谐和不谐和，最好的方法是读。不论是别人所写的文章或是自己所写的文章，句子上如有毛病，只用眼睛来看不容易看出来，读下去才会自然发见”的同时，指出“‘吟’字的对于诗有伟大的效用是颠扑不破的事实。所谓‘吟’，无非最讲究最仔细的读法而已”。从这一《文心》式的“不但指点方法，并且着重训练”的论述中，不难悟出：非读不可，是原则；或阅或读，是变通；文体是方法和力度的参考。《所谓文气》列举三项条件后，他总括“要领略文章的气势，念诵是唯一的途径。念诵起来须急忙追赶，不能中途停滞的就是所谓气势旺盛的文章。一般文章家评文章，有所谓‘洋洋洒洒’‘一泻千里’‘波澜壮阔’等类的话，可以说都是说明这境况的”。他举赵元任《科学名词跟科学观念》一文为例，认为“字句正确，限制严密，可算是近代的好文字，但若用旧式的念诵法来念诵，有些部分就觉不大流利畅快”。这应启示人们：传统的吟诵法未必通适，从体裁文篇的特点和学生的实际出发，若是初级阶段，读起来字数不多不少不颠不倒，只求正确清楚罢了；若是表情达意，读出文气，选取科技说明文并不适合。不过他以为“文气是近代文章上所忽略的一方面，本文谈文气不取近代语体文作例”，这也限制了他进一步的思考。诗歌、散文不必说，20 世纪 30 年代及其后之语体的论说文中不乏气势旺盛的篇什。现今选入中学语文教材的《谈骨气》一文，徐振维、钱梦龙教学时都重视并加强朗读，体会文中的感情色彩和一腔正气，既可补充前辈论述的不足，又堪为后人的示范。

比较 20 世纪前后 50 年的语文课程标准、大纲，可见后之对朗读的重视不逊于前，一些语文教材也编写了朗读要求循序渐进的单元。为什么有纲不遵、有法不依，还我琅琅书声的呼唤连续不断？根本原因仍然是浅薄的实用主义，以效益为名而不顾效益之实。诚如夏丏尊《给青年的十二封信》序文中所说：“在真正的教育面前，总之都免不掉浅薄粗疏。效率原是要顾的，但只顾效率究竟是蠢事。”“一味亟亟于效率，结果就会流于浅薄粗疏，无可救药。”夏丏尊反复强调的话，应引起我们对一再失误的反思。让学生做一个忠实的读者，而不只是一个匆匆的看客。

二　旧书常诵出新意

旧篇旧书是相对新篇新书而言的，一篇又一篇、一本接一本地读去，那是新视窗新天地的开辟，侧重于外延的扩张；一遍又一遍，重逢再见，是另一种形式的多读，属原有田亩里的精耕细作，侧重于内涵的深化，可称为复读。

邰爽秋在《科学化的国文教授法》中强调：“学生读的文章，

并不在乎多，而在乎注重至少的精粹。中文的句调是有限的；学者能把这有限的句调，多多熟读，多多练习，自可以通顺。”他主张穷尽句法编辑文选，以心中有数、少时高效的精读替代暗中摸索、用力费时的多篇多读，颇有可取之处。不过他以为“从前的老先生教国文，总是说‘多读’；多读的意思就是要于无形中将各种句法完全读熟，仿佛鱼类不善保卵，不得不多生卵子，求偶然的机会，以绵延其种嗣一样。这可算最笨拙最不经济的方法”，似乎把多读篇数和多读遍数混为一谈，把无意、有意读的区分以多读、精读的概念呈现并对立了起来。“现今学生功课繁重的时代，教国文的方法，不在教学生多读，而在教他们精读。精读的结果，是少花时间，可将国文弄通；多读的结果，也可将国文弄通，但是多花了时间，牺牲了别的功课了。”[①] 这未免不是乱了阵脚的片面的理想。果真如邰爽秋所愿，教材选编得精粹，篇目可略少些；读的遍数又加少，特别是学生与文本一即就离，没有多次、渐进的亲密接触，如何读得精呢？再则其动因与归宿依旧是写。我国传统国文教学的读，无论多还是精，仅视为手段、途径，而不看作目标，这才是现象的本质。20 世纪 30 年代废科举已久，但考试形式率由旧章，作文题目似曾相识。学校里、社会上评价学生的国文能力，差不多全凭作文而论，写作自然是唯一的中心。为捍卫阅读教学相对独立的地位，使之与作文并驾齐驱于求真、求精、求新的康庄大道，夏丏尊等人作出了长期不懈的努力。

从国文教材与学生的实际出发，当时的选文大都是现成的而非量身定制的名家名篇，客观上，教材的文本世界与学生的认知水平具有较大的落差，教学双方主观努力的则是逐步缩短距离。

---

① 邰爽秋：《科学化的国文教授法》，《教育杂志》1922 年第 14 卷第 8 号。

首先要调整心态、心机一转、化被动为主动，“忽然做了大人与古人了”，亲近文本，披文入境；其次须以自己有限的阅读经验感受、理解、想象作者笔下的内外经验，有疑难、困惑是正常的，作者不在场无法解答，教师比学生“多懂得一些”，终不能以教师的理解完成自己的阅读，全赖教师的指导为理解的满足；再次不求速达，毕其功于一役。预习、讲课时间容量有限，课后还须复习、巩固和提高，伴随着年龄的增长、经验的丰富，“趁早把思考力想象力练习到水平线的程度”，渐能达到与作者“共鸣的创作”的境地。由此看来，一篇多遍、再读复读是非用不可的。

从学习心理与自己的经验出发，孔夫子学而时习、温故知新的老话，符合认知发展的规律。邵瑞珍曾指出：“直到 20 世纪 60 年代，美国认知教育心理学家奥苏伯尔提出有意义言语学习理论，才把学生原有知识在新的学习中的作用强调到唯一重要的地位。他说：‘假如让我把全部教育心理学仅仅归结为一条原理的话，那么，我将一言以蔽之：影响学习的唯一最重要的因素，就是学习者已经知道了什么。要探明这一点，并应据此进行教学。’现代信息加工心理学家都十分强调原有知识在新的学习中的关键作用。如维特罗克认为：‘人们倾向于生成与以前的学习相一致的知觉与意义。’……梅耶和加涅都认为，教新知识之前，先必须激活学生长时记忆中相关的原有知识。可惜这一观点在我国目前的教育理论研究中被忽视了。”① 忽视的岂只是知新时温故，更有温故中知新。若前之为新篇学习凭借旧知、后之为旧篇阅读获取新得，则后者是精读、鉴赏必达的流程，也是便利前者的真实基础。幸运的是，后者在二三十年代夏丏尊国文教学论研

① 邵瑞珍编：《教育心理学》，上海教育出版社 1997 年版，第 47 页。

究中被大大地重视了。

“始信‘旧书常诵出新意’是真话”见于《我在国文科教授上最近的一信念——传染语感于学生》，文中就“普通学生在读解正课以及课外读书中，对于一句或一语的误解不必说了，即使正解，也决非全解，其所感受到的程度必是很浅”，提出补救的措施除教师于知情两方面继续予以指导的外援，就是学生内求诸己的一遍数遍的复读。可以说，起始就定下了切实而长远的基调——复读不是简单重复、原地踏足，而是时有进步、常有新得。

《文艺论 ABC》从读的次数与兴味变化、鉴赏等差的正相关，论述复读的必要和层次。第 10 节中说道：“高级文艺不是一读即厌的，但同时也不是一读就会感到兴味的。……对于一部名著，初读不感兴味，再读如果觉得感到些兴味了，就是自己已渐在成长的证据。如果三读四读益感到兴味了，就是自己更成长了的证据。自己愈成长，就在程度上愈和作家接近起来。”第 11 节中说道：“一读者对于一部名著，也因了自己成长的程度，异其了解的深浅。文艺鉴赏上的有程度的等差，是很明显的事了。”大致有三步：“作品的梗概不消说是读者第一步所当注意的。但如果只以事件为兴味的中心，结果将无法问津于高级文艺，而高级文艺在他们眼中，也只成了一本排列事件的帐簿而已。”“其次，同情于作中的人物，以作中的人物自居者，也属于这一类。”“较进步的鉴赏法是耽玩作品的文字，或注意于音调，或玩味其结构，或赞赏其表出法。……一个普通读者，对于一作品亦往往有因了读的次数，由事件兴味进而达到文字趣味的。”由上述两节文字不难看出，前者以兴味从无到有、由淡转浓作成长的见证来鼓励复读，后者则以鉴赏程度的等差赋予复读充足的理由和明确的视点。

《关于国文的学习》从阅读能级上论述“好的作品至少要读二遍以上。最初读时不妨以收得梗概、了解大意为主眼，再读时就须留心鉴赏了”，并介绍了与及时复读相对的隔离复读法。“诸君于每一年级读过的好文字，到第二年级再读时，会感到有不同的处所，到毕业后再读，就会更觉不同了。从前的所谓好处，到后来有的会觉得并不好，此外别有好的处所，有的或竟更觉得比前可爱。我幼年读唐诗时，曾把好的句加圈。近来偶然拿出旧书来看，就不禁自笑幼稚，发见有许多不对的地方，有好句子而不圈的，有句子并不甚好而圈着的。这种经验，我想一定人人都有，不但对于文字如此，对于书法、绘画，乃至对于整个的人生都如此的。”文中就中学生喜读的小说来谈，“读小说时，如果急急要想知道全体的梗概，热心地‘未知以后如何，且看下回分解’地急忙读去，虽有好文字，恐也无从玩味，看不出来，第二次第三次再读，就不同了。因为这时对于全书梗概已经了然，不必再着急，文字的好歹也因而容易看出”。接着他以自己的经验为例，《红楼梦》第三回黛玉初到贾府与宝玉第一次见面时一段，“故可算得是好文字。可是我对于这几句文字的好处，直到读了数遍以后才发见。（《红楼梦》我曾读过十次以上。）这是玩味的结果，并不是初读时就知道的”。上述以不同文体为例所作的经验谈，无不是知己知彼、循循善诱的肺腑之言。

《文心》则反复申述。第 13 篇枚叔信中的话“我在上海经过，虽也曾想买几本相当的书籍寄给你，一则因为我已把旅费的一部分分给你母亲留作家用了，携带的钱不多，二则因为我觉得你只管把书呆读，也没有意义，所以未曾替你买任何的新书。我已给你选定了好几部书了，你可拣喜欢的取来重读，读出些新的意味来”，正是夏丏尊在春晖中学时语感信念的翻版。乐华“日日期望有新书从上海寄到，将借了新书一振日来的无聊与倦怠。

自得了父亲的这封信以后，态度为之一变，觉得读过的书重读起来比新书更有味，眼前的一切东西都含藏着多方面的内容，待他去发掘”，也正是夏丏尊对无力多买新书的穷孩子的期待。在复读的方式上，展现出灵活多样的态势。既可阅又须读，自从王先生讲解读文声调后，“朗读的几篇文字原是上学年读过了的，现在经这样地指导，读来便觉得有不少的新意趣”。既可圈又可点，锦华自陈“我有一部《唐诗三百首》，在中学一年级的时代随读随圈，曾把认为好的句子用双圈标出，普通的句子只加单圈，这次春游无事，偶然取出来重看，就自己觉得好笑起来了。觉得有些加双圈的地方并不好，有许多好的句子，当时却不知道它的好处，只加着单圈呢。也许再过几年见解会更不同吧”。不正是夏丏尊经验的传播？乐华评改宋有方的作文，“你这一篇分段很清楚；只是有些话嫌得累赘，有些话却含糊不清，又有些字眼用得不很适当。凡是我能够看出来的都替你改了”。一一点出后，宋有方“埋着头反复细看，回味乐华所说的一切”，就是夏丏尊认可的检验国文能力的方法。既可抄又可写，大文介绍“我近来在试行一种工作，从读过的文章中把自己所欢喜的抄在一本小册子里，短篇的如诗词之类全抄，长篇的只选抄一节或几句，带在身边，无事时独自读着背着玩，随时觉有新意味可以发见呢”。乐华是“心里一有所得，随时就写在手册上。不多几日，就写了许多页了。其中有几条只是零星的一两句话，有几条俨然就是小品文”。借这么多同学说出这么多方式，何不一试？

《学习国文的着眼点》指出：“典故是讲不完的，故事是听不完的，一篇一篇的作品也是读不完的。学习国文，目的就在学得用文字来表现的方法，他们只着眼于别人所表现着的内容本身，不去留心表现的文字形式，结果当然是劳而无功的。”也就是说，不依靠一篇接一篇多而浅的略读，一篇要有一篇的所得，须把知识、法则学到家。学习新篇新知识的基础、起点、依据，不是笼统的篇目，而是旧篇里的原有知识和法则，这绝不是课堂上教一遍读一遍就能掌握的。所以，“我认为诸君应该选择几篇可读的文字来反复熟读，白话文也可以用谈话或演说的调子来读。读的篇数不必多，材料要精，读的程度要到能背诵。读得熟了，才能发见本篇前后的照应，才能和别篇文字作种种的比较。因为文字读得会背诵以后，离开了书本可随时记起，就随时会有所发见，学习研究的机会也就愈多了。”如此，强调知识、法则“在新的学习中的关键作用”，使“相关的原有知识”处于“学生长时记忆中”不断激活，并“和别篇文字作种种的比较”、“有所发见”，应该说，和国外心理学家在观念与操作上相去不远。无论旧篇还是新章，再三复读不可或缺。

2000年九年义务教育全日制《初级中学语文教学大纲》要求：“整体感知课文，体会作者的态度、观点、感情，理解课文内容和思路，领会词句在语言环境中的意义和作用。”初读一遍，已嫌不够；至于“对课文的内容、语言和写法有自己的心得，能提出看法或疑问”，则非反复揣摩不可。2001年全日制义务教育《语文课程标准（实验稿）》“阅读倡导学生的个性化行为，不应以教师的分析来代替学生的阅读实践。应让学生在主动积极的思维和情感活动中，加深理解和体验，有所感情和思考，受到情感熏陶，获得思想启迪，享受审美乐趣。要珍视学生独特的感受、体验和理解。阅读教学的重点是培养学生具有感受、理解、欣赏和评价的能力”。目标意向与实施步骤和夏丏尊的主张差不多，更有必要如他似的明确提出并加强多遍复读。

20世纪80年代初钱梦龙的“三主·四式”导读法又一次提出复读概念，他的“关于基本课式——自读课、教读课、作业课、复读课——的设想，就是企图在一个合理的教学程式中体现

'三主'思想"[1]。公开教学展示的常常是教读课。复读课"就是复习性的阅读。把若干篇已教过的课文按一个中心组成'复读单元'，读读、想想、议议、练练，既'温故'，又'知新'，这就是'复读'"[2]。复读的单元组合较为灵活，也有"补充了三篇课外的文章"的形式，比较是复读常用的方法。其实作为课式不及训练方式来得灵便，文中指出"教读必须跟自读进行"，课堂教学实录里有之；不仅于此，教读中也有复读，自读时、教读后都要复读。这样的四式就是相对独立又相辅相成的了。夏丏尊"本篇前后的照应"、"和别篇文字作种种的比较"类似钱梦龙式的单元复读，另还有多种复读的方式方法。基于如此丰富的理论与实践，现行语文课程标准完全有理由明确提出与精读、鉴赏密切相关的复读。至于目前存在的诗歌、散文课内只重分析，不加以声情并茂地朗读感悟，说明、议论文字或篇幅不短的小说，教师于讲解过渡、稍息之时，让学生读一段以填空；复读即便在复习时也只看而不读，背诵只有书面的默写，诸如此类，可从夏丏尊等人的论述中得到触动。

三 课本以外的参读

参读是从教本出发去读相关的篇什、书籍，为由此及彼的持续扩张，广度是众所周知的，深度常为人们所忽视。夏丏尊的参读"因课堂所习的选文而旁及的"、为"特定的题目而发生"的，是精读的材料理应达到精读的要求非此不可的重要一环。否则，徒有精读之虚名，名至实难归。所以，参读是在广度、补充之中尽显其深度与实效。

---

① 钱梦龙：《语文导读法探索》，云南人民出版社 1985 年版，第 10 页。

② 同上书，第 28 页。

20世纪二三十年代对要不要参读、读什么、怎样读一系列问题确有不同的回答。大致存在两种失之偏颇的倾向。

1. 紧缩于课内，对参读取否定的态度。“教师与学生都常常硬把印成的文选或‘国文课本’当作‘国文’，把其余的一切摈斥于‘国文’之外。例如《虞初新志》中的《圆圆传》可以被抄印了成‘国文’，而全部的《虞初新志》却被认为闲书，《水浒传》中《景阳冈打虎》可以被挑选了成‘国文’，而全部的《水浒传》却被认为小说。学生读《景阳冈打虎》，读《圆圆传》，自以为在用功‘国文’，而读《虞初新志》读《水浒传》却自以为在看闲书，看小说。更推而广之，看报，看章程，看契约，与‘国文’无关，就教本复习历史和地理，与‘国文’也无关”，夏丏尊慨叹：“国文自国文，其余自其余，于是‘国文’科就成了一种奇妙神秘的科目了。”他一贯反对浅薄的实用观念，早在1923年发表的一篇文章中就提出两点建议：“一是劝学生不要只从国文去学国文，二是劝学生不要只将国文当国文学。”可谓冲破孤闭教学现状的先声。杨贤江认为：“这两句话（见夏丏尊先生的《教学小品文的一个尝试》）实可作为学习国文的格言。”① 在夏丏尊看来，“如果于一学年之中仅就了几十篇文字本身，得知其内容与形式，虽然试验时可以通过，究竟得益很微，不能算是善学者”。实际上，仅限于课内教本，也学不好。

2. 膨胀于课外，对参读似持肯定态度，却喧宾夺主，舍弃课本，否认教学的功用。如此课内外是断裂、神离的，参读之“参”名存实亡。胡适曾说“我从前念书也没有什么人教，差不

---

① 杨贤江：《初中学生学习国文底旨趣》，《学生杂志》1923年第10卷第11期。

多完全是自己暗中摸索出来的”，主张中学生看长篇小说，“至少二十部以上五十部以下”[①]。林铁西以为“这话亦只可认为一部分的事实，决不是普遍的。中学毕业生国文固有从看小说而通的，亦有不看小说而看别种书而通的”[②]。梁启超《评胡适之的〈一个最低限度的国学书目〉》中对其开列的《三侠五义》、《九命奇冤》等小说表示非议，诘问：“胡君如何能因为自己爱做文学史便强一般青年跟着你走?”[③] 一些国文成绩较好的学生，问其学习经验，则曰：“得益于课外看书。”似染无师自通的名士之风。如果“紧缩”是太看重了教科书，那么“膨胀”就鄙视了教科书。

夏丏尊深知其中的利弊。他在春晖中学任教时，对学生在课外读些什么书、怎么读，“曾没有一天把这个问题放下过的！学生能力如此薄弱，要读的书如此其难，又如此种类繁多，如何处置才好呢?”[④] 这些问题萦绕在心头。回顾“去年以来，我们曾在课外叫学生自己自由读书，做成笔记，每星期一缴，由我们作教师的分担批阅。行之一年，觉得效力很少。仔细想来，这有好几个原因。(1) 学生能力本来薄弱，而中国的书无论新的旧的，实在多不合中等程度之用，要想叫学生自由阅读，原是很难的。(2) 书籍既任学生自由阅读，学生自己又缺乏辨别力。结果，有些学生只要有字的纸头都拿来当书读，《小朋友》、《小说世界》也都变成了书了。有些学生呢，好高骛远，看起什么哲学、社会学一类的书来，弄得头脑不清，莫名其妙。(3) 学生向来只读过

---

① 胡适：《中学国文的教授》，《教育丛刊》1920年第2集。

② 林铁西：《初中国文科读书问题之研究》，《教育杂志》1924年第16卷第6号。

③ 梁启超：《饮冰室合集·专集71》，中华书局1936年版，第28页。

④ 夏丏尊：《叫学生在课外读些什么书》，《春晖（半月刊）》1923年第17号。

一篇一篇的文章，并未曾有读整部书的经验，骤然叫他们读整部的书，也只会从表面的文字上去讨生活，不能把书中含义概括摄取。一年以来，学生在笔记项目中所记着的‘疑问’，都是关于表面文字上的，至于‘阅后感’、‘篇段大意’等项目，大都只留空白，如有填写者，也都肤浅了哂”①。试行一年的自由阅读效果较差，承认“失败”，并“已议决改变方针”再试。“每组各有一教师为课外读书指导，学生所阅读的书，须与指导教师商酌，并订定阅读期间，至期由指导教师命题考验阅读成绩，通过后再换新书阅读，其历届对绩，并入正课成绩计算。这方法，使学生得于在一学期中读毕若干部重要书籍，不至不完卷就半途中止。书的种类，既由师生双方商定，可以适应个人需要，得比较地读于个人有益的书。每书读毕时须经过试验，则学生阅读时自能比较深沉，不致浮光掠影地只注意文字表面。现在虽新试行，我们自信确可比去年的自由阅读的方法，好了许多。”② 限制、指导阅读主要解决了怎样读的问题，读什么还没有根本解决，他预估“在现代学校教育的范围内，要想完全解决这问题，下一个安稳的断定，是谁都不敢自认胜利的”，并分析到“长者指导幼者读书，往往容易犯‘阿己所好’的毛病。从来所谓‘师承’、‘家学’、‘宗派’等虽是很好听的名词，如果平心而论，也就是一种偏向，就是‘阿己所好’的结果”③。当时，心中虽无大的把握，却有“谁读书”的明确对象。他也据己之经验，按“做普通中国人所不可不读的书”，“做现代世界的人所不可不读的书”两个条件，为中学生开列了一份书目。虽是在定方向、提条件，却不免

① 夏丏尊：《叫学生在课外读些什么书》，《春晖（半月刊）》1923年第17号。

② 同上。

③ 同上。

为书所役，不自觉落入个体经验的窠臼，突不破胡适、梁启超书单以及课程纲要略读书目的樊篱和定式。

20 世纪 30 年代虽照例引用两个条件，却不再单用“我以为的”来权衡，而是“把我所虚拟的中学生的国文程度和教育部所规定的中学生国文科毕业最低限度两相比较”，感觉“差不多”后，“姑把这定为水平线，当作一种学习目标”。就阅读而言，“‘阅读什么?’这是我屡从我的学生及一般青年接到的问题。关于这问题，曾有好几个人开过几个书目”。并认为其中比较有名的胡适、梁启超的“那些书目也不是为现在肄业中学校的诸君开列的”，明确宣布：“我今天不想再替诸君另开单子，只想大略地告诉诸君几个着手的方向。”课外阅读的书，首先是因选文而旁及的参考书，为有问题而发生、临时随机而不能预定的。走到这一步，把痛苦的教训化为有益而丰富的经验，夏丏尊是一试再试后之觉悟，付出了多年的教学实践和理性思考的代价。从 20 年代自由阅读、加强指导、开出书目，到 30 年代进一步明确国文的性质和中学生阅读的心理特点，整体着眼、课内外有机结合，化浮泛、呆板、笼统为切实、灵活、个性的处置，可以清晰地触摸到夏丏尊国文教学思想的发展脉络。

夏丏尊着手的方向是从课内教本向课外参考书延伸、扩展。鉴于“我所晓得的情形，中学生里面能够好好地阅读教科书的人并不十分多”，《关于国文的学习》一文里指出：“中学国文课中既以选文为重要成分，占着时间的大部分，应该好好地加以利用。”进而提出“以选文为中心，多方学习，不要把学习的范围限在选文本身”，这样“扩张追讨，愈追讨关联愈多，范围也愈广。好比雪球，愈滚愈会加大起来”。课本中“有疑难，得去翻字典；有问题，得去查书。这就是所谓参考了”。《国文科课外应该读些什么》所介绍的书籍可分为三大种类：(1) 关于文字理法的书籍。“文字的理法犹之规矩准绳，当然应该首先知道。文字理法于写作阅读双方都大有关系，我们所以能理解他人的文字，我们的文字所以能使人理解，都全仗有共认的理法。”文中一一介绍语法或文法、修辞学、作文法书，先看什么、后看什么，不厌其详。重点解说，和当时国文教科书多以文选为主体有关。(2) 理解文字的工具书籍。“范围很狭小，只指字典、辞书等而言。阅读时遇到未解的字或辞，写作时遇到恐有错误的字或辞，都乞灵于这些工具。”并指示“翻检字典辞书，因了熟习与否，巧拙迟速殊异，宜及早练习”。(3) 文字值得阅读内容有益于写作的书籍。“读到一部书，收得其内容，同时欣赏玩味其文字，遇有疑难时就利用了上项的工具书去解索。所收得的内容，成了自己的知识，其效力等于实际体验。积久起来，不但可为写作的材料，而且还可为以后读他书的补助知识。所欣赏玩味过的文字的方式，则可以应用于写作上。能如此打成一片，读书就会有显著的功效了。仅仅留心内容，或只注意于文字的模效，都不是最好的方法。”由此可知，他不仅课内教本加以课外地参读，力求达到精读、鉴赏的要求，而且课外三大种类书之间也是有所补助、联系的。《文心》第 5 篇《小小的书柜》是不开书单后新的设计，也可说是上篇内容形象、具体、生动的阐述。其核心就是经济的读法。眼见大文“书案上杂乱的书籍”，枚叔认为：“能课外读书，原是好事，但是乱读不但无益，而且有害。你们在学校里有许多功课，每日自修又需要好几点钟的时间，课外的余暇很是有限，所以读书非力求经济不可。”这是对在场的大文、乐华说的，也是对所有中学生的忠告。它充分注意到社会节奏加快、读物增多和学校课程扩容带来的忙碌，一味鼓励课外多读既不实际也未必有效，倒很容易造成偏科、跛腿，从人才全面发展与各科协调平衡的角度综合考虑，给予孩子们同情、谅解，也与单纯计算国文科之课时、功归课外者有别。因当时国文教科书已编入语法、修辞、作文法等基础知识，所以，校叔首先替大文选入书柜的是《学生字典》、《辞源》类理解文字的工具书籍；其次是文字值得阅读内容有益于写作的书籍。从小说、诗词到经、史、子，既不是按书的价值，也不照个人的嗜好来选一择二，而是依顺着中学生的年龄、兴趣，从已读可读的现状出发，由内而外，再由外而内，排列次序，注意深浅、轻重、缓急。相比架上的书，大文的书柜真称得上“小小”，减轻了负担；相比胡适、梁启超的书目，则大大的简约；相比夏丏尊原来的书目，调整也十分明显，划分了类别，不枝不蔓。

把斯宾塞设问“什么知识最有价值”的原理运用于阅读，就是经济的读法。以有限、少许的消耗获得最大、理想的效益，是人人都追求的美好。所以，五四运动后 30 年“抱定一经济主义”、“读书非力求经济不可”之声，不绝于耳。人皆言之，人言言殊。有的是以为朗读、复读不及默读、速读时间经济，而夏丏尊则在课外书尤其是课内外阅读的结合上力求经济，具体说就是先问自己“所想参考的题目是什么”，若“没有题目，参考无从做起”。

《阅读什么》文里“就国文科举例来说，诸君在国语教科书里读到一篇陶潜的《桃花源记》，如果有不曾明白的词儿，得翻辞典，这时辞典（假定是《辞源》）就成了参考书。这篇文章是晋朝人做的，如果诸君觉得和别时代人所写的情味有些两样，要想知道晋代文的情形，就会去翻中国文学史（假定是谢无量编的《中国文学史》），这时文学史就成了诸君的参考书。这篇文章里所写的是一种乌托邦思想，诸君平日因了师友的指教，知道英国有一位名叫马列斯的社会思想家写过一本《理想乡消息》和陶潜所写的性质相近，拿来比较，这时，《理想乡消息》就成了诸君的参考书。这篇文章是属于记叙一类的，诸君如果想明白记叙文的格式，去翻看《记叙文作法》（假定是孙俍工编的），这时，《记叙文作法》就成了诸君的参考书。还有，这篇文章的作者叫陶潜，诸君如果想知道他的为人，去翻《晋书·陶潜传》或《陶集》，这时《晋书》或《陶集》就成了诸君的参考书”。关键是增强问题意识，形成链节，作为补充。

《怎样阅读》文中就“阅读参考书的时候该注意的事情”提示：“第一，我劝诸君暂时认定参考的范围，不要把自己所要参考的项目或问题抛荒。”字典、辞典“以外的参考书，一不小心，往往有辗转跑远的事情”，或许“从甲方面转到乙方面，再从乙方面转到丙方面，结果会弄得头脑杂乱无章”，问题反丢掉了，所以，“和自己所想参考的题目无直接关系的方面，不该去多分心”，先解决时下的问题。“第二，是劝诸君乘参考之便，留意一般书籍的性质和内容大略。”解决某一问题，“你目前所参考的也许只是其中的一节或一章，但这全书的概括知识，于你是很有用处的。你能随时留心，一年之中，可以收得许多书籍的概括的大略知识，久而久之，你就知道哪些书里有些什么东西，要查哪些事项，该去找什么书，翻检起来，非常便利”。从教育心理学上来看，参读是既有注意力的集中，又有注意力的适当分配；从阅读要求、方法上来看，参读是既为了精读，又顺带着略读。一箭双雕，一石二鸟，功用多矣。

夏丏尊的参读不仅似举一反三那样简单、固定，读一作者后再读同一作者的其他，读一文体后再读同一文体的其他，读一手法后再读同一手法的其他。叶圣陶《〈精读指导举隅〉前言》里“参读相关的文章”就仅此一种，《论中学国文课程的改订》中提出国文教材“也该把整本的书作主体，把单篇短章作辅佐”仍是一种。叶圣陶认为“参读相关文章就可以在敏捷上历练；能够花一两个钟头把一篇文章弄清楚固然好，更敏捷一点只花半个钟头一个钟头尤其好。参读的文章既与精读文章相关，求其敏捷当然是可能的。这种相关文章可以从古今‘类选’‘类纂’一类的书本里去找。学生不能自己置备，学校的图书室不妨多多陈列，供给学生随时参读”。而夏丏尊的参读具有“另一种意义”，他“把精读文章作为出发点，向四面八方发展开来，那么，精读了一篇文章，就可以带读许多书，知解与领会的范围将扩张到多么大啊！学问家的广博与精深差不多都从这个途径得来，中学生虽不一定要成学问家，但是这个有利的途径是该让他们去走的”[①]。赞赏之情溢于言表。《文心》第 8 篇《诗》采用的就是夏丏尊式的参读法。从中国古人的古诗到俄国今人的新诗，跨度极大，情调殊异。既没有风花雪月的色彩，也不见桑麻、荆扉、丘山的词汇，而是铁的话、炉的火、穿工作服的人，却是乐华等年轻人“所急切需要的”工场诗、都市诗。枚叔的点拨，不仅给乐华梦回田园一服清醒剂，而且在确认王先生教读目的基础上有了新的更高的出发点——了解诗歌语料的来源、“诗的所以为诗”。两种参读法的同，在于都是加读了别的，使学生更丰富、更透彻，经验能力更强；异在于叶圣陶的参读限于文章，是“既已熟习了例子，占定了出发点”即精读课文了的前提下，只因“某一体文章很多，手法未必一样”、“或者手法相同，而相同之中不能没有个优劣得失”而须比较。同一文体、手法是“相关”的注脚和路标，它和精读了的课文，共同保障了“敏捷”的历练。夏丏尊的参读法不限于同一文体、手法的文章，“如果有不曾明白的词儿，

---

① 中央教育科学研究所编：《叶圣陶语文教育论集》，教育科学出版社 1980 年版，第 16 页。

得翻辞典，这时辞典（假定是《辞源》）就成了参考书”。《阅读什么》文里这一句，为叶圣陶《〈精读指导举隅〉前言》引述所略，可见例子未熟习时也得参读。何以“相关”，怎样“相关”着“向四面八方发展开去”，完全取决于面临迫切需要解决的问题。问题多参读的多，问题广参读的广。除学生自觉问题自求其解外，教师发觉问题也应相机诱导；如第 8 篇《诗》似的，指导的随机性、心理的针对性、释疑的及时性都很强。总之，广博是现象，精深是实质，问题意识探究兴趣才是关键。

当时不少学生案头有《白话文学史》、《欧洲文学史》、《中国哲学史大纲》等文史哲通论，问他们是否读过有关篇章、文集，回答是一个“不曾”连着一个“不曾”。这是课外膨胀的新变种。如果说前一种脱离课本，泛读文学类著作、篇什的话，那么这一种连文本都不读，只读更泛的概论，则更邪乎。《文心》第 29 篇《关于文学史》是王先生与乐华就这一问题的书信对话。王先生未明乐华读文学史的动机，却意识到这不是孤立的现象。最近十几年来，“文学史的阅读成为一般的风尚了”。可从中学程度的青年而言，“从实际的效果上看，这种提倡却有引导人家避去了切实修习而趋重于空泛工夫的弊病”。回信中，王先生抄录一段话给乐华看，其内容正是夏丏尊《关于国文的学习》、《国文科课外应该读些什么》中反复申述的。他用譬喻来阐明原书与史论的关系：原书是有孔的小钱，史论好比钱索子。“钱索子原是用来贯穿零乱的小钱的，如果你有了钱索子而没有可贯穿的许多小钱，那么你该反其道而行之，去找寻许多的小钱来贯穿才是。”并非拒斥，而是强调程序、主次。读文学史得到指示、参考，可毕竟是别人的认识；要积本钱、品真味、有新得，非用自己的心眼儿读原文原书不可。王先生试用的方法，既体现了《文心》不仅指点方法而且着重训练的特色，也与同年诞生的《开明国文讲义》

第三册相应。

参读如同复读一样虽在国文教学中时常用到，却不及精读、略读为人所注目。1929 年《初级中学国文暂行课程标准》精读项下有“令学生自备工具书籍，如字典，辞典，词诠，人名大词典等，并指导其使用方法”和“教员讲解前，应先令学生参考工具书籍，预习生字，难句及关于人，地，时种种之查考”两条；略读项下也有“供给所读书的参考材料”条。高中有“随时养成学生运用工具书及参考材料的能力”，这些条目被后之二十年间历次课程修订所引用。全日制义务教育《语文课程标准》第四学段（7—9 年级）“对课文的内容和表达有自己的心得，能提出自己的看法和疑问，并能运用合作的方式，共同探讨疑难问题”。上海市中小学《语文课程标准》（3—5 年级）“结合自己的知识能力和生活实际，对课文内容大胆提出问题，养成质疑习惯；以积极的态度，通过多种途径，探究和解决问题；有存疑意识，并能在阅读和运用语文实践过程中逐步释除疑惑”；（6—9 年级）“能通过多种途径，包括借助现代技术独立查阅有关资料，加深对课文的理解，并形成自己的见解；在阅读过程中了解相关知识，引发对知识的探求愿望”。现行课程标准较前之不同，在于不仅课内外阅读结合起来，而且把参读和质疑能力的培养、提高结合起来。所谓合作的方式，就是夏丏尊的“可以问教师、问朋友”，自然也可问问不说话的辞典书籍；“最怕的是连题目都没有”，这是夏丏尊反复告诫的。

四　读非文字写的书

自有文字记载以来，书几乎是人类精神财富的全部。体脑分工、科举取士，更使中国人读书显得既神圣又实在，似乎学习就是读书；只知书如山似水，却不知山、水、天、地、人、物构成的有形有声有色的世界是书之本源。少年坐观起行，走进书的世界，并阅读世界这部大书、活书，把原先人为的狭窄的阅读概念訇然洞开一片新天地，正是夏丏尊为人用心周到、及时处。

明确提出读不用文字写的书，乍一看始于《文心》第13篇《触发》中枚叔写给乐华信的结尾："书是用文字写的，我还希望你于有字的书以外，更留心读读没有字的书。在你眼前森罗万象的事物上获得新的触发。"其实，夏丏尊在春晖中学任教期间尝试小品文教学，开辟作文材料取之不尽、用之不竭泉源的同时，就顺势叩击了阅读的厚障壁。第11篇《辞的认识》中又一次孕育着并能感受到"读"的裂变。不过，不是用眼睛、心力去看社会生活的图景，而是用耳朵、心力去听枚叔与卢先生的对话。一是无字无言的书，一是无字有言的文。卢先生说："两个月来不到银行办事，又觉得很解放。""不过一个人解放久了也不好。……我想办一点社会主义。"乐华产生疑问感到奇怪。自然，大词小用、贬词褒用、旧词新用，颠而倒之，灵活机动，未尝不可。关键是适切题旨情境，包括特定情境中人的身份。倘若"不把'辞'的意义辨认清楚，就胡乱使用起来"，只能平添笑话，而不是幽默。枚叔解释卢先生说的两次解放"其实是'自在''闲散'的意思。做一点公益事业，他叫做'办一点社会主义'"。乐华受其触发，推演开去，检点用语。"市场上有'卫生衫''卫生毛巾'，又有'卫生酱油''卫生豆腐干'；什么东西都加得上'卫生'，实则把'卫生'这个词的意义完全丢掉了。又如两个人剖分一件东西，就说，'我们来共产主义'；'共产主义'这个词到底是什么意义，他们却并不去查考。"这种不求甚解甚至是混水摸鱼的作风而产生的语病，今日何曾改掉？什么都加上"绿色"，建几幢楼房就称"花园"，大概是其未能断绝的子孙吧。《文心》始终传达着这样的信息：学生不是关在教室里能学好语文的。他们需要课内外充分流动的氧气、水分、光照，自然也难以避免病菌的侵扰和环境的污染，做好清洁卫生，增强免疫功能，阅读《文章病院》里的病例是一法；听辨街头巷尾日常闲谈也是一法。王先生住进寺里，“每日清晨傍晚都听到和尚的诵经声”，对读法发生了研究的兴趣，探寻规则方法；振宇“在衣服上或可甘心做穷人，在辞类上却不妨是富人”的主题讲演，自陈是“前几星期乐华君讲过‘触发’的话”，都是这类耳闻而非目睹的触发的结果。

读有字的书，不应舍弃无字书的视听；读无字的书，也不该削弱、取代有字书的阅读。入学前儿童的知识经验几乎都是直接从家庭、社区生活中来的，小学国语教材图文并茂，教学有看图识字、读图写话，都是在探明这一点的基础上顺势而为。《阅读什么》以为“书只是供给知识的一种工具，供给知识其实并不一定要靠书”，展望到广播、电影对国文教材与学习的长远影响，其实质也是主张读书与生活世界、文字的与非文字的画面、色彩、抑扬顿挫的语音的有机统合。这不只是形式的时尚，而是国文教学观念的新潮。《文心》第 19 篇《还想读不用文字写的书》标题中的“还”字，再次表明了两者之间相辅相成、并行不悖的辩证统一关系。这是即知即行、全面发展的现代教育长久梦绕神牵的远大理想，也是不得不中途辍读的苦孩子不愿自暴自弃及时调整心态的权宜之计。正是两者的交错相通，烙下了本篇乃至全书先进的教学基因和鲜明的时代色彩。乐华的退学，出于交不起学费的无奈，与当时许多学子同其命运。作者没有把他塑造成一个单薄得只知道逆来顺受、任凭命运随意摆布的乖孩子，没有把他塑造成一个因退学而失却人生目标意义的厌世者，也没有塑造成一个大吵大闹或表面上显得一切无所谓、骨子里愤恨一切的叛逆者，更没有塑造成一个主动报名去广阔天地、为国为家分担忧愁的好学生。乐华的内心与表情满写着悲伤、痛苦、忧愁，惟其如此，才是一个真实丰满的乐华。然而，“他有要学习的热心，又有会学习的本领，这从他平时的努力上可以看出。今后他虽然去当铁工厂的练习生，学习的进境却决不会就此为止。不要说别的，一年半载过后，他的国文程度一定有超过现在了。”王先生告别会上勉励、期待绝不虚浮。本篇突出的就是这种内在潜质的重要，学校所需精心打造的就是要学、会学的基础，培植、呵护、疏导学生的欲求。

杜威曾提到：“我们时常看到一些人，他们几乎没有受过学校教育，可是他们这种缺少知识的状况，正好成为一种积极的有利的事情。他们至少还保持着他们朴素的常识和判断力，使他们具有从已有的经验中来学习的宝贵的能力素质。如果在这一过程中，个人丧失了他自己的灵魂，丧失了对有价值的事物的鉴赏能力和与此有关的事物的评价能力；如果他对于所学过的知识丧失了应用的欲望，并且，最重要的是丧失了从即将出现的未来经验中吸取意义的能力，那么，获得一套规定的有关地理和历史的知识，获得读和写的能力，到底又有什么用途呢?”① 夏丏尊显然也时常看到了一些人，或有文凭却没有多少真才实学，也没有多少继续教育的欲望；或未能完成学业、没有一张文凭却坚持自学，从多方面求教中不断优化自己的智能结构。他自己就是乐华一样的后一种人。篇中作者借志青的发言阐述了改革教育的意愿：“现在的学校制度是精神劳动和体力劳动分离到极度的一种产物。有力量进学校受教育的，就是并不想贪懒，也只做一点儿

① 杜威著，姜文闵译：《我们怎样思维·经验与教育》，人民教育出版社1991年版，第271页。

精神劳动的工作；实际上是否有益于大众实在很难查考。一切体力劳动的工作呢，专由无缘进学校的大多数人去担任，而这些体力劳动的工作却是社会的支柱，必不可缺少的。这个看法我以为很确切。只须想我们自己，父兄送我们到学校里来，谁不希望我们将来当一个教员、机关职员，或者做一个官僚？再想我们吃的米，是农人种出来的，而农人不进学校；我们穿的布，是工人织成功的，而工人不进学校。……这样地分离实在不是社会的幸福。若能混合起来，精神劳动与体力劳动相调和，无论于哪一种劳动的人都有受教育的机会，社会便将健全得多。那样的社会当然不会一下子出现的。而乐华去当铁工厂的练习生，却给我们一个关于这种境界的深刻的启示。”不幸的退学反给了乐华一个转变的契机、一次读书观念方法的洗礼。他决心：“关于铁工的一切我学，铁工以外的知识、技能，我也要学。”话虽至此，还不能令人满意。立足本职干好活儿，多则一技师，少则一铁匠罢了。夏丏尊不以带着职业的匠气为然，所以，他继续说道：“书本自然不想放弃。有空闲的时候，我预备跑图书馆。可是我还想读不用文字写的书，我要在社会的图书馆里做一番认识、体验的工夫。”这才是化不利为有利、临于理想勇于试验的读书育人之道。

理想绝非心造的幻影。尽管离开了学校、离开了教师和同学，学习条件比不上以往，铁工厂里本不存在为他设计的国文课程，但凭借自强不息、锲而不舍的坚韧意志，和向教师请教、与同学交流的谦逊主动，不仅能够有所提高，某些方面还会有自己的优势。这是《文心》通过乐华的言行所传达的宝贵信息。第21篇《句调》中的乐华耳听其一，补说其二。慧修佩服他“补充得好”，志青夸奖他“选文读得比我们还熟哩”；并能把文中的“历历”、“寥寥”、“萧萧”与日日在听的“丁东丁东”、“轧拉轧拉”联系起来，“得到一个归纳的称呼，感到统一的愉快”。表明理想的境界是可以达到的。乐华的誓词成了第32篇《最后一课》中王先生的赠言：“看书不只限于看国文课内指定的几种书，也不只限于看各科的参考书；须要从此养成习惯，无论去经商，去做工，总之把行动和看书打成一片，把图书馆认为精神的粮食库，这才能收到莫大的实益。”这不仅可以作为阅读方面简明的概括，更可以看出把读有字的书和读无字的书结合起来，对中学生学国文做新人意义何等重要。

全日制义务教育《语文课程标准》第一、二学段将非文字的阅读看作是与文字密切有关的一种阅读。有“借助读物中的图画阅读”、“结合上下文和生活实际了解课文中词句的意思，在阅读中积累词语”和“积累课文中的优美词语、精彩句段，以及在课外阅读和生活中获得的语文材料”。第三、四学段只在作文里提出“养成留心观察周围事物的习惯，有意识地丰富自己的见闻，珍视个人的独特感受，积累习作素材”，和“多角度地观察生活，发现生活的丰富多彩，捕捉事物的特征，力求有创意地表达”。未能将文字与非文字结合的阅读进行到底。上海市中小学《语文课程标准》也有如是缺憾。其实，文字与非文字结合的阅读是伴随人的终身的，低年级须“结合上下文和生活实际了解课文”，高年级也很有必要；在阅读教学体系中非文字的阅读概念不可缺少。夏丏尊、叶圣陶合著的《文心》里已明确提出“还读不用文字写的书”，应引起语文课程标准的制定者与执行者的注意。

夏丏尊阅读教学的总体思路是以鉴赏为标的、以精读为取向，教科书、参考书、趣味或修养的书主次分明的序列。课内外的结合有紧有松，但负责任、求甚解的学习态度是一体通透的。时下以本为本意识淡化。在检验学生实际阅读理解能力的名义下，一段又一段，一篇接一篇的阅读练习，学生不知出自何人之手，也不明何时何因而写此篇，这样的练习占了阅读教学的大半时间，课本上的名家名篇反匆匆而过，学生少有反复揣摩玩味的，也少见带着问题去参读的，不是舍本逐末又是什么？何以打下精神的底子？夏丏尊曾指出："在西洋，通常把读某人的书称为'读某人'，例如说：'读莎士比亚'，不叫'读莎士比亚的剧本'。中国向来没有这种说法，例如说：'读《陶渊明集》'时，断不说'读陶渊明'的。……'读其书不知其人可乎'？其实，依了上面的说法，读书就是知其人，不知其人是无从读其书的。所谓知其人者，并不一定指什么'姓甚名谁'而言，乃是要知道他是有甚样性格甚样心境的一个人。"阅读教学理应以教本为出发点，走出去，回过来，多次反复，螺旋式上升。做练习也该是学生熟悉的作者，提示相关的背景，否则斩头截尾，图的只是试卷制作的经济。试问有多少人是靠这样大量而限时的阅读练习提高分析能力的呢？还不是在精读、鉴赏方面下了硬工夫来提高理解力和速度的吗？

第三节　阅读教式

夏丏尊的国文教案和上课情形，即使是一篇文、一节课都未能完整地保留下来，只能从其著述及学生的回忆中窥见一斑。这是无奈而令人遗憾的事，更显得存有优秀语文教师课堂教学实录等资料的宝贵和重要，不过，从一些回忆片断、著述章节里，还是能够发现他教学实践与理论阐述的协调一致。

傅彬然在一篇文章里写道："夏先生在'一师'里做舍监已经好几年，教国文似乎是从我们这一班开始，记得夏先生说过，他是自告奋勇来教的。当时'一师'里的国文教师，多是宿儒硕彦，夏先生不及那些先生们读得那么多，那么熟。可是他们教国文，只拿他们自己所熟习的一套传授给学生，似乎不大顾到一般师范生的需要和接受的能力如何。夏先生却能从语文教学和新的文学的观点着眼。他选给我们读的文章，比较是偏向于桐城派的，组织谨严或富有文学意境的文字。在作文教学上，他教我们言之有物，不说假话，不无病呻吟，避用陈腔滥调。……在五四运动之前三四年，他对于语文和文学的见解，与后来五四运动时候陈胡诸子'文学革命'的主张多半吻合的。"[①] 这里虽没有说到具体的教读法，却从学生的角度、在与宿儒和陈胡的对比中，看出夏丏尊国文教学是以学生为中心、为主体的，凸显其思想的超前性。贾祖璋的文篇恰好与傅彬然的一段互补，形成观念与操作的两面一体。"一九一五年，我考入浙师，丏尊师开始讲授国文，就教我们这一班。当时印发的选文教材，没有断句，更不分段。上课时丏尊师就随便指定一位同学读断句子。读错或读完了一段，指定另一位同学再读。全文读完，再指定同学分段讲解。同学们常恐点到名，读不断，讲不好，因而上课前总先认真预习。讲授的柳宗元的几篇游记，韩愈的《祭十二郎文》，苏轼的前后《赤壁赋》等都留下深刻的印象。"[②] 从过程来看，"全文读完"后"再指定同学分段讲解"教师补充，不就是从整体感知到局部分析，再到整体领悟的路径？至今仍有这样的教师，对预习不作布置和检查，读一段，讲一段，概括一段之大意，学生没能对课文作全面的了解，犹如桑代克迷笼里的小白鼠那样，不见全部的模型或图案，只见一条条的小胡同，这样的阅读训练必然是被动、盲目的试误。要使学生在阅读中发现自己的不足、发挥自己的才智，产生如格式塔心理学家所说的"顿悟"，学生必须对

---

① 傅彬然：《怎样才对得起夏先生对得起自己》，《中学生》1946 年第 176 期。

② 中国出版协会编：《我与开明》，中国青年出版社 1985 年版，第 49 页。

课文作全面反复的研读。从方法来看，有朗读、复读，有自动、互动。从夏丏尊“随便指定”读、讲来看，这是人人有份、人人有机会得到锻炼的。这样的阅读教学就是自读与教读的联结，教读检验自读、提高自读、促进自读。凭借“没有断句，更不分段”的选文，强化了预习这一教学常规。

预习与预备是同义词，可以互换，反映了五四运动后国文教学论概念的演变。我国大兴学堂、采用班级授课之际，引入了日本风行的赫尔巴特教学论，其弟子齐勒尔把“明了”段一分为二，莱因将目的指示镶嵌于中，构成了预备［目的指示］、提示、联结、总括、应用的赫尔巴特派五段教学法。日本通行的一套并不呆用五段，或四段、三段。日本教习指导的国文科教学实录，如1907—1909年由翰墨林书局出版的南通师范生甲、乙、第三次《本科教授评案》，以及《教育杂志》第一期刊载的龙门师范生《国文科试教教授案》等，多采用（1）预备［目的指示］（2）提示（3）应用三段法。预备从明了中演化，预习自预备里蜕变，各有其发展的轨迹。预备［目的指示］，是教师先整理学生与新材料有关的旧经验，使之互相联络，并激发学生求知的欲望、集中注意力，实含有赫尔巴特明了以及联合的部分功能；目的指示为课题的告知和题意的解释，后加进教学目标、重点的宣布，往往采用讲述或问答的方式引入课文讲读。80年代教师的导语其环节和预备［目的指示］如出一辙。俞子夷认为赫尔巴特教段1909年后“采用预习者亦日增”[①]，1914年自学辅导教学法传入我国，预习得到更多重视。天民的《自习主义读法预习法》以为“预习者，即感动儿童之意志，以增进其智能。此最合于近世科

① 俞子夷：《现代我国小学教学法演变一斑》，《华东师范大学学报·教育科学版》1987年第4期。

学之教育法也”[①]。文中对预习的必要、步骤、方法详加研讨。自杜威、孟禄、克伯屈、柏克赫斯特等相继来华考察后，赫尔巴特教段“大受非难”，刑定云的《教学法之新研究》称自学辅导主义教学法，“其所以胜于启发教授法者无他，即在彼则注重教师之发问，仍处生徒于被动的地位；而此则注重生徒之发问，乃处生徒于主动的地位也。虽然，新教学法之旨趣，并非屏斥发问式而绝不一用，不过尤当诱发生徒多所发问，以质疑于教师斯可耳”。[②] 盛朗西的《重估海尔巴脱派五段教学法之价值》与杜威思维五步法比较，批评赫尔巴特教段不自疑难入手，“所谓预备者，空空无所有，不过已有事实之重提而已；不过温习过去之经验而已。是以无足动人之好奇，更不足以激起听者急求解决之热心”。[③] 刑定云、盛朗西文中均有改善教师预备，增设学生预备即预习之用意。阮真《中学国文教学法》指出：“要求教学上切实的功效：教师固要注意预备，学生也要注意预习。”[④] 可以说，预习是预备经受多种现代教育思潮冲击的脱胎换骨，专为自主学习而变而生的。

黎锦熙在《新著国语教学法》中，曾把阅读教学设计为三段六步的自动主义形式教段，自述受杜威的影响，其实并不单纯，而是杂取种种，《新国文教学法》以“自学（预习）”[⑤] 的形式表达，已是自读概念的呼之欲出了。20 世纪 80 年代钱梦龙设立自读课，有人看作把预习从课前挪至课内。50 年代初

---

① 天民：《自习主义读法预习法》，《教育杂志》1917 年第 9 卷第 11 号。

② 邢定云：《教学法之新研究》，《教育杂志》1920 年第 12 卷第 11 号。

③ 盛朗西：《重估海尔巴脱派五段教学法之价值》，《教育杂志》1924 年第 16 卷第 11 号。

④ 阮真：《中学国文教学法》，正中书局 1936 年版，第 55 页。

⑤ 黎锦熙：《新国文教学法》，北京师范大学出版部 1950 年版，第 3 页。

江山野布置预习就不是课前一次完成的，而是教学过程中多次递进的，只未用自学、自读名词而已。钱梦龙在《语文导读法探索》中比较自读与预习在出发点、进行时机、训练方式上的不同，欲以自读替代预习，似乎没有此必要；用自读包容预习，改善预习，不至于“教师布置预习的意图只是让学生在事先熟悉一下课文，以便教学而已”[①]，却很有现实的指导意义。他在教读中也时用预习一词的。名称并不重要，其精神实质就是：包括教师巧设问题在内的，从学生自读的疑难出发，捕捉言语思维的端倪因势利导。自读是手段，又是目的。从以上的勾勒中可见，适合学情的教读方式，在 20 世纪曲折反复的探索中已初具规模，并有多样选择，最基本的环节、流程不可或缺，也应大体保持不变。

夏丏尊认为：“一九一九年中国教育界空前的一桩事，就是‘五四运动’。‘五四运动’的影响，不但教育界受着，不过教育界是它的出发点，自然影响受得更大。从前教育界的空气何等沉滞！何等黑暗！经过了‘五四运动’以后，从前底‘因袭’‘成规’，都受了一种破产的处分，非另寻方法重立基础不可。虽然还有许多违背时事的教育者，‘螳臂当车’地在那里要想仍旧用老规矩，来抵抗这磅礴的怒潮，但是我们总不能承认它是有效的事业。据我所晓得，大多数学校自本学年起，教授上管理上多少都有点改动，不过改动的程度和分量有点不同罢了。……一九一九年的教育界于‘动’的方向和程度上面，还有未满人意和我们理想的地方，自然应当想法改‘动’。即使没有不满足的地方，也应该想法再‘动’。这都是应该从一九二零年做起的事！”浙江一师白话文教法改动：“令学生自己研究，教员处于指导的地位。

① 钱梦龙：《语文导读法探索》，云南人民出版社 1985 年版，第 10 页。

读看、讲话、作文，都用联络的方法。”[①] 具体阅读过程方法有（1）说明（2）答问（3）分析（4）综合，说明即自读指示，答问从学生疑难出发，分析由整体到部分，再作综合。在动中，他始终注视着方向和程度，觉得“东洋留学生势盛的时候，学校一切制度都流行日本式，现在是美国留学生得意的时代，学校一切制度当然要变成美国风”，无论日本式、美国式教育，“参考或者可以，依样葫芦似地盲从却可不必。赶快考案出合于中国的方案和制度来才是！”他对忽这忽那、来也匆匆去也匆匆的阅读教式快转、突变不以为然，充其量不过一种表面热闹的泡沫现象，掩不住内里的空虚、浮躁；凡与时俱进、充满活力的阅读教学模式，总会根据教材特点的同时，把更多的精力投向学生，设立预习（自读），重视学生的阅读初感，并使之不流于形式，就须让课室真正成为师与生、生与生交流、对话的天地，而不是教师的一言堂。预习是自读的第一道槛，讨论、质疑就是专为学生自读能力培养开启的两扇门。

钟子岩在《回忆夏师执教在春晖》中说道：“先生以渊博的学识和丰富的经验，把国文课上得生动活泼，非常成功。当时的教材，是孙俍工和沈仲九两先生合编的初中国文课本，但先生也讲授语法和文章作法方面的知识。课本所选入的全部是语体文，而先生认为中学生也应养成阅读古书的能力，所以也选印了一些文言教材，如庄子的《逍遥游》、墨子的《兼爱》、司马迁的《项羽本纪》、陶渊明的田园诗，还有《木兰诗》、《孔雀东南飞》以及杜甫的《石壕吏》、白居易的《卖炭翁》，等等。无论语体文或文言文，先生是不多讲的，他要学生先

① 仲九：《对于中等学校国文教授的意见》，《教育潮》1919 年第 1 卷第 5 期。

看，先讲解，然后由他对讲错的加以纠正，对讲得不清楚或不全面的加以补充说明。有时他向学生提问，有时则要求学生向他提问。他在课堂教学的任务，就是要培养学生独立阅读的能力。末了，他总要结合课文，把世界思想家的思想、学说，如达尔文的进化论、卢梭的复返自然说和《民约论》、莫尔的乌托邦思想、尼采的超人哲学、叔本华的悲观哲学以及马克思的剩余价值说，等等，言简意赅地介绍给我们。文学方面，他常提及的是托尔斯泰的《安娜·卡列尼娜》、陀思妥也夫斯基的《罪与罚》和易卜生的《娜拉》等。这些讲述不仅使学生开阔了思想境界，而且富有吸引人的魅力。”[①] 从不同学生回忆的片断里，可见夏丏尊向来是重视学生自主阅读能力培养的，精讲而让学生多练，课前、课中有自读、自讲，多用讨论、质疑的方法，并由课内顺势向课外延伸。

《文心》第1篇“先生交代在星期三以前要把这两篇文章预备好呢”。预备一词与“预先自习”同出于一篇。乐华、大文“两人先取出《秋夜》来看，一行一行地默读下去，遇到不曾见过的字，用铅笔记出，就《学生字典》逐一查检，生字查明了，再全体通读，仍有许多莫名其妙的地方”。彼此问答不出，请教枚叔。此情形诚如天民所说：“有以自行研求读法为难者，而实不足虑，或乞灵辞书，或求指导于父母兄妹，皆无不可。”[②] 这是利用家教资源，家庭与学校联通。虽然现在多为独生子女，但父母受教育程度日渐提高，究有可能。如果说首篇为自读课，那么第2篇《方块字》就是教读课。“王先生讲解选文采取学生自

---

① 夏弘宁主编：《夏丏尊纪念文集》，上虞市文学艺术界联合会2001年版，第261页。

② 天民：《自习主义读法预习法》，《教育杂志》1917年第9卷第11号。

动的方式，自己只处于指导的地位。先叫一个学生朗读一节，再令别一个学生解释。一节一节地读去讲去，遇有可以发挥的地方，他随时提出问题，叫学生们自由回答，或指名叫某一个学生回答，最后又自己加以补充。全课堂的空气非常活泼紧张。”这和浙江一师、春晖中学时的阅读教式基本一致。王先生补充的内容主要是两篇文章写作特点、表现手法异同的归纳，如“一株是枣树还有一株也是枣树”，为重复法；“她在冷的夜气中瑟缩地做梦……”、“苍山负雪”，为拟人法。《秋夜》——写景，状物；想象分子多，文字奇倔。《登泰山记》——写景，纪行；朴实的记载，文字简洁。王先生讲解、提问“很注意于文言与白话的比较”，这是教读的一个重点。除赞许学生“讲得不错”外，还出示安民告示：“文言和白话的区别只有两点，一是用字的多少，一是关系词的不同。”消解学生第一次读文言文的畏惧心理，添加安全感和自信心。这是《初中国语科兼教文言文的商榷》文里就已考虑到的。“接连是两堂国文课”，上一节侧重修辞、两篇文章表现法的比较，下一节语法与文法的比较，打通文言白话的联络，落实字词，均注意到渗透知识、着力形式。两节课特别是两篇组元的教读，犹如《国文百八课》的预演。放学回家的路上，乐华、大文由“半山居雾若带然”中的“居”字，联系茶店招牌“天乐居”、署名“知足居士书”、隔壁墙头“居之安”一一辨别，“两人一壁走，一壁注意路上所见到的字，不论招牌，里巷名称，以及广告，标语，无一不留心到。你问我答，直到中途分别为止”。课内到课外，在生活中结合着生动活泼地学习，也是一种练习的方式即应用。整体构成了前有预习、中有讨论、后有练习的三教段。

从教学程序看，讨论是提示的替代；从教学方法看，讨论突出的是教师提问的言语交流。赫尔巴特派形式教段，有人视为启发式，有人视为注入式。王森然在《中学国文教学概要》中认为："我国的教育，是受了日本的影响，教学法纯粹取装罐头式的。一桩桩一件件的装进去，还照样的一桩桩一件件的取出来。这种教学法与读八股有什么分别？"① 他觉得20世纪20年代国文教法无大变革，无比忧愤，"教导学生往自动的路上走"是不错的，一味归咎于日本及其教习，有失全面公允。不仅有通师的三本教学实录评案在，曾任教浙江一师的余寄参用日本同类书籍编写的《教学法要览》预备"宜就与新教材有关之见闻经验（儿童）为之问答，盖如此可以温习已授之事项，且可使新教材之类化，臻于容易也"，提示"巧行问答法，图教授之彻底"，应用"宜就教授事项之主点为之问答"②。问答法贯串始终，并非一味讲解灌注。赫尔巴特说道："可以产生各种不同的教学方法。习惯于主要用一种方法，而排斥其他各种方法，这是不必要的。"③ 明了"采用简短的、尽可能易理解的语句进行讲解较为适宜"，"自由交谈是联合的最好方法"。④ 他要求"对学生的提问必须清楚和准确；各个问题应以适当的次序衔接起来；对学生的错误回答必须加以纠正，必要时应重复一遍，使所有学生都听到"⑤，且"就整体而言必须使儿童爱问的倾向不断得到鼓励。否则，因为在问题之中存在着原始的兴趣，教育者在以后往往会对这种兴趣有一种难言的失落感，而用任何办法也不能再重新产生这种兴趣。儿童的提问在这里提供了机会，我们可以把解答问题同许多

① 王森然：《中学国文教学概要》，商务印书馆1929年版，第15页。

② 余寄：《教学法要览》，商务印书馆1917年版，第11—12页。

③ 赫尔巴特著，李其龙译：《普通教育学·教育学讲授纲要》，浙江教育出版社2002年版，第242页。

④ 同上书，第244页。

⑤ 同上书，第392页。

必须为今后教学打基础的工作结合起来”[①]。他主张的教学方法有直观演示、问答谈话、教师讲解、学生质疑等。由于原著翻译的滞后，当时的人们难以全面了解。与外推不同的是内求。叶圣陶认为：“要改进教学方法，必须废除现在通行的逐句讲解的方法。这是私塾时代的遗传；大家以为现在教国文和从前私塾里教书是一回事，就承袭了成规。”[②] 并辩证地分析道：“往昔所谓教学法，殆可谓全属阶段之研究。教授倘拘泥于阶段，将整个的事件判析为零星死物，很有弊害。并且不论何种教材，必使经过同程度的阶段，岂是可通之理？但阶段的区分，并非全属不必要。倘能相机活用，务求保存所教授的为整个的事件，则旧时阶段之节目，正不妨应用，或且更生新义。”[③]《文心》第 1、2 篇就是“更生新义”的三段。叶圣陶在《论国文精读指导不只是逐句讲解》中指出“预习的事项一一做完了，然后上课。上课的活动，教学上的用语称为‘讨论’”[④]，《〈精读指导举隅〉前言》论述预习、讨论后把“学生应做的练习工作分项说明”[⑤]，可以说，是基于《文心》第 1、2 篇教学过程、方法的概括。预习、讨论、练习是对包括赫尔巴特“自由交谈”在内的日本式、美国风的一种理解，新中国成立初苏联专家普希金听课引发的《红领巾》语文教法改革，其主张的问答谈话法就是师问生答的讨论。

《文心》第 1、2 篇是预习、讨论、练习三段的具体演示，不

---

① 赫尔巴特著，李其龙译：《普通教育学·教育学讲授纲要》，浙江教育出版社 2002 年版，第 323 页。

② 中央教育科学研究所编：《叶圣陶语文教育论集》，教育科学出版社 1980 年版，第 83 页。

③ 叶绍钧：《小学国文教授的诸问题》，《教育杂志》1922 年第 14 卷第 1 号。

④ 中央教育科学研究所编：《叶圣陶语文教育论集》，教育科学出版社 1980 年版，第 66 页。

⑤ 同上书，第 13 页。

过，在夏丏尊看来，总体的阅读教式只有教师提问，没有学生提问，交流地位有失平等，教学方法上也不免单一。学生既有回答问题的义务，也有提出问题的权利。夏丏尊在浙江一师时，“答问”写入《国文教授法大纲》，在春晖中学任教“有时他向学生提问，有时则要求学生向他提问”。徐伯鋆的《对几位授业老师的片断回忆》首先写到的是“寓幽默恢谐于严肃之中的夏丏尊先生”，呵护、鼓励学生提问的情形难以忘却：“学校初创时，张闻天慕先生之名亲带弟弟张健尔从上海浦东来白马湖就业于先生。这位同学，坐在最前排而很好问，每问必弄得哄堂大笑，先生却肃然曰：‘他好问，是件好事。求学，就是要学要问。我讲你们听是学；你们提问就是问。若是学而不问，只得个一知半解，浅薄无聊……’。从此教室里便活跃起来，打破了沉默不发言的空气。”[①]《文心》第 25 篇同为两节课，第一节从现存问题出发，为让学生明了什么是读书笔记的自读课，第二节则是直接针对学生一系列疑惑的教读课。王先生仍处于指导地位，问题则有慧修、振宇、复初、大文一一提出，这样的生问师答也是多处可见的。第 28 篇乐华离校进工厂后，来信向王先生询问：文学史“到底取哪一种来读好呢”？王先生不直接回答出著者书名，反问乐华想读的动机，“希望告知”；乐华表明后，再复一信，细作指点。几个回合，形式上就不是一问一答了。读文教学何不如此？短、平、快的事实类一问一答，徒饰课堂气氛的热闹，谈不上言语思维的训练。学校不是与外隔绝的桃花园，学生出于好奇，或出于明理，正有许多问题需要解答呢。没有平时开诚布公的师生交流，怎能有课内生动活泼的对话？第 15 篇里，学生看到《谁愿意迷恋骸骨》一文后，像记者似的连续提出：“请问对于那一

---

① 潘守理主编：《浙江省春晖中学》，人民教育出版社 1999 年版，第 139 页。

番话下什么评判?”“你如果担任了高二的国文课，要教学生精读《礼记》和《庄子·内篇》吗?”“王先生，你不是国学会的会员吧?”“他们那些人总欢喜‘国学’‘国学’地闹个不休，只消看各书馆在报纸上登载的广告，加上‘国学’两个字的书籍非常之多，我们H市又有一个国学会，这到底是什么缘故?”“高二那位国文先生要学生精读《礼记》，大概和你所说的研究工作不是同一的事情吧?”只有最后一问，“王先生似乎不愿意谈到这上边去”；其余一一答复。可见，他不是那三味书屋里遇“怪哉”问题面有怒色的教书先生。“这个我却不知道。”又何尝不可在教读课中使用呢？有问多数必答，未必有问即答。或许不便，让学生自寻答案；或许一时不能，暂且搁置，留待下回分解；或许时机未到，时机一到，复而答之，如慧修问李先生改稿重画的究竟。王先生强调“学习的主体是我们自己”，显然师生之间是主体间性关系。尽管学生在身心、学业等方面还未长大成人，自学的能力有待不断提高，但以学生为主体的教学，提法上教师隐而不现，“以……为”的句式包含着意谓、致使的双重功能，实是摆正了位置，突出了学生的自主性和语文教改的重心。从《文心》整体出发，从夏丏尊国文课程构想以及教学实践出发，先预习自读、再讨论与质疑、后练习的阅读教式，才是当时乃至现今教读程序和方法的先进水平的准确概括。

2001年全日制义务教育《语文课程标准（实验稿）》积极倡导自主、合作、探究的学习方式，建议“语文教学应在师生平等对话的过程中进行”。斯滕伯格认为“进行对话教学有许多方式，鼓励学生发问是最好的一种”[①]。且不说第一学段综合性学习

① 斯滕伯格等著，赵海燕译：《思维教学》，中国轻工业出版社2002年版，第71页。

“能就感兴趣的内容提出问题，结合课内外阅读，共同讨论”与第二学段阅读“初步学会默读。能对课文中不理解的地方提出疑问”之间的梯度如何把握，也不问第三学段阅读“在交流和讨论中，敢于提出自己的看法，作出自己的判断”的话题由谁抛出，单就第二学段与第四学段阅读要求“对课文的内容和表达有自己的心得，能提出自己的看法和疑问，并能运用合作的方式，共同探讨疑难问题”，便可以看出质疑教学的特征来。因此，有理由相信，课堂阅读教学这一师生文本的对话过程，应倡导的是讨论与质疑教学，尤其是质疑。笔者曾勾勒质疑在百年课程编写史上的起落沉浮，深感显现于20年代初、80年代后的语文课程（大纲），绝不是孤立偶发的现象，而是时代思潮、中外先进教学理念、第一流学者教师综合作用的结果。其间充满了新旧文化观念的激烈冲撞。钱梦龙、徐振维等特级教师都有质疑教学的成功教例，并编入语文教材，他们不仅主张“要让学生问我们”，而且思考“问题提出后谁来解答好”①。让学生在提出问题并分析、解决问题的过程中，表现出智慧和能力，建立学好语文的自信心。上海市中小学《语文课程标准》把质疑能力的培养提高写入课程理念与教学建议，完全是发扬传统继往开来，值得借鉴；部颁《语文课程标准（实验稿）》仍沿用2000年《语文教学大纲（试用修订本）》的“启发式和讨论法”，至少是不够明晰完整的，则不免生出丝丝迟到的惋惜了。

---

① 吴春荣编：《徐振维教学文集》，天津教育出版社1992年版，第139、202页。

第四章

夏丏尊作文教学论

第一节　周遍地养成各种文体的写作能力

从作文教学的全程，厘清题目与内容的关系，界定作文，将命题或不命题、课内与课外打成一片，采用多样多篇落实国文课程标准的练习要求，注重应用与文学的结合、口语与书面的交际，是夏丏尊语体文写作论周遍而丰厚处。它代表了当时乃至现今作文教学的先进水平，无论理论上、实践上都给后人提供了可鉴之资。

一　作文岂只是命题

凡作文教学的专著无例外地诠释作文。作文是什么？近乎无须发问不难应答的问题，其实不然。《文心》既没有把它看作“代圣人立言”那么高雅，也没有视为“玩意儿”、“文字把戏”一般低俗。与《作文论》、《文章作法》相比，不再是用什么材质（文字）含什么成分（情思）的广而告之，而是设问“在怎样的情形之下，我们才提起笔来作文呢”？——进行师生对话。变通形式角度，具体切入，意在纠正学生的错觉，以为作文就是教师课上命题，学生心揣题意、搜肠刮肚、敷衍成篇而已。如此误解作文，异化为于学生为难的苦差事，一种劳役、惩罚，避之犹不及，遑论多作？学生心畏作文由来已久，原因固有种种，其中不明就里，交作业、应考试而勉强为之者居多。而把作文理解为不只是国文课程的一个项目，且是生活中间的一个项目，类比“如读书、学算一样”、“同吃饭、说话、做工一样”，作文就是不可缺少、内在需要的事情。作文需要充实的生活，充实的生活需要作文，作文和生活打成一片。为提升生活质量而提高作文能力，学生欲望之强、兴趣之浓，不言而喻；写作意义之大，取材范围之广、练习样式次数之多，尽在情理之中。

《文心》写作论自第 3 篇《题目与内容》始，一则因为学生往往临题而写，并非应需而作，有正位顺理的必要；二则因为学校、社会评价国文成绩单凭作文，大小考试均命题呈现，无论写作论的构建，还是现实的情形，题目与内容的关系怎样？命题作文如何看待？都是无法绕开、必须认真解答的问题。再则《作文论》只说内容，未涉及题目；《文章作法》第六章第十节着重题目的立意、选择，说到“题目应随文的内容而定”等，较为简略，也正有补充、醒示的必要。标题先“题目”后“内容”，只是反映了写作教学旧有的惯例，并非写作运思用语真实的全程。一般教师往往出一题即让学生写或解说一番后令学生作，王先生先是问答谈话，待笔笔交底一一明白后，才出题；板书也是先内容后题目。这是跨入初中的第一次作文，也是掀开作文教学崭新的一页。这堂作文指导课引人入胜处，在于正确地梳理了写作程序，将写作原理与练习实况的矛盾对立统一起来，并把相关可调控的因素一一作了分析。

1. 作文与课程的异位。

作文既然出于实际需要，势必自主内发地思维言语；而课程表上的如期定时，又恰逢没有实际需要，硬要大家提起笔来作文，就不自然了。一种做法：保持界定的一致，有则作，无则休，率性自由；另一种做法：说归说，做归做，定义落空。这两种为王先生所不取，他承认课程安排与学生动中言外之间的时差和矛盾，却不放弃练习。“要教诸君练习，只好规定一个日期，按期作文。这是不得已的办法。并不是作文这件事必须出于被动，而且非在规定的日期做不可的。到某一个时期，诸君的习惯已经养成，大家把作文这件事混和入自己的生活里头，有实际需要的时候能够自由应付，这个不得已的办法就达到了它的目标了。”恪守了作文的界定，并与教学目标合一，指明了一条通过练习养成习惯而来的从不得已到由己、从不自然到自然的途径。

2. 内容与题目的倒置。

王先生“把所要写的东西叫做‘内容’，把标举全篇的名称叫做‘题目’，依自然的顺序，一定先有内容，后有题目”，不过“在练习作文的当儿，却先有题目。诸君看到了题目，然后去搜集内容。这岂非又是颠倒的事情吗”？他仍承认“颠倒诚然颠倒”，不得已、不自然，教师、学生都要充分认识这一点，无视漠然不实事求是，随便出题、作文，是对人对己不负责任的表现。

3. 改革的举措。

王先生把作文命题划分为两派：（1）目中无人派。“这是不管练习的人的，要你说什么你就得说什么，例如要你论秦始皇你就得论秦始皇；要你怎么说就得怎么说，例如要你说‘我国之所以贫弱全在鸦片’，你就得说‘我国之所以贫弱全在鸦片’。”目中无人派命题，具有深厚的根源。1921 年教育部开小学成绩展览会，有十六省区参加，其中国民学校作文题有《孔子世家赞书后》、《南北和战之利害论》、《政在养民论》、《戒色论》，高等小学校作文题有《向友人借银完婚书》、《中国现在财政万分困难宜如何设法办理以图救济策》等，说作秀未免客气了，简直是出丑示众。孟宪承慨叹："这固然荒谬呵！然而现在我们试调查初中里教师所出的题目，类似这种的，一定也不在少数。"[①] 此等"谬种而非桐城，妖孽而非选学"的怪题是谁造出来的？为什么连绵不断？也许教师、学校、社会都难辞其咎。1932 年国文试题，如《从〈离骚〉一书中论屈平之为人》、《论王者之政必自经界始》、《刑乱国用重典论》等，均"因政府力求国学，恢复固有知识"而出。上有所好，下有所行。看来，一次声势浩大的新文化运动、几阵教育西风劲吹是难渡作文关的，彻底清除科举基因、八股遗韵，有待时日，任重道远。王先生说："这不但二三十年前，就是现在好些中学校里还是很通行呢。"确是言之不虚的揭露。说这些命题目中无人，似不全面。它有古人、大人，却没有儿童、中学生，"看来好象极正当，可是出给不想作、没有能力作的学生作，就同教他作《太阳晒屁股赋》一样，而且对于他的害处也一样"。王先生表示："我不预备出这类题目给诸君作。"（2）心中有人派。他们"先揣度练习的人对于什么是有话说的、说得来的，才把什么作为题目出给你作。而且这所谓什么只是一个范围，宽广得很，你划出无论哪一角来说都可以。这样，虽然先有题后作文，实则同应付实际需要作了文，末了加上一个题目的差不多；出题目不过引起你的意趣罢了，所写的内容还是你自己原来就有的"。同样明确表示"我的出题目就属于这一派"，旗帜鲜明。

从本篇里可窥夏丏尊、叶圣陶命题作文教学改革的几个特

---

① 周谷平、赵卫平编：《孟宪承教育论著选》，人民教育出版社 1997 年版，第 55 页。

点：（1）坚持正确的作文理念不动摇。作文不仅是课程的安排，而且是生活的设计；是生活的因结课程的果，来源于具体的生活，书写真实的生活，充实自己的生活，不是生活的点缀。“是生活技术的训练——说是做人的训练也无不可。”[①] 这是把握一切的总纲。（2）公开写作课程思路，给学生充足的知情权。知情权是师生共享的权利，下放是教师的义务，渗透作文教学的整个流程，不囿于命题训练。明了定期限时的命题之作是不得已的办法，内容题目倒置是不自然的，被动中争取主动；出示已有的积累，从各方面不断丰实自己，就渐近于自由自然的境地了。那时作文成了表我心代我口为己为人服务的方式。（3）命题要求严格与选择自由相结合。所要求的包括时间、体裁、切题，也许还有行款、字数等，更重要的是真情实感，是我观我感的新秋景色，而不是他人笔下的描绘。文字须足以表达真情实感，使人了解而不令人误解、费解，所以，“作成了最好自己仔细看过，有一句话一个字觉得不妥当就得改，改到无可再改才罢手。这个习惯必须养成”。题材的选择、情感的抒发、意旨的流露，在满足要求前提下享受充分的自由，题目的宽泛尽量保证限制与舒展的并行不悖。（4）命题须面向全体，一个都不能少。两题选一，既是自由选择的体现，又是照顾少数、疏而不漏的见证。（5）命题须出到学生的经验里，发挥引起、拨动的功能。如乐华、大文等，刚到新学校见到新老师新同学，正感觉一切的新鲜呢。但写我的校园、老师、同学都不是时候，第二题“经王先生这么一提，被他勾起了心事，就觉得非立刻写一封信寄去不可”。教师命题的作用在此。作文的预设计划与情境机变相应，才能命出可写想作的题目。要不出偏题、怪题，遭受批评、抗议，引起学生、家长、

① 朱自清：《朱自清全集》第 2 卷，江苏教育出版社 1988 年版，第 45 页。

社会对作文的误判，致使教师委曲迎合、训练秩序紊乱，无不以此为圭臬。

自《文章作法》提出“文字中，有先有题目，后有文字的；有先有文字，后有题目的”两类选择，并认为“旧式文字往往先有题目，随题敷衍。其实，好的文字都是作者先有某种要写的事物或思想情感，如实写出，然后再加题目的”，特别是《文心》第3篇的解说，引起了国文教学界对这一问题的关注。衣萍著《作文讲话》里以为“出题目做文章本来是一件傻事。夏丏尊先生就说过他要先做文章，后想题目”①。胡怀琛有两个形象而不同的比喻。《作文研究》第十二章里自问自答“到底题目和文有什么关系呢？我以为有个很好的譬如。文有题目，好像是人有名字。名字和人，没有旁的关系；不过是人的符号罢了。是先有了人，而后题一个名字，做他的符号，便于称呼；不是先有了固定的名字，而后拿他去加在人身上。文和题目，也是这样。……意思在前，文在后，题目在最后，这是天然的次序；然而人家做起文来，刚和这个次序相反。先有了题目，而后做文；要做文，而后去找意思。照理论说起来，是根本不对的”②。《中学国文教学问题》中则推翻了自己原先的看法，以为“这个问题，好像是和‘鸡与鸡蛋，谁先谁后’的问题，一样的难解答”③。它是一会儿两种说法都对，一会儿两种教法，错误是一样的。至于说主张先内容后题目的人不站在初学者的立场讲话、放弃命题作文的练习，是不适合《文心》与夏丏尊意愿的。

《关于国文的学习》一文指出：“有了某种意见或欲望，觉

① 衣萍：《作文讲话》，北新书局1930年版，第30页。

② 胡怀琛：《作文研究》，商务印书馆1925年版，第41—42页。

③ 胡怀琛：《中学国文教学问题》，商务印书馆1936年版，第18页。

得非写出来给人看不可，于是写成一篇文章，再对于这文章附加一个题目上去。这是正当的顺序。至于命题作文，是先有题目后找文章，照自然的顺序说来，原不甚妥当。但为防止抄袭计，为叫人练习某一定体式的文字计，命题却是一种好方法。近来学校教育上大多数也仍把这方法沿用着，凡正课的作文，大概由教师命题，叫学生写作。这种方式对于诸君也许有多少不自由的处所，但善用之，也有许多利益可得。(1) 因了教师的命题，可学得捕捉文章题材的方法，(2) 可学得敏捷搜集关系材料的本领，(3) 可周遍地养成各种文体的写作能力。写作是一种郁积的发泄，犹之爆竹的遇火爆发。教师所命的题目，只是一条药线，如果诸君是平时储备着火药的，遇到火就会爆发起来，感到一种郁积发泄的愉快，若自己平日不随处留意，临时又懒去搜集，火药一无所有，那么，遇到题目，只能就题目随便勉强敷衍几句，犹之不会爆发的空爆竹，虽用火点着了药线，只是‘刺’地一声，把药线烧毕就完了。‘写作些什么’的‘什么’，无论自由写作或命题写作，只靠临时搜集，是不够的。”这里将命题作文“善用之”的“许多利益”逐条陈述。其中第三点，是夏丏尊带有全局性的整体思考，是作文课程的目标取向。兼教不作文言文、把课内作文和课外作文维系一体，增添练习形式和次数，一切都是因为它。

《国文科课外应读些什么》就国文科不该有的紧缩、窄化，阅读限于课本文篇，感到“写作方面，也同样有此奇怪的误解。照理说，凡用本国文字写记什么，都应该是‘国文’。可是实际情形却不然，平常的人会写信，记日记，可是不自认能作文章；他们把作文章认为了不得的大事。即使自命会作文章的文人，也常把作文章与写信记日记分别看待，一提起‘作文章’三个字，往往就现出非常矜持的神情来。至于学校的教学上，不消说这矛盾更甚。国文科中的所谓‘作文’，在中学校里通常只是每月二次，其余如日常的写作笔记，日记，通告，书信之类，全不算在‘国文’的帐上。真所谓‘骑驴寻驴’了”。不无愤激的言词中，揭示了文章的特殊化、课内命题等同于作文全部，实是旧的残余、新的误导。胡适说“作文的时间不必多，两星期一次尽够了。平时应该鼓励学生作札记、写长信、办报。写的长信、札记、报纸文字，都可以代课艺；但学校出题目的课艺切不可在报纸上发表”[①]。他“作文”前没有课内或命题的限定，仅一个句号就把作文与札记、书信等分开；1923 年起草的《高级中学公共必修的国语课程纲要》亦曰“精读名著的报告或研究，可代作文”。连着两个“代”字，好像勉强似的，究有点不够格。梁启超《中学以上作文教学法》系 1922 年在东南大学暑期学校所作的演讲，其中“讲教学生作文法”小标题即“每学期作文次数至多两三次”，十分醒目，令人惊异。他说：“现在中学生至少一星期做一篇文，不但中学生做不好，便叫我做也必定越做越不通。我主张每学期少则两篇，多则三篇，每一篇要让他充分的预备，使他在堂下做，看题目难易，限他一星期或两星期交卷。……多做学生便要讨厌，或拿一个套子套来套去。我主张少做，是做一次必将一种文做通，下次再做别一种文，如此便做一篇得一篇的好处。尚有补助法，使学生在课外随意做笔记，以为作文的补助，比出题目自然得多。”[②] 可见，他也是把命题全等于作文。后简约书名为《作文教学法》，不设小标题，改为“出题目令学生作文万不可过多。依我看，每个学期两回——最多三回足够了”；补助法“除出题考课之外，最好令学生每月做一条以上的

---

① 胡适：《中学国文的教授》，《教育丛刊》1920 年第 2 集。

② 梁启超：《中学以上作文教学法》，中华书局 1925 年版，第 51 页。

札记。或用记载体记日常经历的事，或用论辩体写自己对于一个问题的感想。这种方法可以养成他们自动的进步”[①]。次数基本不变，冠以“出题目”限定所指；课外笔记变随意为指令，每月做一条以上，样式也较为具体些。可一般读者先入为主，哪会比较版本。这样，不该有的扩大与缩小同步，胡适、梁启超无意间开启了作文概念与多种形式、多次练习割裂的先河。虽然 20 年代初至 30 年代中期还是不成文的规定，如“习作以每星期一次为原则，于课内行之”的表述，见于 1936 年初高中国文课程标准，“作文每两星期一次”的话语，见于 1940 年初高中修正标准，但实际情形已经这样，早已成为集体意识，成了原则和制度，影响旷日持久。

把作文融入学生的课内外学习、培养技能，是国文课程的规定。1923 年初中课程纲要作文有“命题的或不命题的”，分列的练习有“作文，译文，笔记，演说，辩论”等。把作文与译文、笔记并列，作文必是命题作文的简略，受胡适狭窄、不严密的感染。1929 年初中暂行课标和 1932 年初中课程标准作文练习将命题、翻译、写生、笔记等列入，与 1923 年初中课程纲要相比，不仅明确了界定，而且添加了种类，由五项增至十项。两周一作和课程练习形式的多样有着无法回避的矛盾，和作文的训练要求距离甚远。有认可者，如萧楚女认为“作文，每间两周作一次(即每学期六次)”，多种形式“任各人作哪一种——每次只作一种便行”[②]，练习的随意、不普遍显而易见。叶苍岑也认为“作文每两周一次（短篇习作一小时可完者，每周一次)”[③]。更多的

---

① 梁启超：《饮冰室合集·专集 70》，中华书局 1936 年版，第 40—41 页。

② 萧楚女：《中学国文修学指导》，《中等教育》1923 年第 2 卷第 5 期。

③ 叶苍岑：《对中学新生谈国文学习》，《国文杂志》1942 年第 1 卷第 2 期。

是质疑者，如夏丏尊尝试小品文教学时指出："无论如何，多作总是学文底必要条件之一。现在校中每月二次或三次的文课实嫌太少。"探索了"便于多作"的形式和途径。孟宪承和陈望道、夏丏尊一样，不忘欧阳修说的"为文有三多：看多，做多，商量多"，在《初中作文教学法之研究》里指出："每星期一次的作文，是指那教师命题的作文而言，常人把作文看作只有那一种，如我们上边所引胡先生和费普斯氏的话，都指命题的作文说的，所以他们不主张作文太多。若把我们上面的各种形式的练习，都包在'作文'以内，那就非每天有一点练习不为功了。"[①] 他用的是假设，在夏丏尊看来，无论是国文课程标准，还是中学生作文能力的训练，不把课内外打成一片，不把札记、日记、书信等视为作文，岂非咄咄怪事？样式篇数的多少不是简单的品种数量问题，而是直接受制并体现不同的作文观念。两周一作的课内命题看成作文的全部，其余不算，拟就的种种练习形同虚设，周遍的各种文体的作文能力养成就会落空。

课内外多样多篇的作文练习，须和多人多次多种的批改方式匹配，保证学生习作在"周遍"的流程中不断提高。《文心》第3篇是一堂作文指导课，第4篇就是一堂作文批改讲评课。乐华和大文给李先生的信写出后，互相批评，段落、造句也共同斟酌，"当一个拟成一句句子，另一个给他修改了，彼此觉得满意的时候，兴奋的微笑便浮现在两人的脸上"，是互批互改，枚叔看后先点一点，点不通再拨一拨，具体订正由乐华、大文去做，是教师面批、学生自改。第24篇乐华当小先生给宋有方《机械的工作》一文的修改、讲评，也是夏丏尊曾用的

---

① 周谷平、赵卫平编：《孟宪承教育论著选》，人民教育出版社1997年版，第57页。

"当面改削"；第 28 篇记"一天晚上，王仰之先生正在那里批阅前一天剩留下来的学生的作文簿"、"还没到十点钟，他已经把十几本作文簿批阅完了"，是"稿上订正"。钟子岩说道："批改作文，是许多语文老师最感头痛的事。但先生却轻松自如。他眼光犀利，对于许多人看了摇头的文章，一眼就能看出其主要毛病所在。文章的大病，在于文不对题或文理不通。对于这种文字，先生着重于'批'（包括总批与眉批），而只对用词不当的地方加以修改。这样，既避免了将批改者自己的意思强加于写作者的错误做法，且使写作者懂得文章的毛病之所在，逐步由'不通'转向'通顺'。这比偏重'修改'，当然要高明得多了。"[①]《文心》作文批改的重点在语言文字的通顺畅达上，原则是多就少改、突出重点、尊重学生，三者相互依存。四处出击，批得体无完肤，改得面目全非，怎能突出重点、保护学生作文的积极性？多少不是机械的数量，应以学生作文能力水准和个性特征为权衡。《机械的工作》改处虽多，无不集中于语言表达层面，在累赘处删削、断裂处接榫、失当处置换；《一封信》"只是有一个错误，必须修改"。至于"表达情感不充分"，则批而不改，针对之中有启发。

胡适、梁启超未料到两周一作、每学期两三次，造成理论上的模糊、迷茫，实践上的脱节、失效，更难料到习作次数与批阅量常成正比，学生畏写、教师惧改，多少含有偷闲懒惰的成分。两三次少到极点，竟是名人言之，堂而皇之，正中下怀，大有人照着去做。（见阮真《中学作文教学研究》第 34 页反映的情况）而夏丏尊等人则是不辞辛劳，从整个流程、方方面面探索着作文

---

① 夏弘宁主编：《夏丏尊纪念文集》，上虞市文学艺术界联合会 2001 年版，第 261 页。

教学目标的实现。

二　应用与文学结合

从文章体式到作文教学，限什么不限什么一直颇有争议。或以为应用（实用、普通）文为中学作文的全部，排斥文学的练习；或以为应用与文学从属于作文，兼习而不偏废。夏丏尊从周遍地养成学生各种文体的写作能力出发，自然是后一派。

作文教学应用与文学的体式划分，独尊应用、舍弃文学，是诗文的泱泱大国在现代科学、实用思潮冲击下的选择。1903 年张謇《论国文示师范诸生》曰："国文为通科学之精神，算术与之并重。故国文必期适用，与美术国文有别。美术国文者，华藻之文也。适用国文者，切事切理之文也。"[①] 这是国文设科之际把科学和应用文联系起来并与美术文对立的先声，和《学务纲要》"教以浅显书信、记事手法，不以雕琢藻丽为工，以资官私实用"一致。五四运动山雨欲来，刘半农"便抱了'要能作应用文'的目的"而写《应用文之教授》，他认为："应用文与文学文，性质全然不同，有两个比喻：(1) 应用文是青菜黄米的家常便饭，文学文却是个肥鱼大肉；(2) 应用文是'无事三十里'的随便走路，文学文乃是运动会场上大出风头的一英里赛跑。"[②] 蔡元培《国文之将来》也分应用与文学两类，"应用文，不过记载与说明两种作用。前的是要把所见的自然现象或社会经历给别人看；后的是要把所见的真伪、善恶、美丑的道理与别人讨论。都止要明白与确实，不必加别的色彩，所以宜于白话"。他的应

① 朱有瓛主编：《中国近代学制史料》第二辑下册，华东师范大学出版社 1989 年版，第 318 页。

② 刘半农：《应用文之教授》，《新青年》1918 年第 4 卷第 1 期。

用实含有记叙、说明、议论常见的三种文体，“美术文，大约可分为诗歌、小说、剧本三类”。中学生“虽然也许读几篇美术文，但练习的文，不外记载与说明两种”[①]。梁启超《作文教学法》把文章分为记载、论辩、情感三种，以为“情感之文，美术性含的格外多，算是专门文学家所当有事；中学生以会作应用之文为最要，这一种不必人人皆学”[②]。为什么五四运动时期进步的文化人、教育家，其中擅长笔端常带情感的妙手，反不主张中学生习作情感之文呢？

求真写实的初衷毋庸置疑，这是新文学革命的大旗，也是初学作文者应有的态度；时人的过激和今人理解的片面也难避免。刘半农《我之文学改良观》是于“胡君适之提倡于前，复由陈君独秀钱君玄同赞成之于后”的一篇论文，其中对陈独秀“言之文学的既与应用的相对，则文学之文不能应用，应用之文不能视为文学”并不苟同，有体式分类也有交叉。钱理群认为“刘半农的《应用文之教授》在某种程度上正是《新青年》同人所提出的一个中小学国文教育改革的方案”。理解时，应在“方案”前加上“初步”二字不可。刘半农在好评声中有一份清醒，《新青年》4卷3号上说到“《应用文之教授》一文不过在新文学建设方面，略有贡献，万不能总括新文学之适用之全体”。应用文写作则是新文学革命的突破口，是进军的第一步。总之，不把《我之文学改良观》与《应用文之教授》作系统的阅读，不明了新文学与旧文学的本质区别，是很容易把应用之文看作文学革命、作文教学的全部，并与文学之文尖锐地对立起来的，事实上也产生了这样的错觉和误导。这也许是刘半农“说得太激烈”时未曾预料的。

---

① 蔡元培：《国文之将来》，《新教育》1919年第2卷第2期。

② 梁启超：《饮冰室合集·专集70》，中华书局1936年版，第2页。

光吃荤不好，单食素如何？自己“运动会场上大出风头”，学生只能“随便走路”，能否举办参加一两场校运会呢？

长期教学经验的缺乏，是各表私见、对立矛盾又难以说服人的共同弱点。胡适以为“中学国语文的教材应该带文学的性质”，提出首先看的是小说。梁启超由《中学国文教材不宜采用小说》而论“学文以学叙事文为最要”，并认为“叙事文的性质和小说的性质恰立于正反对的两极端：叙事文是印写客观的事实，小说是表现主观的想象力（即最极端的写实小说，也不过用想象力摄取社会魂影！），作法根本不同。叙事文对于客观资料要绝对的忠实服从，受严格的束缚，技术在摄收整理；小说是要骋想象力去构造，绝对的自由，技术在迸发表现。所以有名的史家或叙事文大家，大抵不会做小说；而叙事文的技术，绝非从小说可以学得来”[①]。话说得不免过于绝对。他在《作文教学法》中说，“客观的原样，指事物之纯粹客观性。像画画一般，画某人便的确是某人，画那处风景便的确是那处风景。这是做记载文最必要的条件；主观的原样，指作者心里头的印象，要把他毫厘不爽的复现到纸墨上来，两者之中，尤以主观的为最紧要。因为任凭你如何主张纯客观的作品，那客观的事物总经过一番观察审定别择才用来入文，不能绝对的与主观相离。文家临到下笔时，已经把一切客观的都成为‘主观化’了，所以能够把主观的原样完全表出，便算尽文章能事”[②]。虽未说到情感、想象、个性，但一带主观就少不了这些，这种记载文（叙事文）也就距文学不远了。梁启超、胡适的作文之争，即使一方相对有理，也没有教学实践的检

---

① 梁启超：《饮冰室合集·专集70》，中华书局1936年版，第4—5页。

② 梁启超：《中学国文教材不宜采用小说》，《中华读书报》2002年8月7日第5版。

验，这便注定要有一批实践与理论的结合者长期深入的探究，他们的使命在此，地位、价值在此。

夏丏尊的作文讲义以记事文、叙事文、说明文、议论文为序，在“普通教授上所用的方式，都已用到”的情况下，试教小品文写作。他说：“小品文性质实近于纯文学，叫中学生作纯文学的作品似乎太高，并且太虚空不合实用。关于这层，大家或者有所怀疑。我要声明……”[①] 足见当时文学成为中学作文教学的雷池、禁区，应用与文学的对立已是主流，为避免纷争，耽搁尝试，不得不有所表白，是心有余悸的征象。已有的“成绩原不能就说可以满足，不过学生作文的态度却可认为已变了不少。我以为只要学生作文底态度能变就有方法可想。在这点上，却抱着无限的希望”。小品文不是小说，是精细的描写、观察的表出，就实录事象而言，和记叙文相距不远，借此入手，开辟一条和胡适、梁启超有所不同的路径，并向文学的写作伸出触角，当时确是冒险、创新的领先一步。叶圣陶《作文论》提出：“一个应当预先解答的问题，就是‘这里所讨究的到底指普通文而言还是指文学而言？’这是一个很容易发生的疑问，又是一个不用提出的疑问。普通文与文学，骤然看来似乎是两件东西；而究实细按，则觉它们的界限很不清楚，不易判然划分。若论它们的原料，都是思想、情感。若论技术，普通文要把原料表达出来，而文学也要把原料表达出来。曾经有许多人给文学下过很细密很周详的界说，但是这些条件未尝不是普通文所期望的。”本来文体分类，作为一项基础工作，很有必要；但纠缠于此，并不可取。他反驳“一派的意见，以为普通文指实用的而言。这样说来，从反面着

---

① 夏丏尊：《作文教授上的一个尝试——教学小品文》，《春晖（半月刊）》1923年第14期。

想，文学是非实用的了。可是实用这个词能不能做划分的标准呢？在一般的见解，写作一篇文字，发抒一种情绪，描绘一种景物，往往称之为文学。然而这类文字，在作者可以留迹象，取快慰，在读者可以兴观感，供参考，何尝不是实用？至于议论事情、发表意见的文字，往往被认为应付实际的需用的。然而自古迄今，已有不少这类文字被认为文学了”[①]。不同文体的表达方式并不单一、纯粹。夏丏尊“叫他们用实生活来做作文的材料”，叶圣陶倡导“写出诚实的、自己的话”，都是把文学革命的要求自觉地贯彻到中学作文教学中去。

胡怀琛《作文研究》第七章《实用文作品与文学作品》首先认为“这两个名词是假的，并不能十分确切”。接着又说“中等学校里作文，还是偏重实用文呢？还是偏重文学？这是一个问题”。“我的见解：是教员不必有成见，听便学生个人喜欢做那一种，就做那一种。因为没有文学天才的人，他也不喜欢做文学作品的，如一定要他做，必要失败的”[②]。他似乎是应用与文学的随意论者，暗指有人硬叫学生去做，针对的就是夏丏尊。这在第二十二章《教学经验谈》里可找到根据。他把教学生做文学作品的，称为“讲新文化的教员”，并以为他们中“多数”是“把实用文忽略过了”，想当然后，便说“他们以为非文学的作品，是枯燥无味的，是机械的；加他一句考语，叫做：‘只是帐簿式的一种轮廓，不能表出什么生活的内容情调来，’这句话，拿文学的眼光来看，自然没人敢说他不对；然而中等学校里的学生，是不是都预备将来做一个文学家？只学会了做文学作品，不会作实

① 中央教育科学研究所编：《叶圣陶语文教育论集》，教育科学出版社 1980 年版，第 355 页。

② 胡怀琛：《作文研究》，商务印书馆 1925 年版，第 24—25 页。

用文，将来是不是适用？就说记帐，固然是极无价值，然而他也是各体文字里面的一种；要记得不错，也不容易。尽有人会做诗歌、小说，不会记帐”。所说“考语”正是夏丏尊文中的话。胡怀琛是误解之后再歪曲，说得闪烁其词、扭扭捏捏，大概忍不住了，直白：“我是个酷爱文学的人；然我不敢希望中等学校的学生，将来都成为文人。所以对于这一件事，我很注意。（中等学校里的学生，当然要培养他，使有赏鉴文学的能力；然不必自己能做文学作品，倘然能做，固然好；然决不能勉强他做，教员也不能拿主观的见解，引导他做）。”这时才明说主张亮出底牌。“前一二年，我曾看见丏尊做了一篇《作文教授上的一个尝试》，初载在《觉悟》上，转载在《学生杂志·国文研究法专号》上。”可见，他读了不止一遍，却未能看得真。至于“记帐”一说，实有些胡搅蛮缠；最后又说“这种成绩，我认为顶好；丏尊先生所用的这个法子，我也认为很好，不过，我以为只能参用，不能单用这个法子。就是因为他是文学作品，在实用上说，未免不适宜。（我这里所说文学作品，就是丏尊先生所称的‘纯文学’）”[①]。

尽管有夏丏尊、叶圣陶的言论、经验在，但片面理解的后遗症长期难以消解。“不在养成专门文学家”成了一些作文教学法著作常常援引的一句套话、不让中学作文教学涉及文学的一块盾牌。阮真认为“在中学作文教学的目的上还谈不到文学作品的艺术”[②]。《中学作文教学研究》第二章论述“一般中学现行作文教学法之错误”列数古文派、新文艺派等，说到“这派教师是研究新文艺的。他们教读文全是白话的小说、剧本、新诗，教作文当然也是这样”，认为“这种教法的不当，实在比古文派的教法更

① 胡怀琛：《作文研究》，商务印书馆1925年版，第96—98页。

② 阮真：《中学作文教学研究》，民智书局1929年版，第20页。

甚了”，主张“教中学生的作文，要把社会上需要的文字，从多方面来练习，不能偏重文艺的。何况学生只能做些画虎类犬的小说，非驴非马的新诗，绝对谈不到‘文艺’二字呢”[1]。前一句无可厚非，后一句就不是有教育心理科学头脑的教师该说的话了。第四章《作文之拟题》指出：“教师要在学生所处社会家庭学校环境上和学生将来的职业上去着想，研究他们要做些什么文字，该学些什么文字。”他根据克莱氏（COLE）《教学英文的要义》对美国就业状况与文体写作的关联，推测中国学生将来“想做小学教员的占多数，其次是在党政界混饭吃的，其次是投身军界或实业家的，升学习专门学术或职业的很少，做新闻记者的百不得一，做文学家的，恐怕千不得一。那么时髦的国文教师，何以教学生偏重做小说新诗呢?”[2] 考虑职业的应用不无道理，全以职业论定，究无可取之处。谁能料想大多数做小学教员的没有文学的兴趣、创作的才力？20 世纪二三十年代不知多少作家、学者做过中小学教员。偏重文学不妥，但阮真是以偏纠偏、偏而不全。也许有人说，他在《中学作文教学研究》第五章《作文之练习》和《中学国文教学法》第三编第四章《作文的练习法》中均有“文艺的练习”，能表明的倒是其反面。试看内容：“我因为某班学生喜欢做小说，也曾出过两次小说的题目。一次出了六题，因为漳州战争有几个逃夫伤兵到了集美，我的题目就在此着想了。我的题目是：甲，《一个伤兵的自述》；乙，《穷途的逃夫》；丙，《一个寡妇的悲哀》；丁，《一个孤儿的命运》。还有两个我记不清了。这些题目有的须根据事实，有的须运用想象描写的，于是学生方才觉得小说不易做了。有一次我教学生写《三个

---

① 阮真：《中学作文教学研究》，民智书局 1929 年版，第 26 页。

② 同上书，第 67 页。

懒惰的学生》，《三个愚笨的农夫》，要把他们的懒法愚法写得个个不同，各有一副面目，绝对不能类似。于是学生就觉到不易下笔了。我就说：‘你们不能做这些题目，何以平时好做无价值的小说呢？’我让他们课外去做，时间和材料方法都不限制他们。结果有许多学生还是不能做，情愿做我平时所出的题目了。”①这里只有失败的案例，看不到教师的指导点拨，如学生未接触到逃夫、伤兵、寡妇、孤儿，又怎能“根据事实”而不虚构乱造呢？且命题限定种种“懒法愚法”，直指向学生、农夫，其思想情感就有问题。目的不在教学小说的写法，而是刁难、压抑学生，让他们吃教训、长记性，今后乖乖不做罢了，谈何研究？后一本稍有松绑，“文艺作品，只能让几个优材生在课外去自由练习”②，和第二章高中作文教学目的第七条“极少数的天才生能为几种文艺作品之模仿或创作”相应③，在附录《阮真与汪典存先生论中学国文教学书》里，再次说新体诗为“歪诗”、“非驴非马”，已越出了正常的批评。

夏丏尊《文章作法》第六章第三节《小品文练习的机会》所举日记、书札两种，即应用与文学的结合。日记“大体可别为两种，一是只记述行事的，一是记述内面生活的。在普通人的日记中，两种时时结合，前者重事实方面，后者重心情方面。……两者虽任人自由，没有限制，但为练习文章计，应当注意这两方面的调和；一味抒述内心生活，虽嫌虚空，然帐簿式的事实的排列，也实在没有趣味。因此，最好的日记是于记述事实之中，可以表现心情的作法”。书札“不只简单的排列要事，很能使受书

① 阮真：《中学作文教学研究》，民智书局 1929 年版，第 110 页。

② 阮真：《中学国文教学法》，正中书局 1936 年版，第 92 页。

③ 同上书，第 6 页。

的爱读，而且读了增加不少的兴趣。由此可知：要作好书札，非加入实生活的背景不可；……书札中能兼述生活情趣，就能不呆滞而饶兴味”。第二章第五节“科学的记事文，只是作者对于事物的认识的报告，比较偏于客观的，前几节所举的例都是。后一类称为文学的记事文，乃是表现作者对于事物的印象，主观的成分比较多”。也是两类兼述、比较异同。除说明文偏于客观的外，叙事文、议论文都有主观色彩，就这一点说，并非和文学无缘。

夏丏尊的哲学观、文学观、作文观一以贯之。《中国的实用主义》指出：“传统的实利实用思想，如果不除去若干，中国是没有什么进步可说的！我们生活在地球上，要绝对地不管实用原是不可能的事，但不应只作实用实利的奴隶。世界的文明有许多或是由需要而成的，例如因为要避风雨就发明了房屋，因为要充饥就发明了饮食等。但我们究不应说房屋只要能避风雨就够，饮食只要能充饥就够的。中国人的实用实利主义，实足扑杀一切文明的进化。”这里他既看到实用实利有客观需要的一面，主观上又不仅此而已，是能动辩证的；并注意到“文明之中，有大部分是发明者先无所为，到了后来却有大用大利的”。他以瓦特、居里夫人等为例，从文明进化、科学发展、人之本能的大视野，提醒人们莫“被浅薄的实利实用主义压灭了”创造的激情，“人类有创造的冲动，种种文明都可以说是创造冲动的产物”。由此可知，夏丏尊并非不关心世情，而是鄙视急功近利，他的国文教学观、作文文体观均基于此。

《中国的实用主义》篇里他希望现代中国有瓦特、居里夫人“那样的文明的创造者发明者”，那样的大功大利者；《误用的并存和折中》篇里“希望中国有痴呆的人出现！没有释迦、耶稣等类的太痴呆也可以，至少象托尔斯泰、易卜生等类的小痴呆是要几个的”！《文艺论 ABC》第 12 节说“文艺鉴赏本身自有其价值，不必定以创作为目的。这情形恰和受教育者不必定以自己作教师为目的一样”。第 14 节又说“普通接触文艺的人不必以读者自惭，不必漫起创作的野心，这是前面所屡说过的事。但我不能断定我们的读者之中，全没有创作的天才者或志望者，……即为一般无志创作的文艺鉴赏者起见，也有略谈创作法的必要。创作与鉴赏本来是同一心的作用，所差的只是创作是由内部表现于外部，鉴赏是由外部窥到内部而已。全不知建筑学者，不能真正理解建筑的美，非知创作的大略者，不能有真正的鉴赏”。

应用与文学的对立论者以中学生不是个个当文学家为充足理由，反对文学体裁的作文训练，借用夏丏尊的语意诘问：不做教师者难道不必、不能受教育？一唱歌就要成为歌唱家，一弹钢琴就要成为钢琴家，否则就不弹不唱？什么都和职业对口，以混上饭碗，岂不把基础教育转变为上岗速成班了吗？看似学以致用，其实是浅薄的功利主义，而且是小觑学生潜能的天才论。歌唱家、钢琴家、文学家在有兴趣并为之辛勤努力的年轻学子中产生，即使不能成名成家，以此为职业，也可以作为一种爱好，或甘做听者、读者，成为内行的鉴赏者、批评者。应该说，当时没有卡拉 OK 的自娱自乐形式，对立论者也难有参与、分享的意念，他们中确有文学造诣深厚者，有自称“半文学半科学头脑”的人，但在看取中学作文体裁时，却缺少了一些想象力，也缺少了对未来社会进步、人才素质要求的判断和推理。

20 世纪 30 年代初，夏丏尊虽仍作体裁分类，却不再顾忌许多。他说：“文章普通有两种体式，一是实用的，一是趣味的。实用的文章为处置日常的实际生活而说，通常只把意思（思想感情）老实简单地记出，就可以了。诸君于年假将到时，用明信片通知家里，说校中几时放假，届时叫人来挑铺盖行李咧，在拍纸簿上写一张向朋友借书的条子咧，以及汇钱若干叫书店寄书册的信咧，拟校友会或寄宿舍小团体的规约咧，全是实用文。”这是缩小了应用的范围而扩大了原以为非实用的地盘。属性以“用”分个彻底、划个明白。趣味的文章“至少可以说是与个人眼前的生活关系不大，如果懒惰些，不作也没有什么不可。诸君平日在国文课堂上所受到的或自己想作的文章题目，如‘同乐会记事’咧，‘一个感想’咧，‘文学与人生’咧，‘悼某君之死’咧，‘个人与社会’咧，小说咧，戏剧咧，新诗咧，都属于这一类”。他认为：“这类文章，用了浅薄的眼光从实际生活上看来，关系原甚少，但一般地所谓正式文章，大都属于这一类里。我们现今所想学习的（虽然也包括实用文）也是这一类。这是什么缘故呢？原来人有爱美心与发表欲，迫于实用的时候，固然不得已地要利用文字来写出表意，即明知其对于实用无关，也想把其五官所接触的，心所感触的写出来示人，不能自已。这种欲望是一切艺术的根源，应该加以重视。学校中的作文课，就是为使青年满足这欲望，发达这欲望而设的。”

《文心》里学生作文全用语体，体裁却十分广泛。如《关于国文的学习》所说“一切和从前相较，算是自由已极的了”。有《新秋景色》的写景抒情，《闻警感言》的议论，《机械的工作》的说明；有《写给母校教师的信》、《难中日记》、《读书笔记》……要说实用，连书件的格式都留意，书写也要达到《现代的习字》标准；要说趣味，则可编《戏剧》参加演出，当一同学问“我们也来学作小说，可以吗”？回答干脆“有什么不可以呢？……你们的小说即使不怎么出色，至少是值得一看的习作”。可作《新体诗》，写新体诗“无异作文稿”，在H市第一中学“有很多的新诗人呢”，编辑《抗日周刊》时，“投稿的十分之六七总是新体诗”。这一方面是学生正值诗的年华，易近于诗，另一方面是有王先生这样“圆通”的教师能够因其势利导之。胡怀琛《作文研究》、阮真《中学作文教学研究》中日记、笔记都只有失败的记录，始乱终弃；夏丏尊《文章作法》里日记和小品和合相得，《文心》里用日记写宏大叙事，笔记真正成为作文练习的形式，而不是零散的记录，成功在于采取的不是鲧的堵方，而是大禹的导法。

三　口语与书面交际

1913年浙江一师成立校友会，夏丏尊当选为文艺部部长。文艺部下设杂志部和言论部，夏丏尊既办杂志又主持演讲会，给予学生言说的讲台与笔耕的园地。从组织机构和活动形式两方面，确保口语与书面交际能力的协调与提高。1919年的《国文教授法大纲》中作文教学目的有使学生能够用现代语表现自己的思想感情"或口讲，或写在纸上"两种形式；教法"口头的批评、学生讲演、辨难"等是口语交际的训练，且是"用文章表示出来"后，在课堂上"请各同学口头批评"，围绕一个问题讲演、辩难。可以说，五四运动前后，夏丏尊就一直注重口语、书面两种交际形式，并在课内外学习活动中有机地结合了起来。

《文章作法》里指出："文章本是济谈话之穷的东西，它的作用原和谈话没有两样。但用谈话来发表意思和情感的时候，大概是彼此觌面的；有不了解的地方，还可当场问清楚。至于文章，是给同时代或异时代任何地方的人看的，很难有询问的机会，万一费解，便要减少效用，或竟失却效用。就是谈话，尚且要力求明了，何况文章呢?"《学习国文的着眼点》里又指出："文字语言原是表现思想感情的工具，我们心里有一种意思或感情，用文字写出来或口里讲出来，这就是表现。"上述文字谈写作、论课程，均是口语与书面并举，注意到说话和写文情境的差别，更加强之间的联络，追求共同的交际效应。

夏丏尊意识到，作文是生活中的事，中学生主要是习作，用笔来说，这些实质、类型、方式的告之还不够，作文的动机、实际的效果、操作的要点须进一步具体明确。把作文视为一种交际方式，以流通接受为前提和终极，充分发挥作文的传播功能，显得尤为必要。这是容易被人忽略之点，也是其文章“作用原和谈话没有两样”之处。人生活在社会之中，个人离不开群体。手势、口语是协作劳动的产物、生存的需要，文字的发明则满足了跨区域时空的交际。语言伴随着人、社会的发展而发展，交际的基本构件是不可缺少的。如同说话要有听者一样，写作不能没有读者。说话没有听者，自言自语，孤芳自赏，怎是正常健康的生活状态？长此以往，会有自闭失语的可能。作文是与读者的书面交际，别样的对话形式，不能离开了读者。“因为离开了读者，就可不必有文章的”。无须生，何以长？这是评价好文章的基准，法则之法则。具体的举措有六条：

（1）为什么要作这文？即作文的目的。目的决定体裁写法。夏丏尊认为：“目的可各式各样，因了目的如何，作法当然不能一律。普通论文中很细密的文字，当作试验答案就冗琐讨厌了。见了使人感到趣味快乐的美文，用之于实用就觉得不便了。周子的《爱莲说》，拿到植物学中去当关于‘莲’的一节，学生就要莫明其妙了。所取的题目虽同，文字依目的而异，认定了目的，依了目的下笔，才能大体不误。”《花儿为什么这样红》歌曲是情感的回答，贾祖璋是科学的说明。内容形式是由写作动机决定的。这不仅有助于理解写作，也有助于明了教材的选编或课件的开发。

（2）在这文中所要述的是什么？即文章的中心思想。“作文能把持中心思想，自然不会有题外之文”，关键是把持得住，不忘却、不松懈、不旁逸。在《怎样阅读》文里讲到“我们和朋友谈话的时候，常有把话头远远地扯开去，忘记方才所谈的是什么的。这和因为看参考书把本来的题目抛荒，情形很相象。懂得谈话方法的人，碰到这种情形常会提醒对手把话说回来，回到所要谈的事情上去”。作文却没有如此方便，也不允许“把话头远远地扯开去”。

（3）谁在做这文？“这是作者的地位问题，也就是作者与读者的关系问题，再换句话说，就是要问以何种资格向人说话。”地位、资格、身份就是角色。人在社会中总扮演一定的角色，处于人际交往的角色丛中，应随对象、亲疏、情境而有所调整、变化。他举例说同是开办高级中学的建言，校长、教师、学生、家长写出文字来，“要点原是一致，而说话的态度、方法等等，却都不能不异的”。有一学生写给他父亲的信中说：“我钱已用完，你快给我寄十元来，勿误。”其父见信大怒，这就是误认了地位的毛病了。激怒其父非信之本意，却获得如此恶果，收不到钱也未可知。从信来看，没有错别字、上下句不接的毛病，语句也简洁，中心也突出，情感也迫切，局部没病，浑身是病，非改写不可。生活中闹笑话，作文不管，学写何为？

（4）在什么地方作这文？在乡村、都会，国内、国外，促膝座谈还是集会演说，“因了地方不同，态度也自须有异”，包括词汇、语气、音量等，所以“作这文的所在地也有认清的必要”。

（5）在什么时候做这文？“这是自己的时代观念，须得认清的”。用语不能太陈腐，远距时代；也不宜过于先锋前卫，以使人知晓为尺度。

（6）怎样做这文？涉及体裁、布局、详略、隐显等，强调“上面的五种态度都认清了，然后再想做文的方法”；否则会误认作文是纯粹的玩弄技巧。最后，夏丏尊用一句话归纳六条：“谁对了谁，为了什么，在什么地方，什么时候，用什么方法，说什么话。”并认为“如果所作的文字依照这里面的各项检查起来，都没有毛病可指，那就是好文字，至少不会成坏文字了”。更重要的是他指出：“不但文字如此，语言也是这样。作文说话时只要能够留心这‘六 W’，在语言文字上就可无大过了。”

试看今日的《传播学》、《新闻学》、《公共关系学》，凡以语言文字为媒介的人际信息交流，无不提及六 W。当下的语文课程标准只说口语交际，不讲书面交际，20 年代夏丏尊就寻觅到统管作文说话的法则，将口语交际与书面交际结合起来，不能不说他的国文教学思想超前远大。

商金林的《叶圣陶与夏丏尊》写到叶圣陶先生“特别推崇”而且“多次说到丏尊先生从日本文章家那里‘拿来’的‘六 W 说’，既通俗，又好记，可以说是作文的最基本的要诀”[①]。建立读者观念，为读者而写，是夏丏尊“絮絮叨叨地”、“老生常谈中之老生常谈”。从《文章作法》到《关于国文的学习》反复强调，前后也有些许变化、融通的地方。表现在：

1. 把写作动机与文体性质、语言色彩更紧密地联系起来，初步划分了应用之作、习作的界限。“实用的文章内容是有一定的，借书只是借书，约会只是约会，只要把意思直截简单地写出，无文法上的错误，不写别字，合乎一定的格式就够了，似乎无须多说。”这不是轻视应用之作，更不是无视读者感受，而是要求适切规范，预防、矫正不必要无意义的走调串味。“如写作的动机是为了实用，那么用不着无谓的修饰，如果要想用文字煽动读者，则当设法加入种种使人兴奋的手段。”区而别之，于前于后，都表现出更注重中学生写作实况的特点。

---

① 刘国正、毕养赛主编：《叶圣陶语文教育思想研究》，江苏教育出版社 1990 年版，第 79 页。

2. 把适当的概念与“六 W”明确紧密地维系起来，合而为一。《文章作法》中“六 W”只是“作文时所必须认清的态度”、好而无过错的言语文字的检验标准、医治非表皮外伤而为内之疾病的进口药。自《关于国文的学习》将“明确”分为两层两步，扩充怎样写作的子系统，上述一切就有了自己的新区位，并取了一个简洁、响亮、中国的名称“适当”。“所谓适当的文字，就只是合乎这六项答案的文字而已”。

3. 把原有的次序和内容作一些调整，更加凸显写作的交流对话功能。“我们写作文字，当然先有读者存在的预想的，所谓好的文章就是使读者容易领略，感动，乐于阅读的文字。诸君当执笔为文的时候，第一，不要忘记有读者；第二，须努力以求适合读者的心情，要使读者在你的文字中得到兴趣或快悦，不要使读者得着厌倦”。又说“文字既应以读者为对象，首先须顾虑的是：(1) 读者的性质，(2) 作者与读者的关系，(3) 写作这文的动机等等”。将引用的上下文对比看，夏丏尊论述时这样的序列安排不是无意味的。“六 W”第一、二条特别是第二条与第六条关联度高，可退居四、五，第三条一分为二，优先考问，很有必要。第三、四条关乎时空、情境，和作者、读者难以分离，缩编为一，次序不变应无恙。这样改编后的“六 W”和他归结的一句话相吻合。由此可知，“适当”已是、的确是其作文教学论概念，不过此时未能见到相应的案例，似乎还逗留于理性层面，《文心》第 6 篇《知与情意》就展示了生动可感的一幕，给人们理论融合实例的满足。

这又是一堂作文指导课，却不是教师命题，而是学生自愿自主的习作。时间是“九・一八”东北事变群情激愤的岁月，学生们要向《抗日周刊》投稿，请教王先生。王先生的指导自提示发问始：“我以为第一步该认清目标。方才那篇《闻警》，是杂志编者对你们中学程度的青年说的。你们在《抗日周刊》上发表的文字，预备给什么人看?”慧修回答“我们的文字是预备给大众看的，要叫大众起来抗日”。王先生又问“现在你们是中学生，你们叫大众抗日，究竟有什么具体可行的方法没有”? 在“把作文的方向弄个明白”后，紧扣题旨因势利导：“文字是心的表现，也可有三种分别，就是知的文、情的文与意的文。关于抗日事件，外交上、军事上的具体办法，抵制日货的切实方案，这是知的方面的事，我们在这些方面当然不很有明确的知识。这类文字只好让专门家去执笔。我们对于东北事变，知的方面虽还缺乏，但情与意的方面是并不让人的。……我们的文字是宣传品，是给大众看的。我们该以热烈的感情激动大众，以坚强的意志鼓励大众，叫大众也起来和我们一起抗日。”让学生明白我是谁，对读者能做什么，该做什么，克服“单逞情意，不顾知识的毛病”，然后才是立提纲、起草稿、修改、通过……全篇围绕“我们这篇抗日的文字该怎么作才对?”这个中心、这条线索，程序分明、步步为营，不明说“六 W”、也不见适当的概念，却无不与夏丏尊的一句话保持一致，创作了知识内涵、能力培养、思想教育尽在其中又在不言中之教例。

夏丏尊不仅视书面和口语同为交际方式、都要留心“六 W”，而且认为书面表达过程的始终都应有言语的交流。《文心》第 4 篇是“乐华和大文把寄给李先生的信稿拟好了。他们先把要说的话都说出来，然后互相批评，这几句是不用说的，那几句是可以归并到哪里的。批评过后，再商量哪一段应该在前，哪一段应该在后。造句也共同斟酌，由乐华用铅笔记录下来”；第 6 篇是“先把大意商定，推一个人起草，然后再共同斟酌”，共同写作如此，形式决定内容；即便独自完篇，“写文字的时候也要读，从来名家都用过就草稿自读自改的苦功”。学生习作不应一写了之，也不应只有教师一个读者。可自读自改，可他改自读，如第24篇宋有方请乐华为之修改、讲评。《爱的教育》翻译之际，“邻人刘薰宇君，朱佩弦君，是本书最初的爱读者，每期稿成即来阅读，为尽校正之劳”。这是他的自学之道，也是他为人开明之处。把自己的做法、习惯用于指导学生习作，自然就体现了以文交友、集思广益、转益多师的好传统，也反映了在开放中改革作文教学的新思路，形成了独特的过程和方法论。高志林写到“丏师批改学生的作文，则是认真到了极点。每篇习作页顶，他都要写上一段评语，再加上眉批，说明这个地方为什么要这样改”，有些句子或段落写得好，“圈点之处加上眉批，说明好在何处，妙在哪里”。书面的对话还不够，“如果他认为全篇都写得不错，还往往拿到课堂上去抑扬顿挫地朗读一番，并且随时夹入他的按语和评论”[①]。王传绅说到一次旅行中，“从白马湖到杭州这一段路程，当时未通火车，我们雇了一条大船，沿江西上。在这条船上，白天，夏先生盘膝而坐，抓紧时间，翻译意大利亚米契斯名著《爱的教育》，休息时就讲片断内容给我们听，讲得很生动，大家都深受教育”[②]。张志渊忆及“他改学生的作文卷子也总是在深夜，他改到较好的文章，常去敲同住的先生的门，欢喜无限，说：‘来看，来看，好文章！’他那时正主编《一般》杂志，这样的文章，便给收编进去了，他说：‘青年人是需要鼓励的’”[③]。赵景深“记得丏尊所译田山花袋《绵被》的原稿，在当时曾经很得意地朗诵几节给我们听过”[④]。他总有一种分享意识、

---

① 夏弘宁主编：《夏丏尊纪念文集》，上虞市文学艺术界联合会2001年版，第426页。

② 同上书，第169页。

③ 同上书，第41页。

④ 同上书，第30页。

互助精神，深深打动了人们，感染给学生。所以，《文心》第9篇《文章病院》有“朱志青把研究所得记录下来”并“报告给全班同学知道”的先写后说，犹如浙江一师时书面批评后的口头批评；第21篇《语调》王先生批改、讲评作文后，就较普遍的毛病“提出了句调的题目，叫我们去研究，下星期六的讲演题目就是‘句调’”。同学们“用心了好几日了”，“今天要汇集各人的报告来作成一个大纲”，为写后说、说后写、写后再说的交替使用，不断深化。都是书面与口语形式结合的交际，扩大了受众面，便于言语思维能力的提高，也便于习作的上口、畅达。

夏丏尊认为口语交际并非随便谈话，要使之发挥书面交际一样的作用，互促相得，必须讲究组织。从第4篇《一封信》枚叔提醒“每逢开口说话绝不乱用一个承接的、转折的词儿，一定要辨别了前面后面的意思，拣那适当的词儿来用：这样，作文的时候自然不会用错了”，到第17篇《语汇与语感》中振宇的演讲以“我们在衣服上或可甘心做穷人，在辞类上却不妨是富人”为主题，第30篇《鉴赏座谈会》“一共有七个人，每人自由地发表意见，将来记录下来”也是有中心、有组织的片断，特别是在第27篇周锦华以《文章的组织》为题的演讲里不难发现：下笔成文与出口成章，是其口语和书面交际的共同要求。这是“或口讲，或写在纸上”形式两便、转换自如的关键，也是《文心》继承发展之处。和一般作文法类似，《文章作法》指出：“从经验事物虽将各项关于事物（题目）的材料收集起来，但这些材料，对于题目并不全然适切。如果将不适切于题目的材料夹杂进去，文章就有不切适的毛病。”所以下一步要取舍。“材料取舍完了，其次便是整理。凡是同类的材料，务必集合在一处，将冗繁支离的删去。……既将材料取舍，整理好了，联缀起来，就成文章。”《关于国文的学习》自文自答：“凡是思想感情，一经表出，就可成为文章了吗？这却没有这样简单。当我们有疾病的时候，‘我恐这病不轻’是一种思想的发露，但写了出来，不好就算是文章。‘苦啊!’是一种感情的表示，但写了出来也不好算是文章。文章的内容是思想感情，所谓思想感情，不是单独的，是由若干思想或感情复合而成的东西。‘交朋友要小心’不是文章，以此为中心，把‘所以要小心’‘怎样小心法’‘古来某人曾怎样交友’等等的思想组织地系统地写出，使它成了某种有规模的东西，才是文章。‘今天真快活’不是文章，把‘所以快活的事由’，‘那事件的状况’等等记出，写成一封给朋友看的书信或一则自己看的日记，才是文章。”这虽比陈独秀“凡百字之共名，皆谓之文”仅从字数上论断要严密得多，比叶圣陶就言意的亲合疏离来谈论文章的组织，也要通俗明快得多，但都侧重在书面表达上谈论组织。和一般作文法不同，《文心》第27篇题为《文章的组织》，呈现的是演讲话语的组织，实为书面与口语交际的结合论。它舍弃了以线表球的比喻，直接与做工办事挂钩。拟为“许多人聚在一起，共同办一件事，派定甲担任这一项职务，派定乙担任那一项任务，所有的人都派定了，都有了适当的职务可做，这叫做‘组织’”。形象性依然，却与作文定义保持高度统一，突出个“做”字。并认为做一篇文章或演说，都是将“一串的意思、情感”构成“一个独立的单位”。“这自成一个单位的许多话，如果用言语来发表便叫做‘一番话’或者‘一席话’，用文字来发表便叫做‘一篇文章’；所以称为‘一番’‘一席’以及一‘篇’，无非表明这是一个单位罢了。”称谓不同不重要，关键在于有组织。家庭中你一句我一句的随意交流，“这简直可称为‘话语的杂货摊’”；备忘录上东一条西一条的记述，“这简直可称为‘文字的百衲衣’”。从所作比拟及其语气看，无组织的言语文字是谈不上文章、话篇的，反倒构成交际必将清除之的障碍，因而强调："凡自成一个单位的意思、情感，无论用言语或者文字来发表，就必得讲究组织。讲究了组织，发表出来的才是个健全的单位，能使听者、读者满意，同时也使发表者自己感到快适，他正发表了他所要发表的。"大概所谓作文和说话一样的深意在此。组织文章的三原则是秩序、联络、统一，"把所有的材料排列成适宜的次第，这是'秩序'；从头至尾顺当地连续下去，没有勉强接笋的处所，这是'联络'；通体维持着一致的意见、同样的情调，这是'统一'"。虽然《文章作法》中已有解说，但看着"就同我今天到这里来演说一回一样"、解决"怎样开场、怎样说出主要意思、怎样作个收束"三个问题，确是本篇的特点。三种组织流派的梳理："一派是就意念的次第信手写的；一派是拘守着公式，把自己的意念象填表格一般填进去的；第三派呢，是把怎样起讫、怎样贯穿先作个大体的规定，然后一步一步写下去的。"分析"第一派实在是无所谓组织；意念萌生的次第不一定有条有理，如果把未经整理的意念照样写出来，他们的失败就无可挽回了"，免却学生忽略作家打腹稿、宿构的内在组织过程，徒慕提笔信手、一挥而就的外象；"第二派有形式整饬的好处；然而这样的倾向太过厉害的时候，就不免有刚才我所说的反客为主的弊病。第三派比较上最为妥当，他们有第一派的活动而不如第一派的纯任自然，有第二派的审慎而不如第二派的拘守成规；他们只悬着'秩序、联络、统一'的标准，做他们的组织工夫"。中学生作文，"自然非归入第三派不可"，本篇的演讲也是第三派。周锦华既没有"仅仅怀着一腔杂乱的意思跑上台来，前言不搭后语，记得一句说一句，一会儿说这层，一会儿说那层"，也没有照着讲稿念一遍，而是"预备的时候先做一番组织的工夫"，演讲的时候注意场景和听众作适度的补充调整。全篇内容是文章、形式是演说，预备是书面、发表是口语；巧妙地合二为一之中又不失演讲这种口语交际的特色，从讲述中现挂、过渡时呼应，特别是从评分注意到“声音和姿态两项”里不难看出。

夏丏尊口语与书面交际一体论，不只是用笔说、用嘴写的形式变换，也不只是作文说话共性个性的明了，更重要的是书面语言表达要吸收口头语言的精华，口头语言表达须通过书面的方式得以提炼，这是白话文之所以为白话文即白话文的立论和使命所在。再则，白话体的记叙文、小说、戏剧等，凡有会话的文章，所说未必全是作者之言，各人的话要符合人物的身份、地位、性格。《文章作法》附录二里夏丏尊引用章实斋《古文十弊》中所说“文人固能文矣，文人所书之人不必尽能文也。叙事之文，作者之言也，为文为质，惟其所欲，期如其事而已矣。记言之文，则非作者之言也，为文为质，期于适如其人之多，非作者所能自主也”作中外作品的比较研究。指出《超人》中的信“姑勿论贫苦的禄儿能否识字写信，即使退若干步说，禄儿曾识字能写信，但这样拗曲的论理，究竟不是十二岁的小孩的笔端所能写得出的，揆诸情理殊不可通”。《文章讲话》第五节《文章中的会话》挑明“文章中所用的会话和我们日常所说的会话是不一样的”。若“日常会话要写入文章中去，有两种工夫先得做，一是要精选，二是弄明确”，并指出：“用会话的目的，在传出人物的神情、个性，就普通的叙述文来说，在普通叙述的时候，写一人物，是以作者的立脚点写的，换句话说，就是作者用自己的口吻把某人物介绍给读者，成为‘人物——作者——读者’的关系。至于用会话来写的时候，是作者暂时把自己躲开，让人物直接说话给读者听，成为‘人物——读者’的关系了。作者在写作时所当留意的问题有两个，一是该让什么人物在什么时候说话？二是该叫人物怎样说话?”由此可见，写话并非易事，夏丏尊养成学生各种文体写作能力的思考，是周遍而深刻的。

第二节 与建构主义作文教学论的比较

比较夏丏尊与当今建构主义作文教学论的异同，一方面在横向联系国外语文课程与教学改革的动向、纵向联系我国教学论发展历史的过程中显现其周遍，另一方面从多视野的广角剖析新课程标准及其教学存在的某些不足，剖析建构主义作文教学论的某些不足，为课程的编订及作文教学的改革，寻求共识和更丰厚的理性资源。以下三个方面采用先客后主的方式阐述。

一 自我与读者并举

斯皮维“趋向整合的话语概念”，从三个维度即作者与读者的关系、作者与其他作者（他们引用和改造文本的作者）的关系以及作者与合作建构者的关系考察写作的动态过程，置学生社会认知能力的发展为写作教学的重要目标。

呼唤整合是对现状的不满和批评。“我们教育制度中的课程门类与培养读写能力的任务不相适应。它们没有使传统的课程门类适应于我们学校中所关心的读与写。一方面，在传统上阅读教学强调对文本的解码、理解、鉴赏和评论，特别是那些单一的文本，它们不是用来产生其他文本内容间的联系；另一方面，写作教学常常把精力集中在‘原创’文本的产生上，常采用个人论文、记叙文、个人经历等形式，而不是把写作文本建立在别的文本的基础上。”与课程制度教学实践匹配的读写理论，“在很大程度上形成了两种不同的方向、研究方法、术语、假设和价值观以及理论家”[①]。于是，打破传统的障壁，将沟通与对话进行到底，就成了斯皮维的意旨和使命。

“学会为读者而写”是其选准的改革作文教学的突破口，牵一发而动全身。美国的语文教育多纲多本，观念与操作的差异较为鲜明。如麦克多戈·力特尔公司的十一年级语言教材，第一章即“为自己写作”，与第五章后“为不同的目的写作”区别。第一章以观察思考为纲，有写日记、描写周围世界、描写个人经历、表达观点和信念的训练。其实，这种把写自己——表现学生个体的生活、情感、态度等同于为自己而写，并与为读者而写对立起来的看法欠妥。斯皮维说“作者（在家庭及单位工作的人、专职作家或学校里的学生）都是为读者而不是他们自己创作文本”，也不免绝对。“因为日记是独语”，夏丏尊在《文章作法》中指出这一点，当然他也看到日记体的小品文、小说等是面向读者的；如《文心》第7篇中的日记可以公开，第23篇里的诗体心语也可以秘不示人。两分法中有交叉。

再则，作者与读者也不是固定、分裂而没有变化、融合的时刻，“建构主义倾向于反对把作者和读者彼此之间的立场绝对化”。“一个人既是建构文本意义的作者，同时又是从文本中获得意义的读者。……阅读自己的文本是写作过程的重要组成部分，是作者高度建构性的活动。在活动中，作者根据自己文本的线索去使意义精确化、清晰化，甚至重构意义”。夏丏尊主张“自己写文字的时候也要读，从来名家都用过就草稿自读自改的苦功”。主体为读者的运思用语过程实质包含着为自己。为自己不是独抒

① 莱斯利·P. 斯特弗、杰里·盖尔主编，高文等译：《教育中的建构主义》，华东师范大学出版社2002年版，第241—253页（以下引用斯皮维的言论均出于此，不再一一注明）。

怀抱、孤芳自赏；为读者也不该迎合他人、失却本真。态度是积极合作的，方式则是多元的对话与互动。

引导学生为读者而写，和斯皮维的文本理念密切相关。在她看来，写作教学犹如进入产出交换的商品市场。初稿构思为认知产品，写就完篇为文本产品，统称“建构过程的产品”。产品须进入流通，面向消费，才能兑现并提升价值。“文本本身是没有意义的，是人赋予它意义。”好比一幅蓝图，提供线索：线索由作者选择经营，目的是为读者提示意义框架，让读者通过线索建构他们的意义。由此可知，文本的意义是作者与读者合力生成的。“在读者尚未用自己的知识去建构意义表征之前，这些文字只是书本上或计算机荧屏上的符号和线条”。这与萨特比拟文学运动如陀螺“需要一个人们称为阅读的具体行为，而且这个辩证关系延续的时间相应于阅读的时间。除此之外，只剩下白纸上的黑字”[①] 如出一辙；与新批评的文本自律、读者“感受谬误”，以及结构主义者巴尔特“写作根本不是一种交流的手段，也不是一条仅仅为语言意向的通行而敞开的大路”[②] 的说法相异其趣。伊格尔顿把现代文学理论大致分为三个阶段：“全身贯注于作者阶段（浪漫主义和十九世纪）；绝对关心作品阶段（新批评）；以及近年来注意力显著转向读者的阶段。读者原来在这三重奏中一直地位最低——这很奇怪，因为没有读者就没有文学作品。文学作品并非存在于书架上；它们是仅仅在阅读实践中才能具体化的意义过程。为了使文学发生，读者就像作者一样重要。”[③] 他的

① 转引自李建盛：《理解事件与文本意义》，上海译文出版社 2002 年版，第 113 页。

② 同上书，第 74 页。

③ 伊格尔顿著，伍晓明译：《二十世纪西方文学理论》，陕西师范大学出版社 1986 年版，第 94 页。

见解正概括了现象学、哲学解释学、接受美学等理论的共同取向。英加登以为，每一部艺术作品，“在确定性方面，其自身有明显特征的空白，即各种不确定的领域，它是纲要性的图式化的创作。……观赏者就是去充实作品的图式结构，至少是部分地丰富作品的不确定领域，实现只是处于潜在状态的各种要素。这样就产生了艺术作品的‘具体化’的东西。艺术作品是艺术家有目的活动的产品；作品的‘具体化’不仅是观赏者对已描述的东西的一种‘建构’活动，而且也是作品本身的完成与潜在要素的实现。因此，从某种意义上说，作品就是艺术家和观赏者共同的产品”①。伽达默尔认为，文本“只是一个半成品，是交流事件的一个阶段”②。伊泽尔认为“文学文本与其说实际地形成了意义文本，不如说开始了意义的‘实行’。它们的审美特征就在于这一‘实行’结构，……没有单个读者的参与，就不可能有实行”③。顺应现代文学理论的读者转向，从学生写作的角度重新审视作者、作品、读者的关系网络，斯皮维的话语建构理论表现出顽强的生存力。传统看似结果的文本产品，在她眼里只是过程一段；同伴于作前、作后的讨论，教师口头或书面的评语，均有助于促进学生的建构。听与读的“结果可能会改变认知产品（一种不同的意义框架），并很可能产生一个新的文本”。如是写作，过程结果不再分离，而是连续一体、盘旋而上，作者与读者（听众）的关系转换，文本实现双重乃至多重的建构。

斯皮维是主观意向与客观效果的统一论者。她认为真正学会不仅是“懂得为读者而写还要学会选择”，这“主要取决于

① 转引自李建盛：《理解事件与文本意义》，上海译文出版社 2002 年版，第 131 页。

② 同上书，第 101 页。

③ 同上书，第 132 页。

能否对读者进行解读，并预想他们的建构，也就是学会读者们如何从特定的线索中建构意义”。根据读者的建构过程确定选择的因素有：（1）设想读者的心理需要。“作者料想到读者将要了解和想要从阅读中了解的内容。这种知悉他人观点的能力属于社会认知的范畴。在整个人生历程中，人们参与纷乱的实践活动，社会认知能力也随之发展，而这种能力正是大多数写作教学的重要目标。”（2）考虑读者的知识背景。读者总是以原有认知图式与阅读内容建立联系或对之进行重建，而事实是作者可能误判读者的水准，低估、高估读者已有的知识，所以“作者必须多方面考虑读者已有的知识以及与其话语目标相关的内容”。（3）调适作者的文本线索。“为了能够产生对读者有用的文本（因为读者是假想的），作者应该在写作时对意义进行大的调整。……包括内容和结构在内的各种线索。”该强调的，当在文本的重要位置上突出；应让读者阐述的，可使用种种暗示。晦而不明是败笔，直不留白也是轻视读者令人厌恶的。明确性相对而言，“在作者要明确表达的内容与留给读者思考的余地之间存在着一种有趣的张力。”关键是充分估算“读者可能的投入与产出”，以决定表达的内容和方式。斯皮维的“读者”，蕴含自己，又不局限于教师，“实际上，作者在创作文本时，会面临多元的读者或听众”。这不仅增加解读读者的广度、建构文本的难度，也给作者积极了解社会人生、主动获取知识提供更多的机遇和乐趣。为人利己，公共关系的互惠双赢调节法则，同样适合于写作交流。“一旦作者能预想出读者们已知的、想要知道的将对他们思维方式产生影响的东西，这反过来会有助于作者的创作。当读者多元时，启发的潜力便会增加”，因为不同的读者有着不同的知识背景、阅读视角和趣味，并且有着不同的期望值。总之，读者的变化会直接影响到作者所建构的意义变化，对于作者来说，“变化读者看起来是一种打破写作框框的途径，或者说是通过建立对比的视点来检验自己观点的一种方法”。美国典型的作文评定是教师读学生的文章，打上某些符号，写上评语和成绩，这种方法已经令人不满。新的技术注重设置读者环节，除同学间互评讨论外，有请家长批阅或雇用受过良好教育的家庭妇女来学校帮助评改等做法。作家巴德·舒尔伯格回忆七八岁时写的第一首诗，分别受到母亲“精彩极了”和父亲“糟糕透了”的评语，逐渐领悟到两个极端断语中的平衡和爱对人生的意义（见 H 版语文教材第一学期），可谓变化读者检验文本的范例。

为读者而写体现了国外写作课程教学改革的主流趋势。美国俄亥俄州克利夫兰市市立学区《英语语言艺术课程（六—九年级）》将学生能够根据不同的读者和目的进行写作列为目标之首，把基础知识与谋篇布局措词造句语气语调乃至修改发表的写作流程统合起来，聚焦于读者。加拿大安大略《语言课程（1—8级）》强调“写作是一个复杂的过程，包含了一系列的技巧和艰辛的劳作。尽管人们经常通过写作来阐述思想、表达情感，但是人们主要还是将其作为与他人交际的工具。为了清楚而有效地交流思想，学生们必须成为训练有素的思想家。他们有必要学会筛选并组织观点，牢记创作动机，心里放着要面对的读者。……要成为优秀作家，流畅清晰地表情达意，学生需要就多种目的，针对不同读者，经常练笔，以掌握写作过程中各种任务所需的技能”①。英国《国家英语课程》11 年级分四个学段。贯穿四段的一般要求为——培养有效的写作者，应指导学生：组织思想与读

① 柳士镇、洪宗礼主编：《中外母语课程标准译编》，江苏教育出版社 2000 年版，第 351 页。

者交流，利用丰富的词汇、有效的方式，组织合乎语法的句子和整体统一的文章。第一段学习大纲写作：学生应知道自己所写文章的目的，并学习给不同的读者写作；学生应学习用各种有助于达到文章目的，易于读者理解的方法来组织文章；应使学生了解标点对于帮助读者理解文章有着重要作用。第二段学习大纲写作：指导学生练习面向不同的读者群而写作，如老师、同学、学校或社区中其他的孩子和成年人，以及想象中的读者；当学生需要为不同的目的而写作时，应指导他们辨别作者与读者之间的关系程度，并随之调整写作的口吻。第三、四段学习大纲写作：提供机会指导学生针对特别读者群、广泛未知的读者群及自己进行写作训练。与四段配套的达标标准分为八级：二级学生表现出对读者的考虑意识；三级学生能正确运用各种写作形式的主要特点，开始适应不同的读者；四级学生通过有趣的方式表达自己的想法，并根据目的和读者适当地组织文章；五级学生的写作富于变化，有趣味性，使用各种形式向不同的读者清晰地表达意思；六级学生的写作吸引读者的兴趣，使用不同的形式写作，适当的时候使用非个性色彩的写作风格；七级学生能够写作吸引读者的段落和正确使用标点符号，使读者感觉到作者对一系列事件或思想的表述连贯、清晰；八级学生能选择有特色的表达方式，体现独特的写作效果，吸引读者的兴趣；超常表现为学生的写作有感染力，表现出对各种文体的掌握，作品从始至终吸引读者的兴趣。段级要求有复叠、有递进，紧扣读者。日本的作文教学传统重视学生的自主、个性，“生活作文”的代表人物芦田惠之助以为“写作之方法即是写自己”，小砂丘以为“各人的作文之法就是他的修身、他的历史。换言之就是自己的‘个’之发现”。曾有学者把中小学的作文简化为表现自己和传达社会信息两类，从第二次世界大战后以来的实际看，作文教学目标的重点已转向后者，且不把两类对立起来，只看作程序，逐步要求[①]。如日本文部省颁布的《语文课程纲要》初一要思考想要表达的事物，选择与心情相贴切的语句，整理成文，将其表达出来；初二要根据对方和场合的不同，选择确切的措辞，用语言表达出自己的想法和心情；初三则为了向对方传达意图，在表达时要明确依据，反复推敲表达的有效方式。初一要回过头来阅读写完的文章，确认标点和表达的方式，使文章更加完善；初三则要回过头来阅读写完的文章，考虑读者的立场，推敲标点的使用与文字的表达，使文章更完满。2002 年 4 月全面实行的《初中国语教学大纲》也是在初二、初三年级将“向对方合理地传达自己的意见，能写论据鲜明、逻辑清楚的文章”列入指导事项。韩国《语文课程标准》指出写作的性质是“以文字语言表达自己的思想，与他人沟通，发现问题然后解决问题，从而创造新意思的语言使用行为”。阐述认识写作的脉络、回顾及调整写作过程中，又分别提示“分析构成具体的写作情况的写作课题、可预料的读者、目的等”，“评价文章是否恰当地符合预期读者的要求和目的，然后修改不恰当的部分”。因此，把性质、原理、态度与写作结合起来时，“考虑各种各样的目的和预料中的读者，强调实际写文章的学习活动”[②]，成为其国语生活的应有之义。

与上述列举的美、加、英、日、韩的语文课程相比，我国的语文课程为读者而写的观念长期比较淡薄，简直可说空白、缺失。中国香港、中国澳门、中国台湾乃至新加坡华文课程标准概莫能外。上海二期课改一至十二年级写作训练体系，以学生自我

---

① 朱绍禹：《美日苏语文教学》，吉林文史出版社 1991 年版，第 314 页。

② 柳士镇、洪宗礼主编：《中外母语课程标准译编》，江苏教育出版社 2000 年版，第 505 页。

"表达"为主线，只字不提与人"交流"；2001年全日制义务教育《语文课程标准（实验稿）》第三学段强调"自我表达"的同时，重视"与人交流"正是课程作文目标新意所在。把相关表述整合起来详加阐释确能令人耳目一新，使"对话"不留死角。可杨再隋解说"'自我表达'就是走入内心，张扬自我。'与人交流'需要以心换心，以诚相待。这两点都以'真'作为基础"①。与谁交流？还模糊不清，更说不上怎样交流了。第四学段提出"写作时考虑不同的目的和对象"，指写作对象还是交流对象？均未分辨、明说。2003年普通高中《语文课程标准（实验）》揭示了写作教学社会化参与的多种方式，却去掉"对象"改为"考虑不同的目的要求"，不知编者意图何在。总之，新课标阐述写作没有亮出读者、交流对象囿于本班同学和老师确是不争的事实。

借鉴国外母语教改经验，就写作而言，仍有相当的差距和发展的空间。古施的《言语和意思》提出好文章的标准既应是真实的又当是有效的。有效就"要显示出作者思想上意识到读者，他尊重读者看文章的标准、期待或需要"。美国视处理好作者和读者主客观两方面关系为写作基本能力，列入训练内容。比如向中学生提出这样的作文要求：给三年级小学生写一篇文章，告诉他们为什么要刷牙。所用的言词要符合三年级小学生的水平，文章要达到说服的目的。如此，有意识引导学生注意读者对象的需要和反应，把"自我表达和与人交流"结合起来，而不是割裂开去。古德、布罗菲评述建构主义以交流为帅："在帮助学生计划和完成写作的过程中，教师应首先强调写作目的、针对的读者和作者要表达的观点的合理组织。只有强调了这些之后，才强调较

① 杨再隋等编著：《〈全日制义务教育语文课程标准〉学习与辅导》，语文出版社2001年版，第106页。

次要的语法和拼写。有各种各样的写作目的和读者，因此学生要学会的不仅是知道表达什么，而且也要知道，如果要让自己的观点对预期的读者产生预期的效果，应该怎样表达。”[①] 可见，俄亥俄州克利夫兰市市立学区《英语语言艺术课程》和建构主义写作理论合拍、相映，斯皮维的不满和批评，反与时下我国语文课程的写作表述有着直接的针对。

其实，本土生长的写作理论中也不乏值得珍存的见解。梁启超认为“文章的作用在把自己的思想传达给别人”。传达给别人则：(1)“所传达的恰如自己所要说的”，(2)“令读者恰恰理会得我的原意”。他的作文法，求应用、明规矩，主张“凡作一篇记载之文，便要预备传到后来作可靠的史料，一面对事实负严正责任，一面对于读者负严正责任。学生初学时，给他这种观念，不惟把‘文德’的基础立得牢固，即以文体论也免了许多枝叶葛藤”[②]。作论辩文，最要紧的条件是耐驳、动听，动听项技术上的规矩有急切、明晰、注重、对机四种，“见什么人说什么话叫做对机”。总之，看时间、看地点、看听读的对象，而且“做文时先须看自己所做的文，要给何人看”[③]。

夏丏尊关于文章的标准与梁启超相似。“所谓好文章，就是达意表情，使读者读了以后能明了作者的本意，感到作者的心情的文章。”怎样作法才能达到这种地步，最要紧的基本条件是真实、明确，而适合这两条就要：(1) 勿模仿勿剿袭。(2) 须自己造辞，勿漫用成语或典故。(3) 注意符号和分段。(4) 用字上的注意。《作文的基本态度》篇告诫人们作文说话时留心“六 W”，

---

① 古德、布罗菲著，陶志琼等译：《透视课堂》，中国轻工业出版社 2002 年版，第 540 页。

② 梁启超：《饮冰室合集・专集 70》，中华书局 1936 年版，第 6—7 页。

③ 梁启超：《中学以上作文教学法》，中华书局 1925 年版，第 42—43 页。

并以为“古今能文的人，他们对于文章法诀各有各的说法，一个说这样，一个说那样，但是千言万语，都不外乎以读者为对象，务使读者不觉苦痛厌倦而得趣味快乐。所谓要有秩序，要明畅，要有力，等等，无非都是想适应读者的心情。因为离了读者，就可不必有文章的”。阐述更为具体、详明，概括力更强。而且也是用写作的性质、原理、态度来统驭基础的知识、操作，示规矩以使人巧，主次分明，高屋建瓴。他认为：“在议论文中，所列的完全是作者对于某事物的判断，作者完全现出在文里；说明文，是以作者的见解来解释某事物的，作者也现出在文中，不过程度较差罢了。至于记事文与叙事文，乃如实记述事物的文字，态度纯属客观，作者在文字上无现出的必要，并且现出了反足以破坏本文的调子。因为记叙文的使命，不在议论某事物的好坏，解释某事物的情形理由，乃在将作者对于某事物的经验如实传给读者，使读者从文字上也得同样的印象。这时候作者所处的只是个媒介的地位。媒介虽有拉拢男女之功，然在已被拉拢的男女之间，却是大大的障碍物，非赶快躲避一旁不可的。”他自问“那么作者在记叙文中不能发挥自己的人格个性了吗”？自答“就是作者得因了文字暗示他的人格个性，而在文字的形式上，绝不许作者露出自己的面目来”。如果《文章作法》是分体细说，那么《文章讲话》中的句读和段落，省略、留白则是斯皮维式的预想读者的建构。“与其对读者谆谆地絮说，令读者厌倦，不如信任读者的理解力、想象力，说得简略些，让读者有发见的欢喜。”但是，他强调为读者而写，并非如建构主义论者那样忽略原创，这在上述章节里已表露无遗；真我的创造力与适合读者和谐并举，这一点尤为醒目。《文心》里有《写给母校教师的信》，有向《抗日周刊》投稿，都是有意识地扩大作文的读者群。

朱自清《论教本与写作》就叶圣陶批评学生写信滥用文学的

调子、全像小说的话加以引申，“写作练习是为了应用，其实就是为了应用于这种种假想的读者”。他的假想的读者包括了学生常用的实际的读者，是一个广泛的社会读者群。“假想的读者除了父兄、教师、亲近的同学或朋友外，还有全体同学、全体中学生、一般青年人、本地人士、各社团、政府、政府领袖、一般社会，以及其他没数到的”，他以为“知道有假想的读者的存在总比马马虎虎不知到底写给谁读的好些”。“学生写作，不意识到假想的读者，往往不去辨别各种体裁，只马马虎虎写下去。等到实际应用，自然便不合式。……只知道一种假想的读者而不知道此外的种种，还是不能有辨别力。”如果每次都只为了教师和同学，“那么写作确是没有多大趣味。学生中大约不少真会这样想，于是乎不免敷衍校章、潦草塞责的弊病”。他把造成学生写作态度、心理、方式的种种不良归咎于不明目的、无视读者，并把变换读者、拓展多元的交流群看作是疗救的药方。还主张“中学生的写作该拿报纸上的文字和一般杂志上的文字作切近的目标，特别是报纸上的文字。……因为报纸上登载着各方面的文件，对象或宽或窄，各有不同，口气和体裁也不一样，学生常常比较着看，便容易见出读者和文字的关系是很大的，他们写作时也便渐渐会留心他们的假想的读者”①。这已是有关改善、补充教材读写结合的探讨了。

二　生活与文本同行

“指向写作的阅读过程是富有创造力的”是斯皮维对作文教学传统的重新审视和洞见。她以为作者是自己文本的读者还着眼于明处，延续第一维度向第二维度过渡时，“考虑的是另一个重

① 朱自清：《朱自清全集》第2卷，江苏教育出版社1988年版，第46—47页。

要但不明显的方面：在创作过程中，作者如何成为其他作者文本的读者”。这不仅可为作者与读者的转换、融合寻找到新凭据，也为话语整合开启了新视窗。

普遍性仍然是其考虑的基点。不仅仅在超文本计算机环境中，人们才既是读者又是作者并能做连接和插入之类的操作。对于通常的文本来说，同样也是如此。“在许多情况下，人们进行写作活动都要阅读其他作者的文本。他们或许读一篇诸如报告、论文、故事、评论或提案的文本，然后写一篇有关的摘要、评论或对之作出反应。或者为完成一个自己的文本，他们要阅读很多文本，如报告、散文等等。在学校，基于其他文本的写作非常普遍。”“在写作时作者即使没有阅读其他作者的文本，在一定意义上，他们仍是其他作者文本的读者。这是因为他们有意识或无意识地使用了他们在阅读时获得的文本的知识和文本间相互连接的知识。作者利用读者的经验（即进入读者角色），抓住符合自己目的的所有意义，这是很重要的一种读写能力。事实上，在许多情境中，它是读写和教育的主导。”斯皮维发现：“例外的是研究报告的写作，现在还在许多中学和大学新生的写作课中占有一席之地。然而，在学习写作这些文本的艰难过程中，教师强调的往往是如参考文献的格式之类的文本规则，而不是根据对其他文本的阅读进行新文本的意义建构。”

从学校步入社会的持续发展是其立论的依据。“阿普尔比的中学调查和布里奇曼与卡尔森的大学调查表明：参考一个文本去写另一个文本之类的写作任务占学术写作任务的很大一部分。例如，基于学习的写作任务常常要求学生阅读有关主题的文本从而写出同一主题的内容。”在斯皮维看来，建立在别的文本基础上的写作，是选择、整合、分解、提炼的辩证过程。如写一篇概要，她用范迪克“文本相关”表示突出文本中心有关的内容；当从一系列文本中选择相关内容写出综合性报告时，则运用到杰根的“文本并置而获得意义”。作者会用自身的知识框架去理解与组织，注意到有关的部分，纳入新的模式之中。除采用分解和使用部分信息的做法外，还采用写的方法来达到对文本的提炼。一个儿童要做一份课外鳄鱼研究的报告，而她所在的班级已经在研究短吻鳄，她想要做的就是解释两者的异同；一篇研究文章的介绍中，作者总结并不断地引用了一些特定的研究，其目的不仅是为了呈现以前研究工作的成绩，而且还揭示了差距，从而说明作者进行研究的必要性。两者在格式、态度等方面具有相通之处。儿童的鳄鱼报告写作是一种跨学科的研究性的学习，也是为日后的发展打基础。“作者建立要旨的表述——对文本意义的提炼——并在自己的文本中对这些材料的概要给予标示。这是许多科学（包括社会科学）写作的本质特征。”

指向写作的阅读与指向阅读的写作从两个侧翼共同趋向读写结合，所不同的是，指向阅读的写作诚如朱熹所言是一个“学之既久，自然纯熟”的过程，读完后之写常有间隔，暂不产生写的需求和冲动也未可。或临摹仿照、笔录备忘，自主性创造力不够强。多读往往使多写不得。指向写作的阅读是一个带着明确的目标意识、主动急切地去搜索筛选有关信息的过程，实用而功利。读、写、思三位一体，联络紧密、即时。多作势必导入有系统的多读，向文本的广度深度进军。围绕新文本制作而参阅多个文本，提炼组合（初稿写成后的修改调整），所表现出的正是斯皮维说的“富有创造力”。美国经济学家熊彼特 1992 年出版的《经济发展理论》一书中给创新下的定义是“生产要素的重新组合”。创新不等于发明，是发明的为我所用，是渐趋合理优化的配置过程。熊彼特的定义可以说是斯皮维建构的脚手架，反之，指向写作的阅读也是符合经济发展理论的。

指向写作的阅读是以写促读、相得益彰的教学法，并不谋求以作文为中心，从而丧失阅读相对独立的地位。否则，不仅与课程目标不符，还会勾起人们痛苦的回忆和深切的忧虑，使建构主义写作论在实践中歪曲、变形、消解。语文设科前之读写论，偏重读对写的迁移。废科举、兴学堂，乃至五四运动后，语文教育界八股遗风犹存。1932 年阮真发表的《国文科考试之目的及方法》里写道："学校国文科考试之方法，多数不脱科举考试与书院考试之习惯。无论月考、期考以及入学考试、毕业考试，皆不过由教师命题，令学生作文一篇而已。"[①] 同年"国文题目泰半取材于古人典籍之中"，说是"提倡国粹"。1934 年上海市高中会考题是《礼义廉耻国之四维论》。一些报刊及家长因考生成绩不佳而责怪国文课程和教师未曾给学生打好国学根基，实在毫无道理。如果说科举考试写读还有相应，那么 30 年代出这样的考题，则是对课程标准、读写规律的无视和践踏，是迎合当局者的政治需要而在文化上的复辟倒退。只要读读陈望道创办的《太白》上新一轮文言、白话论战的文篇和《教育杂志》出版的"读经问题"专号，便可知其背景和原委。夏丏尊、叶圣陶主编的《中学生》杂志第 30 号发表《国文试题与科举精神》的卷头言鼓动"不甘受灾难的青年，遇到《论王者之政必自经界始》这类的题目，只有缴白卷了事……贤明的中等教育家是应该提出抗议的"。43 号卷头言就会考第一名的试卷，"试查高级中学国文科的课程标准，凡'精读'、'略读'项下所指称的单篇文字以及整部名著，都不是这样的文字的范本。后来我们省悟了，这原来是诵读《论说文范》一类东西的成绩"。只考一篇作文，又如此命

① 阮真：《国文科考试之目的及方法》，《中华教育界》1932 年第 20 卷第 5 期。

题，必然使读写两败俱伤。学生会误以为作文是一件特殊的与自己的生活世界内心感受无关的事，只是就题中应有之义说一番不甚了了的套话。习染久深，即使出《我的故乡》一题，仍有个别学生打起老调，说什么“凡人必有故乡……”一类的空话。在把考试看作敲门砖，急功近利的心态一时难以调整的情况下，只考一篇命题作文，极易导致猜题、押题、套题，以优秀作文选本的记诵取代语文教本的读解，造成语文基础知识学习的零散空缺。初中、小学就如此训练，非但与学生的心理不协调，也与现代教育精神格格不入。为此，叶圣陶、吕叔湘等对 60 年代“写是学好语文的关键”、70 年代末 80 年代初“以作文为中心”的提法分外警觉。吕叔湘认为：“说‘以作文为中心’，就容易理解成阅读和语文知识都只是为作文训练服务的，就片面了。”[①] 叶圣陶多次反复强调“阅读教学，本身自有其重要性，并非作文教学之辅”。“至于多诵文篇，固有裨于写作，然目的不仅在练习作文。阅读教学之目的，我以为首在养成读书之良好习惯。教师辅导学生诵习课本其意乃在使学生渐进于善读，终于能不待教师之辅导而自臻于通篇明晓。课外更读选本，用意亦复如是。果能善读，自必深受所读书籍文篇之影响，不必有意摹仿，而思绪与技巧自能渐有提高。我谓阅读为写作之基础，其意在此。若谓阅读教学纯为作文教学服务，则偏而不全矣。”[②] 由此可知，中国现代语文教学读写理论的合而分，各有目标、价值取向，阅读教学注重文本的认读、理解、鉴赏，写作教学常常把精力集中在“原创”文本的产生上，是和遏制科举精神流弊、牢固确定阅读相对独立

---

① 吕叔湘：《吕叔湘论语文教学》，山东教育出版社 1987 年版，第 105 页。

② 中央教育科学研究所编：《叶圣陶语文教育论集》，教育科学出版社 1980 年版，第 726 页。

地位紧密相连的。90年代末因对阅读检测“标准化”的不满，上海市闵行区转而连续三年语文中考试行“只考一篇作文”，与中心论者一样，他们都以作文是语文知识和能力的综合表现为理由。尽管出题者十分谨慎，均为给材料作文，但是在考试决定一切的背景下，加大作文权重，又怎能保证教学不以作文训练为中心呢？听说不考，就有人不教不练，改革的动向是增添口试加以引导；名家名篇不只是学生写作的样本，有些也难以使他们获得原型启发，再说写作又不限用文言，除非所给的是文言材料，否则，何必走近经典、阅读古诗文了解文化传统呢？阅读教学、考试的改革从其现状出发，对症下药，恢复功能，“非得大刀阔斧、伤筋动骨不可”吗？绕开矛盾走极端，提出并试行“只考一篇作文”，谈不上什么新意味。老一辈语文教育家泉下有知，也许不会感到满意放心。

中国现代具有指向写作的阅读思路的首推梁启超。他在《作文教学法》中指出：“初学作文，头一件苦于没有材料，第二件苦于有材料不会驾驭。”与其依赖平时观察阅读、临题苦思冥索，不如先从文本着手，边读边写。例如写《赤壁之战》，“《正史》比方原料，《通鉴》比方已成的制造品”。把“原料检齐交给学生，先不许他看《通鉴》，自行将各原料做一篇。做成之后，才叫他拿《通鉴》比对”，看看自己的不妥在哪里，司马光选择的标准是什么？“再看他把这许多材料如何排列，令时间空间关系一望明了。如何能把胜败因果不消作者自加说明而读者自能领会。……做过几番这种工夫，学生对于作文的大理法不会不明白了”。制成品是相对的，作文原料取之不竭。“《左传》、《通鉴》一类书，固然有许多已成的制造品，但仍有许多仅属粗制未算精制。因为他到底是编年的史书不是一篇文，我们到处可以取出原料自行精制”。“现存各史中便有许多事一件一件散列未经人编制成组的，我们很可以借来作学文资料。……例如‘城濮’、‘邲’、‘鄢陵’三役，固然各自独立成组，但在《晋楚交兵始末》这个题目之下便成了全组之一局部，想叙明全组事实，要另有结构方法。”如是命题可避免空洞无物人云亦云的说教，“经过这类训练，心思便日趋缜密。会综合，会分析，会剪裁，会布置。将来打算当著述家，固然非多经这类工夫不可；即做任何事业，亦可以成为一位有条理的人”。基于多个文本的写，必定是单篇组元的读；不仅如此，梁启超还认为“学校教授，总要求各门功课互相联络。若用这种方法教作文，便与历史、地理两门生极密的联络”[①]。针对传统主张厚积薄发、述而不作中包含谨小慎微的心态，著述宏富的梁启超以自己的经验劝诫学生：“先辈每教人不可轻言著述，因为未成熟的见解公布出来，会自误误人。这原是不错的。但青年学生‘斐然当述作之誉。’也是实际上鞭策学问的一种妙用。譬如同是读《文献通考》的‘钱币考’各史‘食货志’中钱币项下各文，泛泛读去，没有什么所得；倘若你一面读一面便打主意做一篇《中国货弊沿革考》，这篇考做的好不好另一问题，你所读的自然几倍受用。”[②] 总之，他对指向写作的阅读功效的阐释是较为全面深刻的。夏丏尊率先尝试的小品文教学，开辟了一条不同于临摹的路径——写生，“第一叫学生注意的，是自己的生活，叫他们用实生活来做作文底材料”。以生活为读本，题材广泛，可自拟文题，多作多改，培养观察力。这是阅读的拓展、读写关系的一大转变。小品文写作训练得到了广泛的响应，以为提供了学生发露真心自我的机会。

---

① 梁启超：《中学以上作文教学法》，中华书局1925年版，第31—35页。

② 梁启超：《饮冰室合集·专集71》，中华书局1936年版，第25页。

“野外写生”于1929年写入《初级中学国文暂行课程标准》。30年代文坛研讨小品文的危机与生机，夏丏尊注意力已集中于科学小品文的写作。这类训练必然是基于文本、跨越学科的。方式方法的多样选择，源自作文界定的由闭而开、由窄而宽。针对不少人把命题形式视为作文的全部，如同课本为国文，其余阅读不算一样，写作方面也有此奇怪的误解。夏丏尊把国文科解作“整个的对于本国文字的阅读与写作能力的教养”，读写的整合自在情理中。他指出：“读到一部书，收得其内容，同时欣赏其文字，遇有疑难时就利用了上项的工具书去解索。所收得的内容，成了自己的知识，其效力等于实际体验。积久起来，不但可为写作的材料，而且还可为以后读他书的补助知识。所欣赏玩味过的文字的方式，则可以应用于写作上。能如此打成一片，读书就会有显著的功效了。仅仅留心内容，或只注意于文字的模仿，都不是最好的方法。”非自然个性流露的、起承转合类的格式化，不好；不识滋味、硬着头皮勉强摹拟，落得个依样葫芦，更是等而下之。《文心》主张作文取材并非仅在书中、还读不用文字写的书，又强调重读旧篇、笔录自己新鲜的感受。书中塑造的王老师将课堂移至图书室，以古今大量的读书笔记启示学生，并“把作文的时间分出一半叫学生试写读书笔记”，养成习惯。这样的精读是具有探究性的。可基于单个、多个文本。第9篇《文章病院》里朱志青的报告，是课外阅读的笔记；第30篇《鉴赏座谈会》指出：“作者把经验或想象所得的具体的事物翻译成白纸上的黑字，我们读者却要倒翻过去，把白纸上的黑字再依旧翻译为具体的事物。”是包含实生活、文本两面的。第10篇《印象》是以游促写、以写带读的范例，既有枚叔仔细入微的启迪，又有自然风物的触发，情境教学、单元教学水乳交融，而且是缘境生发，灵活组元。第 31 篇《风格的研究》大文“想把这一点意见写成一篇笔记；又自嫌还缺少具体的例证，须得找几个作家、几篇作品来检点一番，如果证明所想的不错，写成笔记才可以放心”。所读不是单篇而是多篇一组，实是将单元教学从讲读延伸到写作中去，丰厚了原先的单元教学概念。总之，夏丏尊不以一换一、单打一地对着干，而是多方注意、多样多篇，追求国文教学多渠道多功能立体化效应。

20 世纪 80 年代既有移植性的读写结合，如钱梦龙的《谈骨气》教读，也有基于单个、多个文本的组合性命题作文，如沈蘅仲结合课文《隆中对》《出师表》设计的《我所知道的诸葛亮》、《诸葛亮纵论天下形势》、《〈隆中对〉和〈出师表〉写法比较》、《从〈隆中对〉和〈出师表〉看诸葛亮的政治才能》，过传忠教《包身工》也连出四题：《包身工的一天》（记叙文）、《包身工制度的起源和发展》（说明文）、《包身工制度的罪恶》（议论文）、《锭子上的冤魂》（散文），还有老师要求学生用对联的形式概括课文单篇或双篇，均是以多作带动复读精读的策略。上海二期语文课改标准一至二年级课外阅读量 20 万—30 万字；三至五年级阅读书报杂志总量 150 万—200 万字，写作总量 2 万—4 万字，摘抄、记录等书写总量 7 万—10 万字；六至九年级文言文阅读总量 120—150 篇，课外阅读总量 800 万—1200 万字，写作总量 15 万—20 万字；十至十二年级课外阅读总量 800 万—1000 万字，写作总量 15 万—20 万字。读写分而治之，难以落实；保质保量，提高要求又不加重负担，指向写作的阅读过程是必然却并非唯一的选择。

三　独立与合作建构

“合作建构”是斯皮维通过写作增强学生社会认知人际交流

的重要策略。她认为，在写一个文本时，不只是一个人在为这个文本建构意义。“意义建构经常包括作者与被称为合作建构者的人之间的合作。一个合作建构者可能是一个共同作者，也可能是一个反应者（既不是‘正式’的作者，也不是‘正式’的读者）。与前两个维度相比，这一维度的社会性更强。因为它缩短了参与者之间的物理距离，增加了文本的修改次数。讨论有时是口头的，但即使他们一起进行口头讨论，作者和合作建构者仍是根据相互间提供的线索建构意义。”

合作建构最明显的形式是共同拥有著作权，一个以上的人共同对一个文本享有权利并承担责任；更普遍的形式是一个作者在文本制作过程中，接受多方位、多样式的反馈信息。反应者常常形成自己口头或书面的文本，以提问或建议的方式，指出文本能否认可的理由。“无论采用何种反应形式，也无论反应是肯定的或否定的，当反应者提供了新的意义，并把信息传给作者时，就有了合作建构的成分。”反应者的文本（问题或建议）为作者重构或形成其意义提供线索，作者可根据这些线索建立或改变文本的意义。反应者成为“作者”（说者），而作者却成为“读者”（听者）。在关系转换中，斯皮维觉得角色的定位要准确。“仅仅把反应者看作扮演观众角色的读者是错误的。他们可能这样做，但他们还更倾向于扮演与作者非常接近的角色。”“一个反应者，把自己放在作者位置上，确定话语目标，分析读者，解释背景，为将要创作的文本建构意义表征。”双方是合作互助的，而不是与己与人为难。“各种各样的反应已成为写作教育的一项重要内容。”来自教师口头或书面的权威性反应，以及同学间的平等对话，犹如一个立法官请另一个立法官阅读由他起草的法案草案，征询意见；学者向杂志投稿，接受编辑的批评，也就是说，和作者在校外获得的反应形式相似，因而“都具有潜在的价值”。

斯皮维强调写作中的合作建构，意在独立自主与协调互动间形成必要的张力。2001 年全日制义务教育《语文课程标准（实验稿）》倡导自主、合作、探究的学习方式。与“为学生的自主写作提供有利条件和广阔空间”相比，写作中的合作只在完篇后的“相互修改”环节，未能贯串于作前、作后的整个过程，“取长补短”停留在认知层面，没有要求化为及时的重新建构。第四学段“综合性学习”要求“独立或合作写出简单的研究报告”，写作却未提及合作建构的形式。中国台湾《国语课程标准》“作文的指导，第一、二学年可以多用共作法，第三、四学年可以多用助作法”①，保留了 20 世纪前期的特点，但与实验稿只把“写话”视为降低门槛而不看作最高境界一样，“共作”只是扶，先扶后放，放后呢？难道不可以让中学生切磋交流、集思广益、携手共作？美国俄亥俄州克利夫兰市市立学区《英语语言艺术课程说明（六—九年级）》随年级的增高，对教师的依赖逐步减弱，同学间的互助不断加强。（1）过程：六年级“在教师协助下，监控写作过程，确定写作思路是否清晰，是否达到写作目的”，七年级“独立及在教师的帮助下控制写作过程”，八年级“逐步独立地监控写作过程”，九年级“理解写作过程的循环特性，并将之恰当地应用于各种活动、情景和读者”。（2）制作：六年级“独立地评论所读材料和发表文章”，七年级“通过合作评论和发表文章”，八年级“以个人和合作方式进行写作、评论和发表文章”，九年级“在写作中重视并运用合作技巧”、“运用交际程序，与其他人合作发表一篇作文”。（3）修改：六至八年级均要求“和同学一起

---

① 柳士镇、洪宗礼主编：《中外母语课程标准译编》，江苏教育出版社 2000 年版，第 171 页。

修改草稿”，九年级“针对别人提出的文章修改建议作出思考和反应”[①]。英国《国家课程阶段 4GCSE 英语大纲》要达到 En3 和 En4/5 等级 5（GCSE 的 F 级）的考生，既要“通过独立的写作，展现课篇布局，准确地给句子点标点符号的手法，包括逗号的使用和直接引语的引用，从而让读者一目了然”，还需“和其他人在纸上，电脑屏幕上，或在讨论中汇集各种想法，并表现出从这些想法中产生构思，并作必要修改的能力”。[②]

合作建构不仅是美、英课程改革的动向，也是我国现代作文教学有待弘扬的传统。据傅彬然回忆：夏丏尊的共同作文实践始于任教浙江一师期间。“上作文课的时候，除掉普通的命题习作之外，还教我们做大纲，共同写作，共同订正”[③]。《文心》里有周乐华、张大文合写给母校李老师的《一封信》，有朱志青立提纲、汤慧修起草、五人讨论修改的《闻警感言》，有朱志青代表几位同学对文章三号病患者所作的诊断报告，有周锦华执笔、胡复初等五人商议编剧本。通过若干案例，展示了合作建构的模式特征和功效。共同作文以两人或五六人小组为宜，彼此讨论，轮流执笔，以免依赖懒惰，影响发展的均衡。从训练过程方法看，不仅与小学断中有续、前后照应，使初中生感到熟悉而又新鲜，而且口语交际与书面交际、课内学习与课外活动结合，使师、生、文本的对话不止步于课堂教材的阅读教学，对师与生特别是生与生间的认知磨合关系改善、

① 柳士镇、洪宗礼主编：《中外母语课程标准译编》，江苏教育出版社 2000 年版，第 309 页。

② 同上书，第 287 页。

③ 傅彬然：《怎样才对得起夏先生对得起自己》，《中学生》1946 年第 176 期。

集体观念团队精神的培养都有助益，丰富了写作是生活技能的训练更是人的训练的内涵。

夏丏尊在浙江一师任教时，1919 年 11 月 16 日学生自治会成立，演出了他和陈望道合编的剧本《严肃》；《国语教材》为他与陈望道、刘大白、李次九合编，本应有更多的国文分科教材面世。在春晖中学任教时，他和刘薰宇合作发表过《对于本校改进的一个提议》（载《春晖》半月刊第三期）；在立达学园任教时，合著《文章作法》。在开明书店时，有和叶圣陶、宋云彬、陈望道合编的《开明国文讲义》，有和叶绍钧合编的《国文百八课》、《初中国文教本》，有和叶圣陶合著的《文心》、《文章讲话》、《阅读与写作》，其中《文心》是合作建构的典范，代表了两位作者国文教学思想的精华，意味深长。独立与合作建构是其写作的方式，也是他训练学生作文的两种交替使用的方式。《文心》第 3 篇乐华与大文各自写所见所闻所感的《新秋景色》，“信呢，我同你两个合起来写，写给李先生”；第 4 篇里写道：“从前在小学校里，有时也共同作文，全班的同学合作一篇文字；可是，他们感到今夜的共同写作，那种趣味是绝端新鲜的。”第 10 篇里大文问：“各写一篇呢，还是合写一篇？”乐华未正面回答，大文若有所悟，结果“各写一篇了”。“感觉未必相同，如果合写一篇，就要彼此迁就，这是不好的。”两位作者对两种方式是各去其短、兼得其长。

继《文心》后，合作建构参与规模人数轮次达到极点的是于在春的《集体习作实践记》。该书作者在《夏丏尊先生的晚年》文里说道：“由于夏先生在语文现象研究和语文教学这两个方面的努力和造诣，我从二十一年开始教读时就在精神上向往其人。……从那时起，我同他保持着不时的接洽。我的集体习作实践记写成，接受了他很多的指点和纠正，并且由他介绍和开明订过出版的契约，准备在出版时写一篇序文。”[①]《集体习作实践再记》、《集体习作》是其1939年至1946年四次实验的总结。前三次实验对象为高中生，第四次是专科学校的学生。试作有记事、抒情散文、历史小品和文言语体的互译。设计分八个步骤：（1）命题。给学生选材划出范围，“而且那题目的范围越小越好。一些令习作者最感材料枯窘的题目，却最能教习作者在发展文思充裕题材上获得帮助”。（2）材料的搜集。根据拟定的题目，由全班学生各就他自己的经验（直接的和间接的），书面提出他打算采用而又认为适用的材料。（3）材料的整理。由教师指定一组学生，把全班书面报告中的材料作归纳整理，写出一份材料分类的总报告。（4）材料的评议。课堂上将总报告逐点提付评议，原提出者可加以说明，充分商讨后决定取舍。（5）选择主题。仍用课堂商讨的办法，对学生提出的多种主题进行选择，确定最理想的主题，围绕主题作进一步的材料取舍。（6）材料的排列。由学生个别考虑，书面提出他认为最好的排列方式。（7）确定大纲。参照各人材料排列的书面报告，在课堂里议论出一个具体的大纲，留作后面文字商讨的根据。（8）文字形式的写定。严格依照大纲，从文章第一句起，都用会议的方式经过提出、批评、修改，最后写定。从材料的搜集整理到文篇的立意布局、语言的斟酌修改，贯穿集体写作过程的是师与生、生与生的商讨，个人、小组、班级活动的轮替。[②]于在春的集体习作实验，曾得到夏丏尊的支持，夏丏尊对实验中每个过程的实施都作了详尽的估计和指导。叶圣陶为《集体习作实践记》撰写序言，评价“集体习作，这个

① 于在春：《夏丏尊先生的晚年》，《文章》1946年第3期。

② 于在春：《集体习作》，《国文月刊》1946年第48期。

方法非常好，就是许多人共同练习说话，练习思想。一个人难免有欠周妥处，大家讨论，讨论到大家满意，那一定是比较最好的说法和想头了。我曾经写过些关于写作教学的文字，都说到共同讨论，正合在春先生的意思”[①]。类似话语曾出枚叔口中，可以看到《文心》写作思想的延续。

于在春立足孤岛的艰难实验曾得到边区教育领导的积极响应。晁哲夫《国文教学必须改造》一文指出：和阅读“既是自学而又发挥了集体主义互相启发的作用”一样，作文以写日记、集体作文“两种方法同时并进”。过去作文多是教师出题，学生“想不起写什么好，又不叫下去作，只好马马虎虎写几句不痛不痒的话交了卷。即是自己想的题目拿在下边去作，也免不了空洞贫乏、思路枯竭的痛苦”。他认为：“集体作文便没这种毛病。题目是大家集体找的……主要内容是经过集思广益的讨论，绝不同于离群索居的空想。”他设计的程序实也有八步：(1) 议定文题。(2) 搜集材料。(3) 准备发言提纲，谈出自己的见解。(4) 开小组会，人人发言，人人记录。讨论后组长作总结，组长轮任。(5) 各自写作文。(6) 小组中传阅、提意见。本人同意可修改，不同意可争论。(7) 修改完毕即誊清交卷。(8) 教师批阅讲评。和于在春的同中有异。晁哲夫评述“集体作文的优点有二：一是多方面的锻炼了掌握语言文字的能力；二是与实用完全结合。这样能力增长了，到用时便不觉费力”[②]。1964 年 2 月 17 日《人民日报》发表吕叔湘《关于语文教学问题》一文，“讲到写作本身，当然以各人各写为主，但是也可以安排几次分组集体作文”，也

① 转引自顾黄初《现代语文教育史札记》，南京出版社 1991 年版，第 207 页。

② 晁哲夫：《国文教学必须改造》，《新教育》1946 年第 2 卷第 2 期。

可“试试集体评改”①。可惜他们的实践和见解长期未能得到应有的重视，优良传统被轻易地丢失了。时下，应试教育正向素质教育逐步转轨，体现真正完善的自主、合作、探究的学习方式，必将作文的合作建构写入《语文课程标准》，并付诸教学的实际行动。

① 吕叔湘：《吕叔湘论语文教学》，山东教育出版社 1987 年版，第 64 页。

第五章

夏丏尊教师论

第一节　以教育界志士自期

教书育人、为人师表、使学生德智体三方面得到全面发展，是教师的天职、人格教育的内核，也是中外教育大家一贯倡导的教育方针。无论何时何地、担任什么学科或管理工作，夏丏尊总以教育界的志士自期，以切实的言行自我塑造了一个具体鲜活的人师形象。

一　教师是师不是员

1908 年夏丏尊应聘为浙江两级师范学堂通译助教。该校延聘日本教习多名，他为教育学科的日本教习中桐确太郎做翻译。1913 年两级师范学堂改称第一师范学校，“那时学校习惯把人员截然划分为教员与职员两种，教书的是教员，管事务的职员，教员只管自己教书，管理学生被认为是职员的责任。饭厅闹翻了，或是寄宿舍里出了什么乱子了，做教员的即使看见了，照例可‘顾而之他’或袖手旁观，把责任委诸职员身上。而所谓职员者又有在事务所的与在寄宿舍的之分，各不相关。舍监一职，待遇甚低，其地位力量易为学生所轻视。狡黠的学生竟敢和舍监先生开玩笑，有时用粉笔在他的马褂上偷偷地画乌龟，或乘其不意把草圈套在他的瓜皮帽结子上。至于被学生赶跑，是不足为奇的”。该校原任“舍监因为受不过学生的气，向校长辞职了，一时找不到相当的替人”，夏丏尊“颇不满于这种情形，遂向校长自荐，去兼充了这个屈辱的职位”。回忆“和学生晨夕相共约七八年，尤其是最初的一二年”、“自己觉得最象教师生活的”原因，就在他把教学与管理、教书和育人看作是理当一肩挑的两副重担。

刚上任没有多日，就有一中学做教员的朋友，“因在风潮中被学生打了一记耳光，辞职后就抑郁病死了”。夏丏尊“心情激昂得很，以为真正要作教育事业须不怕打，或者竟须拼死，所以就职之初就抱定了硬干的决心”。于是“每日起得甚早，睡得甚迟，最初几天向教务处取了全体学生的相片来，一叠叠地摆在案上，象打扑克或认方块字似的一一翻动，以期认识学生的面貌名字及其年龄籍贯学历等等”，因为“虽担任功课有年，实际只教一二班，差不多有十分之七八是不相识的。当时轻视舍监已成了风气，我新充舍监，最初曾受到种种的试炼。因为我是抱了不顾一切的决心去的，什么都不计较，凡事皆用坦率强硬的态度去对付，决不迁就。在饭厅中，如有学生远远地发出‘嘘嘘’的鼓动风潮的暗号，我就立在凳子上去注视发‘嘘嘘’之声的是谁？饭厅风潮要发动了，我就对学生说：‘你们试闹吧，我不怕。看你们闹出什么来。’人丛中有人喊‘打’了，我就大胆地回答说：‘我不怕打，你来打吧。’学生无故请假外出，我必死不答应，宁愿与之争论一二小时才止。每晨起床铃一摇，我就到斋舍里去视察，如有睡着未起者，一一叫起。夜间在规定的自修时间内，如有人在喧扰，就去干涉制止，熄灯以后见有私点洋烛者，立刻赶进去把洋烛没收。我不记学生的过，有事不去告诉校长，只是自己用一张嘴和一副神情去直接应付”。这样琐细的事务不只是日复一日地做着，“我在那时颇努力于自己的修养，读教育的论著，翻宋元明的性理书类，又搜集了许多关于青年的研究的东西来读。非星期日不出校门，除在教室授课的时间外，全部埋身于自己读书与对付学生之中。自己俨然以教育界的志士自期”，理论指导实干。

《弘一法师之出家》文中写道：“举一个实例来说，有一次，寄宿舍里有学生失少了财物了，大家猜测是某一个学生偷的，检查起来却没有得到证据。我身为舍监，深觉惭愧苦闷，向他求教。他所指教我的方法说也怕人，教我自杀！说：‘你肯自杀吗？你若出一张布告，说作贼者速来自首。如三日内无自首者，足见舍监诚信未孚，誓一死以殉教育。果能这样，一定可以感动人，一定会有人来自首。——这话须说得诚实，三日后如没有人自首，真非自杀不可。否则便无效力。’这话在一般人看来是过分之辞，他提出的时候却是真心的流露，并无虚伪之意。我自愧不能照行，向他笑谢，他当然也不责备我。我们那时颇有些道学气，俨然以教育者自任，一方面又痛感到自己力量的不够。可是所想努力的，还是儒家式的修养，至于宗教方面简直毫不关心的。”据同事姜丹书《夏丏尊先生传略》记述“先生为人率真，日与诸生同舍处，身教之功颇著。舍中尝患失物，颇难稽。先生问策于李，李先生曰：若欲以人格感化人，君当自杀。先生韪之，乃绝食。窃物生卒自白，后无此患”①。虽换一方式，也是言必行、行必果的志士仁人之举。凭借人格感化，诚如夏丏尊总结的那样，“我做舍监原是预备去挨打与拼命的，结果却并未遇到什么，一连做了七八年。到后来什么都很顺手，差不多可以‘无为卧治’了”。

---

① 姜丹书：《姜丹书艺术教育杂著》，浙江教育出版社 1991 年版，第 274 页。

夏丏尊兼任舍监的经验，为他思考教师区别于教员的职责提供了依据，也为解读他对教师职责的思考指明了路径。他不只是理性观念的接受与传播，更多的是面临种种压力以及社会不公正待遇下个体真切的感应和抗争。既有现实清醒的认识，又有理想的不懈追求。在春晖中学任教时，他直白“在现制度之下，教师生活不是一件有趣味的事”。对“同业某友近撰了一副联句”其中“家贫无奈作先生”，尤有同感。“所特别感得兴味的是‘无奈’二字，‘无奈’是除此以外无别法的意思，这可有客观的主观的两样说法。……‘家贫’是‘无奈’，‘做先生’是‘无奈’，都不足以悲哀，所苦的只是这‘无奈’的性质是客观的而不是主观的。我们的烦闷不自由在此，我们的藐小无价值也在此。横竖‘无奈’了，与其畏缩烦闷的过日，何妨堂堂正正的奋斗。用了‘死罪犯人打仗’的态度，在绝望之中杀出一条希望的血路来！‘烦恼即菩提’，把‘无奈’从客观的改为主观的。所差只是心机一转而已。这是我近来的感怀，质之某友以为何如?”在劝慰同行朋友的同时，他又一次地说服、激励着自己；与其说是“近来的”，不如说是前后一贯的“感怀”。1904 年夏丏尊替父坐馆、辍学代教，出于无奈，1905 年赴日留学，考入东京高等工业学校，却因领不到官费，不得不回国谋职，也出于无奈；他善于及时调整心态，不仅“最初担任舍监”，而且当国文教师也“是自告奋勇的”。内心的郁闷与情绪的激昂看似冲突而谐和于一体。《学斋随想录》里写道：“人之虚伪心竟到处跋扈，普通学生之作文亦全篇谎言。尝见某小学学生之《西湖游记》，大用携酒赋诗等修饰，阅之几欲喷饭。其师以雅驯，密密加圈。实则现在一般之文学，几无不用‘白发三千丈’的笔法。循此以往，文字将失信用，在现世将彼此误解，于后世将不足征信。矫此颓风者，舍吾辈而谁?”忧愤的言词里蕴蓄着一种不为世俗环境所屈的主观能动精神，躁动着一种“我不入地狱，谁入地狱”的自我牺牲情感。而这份情感受“投身饲虎”、“舍身救鸽”等佛经故事的长久熏染，畏友弘一法师“事理不二”的教诲，并由此推及开去泛化观照：“基督的上十字架出于‘无奈’，释迦的弃国出家也出于‘无奈’，耐丁格尔‘无奈’去亲往战场救护伤兵，列宁‘无奈’而主张革命。啊！‘无奈’——‘主观的无奈’的伟大啊！”深深感到它是伟人们共有的，也应该是教师具备的。这份情感曾直接促使他产生对事业、职责的认识，而对事业、职责的独特认识，也有助于他自觉地培养和积淀这份情感。

“‘教员’与‘教师’，这二名辞在我感觉上很有不同。我以为如果教育者只是教员而不是教师，一切问题是无法解决的。教育毕竟是英雄的事业，是大丈夫的事业，够得上‘师’的称呼的人才许着手，仆役工匠等同样地位的什么‘员’，是难担负大任的。我们在学生及社会的眼中被认作‘员’，可怜！我们如果在自己心里也不能认为‘师’，只以‘员’自甘，那不更可怜吗？我们作教员的，应该自己进取修养，使够得上‘师’的称呼。社会及学生虽仍以‘员’待遇我们，但我们总要使他们眼里不单有‘员’的印象。这是一件非常辛苦艰难的事，也是一件伟大庄严的事！”个中之意，显然不为争斗一字之奇。也不是瞧不起教员，为地位卑微、待遇不公鸣不平、发牢骚。比教员、事务所职员更低下、屈辱的舍监，还甘愿担当，觉得更像教师；在春晖中学任教，薪水定得很低，以稿费、兼课贴补生活之用；在立达学园上课，薪金一个不拿，还倒贴不少的旅费。这一切足以表明：他是为力求自己和同事道德学养的自我完善、堪为人师而鼓与呼。

他认为能感化学生的教师，需兼备多方面的才能。“吾人于专门职业以外，当有多方之趣味。军人只知军人之事，商人只知商人之事，彼此谈话至无共通适当之材料，其苦何堪？为将来之教师者宜注意及之。酱之只有酱气者，必非善酱；肉之只有肉气者，必非善肉；教师之只有教师气者，必非善教师也。”所以，够得上师的，必须不懈地自学和自我教育；多方注意，广事吸收。这是夏丏尊治学的方法，也是他的国文教学观。

从事教育工作者，要务去私心杂念，“凡事切实，表里一致。离了以办教育为某种事业的手段的恶劣观念，赤裸裸地照了自己的信念做去。教育在某种意味上可以说是英雄的事业，真挚就是英雄的特色”。他把与时俱进的教学改革和盲目搬来外国的教育方案分得开，主张对各种教育思潮要有确实的信念和实际的试验。“走马灯式的转变”、“依样葫芦似地盲从”均不可取，他绝非拒斥日本式或美国式的教育，而是看破了当时中国教育界表面热热闹闹气象中的无聊和虚浮，预测到那种大搞形式主义、走过场的恶习所产生的恶果。“须知光是三三制二四制的空名词，是无济于事的。因为没有药的药方，有了也没有用。……但把‘手工’改为什么‘工用艺术’，把国语英文并称‘言文科’，是算不了什么大发明的。”呼吁真心捧出适合中国国情的教改方案和制度来。“在现今把学校视作传舍的教育情形之下，作校长或教师的未必对于学生都能互相诚信”，这是可悲的。“为了校长及少数教师想出风头，把学生作了牺牲，无谓地奖励不合理的运动竞技或跳舞演剧的把戏，近来多着呢！”可是，类似毫无真诚可言的把戏，如为公开教学成功，把正确答案预埋在个别学生身边，定时引爆等等，恐怕一时未能完全绝迹，这又怎能不令人忧愤呢？“有益于学生自己和学校全体，不应专为校长或教师的私人便利”，是夏丏尊为人为师始终如一的考量。

二 用人格感化学生

夏丏尊认为，学生、境遇和时代、教育者的人格，这三种是相辅相成的有机体，缺一不可。“教育离开了这三种，就无意义。试问现在的教育用什么做背景？有没有背景？”这一系列论述和追问，至今仍令人反思。

人格是担当者作为权利和义务主体的资格。在夏丏尊看来，教育者的人格不只是人的性格、气质、能力等特征的总和，还包含着个人道德品质、爱心、责任心等诸方面。师生是人格与人格的接触和感化。他批评“现在的学校教育是学店的教育，教育者与被教育者的中间但有知识的接受，毫无人格上的接触；简直一句话，教育者是卖知识的人，被教育者是买知识的人罢了。机械的大家卖来卖去，试问这种知识有什么用处？真正的教育需完成被教育者的人格，知识不过是人格的一部分，不是人格的全体。现在学校教育何尝无管理训练，但是这个管理训练与教授绝对的无关系。教育者大概平日只负教授的责任，遇着管理训练的时候，便带起一副假面具，与平时绝对成两样的态度了。这种管理训练除了以记过除名为后盾以外，完全不能发生效力。而且愈发生效力，结果愈不好，因为于人格无关系的缘故”。教学上循循善诱，管理中亦应如此。

经亨颐 1918 年 12 月 21 日记：“庚三闻学生背后之谤，要求积极办法。余以为不必计较，对学生无曲直胜负之可言，仍宜以训谕开导，勿效从前滥用权威，大背教育之本义。而其他职员亦有悻悻者。余故以‘人师之患’使若辈反省。惟丏尊与子韶较明事理。今日言教育，难矣哉！”[1] 浙江一师的校训是勤、慎、诚、恕，校长提倡人格教育；夏丏尊兼任舍监，就是其《教育者之“屈就”精神》的体现。那时“学生与我以各种各样的绰号，据我所知道的，先后有‘阎罗’‘鬼王’‘戆大’‘木瓜’几个”，却

① 张彬编：《经亨颐教育论著选》，人民教育出版社 1993 年版，第 331 页。

不去计较。经亨颐《教育者之人格》文中指出："本校为师范学校，即人格专修学校。此所谓人格，与普通所谓人格别有一义，教育者对于社会一般不可无牺牲性质，能适应时俗之好恶，方为教育者特异之人格。"[①] 1919 年实行的白话文教学等一系列改革，正是施行人格教育的步骤，却招致教师学生多方面的阻力。经亨颐 1919 年 4 月 30 日记："本校学生文课有白话，而子韶大不为然，盛气而辞。"[②] 陈望道《"五四"时期浙江新文化运动》文里说到"有一个学生，在作文中以文言文的体裁大骂白话文"，看到批语后，"就发火了，一把抓住我的领口，叫我去见教务长。这件事情发生后，在校务会议上曾先讨论过，在校长、夏丏尊（当时是学校国文课主任）等的努力下作出这样的决定：除非陈望道先生同意，不然要开除学籍。开除，我是不同意的，因不从思想上解决是不行的。后那学生哭到我的面前来，向我道歉。我对他进行许多教育，他认识到自己错误，此后这学生也倾向提倡白话文了"[③]。校长、夏丏尊努力的本意就在提供沟通与转化的契机。《非孝》一文的作者施存统是夏丏尊班里的学生，《回头看二十二年来的我》文里写到"他为了在教职员会议的时候，替我辩护，受了很多的气"[④]。经亨颐《对教育厅查办员的谈话》也据理力争。"斥退学生是教育的自杀。从前不得已也做过几次，觉得心中非常的不安。为什么呢？我既取了他进来，因为不好，我就斥退出去，好像做校长教员只能够教好的学生，不能教不好的学生使他好。况且不好的学生，斥退出去，不过出了学校。出

---

① 张彬编：《经亨颐教育论著选》，人民教育出版社 1993 年版，第 73 页。

② 同上书，第 341 页。

③ 浙江省委党史征集研委会编：《浙江一师风潮》，浙江大学出版社 1990 年版，第 352 页。

④ 同上书，第 371 页。

了学校他不到哪里去，就入了社会，是不是做校长的总算眼不见为净，社会不关我们的事，这岂是教育的本旨吗？”[①] 前已说过，《非孝》一文不过是导火线，撤换校长、解聘“四大金刚”并将施存统开除出校，事出有因。“除了一师的改革触犯了封建统治阶级所维护的师道尊严、因循守旧的教育制度外，更直接的原因，是因为省议会提出的‘议员加薪案’（增薪的经济来源之一，是打算将一师学生享受的公费减半），曾遭到一师学生的强烈反对而破产，为此，他们迁怒于经亨颐，故有乘机报复之举。”[②] 一师风潮不仅是新旧教育文化的大冲突，也是教育者不同人格的大亮相。当省政府“派了警察把学生赶到操场里，用枪、刺刀把学生围起来，声言要解散学校。这时，我们四人与学生一起，学生在周围，老师坐在中间与之斗争”[③]。一些原先“因为他是舍监”而“很不喜欢他”的人，经历风潮洗礼，“忽然觉得夏先生的胸襟有点阔大，我有点敬仰他了”，多年“舍监生涯，固然麻烦了他；也因此使他对于青年的心怀有深切的了解和同情”[④]。由此可见，重视人格感化、心灵沟通，不轻易处罚学生是浙江一师校长、新派教师一致的言行，夏丏尊不仅是人格教育理论的系统阐发者，也是切实的践履者。

夏丏尊认为：“教育者必须有相当的人格，被教育者方能心悦诚服。”他解说“这句话的意思，并不是凡教育者必须贤人圣人。理想的人物本是不可多得的，我并不要求教育者皆有完美之人格”；所谓“相当的人格”即“人格的基本端绪”，表现在以下

---

① 张彬编：《经亨颐教育论著选》，人民教育出版社 1993 年版，第 231 页。

② 浙江省委党史征集研委会编：《浙江一师风潮》，浙江大学出版社 1990 年版，第 7 页。

③ 同上书，第 353 页。

④ 曹聚仁：《文坛三忆》，三联书店 1999 年版，第 39—40 页。

几个方面。

1. 教师要有真才实学，真情投入。

在《彻底》文中写道："近来学店式的学校到处林立，有人以为学校渐趋商业化了，深为叹惋。我以为学校不患商业化，只患其商业化的不彻底。学生出学费向学校买求知识，学校果真有价值相当的知识作商品卖给学生，学生对于学校至少可没有恶感。并且象老顾主和相识的店铺有感情一样，学生爱校之情自必油然而生了。这就是由物质主义彻底而达到精神主义。反之，把精神主义彻底亦可达到物质主义。因为学校如果真有教好学生的热诚，一切自然认真，学生以及社会也自然能以物质的扶助学校，白吃不会钞，断不是人情。"就教师说，"现在的教师原已成了一种普通职业，不象以前有和'天地君亲'并列的神圣的威严了。但真能有和报酬相当或以上的热心与知力提供于学校或学生的教师，必仍能得学校的信任，受学生的敬爱，否则一味假借师道之尊，想以地位自豪，总是羊质虎皮，学校方面且不论（因为教师有时就代表学校），在学生眼里是不堪的。……向精神主义走固好，向物质主义走也好，彻底走去，无论向那条路都可以到得彼岸"。

2. 有教无类，同情幼者、弱者。

《学斋随想录》里写道："福有重至，祸不单行。富者安坐而资入，购物多而价自贱。贫者辛苦所得，反为捐税等所夺。优等生受教师之奖励，勤勉益力。劣等生受教师之呵责，志气愈消。天下不平之事孰甚于斯?"他认为"若就大体说，诸君还是未成年者，在成年以前，最好能受教育，把青年生活好好地正则地度过去。诸君能在中学为中学生是应感谢的幸福，不是可诅咒的恶事。有书可读且读，但读书的态度却须大大地更改。……无一人挂读书人的空招牌，而又无一人不读过书，无一人不随时自己读着书，中国的前途才有希望”。钟子岩《回忆夏师执教在春晖》文里写到“先生富于同情心。他所同情的是弱者、穷人。先生对于尼采超人学说是反对的，所以在讲到他的超人哲学时，就向学生宣布：‘我是同情弱者的。’春晖中学因多出身于富有之家，衣著是比较讲究的，雨天穿的都是皮鞋（当时市场上还没有橡胶套鞋这种商品）。我没有皮鞋，雨天穿的是母亲自己缝制的‘水鞋’（一种涂以桐油、鞋底钉上秋皮钉、雨天穿了不会湿的鞋子）。这种鞋子跟皮鞋比较起来，自然‘相形见绌’。我虽穿着，心里是并不高兴的。一个下雨天，他见了我的水鞋，却对它大唱赞歌，说‘这鞋子好啊！’……（从普陀返航途中）由于船不很大，我们七八个同学挤卧在船舱里，第二天早上醒来，我发现自己放在枕边的近视眼镜被打碎了。这眼镜是我在一年前花了十多块钱从杭州配来的，一时要再拿出这样一笔巨款来，实在不大可能；而由于我是高度近视，又非早日重新配置不可。因此我心里闷闷不乐。我们几个人的叽叽咕咕的谈话声，把睡在船头的先生吵醒了。先生起身后获悉这件事故后，并不因深夜笔耕带给他的疲劳而显出埋怨的神情，却对我表示深切的同情，号召全船同学捐款相助。后来靠船中同学章志青的帮助，以三块钱的代价给我从上海配来了一副新眼镜”[①]。

3. 以言教者讼，以身教者从。

《教育的背景》写到“人格恰如一种魔力，从人格发出来的行动，自然使人受着强大的感化。同是一句话，因说话者人格的不同，效力亦往往不同。这就是有人格的背景与否的分别。空城计只好让诸葛亮摆的，换了别个便失败了；诸葛亮也

① 夏弘宁主编：《夏丏尊纪念文集》，上虞市文学艺术界联合会2001年版，第258、263页。

只好摆一次的，摆第二次便不灵了”。《读书与瞑想》文里又写到“教师对于学生所应取的手段，只有教育与教训二种：教育是积极的辅助，教训是消极的防制。这两种作用，普通皆依了教师的口舌而行。要想用口舌去改造学生，感化学生，原是一件太不自量的事，特别地在教训一方面，效率尤小。可是教师除了这笨拙的口舌，已没有别的具体的工具了。不用说，理想的教师应当把真心装到口舌中去，但无论口舌中有否笼着真心，口舌总不过是口舌，这里面有着教师的悲哀”。把这两段文字联系起来，可以读出夏丏尊以诚相待、身教胜于言教的思想并且是付诸行动的。

傅彬然《怎样才对得起夏先生对得起自己》文中说到他在浙江一师就读时，“阅读和写作之外，还教我们文法，采用的课本是章士钊的《中等国文典》。夏先生说，文法他从来没有学过，他教我们这门功课，是边学边教的。……夏先生教学生不用权威，不敷衍，也没有别的什么特别方法，只有至诚，严正，真率，坦白八个字。他一面教学生，一面自己学。教得认真，学得起劲。他惟恐对不起学生，对不起自己。假如一定要说夏先生教学生有什么方法，那么，从第三者看起来，夏先生所用的方法是‘人格感化’的方法”[①]。《记夏丏尊先生》里提及“丏尊先生曾经在湖南第一师范学校里与毛泽东先生共过事。听得毛先生在北伐时代曾对朋友们说，丏尊先生不了解政治，但对于他的人格很崇敬”[②]。朱惠民《夏丏尊先生与春晖中学》文中写到“当时，他班上有一个学生在宿舍病倒了，丏师坐在床边，一口口喂汤喂

① 傅彬然：《怎样才对得起夏先生对得起自己》，《中学生》1946 年第 176 期。

② 傅彬然：《记夏丏尊先生》，《文萃》1946 年第 5 号。

药，亲自担任护理。又有一个学生，品质恶劣，操行不良，成了同学中的害群之马，好些人见到他便掩鼻而过，校方主张将他开除了事，丏师力排众议，自任这个学生的导师，他喻之以理，动之以情，终于使那个学生幡然悔悟，成为一名好学生”[①]。张志渊《哀忆丏尊师》文里回顾立达学园期间“他在校提倡‘人格教育’，但主张兼有‘法’的约束，而这‘法’须由全校师生以及工友共同来制订”[②]。陈仁慧在《夏丏尊先生在南屏女中》里写道：“夏先生对自己的教学工作却异常认真。他凡事以身作则，身教重于言教。他要求学生做到的事，自己一定首先做到。他要我们作文时认真构思，字体要端正，卷面要整洁。他为我们批改作文，在这方面都是表率。我们的每篇习作后面，都有夏先生的一段评语，写得端端正正，整整齐齐，一笔不苟，字斟句酌地给这篇习作恰如其分的评价。当然，有缺点错误逃不过夏先生的眼睛；但只要有一丁点儿进步，不管是哪方面的，总会被夏先生发现，郑重其事地提出来，加以亲切的鼓励和表扬。所以，读了夏先生的评语，每个人都觉得自己有所进步，充满了希望。”“尽管他在课余时随随便便，平易近人，在课堂上要求却很严格。……有时我们听着听着，忽然发现夏先生说话的速度逐渐变慢，终于最后停止，眼睛却牢牢盯住某个方向。跟着他的眼光朝那个方向看去，准能发现有同学思想开小差，或者做什么小动作。这无声的片刻就是夏先生对我们最严厉的训斥。同学们把这种训斥称之为‘此时无声胜有声’。”“夏先生对我们的观察是细致入微的。全班同学的学习情况，他几乎个个了如指掌。”连全班同学的笔迹，都“能百试百验地分辨”得出。有如作者总结的那样：“他

① 朱惠民：《夏丏尊先生与春晖中学》，《共产党员》1986 年第 3 期。

② 张志渊：《哀忆丏尊师》，《新华日报》1946 年 4 月 29 日。

是在用生命、用爱对我们进行教育的呵!”[①]

20 世纪 30 年代面对日益增多的失学青年，他一方面认识到青年人的苦闷源于社会的不良，“我们很容易想象一个理想的社会，在这个理想的社会里，受教育是一般人绝对的权利，不用花一个钱，甚至为着生活上必需的消费，公家还得给受教育者津贴一点钱。而现在的社会恰正相反，须要付得出钱才可以享受受教育的权利。那么给它加上一个‘不良的’的形容词，的确不算冤枉。但是这样判定之后，苦闷并不能就此解除。理想的社会又不会在今天或是明天无条件地忽然实现。在现在的社会里，要受教育就得付钱，不然学校就将开不起来，这是事实。事实是一垛坚固的墙壁，谁碰上去，谁的额角上准会起一个大疙瘩”。另一方面动员青年们不为境遇所屈、自强不息。在《中学生》杂志上撰文，开办函授学校，“不但对于给‘失学’两字威胁着的青年有些用处，就是在校的或是从业的青年也可以从这里得到少许启示”，劝告“诸位要相信，事实虽然是一垛坚固的墙壁，但在不超越事实的情形之下，觅取进展的途径，其权柄大部分还操在诸君自己的手里。能够‘自学’或是‘自己教育’的，在他前面等候着的往往不是苦闷而是成功!”

夏丏尊本身就是一位自学成才的典范。在《我的中学生时代》文里他现身说法：“总计我的中学时代，经过许多的周折，东补西凑，断续不成片断。我为了修得区区的中学课程，曾经过不少磨难，空费过长期的光阴。这种困苦的经验，当时不但我个人有过，实可谓是一般的情形。现在的中学生在这点上真足羡艳，真是幸福。”这对在校就读的学生是一种鞭策，对失学的青

---

① 夏弘宁:《夏丏尊纪念文集》，上虞市文学艺术界联合会 2001 年版，第 159 页。

少年，也是一种涸辙之鲋相濡以沫的安慰。诚如叶圣陶所说："丏翁没有得到过一张文凭，虽然进过几所学校，还去日本留过学，都没有学到毕业。读过他的作品的人都知道，他知识广博，对某些方面有比较深的见解，还有高超的鉴赏文学和艺术的眼光。所有这些都是他自己学来的，从生活中学，从工作中学，从书本中学，还向交好的朋友学。他这样好学，并没有预先设想要成什么才，更没有成名成家的企图，只是想充实自己的生活，做好本份的工作罢了。我极端赞同他的学习态度，因为那出发点是真诚的——真的要学，而充实生活和做好工作却是没有止境的，所以永远要学。抱着这样的态度学习，一定随时可以学到切实有用的东西。"① 夏丏尊一再指出："'功德不虚'，诸君用几分功，究竟有几分益处在，断不至于落空。""取得必胜之权的凭藉不是一张文凭，而是货真价实的知识和训练。"这些言与行，以人格为背景，自然生发出强大的感召力。

三 关心学生全面发展

钟子岩《回忆夏师执教在春晖》文里感到"特别值得一提的是开学后不久，他就写了一篇题目叫《我们应把学生培养成怎样的人?》的文章，刊登在《春晖》半月刊上，阐述学校培养学生德、智、体全面发展的方针，并且他是切实贯彻执行的。当时有相当多的一部分学生（包括作者本人）不大愿意上体操、运动课，先生就现身说法，教导说：'体育运动旨在增强人的体质，使人有充沛的精力从事学习和工作。我过去不爱体育锻炼，以致现在工作有时感到精神不济，不能持久。'我和有些同学偏爱文艺，不想好好学数学，他就教诲我们说：'学数学不光是为了能

① 叶圣陶：《夏丏尊文集》，浙江人民出版社 1983 年版，序言第 3 页。

做几道数学题，而在于它能锻炼人的脑筋，使人思维精密。刘先生（指数学老师刘薰宇先生）思维就比我们精密。’至于品德，他更为注意。因为他是痛恶一切行为不端、作风不正派的人的，对于自己学生的言行，自然更不会轻易放过了”①。

《早老者的忏悔》一文就是夏丏尊现身说法的明证。“因为身体不好，关心到一般体育上的事情，对于早年自己的学校生活，发见一个重大罪过。现在的身体不好，可以说是当然的报应。这罪过是什么？就是看不起体操教师。”他回顾“中国初兴学校，学校制度不象现在的完整。我是弃了八股文进学校的，所进的学校先后有好几个，程度等于现在的中学。当时学生都是所谓‘读书人’，童生秀才都有，年龄大的可三十岁，小的可十五六岁，我算是比较年青的一个。那时学校教育虽号称‘德育智育体育并重’，可是学生所注重的是‘智育’，学校所注重的也是‘智育’，‘德育’和‘体育’只居附属的地位。在全校的教师之中，最被重视的是英文教师，次之是算学教师，格致（理化博物之总名）教师，最被蔑视的是修身教师，体操教师。大家把修身教师认作迂腐的道学家，把体操教师认作卖艺打拳的江湖家。修身教师大概是国文教师兼的。体操教师的薪水在教师中最低，往往不及英文教师的半数。……蔑视体操科，看不起体操教师，是那时的习惯。这习惯在我竟一直延长下去。我敢自己报告，我在以后近十年的学生生活中，不曾用心操过一次的体操，也不曾对于某一位体操教师抱过尊敬之念。换一句话说，我在学生时代不信‘一二三四’等类的动作和习惯会有益于自己后来的健康。我只觉得‘一二三四’等类的动作干燥无味。”夏丏尊道出悔悟，不是顾念

① 夏弘宁主编：《夏丏尊纪念文集》，上虞市文学艺术界联合会2001年版，第259页。

自己的身体状况，而是关心一代代后生的全面发展。

《“你须知道自己”》文中又说道：“诸君如果真能把从来以读书为荣的封建观念打破了，就能发见求学的新目标——就是觉悟到为养成实力而求学了。说到现在的学校教育，可指摘的处所实在很多，学校本体，除了到期给诸君以文凭外，能否给诸君以智德体三方面的真实能力，原属一个大大的疑问。如果有人说我这话太轻视了现在的学校与教育者，那么让我来自己招供吧。前面曾说，我是曾做过二十年的中学教师的，自问也不曾撇过滥污，但不敢自信曾有任何实力给予学生过。学校教育的靠不住，原因很多，这里无暇絮说。但无论如何，学校究是为青年而特设的教育机关，从来学校教育的所以力量薄弱，也许由于学生的求学态度的不正。诸君果已自己觉醒，对于学业及生活不再徒讲门面，要求实际，把一切都回向于实力的养成上去，则我可以保证诸君能相当地收得实力的。”所谓“实力”，就是“智德体三方面的真实能力”。他批评学校、反省自我，给中学生以正确的目标导向。

面对社会上用极近视的眼光看待普通教育，以为上学读书就是“受教材”，并且所学的东西最好能够现买现卖。夏丏尊在《受教育与受教材》文中指出：“专门以上的学校为欲使学生直接应世，倾向常偏重于专门的知识技术的传授。专门以下的学校所传授的，不是可以直接应世的知识技术，其任务宁偏重于身心诸能力的养成，愈是低级的学校愈如此。……西摩松线二项式和蒲公英鲸鱼的知识，虽不能卖钱，但由此而表现的推理力记忆力等等是终身有用的。又，幸而能升学进而求更高深的科学，这些知识当作基础也是有用的。‘一二三四’操得好，虽不能变铜子，但由此锻就的好体格，和敏捷、忍耐、有规则等的品性，是将来干任何职业都必要的。”他“希望诸君注意二事”：“第一，要自觉地从各科目摄取身心上的诸能力。第二，对各科目要普遍地学习。”所谓普遍地学习，并不是平均用力。“因了学科的性质，有的须多用些功，有的可少用些功，原是合理的。又，现制中学的高中已行分科制，学生为了将来所认定的方向，学习要偏重些某方面，也是对的。我所指摘的只是普通一般的中学生的对于学科的偏向，尤其是对于初中部的学生。”除了学科课程与年级的因素外，他还注意到学生各自的学习情况，并一再强调学习的动机和目标。在《怎样对付教训》文里指出：“大多数的中学生诸君都是诚笃要好的青年，对于父母师长的教训，只要力所能及，都想服膺实行的。对于这等好青年，我敢来贡献些关于教训的意见。第一须辨别教训的真伪。”他认为“‘努力用功’原是应该的，原是应有的好教训，但如果这教训的动机由于想‘飞黄腾达’，那结果就成了一句骗人的虚伪之谈。……诸君应‘努力用功’，但‘努力用功’的理由须在‘飞黄腾达’以外另去找寻，为发达自己身心各部分的能力，获得水平线以上的知识技能而‘努力用功’。总而言之，教训有真有伪，诸君所应奉行的是真的教训，不是伪的教训。第二须注意教训的彼此矛盾”。他认为“教训的来处不一，所关系的方向亦不一，对于一事，往往有的教训是这样，有的教训是那样，彼此矛盾，使人无所适从的。……国语教师教诸君在课外多读国文书本，体育教师教诸君每日多运动，将如何呢？其实，各科教师都有把自己所授的科目格外重视的偏见，不但国语体育二者如此。对于这种教师的矛盾的要求，应以‘整个的程度的水平线’为标准，自定取舍，中学是普通教育，诸君的精力有限，如果偏重了一方面，结果必致欠缺了别方面，对于前途殊非好事。诸君对于各科须牺牲自己的嗜好与偏见，普遍修习。在终日埋头用功的人，体育教师的‘多从事运动’是好教训，在各科成绩都过得去而国语能力特差的人，国语教师的‘课外多读国文书本’是好教训”。这些系“诸君现正切身受着”的，是及时的关照、正确的指引。

尽管夏丏尊反对普通教育为职业的预备，以为“专门以下的学校课程，收得了仍是不能应世，换不来饭吃的”，却从不以为学生身心诸能力的养成、德智体的全面发展与将来从事职业无缘。《关于职业》文中写到“在现今什么都只好碰去看，尤其是职业。……身体，品性，知识，都是碰的条件。中学校教育原不是教授职业技能的，但在身体的锻炼、品性的陶冶、知识的修养（这原是普通教育最重要的目的，可惜现在的学校却不一定能够做到）各点上看来，却不能说与职业无关。诸君对于校课如果曾作了正式的学习，不曾马马虎虎地经过，那么即对于以后就职业说，也可以说不曾白花了学费的了。诸君出校门以后，就利用了在校中锻炼好了的身体，陶冶过的品性，修养来的知识去碰吧。一面还须把身体、品性、知识继续锻炼陶冶修养，以期不失未来的新机会。万一不凑巧一时碰不到职业，请平心反省，是否自己没有碰的资格？倘若自己觉到资格不够，就应该努力补修。如果自问资格无缺，所以碰不到职业完全由于没有机会，也只有再去碰而已”。他曾用了“当头棒喝”的方式，促使学生猛醒，认清所处的时代与境遇，所给予的不是前景的幻灭，而是希望和努力。劝告“诸君对于国家社会的糟象，该愤恨，该留意，该预筹挽救的方法，却万不可一味的愁。对于自己的将来，该预备，该奋斗，也万不可一味的愁。……未来的世界是怎么样子，生活上需要何种本领，原不敢预言，但有几件根本的资格，如壮健的体力，团体的合群力，明确的思考力，刻苦的忍耐力，敏捷的应对力，丰富的想象力，……是无论任何职业任何世界都必要的”。

在升学压力与就业形势严峻的当下，如何给予彷徨的青少年温暖的同情、悉心的点拨，培养学生健全的人格、以德智体三方面的综合实力迎接全球化社会经济发展的机遇与挑战，依然是每个教育工作者的重大课题和任务，夏丏尊的为师从教不无可取之处。

第二节 建立全面合作的师生关系

为了学生人格的健全发展，必须建立新型的全面合作的师生关系。所谓全面合作，包括师与师、师与生、生与生三个层面。首先是营造志同道合的教师群体，做出表率，形成合力；其次是促醒学生自觉，从各科目摄取身心上的诸能力，协调发展。这样平行交叉、互帮相助的学习共同体，才是学校的生活、社会的生活。

一 同志集合最要紧

"只有在集体中，个人才能获得全面发展其才能的手段。"正如全面发展的教育在当时社会条件下难以保证一样，程其保在《初级中学课程标准之讨论》中认为"本国文的教学，固有专任的教师负责，但要得到最大的结果，全靠一切教师的合作。此种合作，在现在中学，不能实现"。他看出"在现在学校组织与教学方法之下，国语班中所能养成的良好习惯，每每因其他班次不能与以协作，致被摧残。除非国语教学与其他教学能发生密切的联贯，专靠国语班训练语文，决得不到完全的成功。教授国语，固是国语教师的专责，但是也是其他各科教师附带的责任"①。应该说，想法是明确的，研判却不免有些片面与悲观。夏丏尊就是不畏艰难毕生追求理想的人。

在他看来，志同道合的教师之间的合作，是师与生、生与生

① 程其保：《初级中学课程标准之讨论》，《教育杂志》1931年第23卷第9号。

合作的前提，是教育者人格的显现，必将给予学生潜移默化的积极影响。1909 年他与鲁迅共事。《鲁迅翁杂忆》中写道：“我担任教育学科方面的翻译，周先生担任生物学科方面的翻译。此时，他还兼任着几点钟的生理卫生的教课。翻译的职务是劳苦而且难以表现自己的，除了用文字语言传达他人的意思以外，并无任何可以显出才能的地方。周先生在学校里却很受学生尊敬，他所译的讲义就很被人称赞。”谈到鲁迅的生活习惯与两人的交往时写道：“周先生每夜看书，是同事中最会熬夜的一个。他那时不做小说，文学书是喜欢读的。我那时初读小说，读的以日本人的东西为多，他赠了我一部《域外小说集》，使我眼界为之一广。我在二十岁以前曾也读过西洋小说的译本，如小仲马、狄更斯诸家的作品，都是从林琴南的译本读到过的。《域外小说集》里所收的是比较近代的作品，而且都是短篇，翻译的态度，文章的风格，都和我以前所读过的不同。这在我是一种新鲜味。自此以后，我于读日本人的东西以外，又搜罗了许多日本人所译的欧美作品来读，知道的方面比较多起来了。他从五四运动以来，在文字上，思想上，大大地尽过启蒙的努力。我可以说在三十年前就受他启蒙的一个人，至少在小说阅读方面。”他称赞鲁迅译文的精美与文字学上的造诣，佩服其生理卫生课的教改与卓见。据说，夏丏尊翻译《爱弥尔》，鲁迅为之校阅；为反对旧礼教、维护正义与人格，两位先生曾在“木瓜之役”中并肩战斗。

1912 年起夏丏尊与李叔同共事，《弘一法师之出家》里写道：“我们晨夕一堂，相处得很好，他比我长六岁。当时我们已是三十左右的人了，少年名士气息忏除将尽，想在教育上做些实际工夫。我担任舍监职务，兼教修身课，时时感觉对于学生感化力不足。他教的是图画音乐二科，这两种科目，在他未来以前是学生所忽视的，自他任教以后就忽然被重视起来，几乎把全校学生的注意力都牵引过去了。课余但闻琴声歌声，假日常见学生外出写生，这原因一半当然是他对于这二科实力充足，一半也由于他的感化力大。只要提起他的名字，全校师生以及工役没有人不起敬的。他的力量全由诚敬中发出，我只好佩服他，不能学他。”从鲁迅、李叔同两位深受学生敬重的教师身上，夏丏尊深深体味到：无论担任什么学科，实力与诚敬是感化学生的力量之源。《我的畏友弘一和尚》文中写道：“弘一和尚是我的畏友。他出家前和我相交近十年，他的一言一行，随在都给我以启诱。出家后对我督教期望尤殷，屡次来信都劝我勿自放逸，归心向善。”他俩有着长期的文字交往与合作。《小梅花屋图》上有夏丏尊自题的《金缕曲》、李叔同题写的《玉连环》：“屋老，一树梅花小。住个诗人，添个新诗料。爱清闲，爱天然。城外西湖，湖上有青山。”寥寥几句倒是当时夏丏尊居住情形与兴致爱好的写真；《浙江第一师范学校校歌》的创作由夏丏尊作词、李叔同谱曲；1914年5月《白阳》杂志的诞生也是两位先生的合作。

五四运动之际，他和陈望道、刘大白、李次九、沈仲九组成的国文教改群体，共同拟定《国文教授法大纲》，自编白话文讲义，在教学中融入新式标点、语法等知识。1919年11月16日学生自治会成立，校新剧团演出了胡适编的《终身大事》、夏丏尊陈望道合编的《严肃》以及新剧团自编的《骗中骗》，可以说，《文心》里的学生编剧、共同作文，都是有生活基础和教师先范的。朱自清在《教育家的夏丏尊先生》文中强调：“最足以表现他的是浙江上虞白马湖的春晖中学，那时校长是已故的经子渊先生（亨颐）。但是他似乎将学校的事全交给了夏先生。是夏先生约集了一班气味相投的教师，招来了许多外地和本地的学生，创立了这个中学。他给学生一个有诗有画的学术环境，让他们按着个性自由发展。学校成立了两年，我也去教书，刚一到就感到一种平静亲和的氛围气，是别的学校没有的。我读了他们的校刊，觉得特别亲切有味，也跟别的校刊大不同。我教着书，看出学生对文艺和艺术的欣赏力和表现力都比别的同级的学校高得多。"[①]《春晖的一月》文中写道：1924 年 3 月 2 日"我缓缓走到校前，白马湖的水也跟我缓缓的流着。我碰着丏尊先生。他引我过了一座水门汀的桥，便到了校里。校里最多的是湖，三面潺潺的流着；其次是草地，看过去芊芊的一片"[②]。据钟子岩等人回忆："朱先生还未到校，先生就向我们全班宣布，'朱自清先生就要来校了。朱先生学问比我好，他来后请他教你们二年级的课，我仍教初一年级。'后来我们初二的国文课，就由朱先生来担任。"[③]给朱自清留下第一印象的是夏丏尊所教班级的学生，而夏丏尊这样做，给学生的印象则是"谦虚与让贤"、"胸怀何等坦荡呵"！徐伯鋆的《对几位授业老师的片断回忆》里还说道："当时正在推行注音字母，一次在国语课上，他对学生说：'注音字母将来对语言统一很有用处，你们也要学一学。我还没有学好，小学里的陈先生学得很不错。'当时这些十五岁以下的小青年头脑中已有框框，认为我们中学生，让小学老师来教我们未免有辱身分，但终于被先生实事求是地说服了。"[④] 由此可知，他的择师任教，始终是以学生为本位的。

《春晖的使命》是一份"竖了真正的旗帜，振起纯正的教育"向全校师生及社会公开的办学宣言书，营造志同道合的教育家群体是应该做的一件要务。"你无门无墙，组织是同志集合的。你

---

① 朱自清：《朱自清全集》第 4 卷，江苏教育出版社 1990 年版，第 460 页。

② 同上书，第 122 页。

③ 夏弘宁主编：《夏丏尊纪念文集》，上虞市文学艺术界联合会 2001 年版，第 261 页。

④ 潘守理主编：《浙江省春晖中学》，人民教育出版社 1999 年版，第 140 页。

要做的事情既那样多而且难，同志集合，实是最要紧的条件。你不应该从此多方接引同志，使你的同志结合在质上更纯粹在量上更丰富吗?”[①] 受夏丏尊邀请先后来春晖中学任教的还有：曾在湖南一师同事的刘薰宇（教务主任兼数学教员）、匡互生（训育主任兼数学教员），浙江一师弟子丰子恺（图画、音乐、英文教员）、叶天底（教务员兼代艺术科教员）、杨贤江（社会科教员）以及刘叔琴（总务主任，史地、日文教员）、朱光潜（英文教员）等等。他们中有的辞去书局编辑，有的放弃大学教席，从繁华的都市来到僻静的山村，以白马湖为伴，一面教书育人，一面研究学问、从事创作。夏丏尊、刘薰宇在《春晖》半月刊第三期上发表了《对于本校改进的一个建议》。《中国的实用主义》一文就是因某学生问刘薰宇“数学学了有什么用?”彼此交流后的有感而发。丰子恺的漫画是在夏丏尊“好！再画！再画!”的鼓励下而一发不可收。朱光潜曾在《教育杂志》上发表《在“道尔顿制”中怎样应用设计教学法?》一文，夏丏尊赏识其对教学的见解，邀请他来春晖任教。他的美学研究是从春晖起步的，在《敬悼朱佩弦先生》文中写道：“大家朝夕相处，宛如一家人。佩弦和丏尊、子恺诸人都爱好文艺，常以所作相传观。我于无形中受了他们的影响，开始学习写作。我的第一篇处女作《无言之美》，就是在丏尊、佩弦两位先生鼓励之下写成的。他们认为我可以作说理文，就劝我走这一条路。这二十余年来，我始终抱着这条路走，如果有些微的成绩，就不能不归功于他们两位的诱导。领我登堂入室的是丏尊先生、佩弦先生。”[②] 平屋常常成为这些教师聚会的场所。朱自清在《白马湖》文中写道：“我们几家接连着；

---

① 夏丏尊：《春晖的使命》，《春晖（半月刊）》1923年第20期。

② 朱光潜：《艺文杂谈》，安徽人民出版社1981年版，第254页。

丏翁的家最讲究。屋里有名人字画，有古瓷，有铜佛，院子里满种着花。屋子里的陈设又常常变换，给人新鲜的受用。他有这样好的屋子，又是好客如命，我们便不时地上他家喝老酒。”[①]《爱的教育》就是在平屋一个靠山的小后轩里，点着油灯熬夜翻译的。“邻人刘薰宇君，朱佩弦君，是本书最初的爱读者，每期稿成即来阅读，为尽校正之劳；封面及插画，是邻人丰子恺君的手笔。都足使我不忘。”朱自清《儿女》一文发表，丰子恺为之作一插图，夏丏尊题写画款。教师互助合作，以期师生合作、同学友爱，得到了朱自清的积极响应。他在《团体生活》文中说道：“现在中等学校的教职员，据我所知，也正和学生一样，并没有深而广的群觉，并没有坚强的团体生活的习惯和能力。他们自己先是一盘散沙，如何能粘合学生，呵成一气呢？我是不赞成教职员与学生分家的；但我却相信，必须教职员先自能团结，然后才能使学生们与他们团结的。关于这一点，我想没有什么具体的方法；我只有两个希望：一，中学校聘请教职员，应该慎重，应该特别着眼于‘志同道合’——‘对于教育有信仰’——这一点上。二，我们教职员应该看了学校里散漫的情形而自觉，尤其应该看了学生散漫的情形而自觉；自己教育自己，自己培养自己的团体生活的习惯和能力，自己联合起来，再去与学生联合起来；这样，学校便成了有机的一个团体了。这第二个希望是尤其重要的！”[②] 来《春晖的一月》后，他发现：“这里的教师与学生，也没有什么界限。在一般学校里，师生之间往往隔开一无形界限，这是最足减少教育效力的事！学生对于教师，‘敬鬼神而远之’；教师对于学生，尔为尔，我为我，休戚不关，理乱不闻！这样两

---

① 朱自清：《朱自清全集》第4卷，江苏教育出版社1990年版，第285页。

② 同上书，第1503页。

橛的形势，如何说得到人格感化？如何说得到‘造成健全人格’？这里的师生却没有这样情形。无论何时，都可自由说话；一切事务，常常通力合作。”[①] 这份经历和理解，使他在多篇文章中一再阐发全面合作的重要性。《论青年》文里说：“只要认真而亲切的服务，就是人师。但是这些人得组织起来，通力合作。”[②] 与叶圣陶合写的《国文教学·序》里又说：“得切实计画，细心启发，让学生们多讨论，多练习，才能有合乎课程标准的效率。这就要谈到师生的合作和学校的纪律了。讨论教学技术，无论如何精确，若是教师不负责任，不肯干，也是枉然。……教师得先肯负责，才能谈到循循善诱，师生合作。”[③] 可以说，合作教学思想已成了夏丏尊、叶圣陶、朱自清等人共同拥有的精神财富。正因为如此，朱自清才会感到并赞赏《文心》“书中将教与学也打成一片，师生亲切的合作才可达到教学的目的”[④]。

合作教学思想既是“文人相轻”、“师道尊严”旧有观念的批判和突破，又是“择善而从”、“转益多师”优良传统的继承和发扬。夏丏尊在《近事杂感》里说道：“从前学校未兴时，教育虽未普及，师生的关系全是自由。佩服某先生的往往不惮千里，负笈往从。只此一个‘从’字的精神，已尽足实现教育全体的效果，学生虽未到师门，已有了精进向上之心，教育当然容易收效。学校既兴，师生的关系近于运命的而非自由的。我们为师的人呢，更都是从所谓‘教匠制造厂’的师范学校出来，各有一定的型式。在种种的事情上，要使学生做到那‘从’字样的心悦诚服的精神是不容易的事情。”其意不在回到教育不普及的过去，

① 朱自清：《朱自清全集》第4卷，江苏教育出版社1990年版，第123页。
② 朱自清：《朱自清全集》第3卷，江苏教育出版社1988年版，第415页。
③ 朱自清：《朱自清全集》第2卷，江苏教育出版社1988年版，第5页。
④ 朱自清：《朱自清全集》第1卷，江苏教育出版社1988年版，第284页。

而是不满于现在学校教育的空虚；“同志集合”、“无门无墙”，定下了学校组织与教学方法改革的基调，打上了学校即社会鲜明的时代色彩。

春晖中学创立之初，“本校同人，都认为授课只是教学方法底一种，欲竟教育的全功，非兼向别方法努力不可。这课外讲演，也是我们所曾经努力过的一条路，并且现在还继续地努力着”。1922 年 10 月 7 日起土曜讲话改为五夜讲话，话题一是“注重在知识，去做正课的帮助”，二是“随着偶发事件及时事而定，所以注重在情意的修养”，三是“校外来宾底临时讲演”。据刘叔琴《一年来的课外讲演》计，夏丏尊讲的就有《都市与近代人》、《月夜底美感》、《送 1922 年》、《小别赠言》、《怎样过这寒假》等七次[①]。他既是主讲人之一，又是联络者、接待员。经亨颐的首次演讲《青年修养问题》开头就说：“今天承夏先生邀我讲演，知道本校每逢星期六晚上，有一种课外讲演会，这会的主旨，所以辅导学生，我非常赞成。”[②] 1922 年 12 月至 1925 年 10 月，来春晖中学讲学或考察的名人就有 26 人。其中蔡元培 1923 年 5 月由刘大白陪同前来，作《羡慕春晖的学生》的演说；同年叶圣陶、章锡琛、胡愈之来白马湖，均住平屋。学生也有每周一次的讲演活动，训练口才。《文心》第 26 篇赵先生的《修辞一席话》、第 27 篇周锦华同学《文章的组织》的演讲，都凝结着活生生的教学经验。1923 年 6 月举办夏期教育讲习会，听课者为现任小学教员、师范毕业生、热心研究教育者，讲学内容有陈望道的《国语教授资料》、舒新城的《道尔顿制及青年心理》、黎锦晖的《国语正音》等。不仅请进来，进行职业培训；而且走出去，

---

① 潘守理主编：《浙江省春晖中学》，人民教育出版社 1999 年版，第 68 页。

② 张彬编：《经亨颐教育论著选》，人民教育出版社 1993 年版，第 269 页。

实施平民教育。夏丏尊的乡村运动情结，在《春晖的使命》中就是“至少先使闻得你钟声的地方，没有一个不识字的人”；叶天底曾在白马湖上伴农民读书半年。春晖中学整体多向的学校组织与教学方法改革，吸引了不少外省市的学子走进这所偏僻的私立学校。张闻天慕夏丏尊之名，亲带其弟张健尔从上海浦东来白马湖求学；1923 年春小住一周，考察学校办学情况。同年 9 月招收女生，“这是本省中等学校的第一声，也是你冒了社会的忌讳敢行的一件好事”。夏丏尊是大胆的倡导者，并在“如何好好地保持这纤弱的萌芽，使它发达”[①] 上颇费心力。据徐伯鋆回忆：“关于男女同校，许多教员持异议，认为中学生血气方刚，没有自制力，会弄出丑事来。先生却认为男女接触多了，认识多了，反不易出事。一个家庭有兄弟姐妹，还同亲戚邻人往来，并不见丑事。人各有尊严，各有洁身自爱之心，不会随便乱来的，只有关闭于闺阁之中的小姐才会一见生情，像莺莺见到张生……。他说服了一些教员。在具体行事上，他是小心谨慎的。”教导男女同学之间正常接触，“像家庭中兄弟姐妹一样”[②]。1924 年 2 月成立“由全体职教员及学生组织之”协治会，“宗旨在本自助助人、自立立人之精神，谋团体生活美满”[③]。协治，“就是师生通力合作，打成一片的意思。这没有自治会的偏枯，没有校友会的空廓，自然是较好的方法”[④]。陈望道在《从鸳鸯湖到白马湖》的游记里写道：“因他们尽由同志集合，所以他们的性灵和我也容易投合；我们见面不过几小时，已象是久交的朋友了。教员尽系

① 夏丏尊：《春晖的使命》，《春晖（半月刊）》1923 年第 20 期。

② 夏弘宁主编：《夏丏尊纪念文集》，上虞市文学艺术界联合会 2001 年版，第 167 页。

③ 潘守理主编：《浙江省春晖中学》，人民教育出版社 1999 年版，第 45 页。

④ 朱自清：《朱自清全集》第 4 卷，江苏教育出版社 1990 年版，第 153 页。

他们同志，教授自易连络，在先生想也以为一优点。”① 俞平伯收到朱自清的信后，于 1924 年 3 月 9 日赶到白马湖会友。夏丏尊热情款待，次日晚应邀作《诗的方便》讲演。后在《忆白马湖宁波旧游》文中记述“因为日记上写着，‘学生颇有自动之意味，胜一师及上大也。’固属春晖的学风如此，而教师的教法亦不能无关……其时夏丏尊先生方主持着春晖学校”②，凭借潜修内功、广结外缘、互通声气的做法，获得了“北有南开，南有春晖”的美誉，并留下了为数不少的白马湖佳话和诗文，在中国教育史和文学史上，都有可记的一笔。

柯灵在《欲造平淡难——夏丏尊先生生辰百年祭》文中指出：“夏先生的创作不多，散文作品成集的，似只有《平屋杂文》。夏丏尊的姓名，从不见于中国现代文学史，但台湾诗人兼散文家杨牧编的《中国近代散文选》，却在序言中论证，奉夏氏清淡散文风格为‘白马湖派’，并列举台湾当代散文家的名字，以印证这一流派的隔海蔓衍。”③ 张堂锜的《清静的热闹——“白马湖作家群”的散文世界》写道：“对于杨牧的品类综述和作家归类，我们或不尽然赞同，但他能单独拈出‘白马湖风格’加以讨论，不能不说是别具慧眼。”④ 无论是称“派”，还是赞“群”，海峡两岸的研究者所指涉的对象并无二致。对于“认为夏丏尊以一篇《白马湖之冬》树立了白话记述文的模范，并将朱自清与之并列为白马湖风格派的领袖”，或“以夏丏尊、朱自清、丰子恺为核心，结合了包括王世颖、叶圣陶、刘大白、刘延陵、

---

① 陈望道：《陈望道文集》第 1 卷，上海人民出版社 1979 年版，第 524 页。

② 乐齐、郁华编：《俞平伯散文》，浙江文艺出版社 2000 年版，第 38 页。

③ 夏弘宁主编：《白马湖散文随笔精选》，中国文联出版社 2001 年版，第 381 页。

④ 同上书，第 57 页。

朱光潜、李叔同、郑振铎、张孟闻、俞平伯、徐蔚南等多位作家"[1] 也无异议；不过，张堂锜认为"自然山水的美，当然是吸引这群文人闻风而来的主因，但另一个原因也绝不能忽视，即春晖学校中的师生情谊与人文气息"[2]，在归因的主次上却有些不妥。还是陈星挪用《白马湖之冬》中"好似故意张了袋口欢迎风来的样子"一句，"把'冬的情味'比作白马湖的情味；把风比作他的那些同仁们，而这些同仁的到来，恰是他'张了袋口'欢迎来的"[3] 较为贴切。是有信仰、志同道合的春晖中学教育家群的形成，造就了白马湖作家群和白马湖风格的作品。至于"他们并无一个有形的组织，也没有提出什么口号"，不能就一般文学社团的角度看，只能从"夏丏尊到白马湖首先是办教育去的"来思考；确认夏丏尊、朱自清为领袖，诠释白马湖风格，也不能仅就创作时期、作品价值论，只能从他们的作文教学实践与理论中去寻找。夏丏尊教学小品文，"设法使学生对于实生活有玩味观察的能力"；朱自清向学生解说："味是什么？粗一点说，便是真的生活，纯化的生活！便是个性，便是自我！"[4] "我的国文教师生活的开始可以说也就是我的写作生活的开始。这就决定了我的作风，若是我也可说是有作风的话。"[5] 不仅是他们共通的作文教学观、文学创作观，也是"白马湖风格"的最佳注脚。

夏丏尊把居所定名为"平屋"，寓有平民、平凡、平淡之意，文章结集定名为《平屋杂文》，读来给人以朴素、平实之感；朱

---

① 夏弘宁主编：《白马湖散文随笔精选》，中国文联出版社 2001 年版，第 58 页。

② 同上书，第 64 页。

③ 陈星：《白马湖作家群》，浙江文艺出版社 1998 年版，第 15 页。

④ 朱自清：《朱自清全集》第 4 卷，江苏教育出版社 1990 年版，第 135 页。

⑤ 朱自清：《朱自清全集》第 2 卷，江苏教育出版社 1988 年版，第 105 页。

自清《背影·序》里自称“我是大时代中一名小卒，是个平凡不过的人”[①]。由此可见，他们的文体、文风与为人是协调一致的，他们以白马湖春晖中学为平台、为背景所写的文篇，均可视为亲自“下水”的示范之作，目的在于促使学生的自觉。

二　学生自觉最要紧

如果说，志同道合的教师合作是前提，是样板，是重于言传的身教，那么，师生合作就既是手段又是目的。要使学生自觉、自己想学、自己会学，必须师生合作、调动教学双方的主动性和积极性。一旦多向、互动的局面形成，势必相长、共赢，为学为人将终身受益。

从“学和受教育是‘终身以之’的事情”出发，夏丏尊一向重视并强调：“学问要学生自求，人要学生自做。”但自学和自己教育并非独学无友、孤立无援的个人奋斗，师生之情、同学之谊，是坚持下去的凭借和理由。合作利于自主，自主必须合作。“又，教育是教师与学生合作的事”，在看取合作时，夏丏尊仍是辩证的两点论。

一方面是自求，即教师要自律律人、自觉觉人。“我们作教员的，应该自己进取修养，使够得上‘师’字的称呼。……除了我们自己做了‘师’的时候，难能使学生自觉。”从课程教学上说，“目的应是受教育”，这是“教师们都该知道了的。他们应该注意到此，应该利用了教材替诸君养成实力，不应留声机器似的，徒把教本上的事项来一页一页地切卖给诸君”；从学校管理上说，“现在的学校实在太乱杂了，一年之中可换三四个校长，前学期姓张的先生来教诸君的地理，后来归姓胡的教，这学期又

① 朱自清：《朱自清全集》第1卷，江苏教育出版社1988年版，第33页。

换了姓王的。在这样杂乱无序的情形之下，说不定诸君的教师之中没有不胜任的分子”。他在多篇文章中指出“校长与教员的变动的剧烈”，觉得如此的不稳定，“即使有热心肯对学生负责的教育者，责任也无从负起”。时下，虽不见一年换几个校长的，但初中或高中一门功课由几位教师授完的情形并非少见。教学须向管理要质量。采用小循环，让胜任、负责的教师教完初中或高中学段，利于了解学情、师生合作。问题的存在，表明夏丏尊的批评依然有着现实的指导意义。

另一方面是求己，即学生要自力自强、自度自悟。他感到：“教师虽施着正当的教育，学生如果无接受的热心，也不会有好结果，故诸君须有养成身心诸能力的自觉才好。一个代数方程式，同级的人都能理解，你如果解不出，这事本身关系原不大。但在一方面说，就是你的记忆力或思考力不及人，不到水平线，这却是大事。冬天早操屡次赶不上，这事原不算得什么有碍，但由此而显现着的你的这惰性，如果不改革，却是足为你终身之累的，无论你将来干什么。”调动教学双方的主观能动性和积极性、师生亲切合作，虽为众所周知的老生常谈，却是颠扑不破的真理。常见的包办代替、强牛饮水或是撒手不管、放任自流，正是在这一点上走极端，表明其说起来容易、做起来艰难。面对五四运动后各种外来的教学方法纷至沓来、“走马灯式的转变”不已，夏丏尊认为：“无论如何种类的教育方法，说它有益固然可以，说它有害也可以。严师固然可以出高徒，自由教育也未尝不可收教育上的效果。循循善诱，详尽指导，固然不失为好教育，象宗教家师弟间的一字不说，专用棒喝去促他的自悟，也未尝不对。”在他看来，教学方法是中性、相对的，更重要的是师生关系与彼此的了解。“只要肠胃健全的，什么食物都可使之变为养料，而在垂死的病人，却连参苓都没有用处，他是他，参苓是参苓。人可以牵牛到水边去，但除了牛肚渴要饮水的时候，人无法使牛饮水，强灌下去，牛虽不反抗，实际上在牛也决不受实益。所以替牛掘井造河，预备饮料，无论怎样地周到，在不觉得渴的牛是不会觉到感谢的。'不愤不启，不悱不发'，足见即使我们个个都是孔老先生，对于无自觉的学生也是无法的了！”所以，“最要紧的就是促醒学生自觉。学生一日不自觉，什么都是空的”。他告诫：“第一所希望于诸君者，就是要快把从来的'士'的封建观念先行铲除。”他痛悼一个自杀的中学生，把“石惠福君的宁自杀不当巡警”认作“中学校自杀的先兆”。指出“在这种不能负责任的教育的环境之下，学生自身如不自己觉醒，真是危险之至。自己教育在教育上原是很重要的事，而在中国的学生更加重要。第一要紧的是时代与地位的自觉”。他看到变动的时局与科举的遗毒并存，希望的蜃楼和现实的坚壁同在。他强调“自学”和“自己教育”，使“一班给'失学'两字威胁着而感到苦闷的青年”把“阴晦的观念抛开，建立'自学'或是'自己教育'的信念”；并以为“即使住在学校里边，也不能只象一只张开了口的布袋，专等教师们把一切应该学的东西一样一样装进来，也必须应用自己的智慧和能力，思索这一样，练习那一样，才可以成为适应环境的'变通自在的艺人'。而思索这一样，练习那一样，就是'自学'或是'自己教育'呀”。上述篇名与内容，和《教育的背景》的诸方面对应起来，可以看到夏丏尊教育思想的延续与发展。

夏丏尊论述的话语中常用复数“我们”、“教师们”，不仅是要求各科教师行动起来，共同培养学生“自觉地从各科目摄取身心上的诸能力”，而且是期望在国文科的教学上，各科教师也能相互协作、产生合力。赫尔巴特弟子根据其师关于教学内容须“一致”与“关联”的思想，提出了“集中中心论”，把人文学科作为各科的教学中心，使各学科围绕着人文学科进行；后来，进步教育派亦有人赞成这一做法，发展了“综合课程”、“核心课程”[①]。《文心》第18篇《左右逢源》流脉清澈可溯。身为国文教师的王先生认为“中学校所施的是普通教育，各种科目都是必要而有关联的”。一方面各科“用功不可偏重”，另一方面国文能力“须从各方面收得”。当他得知沈先生教算学着眼于问题的要点和推理的步骤，往往和国文关联了来解释，李先生将绘画与文章共通的方面结合起来讲述，使学生“得到联络的印证”，张先生把英文和国语的构造与习惯加以比较，这才“很安心了”，觉得如此联络比较的教学，“不但各科成绩都不至于太坏，国文科的成绩也一定更会有进步”。如果第18篇以及第21篇《语调》慧修叙述“曾去请教过教英文的张先生”，得知文章句式主要有散句、束句、对称句三种为侧写，那么第20篇《小说与叙事文》的区分、第22篇《两首〈菩萨蛮〉》的比较、第29篇《习作创作与应用》均为正写。其中李先生不止一次笑着对学生说“我今天又要替王先生教国文了”、“哈哈，我今天又在替王先生教国文了”，并当着王先生的面说“我在图画课中也曾替王先生讲过好几次国文功课哩”，可见教师之间关系的融洽。至于两人同在一教室先后就应用之作、习作和创作的关系，把绘画与文章合为一体讲演，更是一道独特优美的风景。《文心》里，合作不只在教师个体与学生群体之间，也不只在同学、工友之间，还不仅在教师与家长之间，尤为难能可贵的是，教师之间形成了以王先生为主的教学群体。那些教师有本钱、有胸怀，不是只扫自家门前雪、斤斤计较的教书匠，而是彼此欣赏、勇于进行课程教材教法

① 李其龙：《普通教育学·教育学讲授纲要》，浙江教育出版社2002年版，前言第25页。

探究的教师。王先生评价“沈先生是通晓文章理法的人，他写的文章就很精密，我曾在杂志上见到过。算学是锻炼思考力的学科，沈先生的这番话，在作论说文的时候是很可应用的。算学书上的文字虽说干燥无味，但正确细密，实为他科书籍所不及，科学的文字应以此为模范才好”。这与夏丏尊指示“诸君所用的算学教科书，当然是属于科学一类的，但就语言文字看，也未始不可为写作上的参考模范。算学书里的文章，朴实正确，秩序非常完整，实是学术文的好模样”语意一致，和钟子岩等的回忆也挂得上钩。李先生有《母亲》等画的创作，王先生也有诗和小说发表，他们将自己较深厚的学养和经验溶注到分而有合的学科教学中来、渗透到国文里去，提供了更有利于国文自主学习的情境和资源，给予学生课程的统整和教学的通感。可以说，《文心》里的教师形象大多是有生活原型的。若要对号入座，沈先生、李先生和张先生就是刘薰宇、丰子恺、朱光潜。吕叔湘《当前语文教学中的两个迫切问题》里说到“有的数学老师、物理老师诉苦，说是得兼做语文老师”[①]。这一方面表明 20 世纪 70 年代末，经十年动乱后，学生语文水平普遍低下亟待提高的实情，另一方面也反映了这些教师认知的狭窄、偏误，似乎学科间是分立单向独进的。较比春晖中学、《文心》里的诸位先生，诉苦的老师应该感到惭愧吧。

夏丏尊论述的话语中用“促醒”二字，表明教学是师生之间他力与自力的和合作应。自力是学生的本有之因，他力是利济之缘。要使学生自觉，教师必须尽心尽力。丰子恺比较：“夏先生与李先生对学生的态度，完全不同。而学生对他们的敬爱，则完全相同。这两位导师，如同父母一样。李先生的是‘爸爸的教

① 吕叔湘：《吕叔湘论语文教学》，山东教育出版社 1997 年版，第 67 页。

育’，夏先生的是‘妈妈的教育’。……我当学生的时候，李先生教我们图画音乐，夏先生教我们国文。我觉得这三种学科同样地严肃而有兴趣。就为了他们二人同样地深解文艺的真谛，故能引人入胜。夏先生常说：‘李先生教图画音乐，学生对图画音乐看得比国文数学等更重要。这是有人格作背景的原故。因为他教图画音乐，而他懂的不仅图画音乐；他的诗文比国文先生的更好，他的书法比习字先生的更好，他的英文比英文先生的更好……这好比一尊佛像，有后光，故能令人敬仰。’这话也可说是‘夫子之道’。夏先生初任舍监，后来教国文。但他也是博学多能，除了音乐以外，诗文，绘画（鉴赏），金石，书法，理学，佛典，以至外国文，科学等，他都懂得。因此能和李先生交游，因此能得学生心悦诚服。……他教国文的时候，正是‘五四’将近。我们做惯了《太王留别父老书》，《黄花主人致无肠公子书》之类的文题之后，他突然叫我们做一篇《自述》，而且说，不准说空话，要老实写。有一位同学，写他父亲客死他乡，他‘星夜匍伏奔丧’。夏先生苦笑着问他：‘你那天晚上真个是在地上爬去的？’引得大家发笑，那位同学脸孔绯红，又有一位同学发牢骚，赞隐遁，说要‘乐琴书以消忧，抚孤松而盘桓’。夏先生厉声问他：‘你为什么来考师范学校？’弄得那人无言以对。这样的教法，最初被顽固守旧的青年所反对。他们以为文章不用古典，不发牢骚，就不高雅。竟有人说‘他自己不会做古文，所以不许学生做’。但这样的人毕竟是少数。多数学生对夏先生这种从来未有的、大胆的、革命的主张，觉得惊奇而折服，好似长梦猛醒，恍悟今是昨非。”① 上述片断，从师生之间亲如母子、教者博学多

① 丰子恺：《丰子恺文集》第 6 卷，浙江文艺出版社 1992 年版，第 156—158 页。

能、锐意教改等方面，将心力解说得具体入微、淋漓尽致，提供了多处多次促醒学生自觉的又一例。夏丏尊与丰子恺师弟情缘颇深，亲切合作数十年。《〈子恺漫画〉序》文里写道："子恺来要我序他的漫画集。记得子恺的画这类画，实由于我的怂恿。在这三年中，子恺着实画了不少，集中所收的不过数十分之一。其中含有两种性质，一是写古诗词名句的，一是写日常生活片断的。古诗词名句是古人观照的结果，子恺不过再来用画表出一次，至于写日常生活断片的部分，全是子恺自己观照的表现。前者是翻译，后者是创作了。画的好歹且不说，子恺年少于我，对于生活有这样的咀嚼玩味的能力，和我相较，不能不羡子恺是幸福者！"谈画也是说文，秉承了一贯的理念；而丰子恺在散文、绘画等多方面卓有成就后，仍不忘师恩。他铭记"我的写文，是在夏先生的指导鼓励之下学起来的"，并认为"用主观的创意来描写的人物风景并重的绘画，才是艺术品，才是夏先生所盼望的画"①。夏丏尊的确是丰子恺文学、绘画创作的引路人。这段师生加朋友长期合作的佳话，用夏丏尊的言语概括："其实，学生只要自觉了以后，什么都可为'师'，也不必再赖我们。'竹解虚心是我师'，在真渴仰'虚心'的人，竹就可以为师。'三人行，必有我师焉，择其善者而从之，其不善者而改之。'随时随地皆师，觉后的境界何等广阔啊！"由此可知，甘当学生、虚心求教、不断丰实与拓展，是人格发出来的行动，是同志得以集合、师生亲切合作的泉源，是一代名师的风范。

综观夏丏尊为师从教的实践与理论，既有自古而来的优良传统，又不乏时代的精华。如果说，"肠胃健全"云云，和经亨颐郑重声明"本校的教育方针，当然不以教师为本位，是以你们学

---

① 丰子恺：《丰子恺文集》第6卷，浙江文艺出版社1992年版，第89页。

生为本位……是以学生的胃为本位，不是以学生的口为本位的"[①] 同一机杼，那么，"不必再赖我们"的"觉后的境界"，和叶圣陶"常以一语语人，凡为教，目的在达到不需要教"[②] 岂不是一脉相通？为不教的教，不只是材料与方法的变革；千教万学，关键还在自觉与觉人。夏丏尊语文教育思想的丰富性和深刻性均源于此。

---

① 张彬编：《经亨颐教育论著选》，人民教育出版社 1993 年版，第 271 页。

② 中央教育科学研究所编：《叶圣陶语文教育论集》，教育科学出版社 1980 年版，第 720 页。

第六章

夏丏尊与《中学生》

第一节　认真为中学生着想的读物

《中学生》是开明书店 1930 年 1 月创刊于上海的一份极具深广社会影响、在中国编辑出版史以及语文教育史上都值得大书一笔的杂志。如果说和同人经营开明书店不妨说是夏丏尊的“名山事业”的话，那么，创办《中学生》杂志就是他继续为师从教、努力实现教育理想的新境界。以下从杂志特点与创办人的贡献两方面作一阐释。

一　一部大型的、综合性的教学刊物

合理的市场定位、明确的读者群体，是一份刊物生存之基、发展之本。《中学生》杂志，无论广而告之的《全国教育界均鉴》认为“本志之创原以改进学风，辅益教育为职志”，还是一成不变的《征稿规约》说“文字性质不拘，以适于中学生阅读者为主”，尤其夏丏尊撰写的《发刊辞》写道：“合数十万年龄悬殊趋向各异的男女青年于含混的‘中学生’一名词之下，而除学校本身以外，未闻有人从旁关心于其近况与前途，一任其彷徨于纷叉的歧路，饥渴于寥廓的荒原，这不可谓非国内的一件怪事和憾事

了。我们是有感于此而奋起的。愿借本志对全国数十万的中学生诸君，有所贡献。本志的使命是：替中学生诸君补校课的不足；供给多方的趣味与知识；指导前途；解答疑问；且作便利的发表机关。”这些都可谓全面、充分地表达了创办的动因、杂志的性质与特点。

《中学生》杂志是一部大型的综合性的教学刊物。其大型、综合性的特点，是与中学生的需求、服务的宗旨互为依存的。作共时横向的对比，如曹聚仁所说“生活以青年为对象，开明则以学生为对象；自从开明书店登场，中国出版界，才有认真为学生着想的读物”[①]；倘用纵向历时的相较，则不能不提及1914年创刊的《学生杂志》了。学生与中学生之所指是相容而不等的，前者泛化，后者专指。沈本权在《评商务印书馆的学生杂志》文里写道：“《学生杂志》是‘专供全国中等学生阅读的月刊’——在民国十二年份的该志封面上曾竖着这块招牌，但不知为了什么，从民国十三年起，竟无声无息的取消了。”[②] 其实，反复不止一次。1921年5月第8卷第5号上登出预告，“定于本年7月号起再加刷新”，第7号上表述“本志编辑的方针，大概是以一般中等学校的学生为对象的”，第12号《告读者》“差不多是专为学生的读物”，这“大概”与“差不多”，可见原本服务的对象就有一点儿含糊其辞。从夏丏尊主编的刊物看，《春晖》为对开小报，半月刊。它大部分是赠阅的，发行范围为省内外中等以上学校及省内各县高小，每期一千一百份；不收与本校无关的文字。《一般》写道，“要想以一般人的现实生活为出发点，介绍学术，努力于学术的生活化”。取名立意“只是一般的人，这种杂志又是

① 曹聚仁：《我与我的世界》，人民文学出版社1983年版，第148页。

② 沈本权：《评商务印书馆的学生杂志》，《一般》1926年第1期。

预备给一般人看的，所说的也是一般的话罢”[①] 了，有自认平凡、普及大众的味道。《中学生》是有名有实、一心一意、切切实实为中学生服务的杂志。旗帜鲜明，使命必达。创办之初，全年除6月、12月停刊外，每月1日出版，共计10册；每期约160页、10万字，1月、7月两期加倍。特约经售有天津直隶书局、新加坡上海书局等10处，邮寄新疆、西藏、日本等地。面广量大、销行海内外，还远不足以言其“大”。《发刊辞》中“今当诞生之辰，敢望大家乐于养护”之“大家”二字，实有两层含意。

一是编辑、作者的阵营大，名人荟萃，齐心协力。创刊号至第11号署名的编辑者为丰子恺、夏丏尊、章锡琛、顾均正，第12号编辑后记写道：“我们为欲使本志更完善起见，已拉得叶绍钧先生加入为编辑本志的主干。”后署名的有夏丏尊、章锡琛、叶圣陶、顾均正等。精干、负责、较为稳定的编辑人员，多处、丰沛、高质量的稿件来源，是办好杂志的前提和理由。除编者的作品外，常见到的作者有茅盾、巴金、朱自清、林语堂、胡愈之、郑振铎、周建人、陈望道、刘薰宇、贾祖璋，等等，几乎全是著名的作家学者。由这样的编写者组成“中等教育的后援军队”、共同担任“中学生的课外导师”，的确是豪华、超一流的。诚然，《学生杂志》等刊物里，也能见到一些大家的手笔，通常是作者发表见解、抒发情感的文字，和接受者尚有不小的距离；《中学生》杂志量体裁衣，有的放矢。如1931年2月《中学生》第12号发表舒新城的《考试与文凭——致中学生的一封公开信》，首称“中学生诸君”，末署“你们不相识的朋友舒新城”；文里写道：“最近夏丏尊先生向我索《中学生》未发刊前的文债，

① 夏丏尊：《“一般”的诞生（对话）》，《一般》1926年9月第1期。

且指定这个题目，要我谈话，我只得从忙碌之中抽点时间来写这篇。”编辑后记写道：“数月以来，考试与文凭，成了一般关心教育的人士的话题了。大学生照例有堂皇的文凭可得，小学毕业就去向别途谋生的也不必重视文凭，故文凭与考试的问题，结果就落在中学生身上。升学无钱，自修所得的知识，因为没有文凭的缘故，又不能邀社会及上级学校的承认。这种不平的苦痛，受到的只有一般的中学生。读者诸君对于这严重的自身问题，将怎样应付呢？本期中的舒新城先生那篇文字，是值得叫大家仔细一读的。我们很望有人继续地把这问题加以讨论。”1931 年 4 月《中学生》第 14 号发表觉敷的《说梦》，文章开头写道：“‘痴人说梦’。《中学生》主干近因读者纷纷来函，问及梦的意义，遂硬要我来做‘痴人’，为中学生诸君说梦。”据说，编者“从答问栏的来函里检到三十多条关于梦的问题……想来疑惑着而也想写信来询问的一定还有，因请高觉敷先生撰《说梦》一篇，作个总答复。高先生惯作专门的学术文字，现在蒙他通俗地写成此文，深入显出，益人理解；这是读者与编者共同感激的”。这样亲切的称呼、这样风趣的话语、这样适切的命题作文、这样的首尾呼应，是其他刊物所未曾见到的。由此可知，《中学生》杂志的编者向专家名人约稿，不是为了自家撑门面、图卖点，而是为了满足广大中学生的实际需要。每一期的编辑后记均作导读、点津，表达感激之意的同时，又发出了“大家乐于养护”的恳望。如此循环、感染，作者不仅自明而且明人，甘当起了宣扬杂志使命的志愿者。第 13 号陶希圣《中国文化与火烧红莲寺》的开场白“现在有许多人谈中国文化。作者不才，不知道他们说的中国文化是些什么。作者愿意这些人说话说得具体些，不致把我们的中学生越弄越糊涂”即为一例。

二是教学交流的信息量大，互助合作，多方受益。无论是印刷媒体，还是电子媒体，受众边际与需求不清、单向传播、缺少反馈，是易犯而常见的弊病。《中学生》杂志则不然。编者们虽为学有专长、教有多年的一代名师，却从不摆架子，反“自知所知所能都很有限，不敢处于施与者的地位，双手捧出一套东西来，待读者诸君全盘承受”，觉得“只能与读者诸君处于同等地位，彼此商商量量，共学互勉，就在这中间受到一些名副其实的教育”[①]。他们的态度是平和的，情感是真诚的，知行是合一的。杂志为双向乃至多向的交流平台，图文并茂。有朗静山摄的《一九二九年之立达学园（十幅）》、丰子恺的《中学生生活漫画》，常设的文字栏目有《科学零拾》，登载知识趣味的小品，可读性强；《读者之页》发表学生的习作，鼓励学好国文。就创刊号上的若干文章看，有卢冀野的《诗及诗趣》、郢生的《作你自己要作的题目》、刘薰宇的《从数学说到思想》、林语堂的《英文语音辨微》，涉及语数外多门学科。林语堂采用问答对话的形式，卢冀野篇末写道：“我年轻的中学生呀，请你稍为休息一下，我下次再来谈‘诗’的源流给你听，那也是很有趣味的。”每篇文章有一个中心，又都构成一个系列，如同丰子恺的《美术讲话》之类似的，可以说，一篇文章即一节课，一组文章即一个连贯的学程，一部《中学生》杂志就是一所学科门类齐全的补习学校。

《中学生》杂志的大型与综合性是相应的，大中有合、合中显大，施行的是课内外打成一片的大教育、大语文。刘薰宇的《堆罗汉》、贾祖璋的《共栖的现象》、顾均正的《空气之话》、丰子恺的《文学中的写生》、放士的《轮子的故事》、刘叔琴的《谈火》等等，用生动易懂的文字解说学科知识，把数学、生物、化学、美术等科与国文的学习融为一体。为避免知识讲解的片面、

① 中学生社同人：《夏丏尊先生逝世》，《中学生》1946年第175期。

零散，全面、系统地加强自学方法的指导，1931年1月第11号始“每期添设各科学习指导法，由专家对于擅长的学科，指示修习的方法，上达的门径及应用的工具等，务求适于实用”。相继发表的有夏丏尊的《关于国文的学习》、刘薰宇的《怎样学习数学》、臻郊的《从实际生活中学习地理》、周建人的《生物学和我们》、林语堂的《英语学习法》、周予同的《历史学习的途径与工具》、刘叔琴《世界史的学习与社会学》、丰子恺的《艺术科学习法》、谢似颜的《体育科的旨趣及其学习方法》、程祥荣的《关于理化的学习》，后合编为《中学各科学习法》，列入《开明青年丛书》出版。

在1931年12月第20号上，《中学生》杂志社发表了《致中学教师书》。首称“诸位先生”后，表达了写信的缘由：“年度的更始常常引起人的热望，想对自己的责务愈益奋勉努力；我们希望明年的《中学生》继续有进步，不站在它已经到达的地位上，觉得有请求诸位先生的帮助的必要，就诚恳地写这封信。”信中对稿源的状况作了说明：“这个杂志的作稿者除中学生诸君外，其他一半应该是中学教师；于是登了公告全国教育界的启事。……但是，据两年来的经验看，我们感得寂寞了。两年来的作稿者固然有好几位是现任的中学教师，然而都是我们所熟识的，就近请求得到的；至于此外的教师，惠寄稿件或者给我们写一封信的，竟是绝对的稀少。”对第一线教师工作的辛苦与经验的宝贵表示了解和珍视：“教科的繁多，校务的纷忙，职位的不安定，生活的没有保障，这些都足使诸位先生心神不宁定，引不起讨论什么谈说什么的兴致。然而决不是不能讨论，无可谈说；譬如钱财，只是储藏在箱子里，忘记取出来使用罢了，——一切实际的经验，无论成功的，失败的，可慰的，堪叹的，都是诸位先生的储藏呢。现在我们只想请诸位先生取出丰富的储藏，给与一般中学生，我们的读者，想来不是非分的要求吧。”对中学教师投稿加盟的意义予以充分的揭示：“‘《中学生》须是适切于中学生的杂志，为中学生一切的利益而努力的杂志。’我们是抱着这样的愿望来办这个杂志的。这一点，首先要请诸位先生记在心里。……所讲的话要‘适切于中学生’，当然，先得周知中学生的一切。谁周知中学生的一切呢？无疑的，那是中学教师。”交流是平等谦和的，“诸位先生爱着学生，愿意对学生给与助力，其热烈与真挚决不在我们之下。我们为一般中学生，我们的读者，向诸位先生要求，愿诸位先生不爱惜这样的助力！……前面我们累赘地说了一些话，请看作诚挚的愚者的叩门声吧”。信末附言：“希望学生诸君将此留送给教师看。”这是篇非同寻常的征稿启事，不是给你一次发表机会的向我靠拢，而是情辞恳切地再三请求合作。从此，一批有经验的现任中学教师，纷纷打破沉默，汇入到为中学生服务的洪大热流中来。壮大了队伍，扩大了影响。

《中学生》杂志做大做强，全都为了给中学生提供更好的服务。编辑同人不辱使命，工作过程中始终小心翼翼，不断苛求自己，唯恐对不起读者、作者，更唯恐对不起中学生。创刊号编辑后记：“这是本志与读者见面的第一次。在质上，在量上，都自以为可以不惭形秽，像个样子。”第 11 号《一九三一年的〈中学生〉》预告中标明“最高的品质最低的代价”之要求，对于“本志材料的丰富，内容的充实，趣味的浓厚，印刷的精美，已蒙读者同声赞许，无待赘述”，“至于定价的低廉，尤为稀见”，聊感欣慰。订阅全年者，赠送当年《中学生文艺》一册，“此书所选，均系全国优秀学生的文艺作品，包含议论小品书翰小说诗歌各种文体，凡二十余万言，精装三百余页，定价大洋八角，实为无上优厚的赠品”。编辑后记：“新年特大号的排校，好容易完毕了。由分量上看，由内容上看，都自以为总算可以过得去。比之去年，更适切于中学生诸君。新年在迩，我们默祷读者诸君的学力随时俱进，同时也期待着本志的进展。愿大家努力！”第 16 号编辑后记：“本期倍大号，编者以为颇像个样儿，可以无愧地贡献给读者诸君。”1932 年 1 月第 21 号徐激厉《〈中学生〉和中学生》文里引述了《读书月刊》记者贺玉波采访夏丏尊的一段：

“《中学生》的销路还好吗？”

“不坏，销一万八千份！”

“能够赚钱吗？”

“办杂志那能赚钱？《中学生》印刷纸张成本要一角三分，外加发行邮费刚刚等于定价一角五分。编辑费和稿费完全要亏本。所以《中学生》多销一份，书店方面多损失一份杂志的本钱！”

“不过《中学生》所给与全国中学生的益处实在不浅，较其他同类杂志要优胜多了，这也是好处，虽然书店的损失巨大。”

“就是为了这点缘故，无论怎样，《中学生》不得不办下去！”

可见在经济效益与学生利益之间，编辑同人是不惜牺牲前者而谋求后者的。

《中学生文艺》是《读者之页》的扩版、增刊，鉴于“诸君踊跃投稿，每日接到稿件，平均约在四十件以上”，1930 年第 4 号发表《致本栏投稿诸君》，通报情况。对“诸君爱护本志之盛意，感谢之至”；对“本栏篇幅虽已大加扩充，究竟纸数有限；纵多佳作，亦不能一一登载，殊深遗憾”。并“现拟每年另出《中学生文艺》一册，将本栏所未登过的佳作，分类汇载”，面向大多数，并且说到做到。反观《学生杂志》的《学生丛刊》，不仅过了预定出版时日一册未见，连个通告也没发。据沈本权反映：“第六期《学生》应该是六月五日出版的，但我收到该杂志已在七月底了！这期里有几篇关于升学应试的文章以及十四年度各大学的入学试题，本来是供给升学者参考用的，岂知大多数的大学早在七月中旬以前举行过考试了！又该志第五号出版时，似乎已在六月底；但该期所登的第二次征求讨论题却‘限六月底截止’。岂非笑话?”[①] 也许，在当时的社会条件下，杂志出版或文章发表延期不足为怪。所不同的是，《中学生》在告知原委的同时“希望作者及读者见谅”，并意识到“杂志规定每月某日出版，这就是与读者订下了信约；我们应该坚守这信约”。不但“立志永不脱期”，“还要提早出版，使远方的读者可在出版日期读到本志”[②]。这样的给予知情权、尊重读作者，这样的意愿和行动，的确是其他刊物所缺少的。

《中学生》杂志有多个反映学情、便利对话的栏目。除《答问》、《通讯》外，始见于 1930 年第 8 号上的《中学生体验实话》，就是为读者发泄郁闷、引起各方面的同情和注意而新辟的。“中学生诸君如有关于自己实生活上体验到的感想与意见的文字见赐，均所欢迎。”可谓开“实话实说”的先河。自然，刊登出的疑问、书信、谈话录只是其中极少的一部分，而编者解说、引导的方式也多种多样。1932 年 2 月第 22 期设立了《文章病院》，“以维护并促进文章界的‘公众卫生’为宗旨”，“从出现于社会间之病患者中择尤收容，加以诊治”，并“将诊治方案公布，使公众知道如此如彼是病，即不如此如彼是健康，是正常”。第 1 号病患者为《辞源续编说例》，第 2 号病患者为《中国国民党第四届第一次中央执行委员全体会议宣言》，第 3 号为《江苏省立中等学校校长劝告全省中等学校学生复课书》。编辑后记写道：“学生诸君寄来稿件时，常常在附信中嘱我们加以修润。我们因为没有多余的时间，只把刊出的几篇略为改动，对于不用的就不

---

① 沈本权：《评商务印书馆的学生杂志》，《一般》1926 年 9 月第 1 期。

② 《中学生·编辑后记》1931 年第 13 号。

再下笔。辜负了诸君的盛意，真是万分抱歉的。本期新辟‘文章病院’一栏，意在答诸君这一方面的期望。那些文章虽非出自诸君之手，但看了人家的病状和对于病的诊治方案，也就可以省察自己是否患同样的病。诸君的国文教师因为功课繁忙，学生众多，批改作文未必有这样仔细吧。那是比较沉闷的东西，但诸君切不要翻过不看。如能多看一遍或两遍，对于诸君的写作技术定有益处——我们这样想。”第 31 号上登出的第 4 号病患者为《今后申报努力的工作》、《纪念本报六十周年》两篇，第 35 号上登出的第 5、6 号病患者分别为《初级中学国文教本编辑条例》、《禁运军火案》，这些病患者杂夹在多数人阅读的报刊、教本中，出自有身份人的手笔，公开诊治，不仅仅旁敲侧击地为批改作文的示范，也有助于历练阅读的锐敏。

一如既往地为读者提供物美价廉的精神食粮，体现出开明人、《中学生》杂志编者的大气，其创意与丰获也基因于此。

二　一个亲自生育、亲手养大的儿女

夏丏尊《寄意》文中自陈：“我是《中学生》创办人之一，从创刊号至七十六期止，始终主持着编辑等社务。所以在我，本志好比一个亲自生育、亲手养大的儿女。”比照 1930 年第 3 号编辑后记：“才呱呱坠地的小孩，大概总得到家人亲友们的喜欢；出版才满两个月的本志，受多数读者们的热烈的赞赏，当然也不能算做特别可以夸称的事。但像本志那样创刊号初版两万册，不到一月就告再版；第二号壹万册，也同样要求再版，却不能不说是出版界的稀有的盛况。我们既然感谢诸位家人亲友们对于这小孩的厚爱，同时便愈感到自己任着保姆的责任的重大，不得不对于这为家人亲友们宠爱的孩子，日夜尽心尽力地求不负养护的重寄。”语词上不难看出，原本还只是尽责的“保姆”与“小孩”，如今已似血亲关系的“家长”和“儿女”，情愈深、意更长。

如此情深意切，和他在“上海不见本志，已有八个多年头”有关。文中写道：“一九三七年八一三战事起后不多日，在校印中的本志七十七期随同上海梧州路开明书店总厂化为灰烬。嗣后社中同人流离星散，本志也就在上海失去了踪影。两年以后，我在上海闻知开明同人已在内地取得联络，获得据点，本志也由原编辑人叶圣陶先生主持复刊了。这消息很使我快慰，好比闻知战乱中失散的儿女在他乡无恙一搬。——实际上，我真有一个女儿随叶圣陶先生一家辗转流亡到了内地的。从此以后，遇到从内地来的人，就打听本志在内地的情形。两地相隔遥远，邮信或断或续，印刷品寄递尤不容易。偶然从来信中得到剪寄的本志文字一二篇，就同远人的照片一样，形影虽然模糊，也值得珍重相看。直至胜利到来，才见到整册的复刊本志若干期。嗣后逐期将在上海重印出版。”《中学生》杂志和民族、家人同其命运，久别重逢，所以，才有这样熨帖、深情的比喻。

《中学生》杂志的诞生、养育，称得上夏丏尊最为操心费力的善行义举。离开春晖中学去国外多所大学留学八年之久的朱光潜，所需经费主要依靠稿酬。他说过，倘若没有夏先生的提携，就会因经济窘迫半途而废了。① 他在爱丁堡大学的时候，收到夏丏尊的约稿信，才有1926年《一般》第11月号《谈读书——给一个中学生的十二封信之一》等的陆续发表。1929年夏丏尊把这些书信汇编成集、撰写序文交由开明书店出版，即风行一时的《给青年的十二封信》。如此命名，隐然与《学生杂志》上格利康著、陈铸译的《给一个青年的十二封信——讨论恋爱和健康》相

---

① 商金林：《朱光潜与夏丏尊》，《白马湖文集》，上虞市政协文史资料，1993年，第273页。

对。夏丏尊以为《一般》杂志数年以来的努力，“如今看来，最好的收获第一要算这十二封信”。其因之一，即读者群体的确认。“这十二封信以中学程度的青年为对象，并未曾指定某一受信人的姓名，只要是中学程度的青年，就谁都是受信人，谁都应该读一读这十二封信。这十二封信实是作者远从海外送给国内青年的很好礼物。”之二，即服务态度的认真与亲和。“作者曾在国内担任中等教师有年。他那笃热的情感，温文的态度，丰富的学殖，无一不使和他接近的青年感服。他的赴欧洲，目的也就在谋中等教育的改进。作者实是一个终身愿与青年为友的志士。信中首称‘朋友’，末署‘你的朋友光潜’，在深知作者的性行的我看来，这称呼是笼有真实的情感的，决不只是通常的习用套语。”之三，即话题适切、着眼根本与未来。“各信以青年们所正在关心或应该关心的事项为话题。作者虽随了各话题抒述其意见，统观全体，却似乎也有个一贯的出发点可寻，就是劝青年眼光要深沉，要从根本上做功夫，要顾到自己，勿随了世俗图近利。作者用了这态度谈读书，谈作文，谈社会运动，谈恋爱，谈升学选科等等。无论在哪一封信上，字里行间都可看出这忠告来。”欧阳文彬认为，《一般》“这个刊物可说是《中学生》的前身，也可说是夏先生从办学校转向办刊物的转折点”[①]。也就是说，这一构想已酝酿了数年之久，而《给青年的十二封信》的序文，不只是推介了朱光潜的一本书，且为夏丏尊编辑思想的宣示与杂志创意的预告。

教师、编辑的角色，对夏丏尊来说，几乎是同时担当的。在浙江一师任教时，他为《校友会志》创刊号写序，常发表诗文，并成为学生发表与传阅的园地；《春晖》刊行第 15 期的

① 欧阳文彬：《文苑梦忆》，学林出版社 1999 年版，第 105 页。

1923年10月，他对《春晖》的形式与内容作了改动，辟为七个专栏：《仰山楼》——教职员的议论，《曲院文艺》——学生的投稿，《他山之石》——来宾的讲演录或寄稿，《五夜讲话》——周五晚教职员的课外讲话，《白马读书录》——教职员和学生的读书札记，《课余》——教职员和学生的随笔、杂感等，《半月来的本校》——校闻。任教立达学园时，他编辑《一般》杂志；编辑《中学生》杂志时，他又创办函授学校、亲自授课，还曾去南屏女中任教。从《春晖》、《一般》杂志的栏目、作者、文篇上，不难看出《中学生》杂志继承发展的轨迹；从《中学生》创办的历程中，也不难看出夏丏尊教育与编辑思想的高度一致。

他始终以办教育的心态从事《中学生》杂志的编辑工作，一贯的精神不外乎以中学生、时代境遇以及编作者的人格为背景。自创刊号发表《“你需知道你自己”》等篇后，社联机关刊物《新思潮》月刊以及左翼文艺刊物《萌牙》月刊分别发表了马训政的《评〈中学生〉》和连柱的《夏丏尊的处世与教育》，把原本“乃是想叫诸君张开了眼，认识眼前的事实，更由这认识发出勇敢的新的努力”这样不无积极、诚恳的指点，看成是甘当奴隶的“逆来顺受”[①]，并号召爱护青年的人起来反对夏丏尊的“处世和教人的态度”[②]。面对偏激的批评，他不予回击，不改初衷。继第6号《中国现在中学生的出路》征文之后（其中除发表学生文章七篇外，有林语堂《读书阶级的吃饭问题》、倪文宙《中学生将何在》、郁达夫《中学生向那里走》、郢生《假如我有一个弟弟》四篇），第11号又推出了“预备已久了的一种新年礼物”——《出

① 马训政：《评〈中学生〉》，《新思潮》1930年第4期。

② 连柱：《夏丏尊的处世与教人》，《萌芽》1930年第1卷第4期。

了中学校以后》栏，有丰子恺《我的苦学经验》、朱文叔《我的自学经验》、赵景深《出了中学校以后》、胡仲持《从邮务生而新闻记者》、叶圣陶《过去随谈》、章锡琛《从商人到商人》、止敬《我的中学生时代及其后》、汪静之《出了中学校》八篇，叶圣陶写道："《中学生》主干曾嘱我说一些自己修习的经历，如如何读书之类。"章锡琛写道："夏先生要叫大家做这篇文章的本意，无非要使读者知道虽是中学生，只要自己肯立志向上，也不见得定会无路可走。"分明道出了《记者的介绍辞》中，夏丏尊以上述"跑出中学的校门以后独学奋斗到现在的人"来"做'他山之石'"，让中学生正确认识自己的良苦用心。第21号上提出："假如先生面前站着一个中学生，处此内忧外患交迫的非常时代，将对他讲怎样的话，作努力的方针?"鲁迅、陈望道、巴金、茅盾、胡愈之、沈从文、金仲华等一批著名作家学者纷纷致言《贡献给今日的青年》。如果说，春晖中学旁的平屋，是同志集合、谈文论教之所在，那么，开明书店"以夏丏尊师为中心的通讯处"，就形成了更为强大的"呼吸相通的文化集团"①。

章锡琛回顾开明书店的兴办，不忘"许多朋友的帮助，使我有勇气去做出版事业，而且侥幸得免于失败；其中最有力的一人，尤其是夏丏尊先生"②。并以为是在夏丏尊的"主持之下，创办了一个《中学生》杂志。为了这杂志，他绞尽了心血；每期都是自己拟定了题目，约人写文章。杂志出来不到一年，销行数就到了两三万以上。每一个读者写信给他，他都要亲自回答；所有的读者，他都看作自己的亲子弟；他们所提出的问题，像求学、就业、婚姻以及其他一切的疑难，他都要设身处地，替他们

---

① 曹聚仁：《我与我的世界》，人民文学出版社1983年版，第139页。

② 章锡琛：《从商人到商人》，《中学生》1931年第11号。

想得非常周到，谆谆不倦的告诉他们，因此所有的读者都把他看做他们的慈父。这时候，他已经不是一所学校里几百学生的老师，而是全国几万学生的导师了!"[①] 叶圣陶也认为，夏丏尊是为了办"一点真正的教育"，弥补"一般中学没有给学生享受这种福利"的缺憾，"花了不少的心血编辑《中学生杂志》。每期都是自己拟定了题目，特约相当的人写文稿，务使面面顾到，决不随便凑数，让杂志真成了'杂'志。他又修改投稿者的文稿，回各地读者的信。他总是站在投书人的地位，设身处地的替他们商量事情，解决疑难，态度是诚恳的，友谊的，从不板起面孔，说些照例的教训的话"[②]。《中学生》杂志的"作风是夏先生开创的"，尽管他后来不任主编而任社长，"作风可没有改变"，而且"凭本志给学生界一些帮助，永远不改变"[③]。

夏丏尊奉献给《中学生》的，润物无声、了无痕迹的居多。即便如此，仍能从杂志里读到他辛勤劳作的身影。他写《发刊辞》、《卷头言》，明使命、定专题，也添《补白》，如第 3 号《美国人的理财法一斑》、《中国之未来军人》；解答学生的质疑，如第 36 号《关于后置介词'之''的'》；拟题请编作者撰稿，也接受编作者的命题作文，如创刊号《谈吃》开头一句"《中学生》杂志的编辑者要我写些关于新年的文字"等。几乎所有的专栏都能读到他的文字。《美术讲话》有《列宁与未来主义》，《革命者的青年时代》有《甘地》，《升学与就业特辑》有《国文科的学力检验》，《科学零拾》有《动物界的无线电》、《电子的话》等，选录《平屋之辑》里的《人所能忍受的温度》、《蟋蟀之话》、《春日

① 章锡琛：《悼夏丏尊先生》，《国文月刊》1946 年第 48 期。

② 叶至善等编：《叶圣陶集》第 6 卷，江苏教育出版社 1989 年版，第 290 页。

③ 中学生社同人：《夏丏尊先生逝世》，《中学生》1946 年第 175 期。

化学谈》都发表于《中学生》杂志。贾祖璋《丏尊师和开明书店的科学读物》文中认为，1934 年陈望道主编《太白》半月刊、设《科学小品》栏，与开明书店有关。“开明书店仿佛是科学小品的发源地，这与开明书店原本对通俗科学文章和书籍比较重视有关。”从自身经历说，“一九二六年前后，我开始写作关于鸟类和其他方面的通俗文章。丏尊师以《鸟类面面观》为题，嘱为《一般》杂志撰稿。后来我把零篇文章编成两本书，丏尊师给拟名为《动物珍话》和《鸟与文学》，并且为《鸟与文学》写了序文，对我的写作给了很大的支持和鼓励”。从《中学生》杂志以及《开明青年丛书》、《开明少年丛书》说，刘薰宇的《数学的园地》、顾均正的《科学趣味》、郑贞文的《化学与我们》、克士（周建人）的《花鸟虫鱼》、陶秉珍的《植物的生活》、高士其的《细菌与人》、索非的《疾病图书馆》、董纯才翻译的《十万个为什么》、符其珣的《趣味天文学》等等，他感到：“开明书店能够出版众多通俗浅显的科学读物，应与主持编辑业务的诸位先生对科学有一定的兴趣有关。特别是夏丏尊先生曾在日本东京高等工业学校肄业，与科学是有缘的。”① 这是五四运动后，科学下放、文理打通、课程统整的切实举措。

读夏丏尊文集里的一篇篇，不免有他自觉的“正配叫杂文”的同感；从文章的原载处看，大都为杂志栏里并非独处的单篇，如第 15 号《致文学青年》，前有止敬，后有郑振铎、谢六逸、薰宇；第 16 号《我的中学时代》，章克标、尤墨君、丏尊、愈之依次排列。第 37 号始开设《随笔》栏，《月》下有丰子恺《月的大小》、郢生《看月》、顾均正《神话的月与科学的月》、丏尊《原

① 中国出版工作者协会编：《我与开明》，中国青年出版社 1985 年版，第 47—49 页。

始的媒妁》，第 38 号宏徒的《辛亥革命与“英雄结”》、茅盾的《我所见的辛亥革命》、丏尊《光复杂忆》、郢生《苏州光复》、愈之《辛亥革命与我》，第 39 号《关于书》有玉深《没字的书》、郢生、丰子恺《读书》、贺昌群《买线装书》、微明《读破一卷书》、林语堂《从梁任公的腰说起》、丏尊《我之与书》，第 40 号《冬》有佩弦《冬天》、平伯《进城》、丏尊《白马湖之冬》、仲华《西风》，第 42 号《教师生活》有从宜的《校长》、晞如《在倦怠中》、巴淑《考试前夕》、徐懋庸《可为而不可为》、丏尊《紧张气氛的回忆》，第 44 号《春》有丏尊《春的欢悦与感伤》、徐懋庸《两种春天》、所北《春的旅人》、华君《都市之春》、丰子恺《春》……这是他和同志们同心同德携手奋斗的见证。

夏丏尊任教与办杂志，相得益彰。就国文教材言，不仅仅是科学小品成为后之课本入选的新品种，自《一般》始，开明书店创印的《活页文选》，也以它“不如教科书之呆板，又免油印讲义麻胡脱讹之弊”价廉物美的优势，而为各校教师学生所称便。因某个话题，和朋友们写一组文章，可谓一题数作法之滥觞，对陆高谊主编的《作文自学辅导丛书》不无影响，对现今的教材单元设计不无启迪。《读者之页》、《中学生文艺》不限文体，体现了夏丏尊满足发达青年的欲望、周遍地养成各种文体写作能力的主张，和近二十年语文教育界的情形相比，也可说编者思想解放得早、学生习作自由得多。夏丏尊、叶圣陶合写的几部语文教学专著，都曾发表于《中学生》杂志，其中最著名的是《文心》。在某种程度上可说，中学生因《文心》而幸福，杂志为有《文心》而骄傲。

第二节　流行流传的语文教育经典

1933 年 1 月《中学生》杂志第 31 号，发表了署名夏丏尊、叶圣陶以“文心［读写的故事］”为题的首篇和续篇后，每期两篇，至1934年6月《中学生》杂志第46号连载结束，共计32篇，16万字。当月开明书店出版了《文心》单行本，陈望道、朱自清分别作序。1949年3月已印行22版。1983年中国青年出版社再版后，港、台多家出版社重印。可是，这部流行流传的经典却长期处于一头热一头冷即读者多、影响大而研究少的境地，论者多停留在陈、朱序文片言只语的引述上，缺乏全面深入的分析。以下试就其体式与内涵、书名与蕴意、适合学生阅读并利于教师进修等方面，作初步的探讨。

一　用小说体裁叙述读写知识和技能

《中学生》杂志第31号编辑后记明示：“《文心》用小说体裁谈说关于阅读和写作的一切。除了这个要旨以外，对于故事的发展，人物的描绘，也不轻易落笔。”当时，两位作者担任杂志的编辑，常写编辑后记。这番话可视为他们的自述。《中学生》杂志第47号卷首新书介绍上再次表明：“它与机械地述说读写方法的那些书籍绝不相类。从另一方面说，它便是一群中学生三年间的生活史的缩影。”陈原在《开明书店与我》文中，以为书中凝结着作者的教学经验、融化了“两老的德行”，少有虚拟假想成分，便断论“似小说而非小说”，[①] 不符合作者意愿和文本实际；《文心》是小说，是道德文章，“似”是而“非”的说法，实有欠妥之处。陈望道以为“的确是一部好书”。朱自清以为“丏尊、圣陶写下《文心》这本‘读写的故事’确是一件功德”。均涵盖了内容形式两方面，可以说，采用小说写法，并不游离于道德文章，恰恰是其重要组成部分和突出显现。

① 陈原：《书和人和我》，三联书店1994年版，第276页。

着眼体式，把《文心》当作章回体小说来读也未尝不可。它反映的是H市第一中学初中某班三年的学习生活。随着生活的时序，以读写为主线，在平均五千字的篇幅里，安设了32个小标题，虽不讲究字数划一，却新鲜醒目。如《文章病院》、《新体诗》、《研究报告》等，不一而足。每项知识约占一题，每一题都找出一个便于衬托的场景，把阅读与写作、课内与课外、学校与家庭、个人与社会交织起来融成一片。虽不用“话说”或“且听下回分解”的套语，却保持题与题间的联络，断中有续，藕断丝连。先作好做大人、古人的阅读心理准备，后便对“居”等方块字主动学习；白天课上布置了题目，晚上家里写就“一封信”；“读书笔记”课毕时送来的电报，带出赵先生“修辞一席话”……作者在描绘现实社会急遽变幻的阵阵风云中，不忘点染学生青春情感世界的绵绵雨丝，共同推动故事情节的发展和语文知识的转换。如第23篇《新体诗》正是由第13篇《触发》中乐华“你们……”的欲言又止，到第19篇《“还想读不用文字写的书”》中觉察出大文、锦华互相躲避的目光，曲折有致地写来，真是前有伏笔，后有照应。这样的看似“闲笔”的细微之处，是颇见艺术功力的。第22篇《两首〈菩萨蛮〉》中慧修“为什么又要重新改画呢?”的疑团，直悬到第29篇《习作创作与应用》才豁然开朗。即便选画慈爱辛苦的“母亲”，而不画像罗中立笔下那样饱经沧桑的“父亲”，也不全出于绘画题材的补缺，而是为生动形象地讲析写作知识张本。许多场景也写得极具张力，给人以生活的逼真和悠远的想象。第15篇《读古书的小风波》正是当时“提倡国粹”、“尊孔读经”大气候中的小气候，第32篇《最后一课》中提及的《礼义廉耻国之四维论》也确是当年上海市高中毕业会考的作文题，第5篇《小小的书柜》中家长给孩子订阅《中学生》

杂志，第9篇学生读到《文章病院》时的兴奋以及写出研究报告，都不是作者的凭空虚构。田世英《饮水思源忆开明》文中写道："国文老师胡哲敷为我们班布置了一道作业题，大意是这样的：精读《中学生》月刊第三十二号刊出的《文章病院第一、二、三号病患者》，写出心得，并对照自己本学期的作文，逐篇加以检查，自己为自己的文章诊断一番，看看有哪些毛病？同学们看了这道题都觉得好笑，我父亲也感到奇怪：'怎么文章的毛病也能进医院治疗？'但当他看完了《文章病院第一、二、三号病患者》以后，不禁大为赞扬：分析得清楚，诊断得好。《中学生》杂志开设这个《文章病院》大有必要，不仅你们学生的文章要诊断，连那些校长、秘书大人的文章也得诊断，不然，文理不通，会误大事的。从此以后，他每年都要我订阅《中学生》杂志，一直到高中毕业。"① 植根生活的艺术才有恒久的魅力。第24篇《推敲》窗外的秋虫声闹反衬出工厂训练班里乐华和宋有方交流文章修改的静心专注；结尾处"暂去还来此"似的对话，并让"青纱一般的月光披在他们两个的肩臂上"。寥寥几笔，令人思绪翩跹、时空交错。至于第14篇《书声》从浓绿书丛中的法华寺东厢楼上琅琅传出，也是很有文化意韵的巧设。人物的性格大概是杂取种种糅合而成，作者的教学理念主要由王先生、枚叔的言行流露，枚叔的郁闷、王先生的达观，多少折射出丏尊、圣陶的影子。在当时中学生大量失学、情绪低落甚至忧愤自杀的阴霾里，积极向上、坚忍不弃的乐华形象的塑造，无疑是一缕阳光，一种象征。

① 中国出版工作者协会编：《我与开明》，中国青年出版社1985年版，第73页。

作品的成功源自作者的精心培育。“这部好书是丏尊和圣陶两位先生特为中学生诸君运用他们多年教导中学国文的经验写成的。”“丏尊、圣陶都做过多少年的教师，他们都是能感化学生的教师，所以才写得出这样的书。”论者大多如陈望道、朱自清似的作出推断；需补充的是，两位集文学家、教育家于一身，艺术修养、造诣为有经验的优秀国文教师所不能及。夏丏尊翻译过《爱的教育》、《续爱的教育》以及多篇日本小说，叶圣陶“可以说是现代中国文坛上的教育小说作家”，《倪焕之》的创作是中国现代文学最早出现的长篇小说之一，茅盾肯定是完成了一项“‘扛鼎’的工作”。夏丏尊以为：“评价一篇小说，不该因了题材来定区别。因《倪焕之》中写教育的事，说它是教育小说，原不妥当。”他说：“《倪焕之》不但在作者的文艺生活上是划一时代的东西，在国内的文坛上也可以说是划一时代的东西。”《倪焕之》是教育题材的小说，《文心》则是小说体裁的语文教育学，日本《新国语事典》誉之为“在国语教育史上划了一个时代”。应该说，正是作者教学经验与小说艺术的双重积淀，才有《文心》的出世。

商金林《叶圣陶年谱》援引叶绍钧《杂谈我的写作》：“《文心》这部书用小说体裁叙述学习国文的知识和技能，算是很新鲜的。”可《中国现代语文教育史》却在“技能”与“算是很新鲜的”之间，硬生生地插入“形式上”三字①，只会产生阅读的误解，同样是有失偏颇的。《文心》格式的特别与思想的深切密不可分。它是夏丏尊、叶圣陶国文教学思想成熟期的代表作，现代语文教育发展史上具有里程碑意义的经典论著。书中二老熔中外

① 李杏保、顾黄初：《中国现代语文教育史》，四川教育出版社 2000 年版，第 161 页。

先进的教育理念与自身的教学经验于一炉，在构造大国文读写体系，建立良好的师生关系，演示自主、合作、探究的学习模式等诸多方面，既作宏观的先导，又为微观的指点，解决了当时理论实践上一些令人迷惑、棘手的问题，对现今的语文课程与教学改革也有积极的借鉴作用，值得细细研读。

二 《爱的教育》的中国版语文篇

从《文心》书名很容易联想起体大思精、旨深论宏的《文心雕龙》。陈望道的《序》侧重于两本书的比较。他说："这部《文心》是用故事的体裁来写关于国文的全体知识。"《文心雕龙》"也是一部讲全体国文知识的书"，不过那是"古人说古文的。有些我们急于要晓得的，他们都还不曾想到。就象这部《文心》里面说的文法之类，那位做《文心雕龙》的刘勰就连梦里也还未曾梦见呢"。《文心雕龙》"我家里也藏着版子不同的好几部，从未拿给还在中学读书的两个女儿看"。《文心》"很合中学生诸君的脾胃。我想中学生得到此书，一定好象逢着什么佳节得到亲眷特为自己备办的难得的盛馔。这里罗列的都是极新鲜的极卫生的吃食。青年诸君可以放心享用"，健脾开胃。在陈望道的眼中，夏丏尊、叶圣陶简直是技艺高超的烹饪大师，《文心》用料新鲜，富有营养，加工考究，色香味俱全，诱人可口，要不"哪里有这样平易近人而又极有系统的书"？本来，用小说的形式来写系统的国文教学论著，受制于小说人物的刻画、故事情节的推演、环境的切换，语文知识的零散且不说，残缺不全或详略不当也是不难发生的事；顾及语文知识纲目的一二三四，也很容易破坏形式的完美。避其短扬其长，实现完美的内容与形式的高度统一，《文心》做到了。"写得又生动，又周到，又都深入浅出。"试想，在语文教学论著中，在文学理论著作中，又有哪一部能够达到与

《文心雕龙》比“全”量力的地步？这还不只是陈望道一家之说，张寿康在《文章学古今谈》一文中也以为《文心》“影响极大，是一部现代《文心雕龙》，涉及文章学的各个方面；语言通俗生动，内容针对中学生说话。以浅语话艰深，这是《文心》的极大特点”[1]。深入深出诚非易，深入浅出更艰辛。应该说，采用小说的写法倒是便利了内容的浅出、通俗，不过仅仅关注形式、技巧显然是不够的，关键还在于心目中有学生，一切为读者着想。陈望道正是抓住了这一关键诚挚地表示：“我们应感谢丏尊、圣陶两位先生，替青年们打算，把现在最进步的知识都苦心孤诣地收集了起来，又平易地写出来，使我们青年也有机会接近它。”

把《文心》与《文心雕龙》联系起来，顺应了读者的阅读理解心向，也符合作者的创作意图。夏丏尊作于1939年《感赋四绝》中“文心合写费研磋，敢以雕龙拟彦和”的诗句可以为证。但名称的相近，不等于命意的一致，简单地以为袭用旧名是肤浅的；因实求名，把握深层的隐含，更有必要将它与《爱的教育》联系起来。亚米契斯原作书名《考莱》，在意大利语是“心”的意思。英译本仍作《考莱》，下标“一个意大利小学生的日记”，日译本两种：一名为《真心》，另一名为《爱的学校》。夏丏尊在译著书名上反复考虑斟酌再三。“如用《考莱》原名，在我国不能表出内容，‘一个意大利小学生的日记’，似不及‘爱的学校’来得简单。但因书中所叙述的不但学校，连社会及家庭的情形都有，所以又不及己意改名《爱的教育》。这书原是描写情育的，原想用《感情教育》作书名，后来恐与法国佛罗贝尔的小说《感情教育》混同，就弃置了。”从这段文字里，可见他是注重本国读者接受以及书的真正内涵和精神实质的。“爱”把《考莱》的

① 张寿康：《文章丛谈》，知识出版社1982年版，第256页。

原意包孕其中，“教育”取其广义。由此推想夏丏尊、叶圣陶“研磋”《文心》的情景，不难体会到“心”之所指正是当时缺乏亟待鼓吹的诚意感化充满爱的教育。用《文心》作书名兼具中国风韵与现代气息，可谓夏丏尊、叶圣陶原创的“爱的教育”的中国版语文篇。

三　新颖别致的中学国文教学法著作

同样揭示《文心》的新的型、新的质，朱自清的《序》却有着与陈望道《序》不同的视点。陈望道注意到知识的“新鲜”、“系统”，朱自清则注意到知识、技能的推陈出新：“譬如第十四章论读文声调，第十六章论‘现代的习字’，乍看仿佛复古，细想便知这两件事实在是基本的训练，不当废而不讲。”虽没有从“文心”到“雕龙”的千年跨度，却是针对20世纪20年代以来国文教学法专著的某些缺憾有感而发。

陈望道注意到书中每一篇讲析一项知识，设置一个场景，“通体都把关于国文的抽象的知识和青年日常可以遇到的具体的事情熔成了一片”，便于学习的集中连续、生动可感，朱自清则不仅道出效应，还点明了体式的新异独创：“本书是一篇故事，故事的穿插，一些不缺少；自然比那些论文式纲举目张的著作容易教人记住——换句话说，收效自然大些。至少在这一点上，这是一部空前的书。”陈望道注意到故事情节衍生的情境教学，朱自清则注意到人物之间的情感交流：“书中将教与学也打成一片，师生亲切的合作才可达到教学的目的。这些年颇出了些中学教学法的书，有一两本确是积多年的经验与思考而成。但往往失之琐碎，又侧重督责一面，与本书不同。本书里的国文教师王先生不但认真，而且亲切。他那慈祥和蔼的态度，教学生不由地勤奋起来，彼此亲亲热热地讨论着，没有一些浮嚣之气。这也许稍稍理想化一点，但并非不可能的。”朱自清的比衬，不是空无凭据的喝彩。

陈望道注意到文本接受上“很合中学生诸君的脾胃”，朱自清虽也觉得“最宜于年轻人”，却强调：“这本书不独是中学生的书，也是中学教师的书。”拥有更广泛的读者群，雅俗共赏。1983 年语文教学研究会广州会议提供的论文，将《文心》列为 20 世纪前五十年十部语文教学法专著之一，可惜近年出版的语文教育史书上，并没有《文心》的专题研讨，相比五四运动以来的教学法论著，还没能获取应具的地位，得到该有的重视。《中国现代语文教育史》把黎锦熙《新著国语教学法》与王森然《中学国文教学概要》合列一节，把梁启超《中学以上作文教学法》与叶圣陶《作文论》合列一节（第二章第六、七节），把阮真《中学国文教学法》单列一节（第三章第四节），有关《文心》的述评反被遮蔽于其下的“夏丏尊、叶圣陶国文课外读物的编撰”之中（第三章第五节）。[①] 孰前孰后、孰轻孰重、如何配置显现发展的轨迹和类型的区别？在序列安排、价值估量上，都值得商榷。诚然，三四十年代，《文心》是初级中学普遍采用的课外读物，是自学青年的良师益友。它既满足了年轻人爱看小说的心理需要，又使他们潜移默化地吸收到丰富的国文知识和正确的学习方法。同时，它也是一本国文教师更新观念、改革教学的启示录，有教师称之为“牛奶一般的书”。否则，怎会得到教师推荐、学生欢迎呢？又怎能与教育界、文艺界、出版界产生反响和共鸣呢？1983 年 3 月中国青年出版社新一版“内容提要”指出：“对目前来说，《文心》仍旧是一部切实有用的语文课课外读物，也可以作为校外青年自学语文的导师。”《中国现代语文教育史》的

---

① 李杏保、顾黄初：《中国现代语文教育史》，四川教育出版社 2000 年版，第 158 页。

上述体例安排显然受此影响。不过，新一版内容提要为编辑适合时节的告示，非研究者的一家之言，与文本内容、朱自清序言相比，多少有些不够全面；从学术品位上看，甚至是无意的低调、降格。

朱自清提示的另一角度则是与夏丏尊、叶圣陶前作的比较。他说："丏尊与刘薰宇先生合写过《文章作法》，圣陶写过《作文论》。这两种在同类的著作里是出色的，但现在这一种却是他们的新发展。"《作文论》诚如作者和王伯祥合写的《对于小学作文教授之意见》一文按语所说："篇中多为平易朴实之理论，少陈类似教案之方法。"不过该文几无示例，《作文论》附录的例子多为古文；叙述一章，"持论与举例，多数采自梁启超《中学以上作文教学法》"[①]。《文章作法》为教学讲义稿，举例涉及古今中外，正反比较，间有作者编写或选自学生习作。例子多为白话语体。曾在湖南第一师范、白马湖春晖中学、上海立达学园等校多次试用、修改，讲解就近取譬，有亲切的谈话风。《文心》是基于此的崭新制作。"书中将读法与作法打成一片"，在开启书本与生活世界合二为一的阅读视窗、阐释写作课程与实际需要以及读写既合又离的关系上，均有精辟的见解。第 3 篇《题目与内容》、第 4 篇《一封信》包含着作文命题与批改的原则；第 6 篇《知与情意》、第 10 篇《印象》分明是"六 W"说、小品文写作的具体展示；第 7 篇《日记》、第 12 篇《戏剧》、第 20 篇《小说与叙事文》、第 23 篇《新体诗》、第 25 篇《读书笔记》、第 27 篇《文章的组织》等，则流露了独自完篇与共同作文、口语交际与书面表达相结合，养成学生各种文体写作能力的重要思想。迄今为

① 中央教育科学研究所编：《叶圣陶语文教育论集》，教育科学出版社 1980 年版，第 387 页。

止，这一系列思想并未过时，不少仍然是超前的。朱自清1947年5月写给爱好文艺的中学生的一篇文章里，推荐的十部中外理论著作中列有《文心》，他说："本书流行已久，对于阅读和写作都有切实而详尽的帮助，尤其对于写作。"[①] 就写作论著而言，也只此一本，该不是随意的挑选。从朱自清比较的角度以及所作推介，不难看出，他始终把《文心》视为国文教学类学术著作。理念、方法是精髓，小说体裁不过是形貌；适合作学生课外读物，只是本教学法书的一大特色，其身就是活的教学法。

如果说陈望道、朱自清《序》有什么疏漏的话，那就是陈望道隐去了书中引述《修辞学发凡》的新知识，且在篇章修辞方面具有的新见解；朱自清只说出了师生合作，其中师与师、生与生的互助未能点明。这实是包括朱自清在内的人师理论的重要组成部分，从《春晖的一月》、《教育的信仰》、《团体生活》到《国文教学·序》、《论青年》等篇中予以完整的阐述。夏丏尊、叶圣陶合著、小说体裁，也是共同作文、为读者而写作文教学思想的具体实践。

张寿康根据现代文章学的文献资料，把《文章作法》归属于以《作文论》为代表的"文风·文体"体系，以周候于《作文述要》为代表的"文章写作过程"体系，另有文体、过程合二而一的体系，还有以胡怀琛《作文研究》为代表的作文教学法，以夏丏尊、叶圣陶《文心》为代表的"讨论问题比较全面的通俗著作"，以吕叔湘、周振甫《习作评改》为代表的文章修改的著作。[②] 他划分的六种类型似已囊括无余，然细中有粗。六类都关涉教学，不仅《作文研究》如此；评改为写作过程的重要组成部

① 朱自清：《朱自清全集》，江苏教育出版社1990年版，第474页。

② 张寿康：《文章丛谈》，知识出版社1982年版，第257页。

分，属过程专题研究中的一种。上述六类，内容上各有侧重，互有彼此；形式上运用小说作法，唯《文心》难能可贵，独树一帜。所以，体例体式上单列一类型，未尝不可。张寿康大概只是沿用朱自清的后一视角，作出了偏向写作的分类。

自《文心》书出，仿照与变革体式再编新著的大有人在，多少均和二老有缘。曹聚仁回忆："以语文史地教学教本著称的开明书店，那几位编者，夏丏尊、叶圣陶、吕叔湘、傅彬然、宋云彬、丰子恺诸先生，都是我的师友，交谊本来不错。那时《中学生》也可说是全国性的青年读物。他们约我写《粉笔屑》——中学语文教学法；连载了一年多，恰好八·一三战役发生，我走出了书房上战场去，因此不曾成书。我旅行各地，时常会有文史教师向我谈及《粉笔屑》的事；因此，我在赣州住了下来，便在另一学生月刊上补写了几章；那知没写了一半，日军北攻江西，赣州沦陷，也就中断了。"[①] 1936 年 12 月《开明少年丛书》推出了孟起的《词和句》、沐绍良的《读和写》，前者，以 14 篇书信连缀一体。信首称"孩子们"，末署"你们底妈妈"，在亲切的笔谈中，把初中国文所涉及的字、词、句、标点符号等知识解析得浅近易懂，同样是"不但指点方法，并且着重训练"，把读写打成一片。每封信后还附习问。后者，如叶圣陶《序》中所说："沐先生这本书，曾经在《中国儿童时报》按期登载过。听说读者非常欢喜看，每接到新出一期，多数是先看沐先生的东西。这就可见这本书能够吸住一般少年的心。"[②] 沐绍良"自序"里叙述了写作动机："恰好夏丏尊、叶圣陶二位先生合著的《文心》出版了，承二位先生的情，送了我一册。《文心》读后……就准备化一些工夫，想学学二

① 曹聚仁：《我与我的世界》，人民文学出版社 1983 年版，第 523 页。

② 沐绍良：《读与写》，开明书店 1936 年版，第 1 页。

位先生的写作方法，写一册给儿童的《文心》。”[1] 该书以《文心》原副标题为书名，共计 22 篇，每篇后均附作业；以“初中和高小程度的小朋友”为阅读对象，程度上恰好与《文心》衔接。1947 年 9 月已出 10 版。1940 年 6 月世界书局陆续出版了蒋伯潜、蒋祖怡合著的《国文自学辅导丛书》，初中六册为《字与词》（上下册）、《章与句》（上下册）、《体裁与风格》（上下册），每一册均为二十章；两册一组，构成独立完整的故事。“自序”中挑明整套编制的意向，同时不掩饰与《文心》比试的心态。前四册出版后，作者“曾介绍给亲友中程度相当的青年们试阅，据说兴趣倒还不错，程度似嫌太高”。此处暂不作具体阐释和比较，但《文心》体式的空前启后确是不争的事实。后之所作，各有风云际会，各有长短得失，泛论“尽管内容也还充实，毕竟已缺少新鲜感，所以不再为学界所注意”[2]，有违史实，失之公允。

四　凝聚两位作者的共同智慧和心意

现代语文教育史上，夏丏尊和叶圣陶的名字是紧紧联系在一起的。有关两人的相识，一说春晖中学，如《二三十年代初到春晖中学考察和讲学名人一览》记载“叶圣陶，1923 秋住平屋，是首次来白马湖”[3]；一说立达学园，如商金林《叶圣陶与夏丏尊》文中，依据两人同为“立达学会”常务委员、同在一校授课、同为《一般》撰稿立论[4]。两种说法，反映了从认得到了解

---

① 沐绍良：《读与写》，开明书店 1936 年版，第 4 页。

② 李杏保、顾黄初：《中国现代语文教育史》，四川教育出版社 2000 年版，第 162 页。

③ 潘守理主编：《浙江省春晖中学》，人民教育出版社 1999 年版，第 109 页。

④ 刘国正、毕养赛主编：《叶圣陶语文教育思想研究》，江苏教育出版社 1990 年版，第 64 页。

的过程，而真正合二为一、心心相印的典范之作唯有《文心》。

夏丏尊年长叶圣陶 8 岁，两人信仰、个性有所不同，却都是靠刻苦自学成就事业。在研究国文教学方面，两位作者视野开阔，均善于把外来先进的教育理念与本土的环境以及国文科的特点紧密结合起来，发表自己的见解。夏丏尊以为："我们所行的教育是人的教育，当然应当用人来做背景。"课程设计离不开人，白话文教材与教学都是从现时学生读写能力的需求出发。叶圣陶以为"须认定国文是发展儿童心灵的学科。……小学教育的不论何科，必须能成为整个的一件事实时，而后学童感觉亲切有味。所以国文教材宜纯用语体"[①]。教材由文而白，价值提升、高枕无忧，曾是当时许多人的梦想；他们却是态度决定一切。叶圣陶认为："观念与态度不变更，则一切改革方法，转换材料，都成空话。所以我说国文教授的改革，在教者观念与态度的变更。"[②]夏丏尊则通过教学小品文的实践，指出："学生学国文的态度如果不改，只从国文去学国文，只将国文当国文学，一切改良计划都收不到什么效果，弄得不好，还是有害的！"叶圣陶《作文论》已将文学的写作纳入"作文的事情"，且针对长期形成的普通文实用、文学非实用的误判发表见解。"承认它们的划分是模糊的，泉源只是一个"，那就是写出"诚实的自己的话"。求诚，"必须本于内心的郁结，发乎情性的自然"，而"有意的与无意的勉强写作，犯了一个相同的弊病就是模仿"，只要"文字的生命是由作者给与的，终竟是唯一的独创的东西"[③]。夏丏尊《文章作法》

---

① 转引自叶绍钧《小学国文教授的诸问题》，《教育杂志》1922 年第 14 卷第 1 号。

② 同上。

③ 中央教育科学研究所编：《叶圣陶语文论集》，教育科学出版社 1980 年版，第 355—358 页。

把“真实”列为作者态度的第一条，强调：“文章是表现自己的，各人有各人的天分，有各人的创造力；随人脚跟，结果必定抑灭了自己的个性；所作的文章就不能完全自由表现自己的意思和情感，也就不真实不明确了。”这些文字，分明表达了他们对作文性质的共同体认，勾画了一条由求真进而求新的必然路径。《作文论》文体有叙述、议论、抒情和描写，《文章作法》除记事、叙事、说明、议论外，还有小品文写作，他们把态度的端正与文体的解放结合起来，使自由发表思想的能力培养落到实处。他们又都是理念的躬亲践行者，常为学生写“下水作文”。《一般》第2号上有夏丏尊、叶圣陶、朱自清、丰子恺等为立达学园同事诗人白采而写的一组文章。发表于《一般》诞生号上的《长闲》被叶圣陶认为“我最喜爱丏翁的这一篇”，夏丏尊的《文章作法》中论及《潘先生在难中》。他俩阅读对方文篇后所作的批评，向来是真切直率的。可以说，彼此欣赏，共识多多，又同在开明书店为编辑《中学生》杂志朝夕劳作，为合著《文心》打下了理性兼感性的基础。

朱自清说道：“本书写了三分之二的时候，丏尊、圣陶做了儿女亲家。他们俩决定将本书送给孩子们做礼物。丏尊的令嫒满姑娘，圣陶的令郎小墨君，都和我相识；满更是我亲眼看见长大的。孩子都是好孩子，这才配得上这件好礼物。我这篇序也就算两个小朋友的订婚纪念吧。”让中学生分享送给自己儿女的礼物，自然是真情实意、切合适用的好礼物。

《文心》阅读鉴赏与写出有新意的作文（包括试写小说、戏剧、小品文、新体诗）并列，学生作文全用语体，对1923年叶绍钧起草的《初级中学国语课程纲要》“兼习文言文”是一种磨合之后的修正，后之情况如何呢？1933年2月《中学生》第32号《卷头言》上发表署名叶同的《新课程标准与中学生》文中指出：新课标“‘复古’的色彩最显著的，是高中国文科文言文的加重。高中学生，在目前，须有阅读文言文的能力，这是我们所赞同的；但写作文言文的技能，让中年以上的人独擅好了，何必把练习这种技能的责任加在青年的两肩呢？然而新颁布的高中国文课程的‘目标’项下却赫然规定‘除继续使学生能自由运用语体文外，并养成其用文言文叙事说理表情达意之技能’，而‘实施方法概要’项下又规定‘译语体文为文言文’‘译外国短篇文为中国文言文’等花样”。《论中学国文课程的改订》文里，叶圣陶主张将 1940 年《修正高级中学国文课程标准》目标 2“古书”去掉，改成“培养学生读解并欣赏中国文学名著之能力”，并认为“了解中国文学名著，也就是了解了一部分固有文化”。1941 年拟的《六年制中学国文课程标准草案》目标 3“培养欣赏文艺之兴趣，及陶冶文学上创作之能力”，延续了《文心》课程、教材的思路；不过目标 2 仍然是“养成阅读书籍之习惯，及读解古书之能力”，目标 1 却又是“养成用语体及文言文叙事说理表情达意之技能”。他明知高中生、文化人的语体写作还没有到家。“国文教学该把推进语体，使它达到完美的境界，作为‘目标’项的一目。”也就是说“真能运用语体‘叙事说理表情达意’，已经足够了，不必再写文言”①，可态度表明之后，又有迟疑和迁就。大概从单个体、共同体不同的思维角度上，不难解答这一复杂矛盾的问题。

叶圣陶自陈：“关于国文教学，我曾经发表了一些意见。那些意见大致都依据国文课程标准出发，就是说，在国文课程标准的范围之内，我以为国文该怎么教学。其实也不妨超出这个范围来想一想，超出这个范围，才可以发见某些部分还得修订，甚而

---

① 中央教育科学研究所编：《叶圣陶语文教育论集》，教育科学出版社 1980 年版，第 79 页。

至于整个须得改造。”[①] 可以说，单个体的《论中学国文课程的改订》篇、六年制草案，介于依据、修订或改良之间；课程标准制定往往是权衡、妥协的产物，即便权威人士起草，也不免受到一些限制，得不到尽情发挥，或许也有“普通人的习性”吧。夏丏尊、叶圣陶共同体的《文心》，则是改造、革新。继《文心》后，两位合著的有《文章讲话》（1938 年 2 月开明版）收叶圣陶《开头和结尾》一篇，《阅读与写作》（1938 年 4 月开明版）各自署名共计九篇、共同署名一篇。其中叶圣陶在《怎样写作》文里指出：“诸位实在没有作文言的必要。说语体浅文言深，先习语体，后习文言，正是由浅入深，这种说法也没有道理。……能写语体，已经有了最便利的工具，为什么还要去学一种不切实用的文言？若说升学考试或者其他考试，出的国文题目往往限用文言的，不得不事前预备，这实在由于主持考试的人太不明白。希望他们通达起来，再不要作这种故意同学生为难而毫没有实际意义的事。而在这种事还没有绝迹以前，诸位为升学计，为通过其他考试计，就只得分出一部分工夫来，勉力去学作文言。”[②] 这些文字显示：作者意向明确，抗辩激烈；无奈应付，并非出于本心。无论时间上还是理念上，均和新学制《初级中学国语课程纲要》、《六年制中学国文课程标准草案》相去甚远，而与《文心》颇为接近。至于《语体文要写得纯粹》“也不该向文言讨救兵”云云，则与第 17 篇《语汇与语感》稍有不同。

真正意义上分工合作、不辨彼此、共性大于个性的，唯有《文心》一本。王统照在《丏尊先生故后追忆》文中认为，“夏先

---

① 中央教育科学研究所编：《叶圣陶语文教育论集》，教育科学出版社 1980 年版，第 74 页。

② 转引自夏丏尊、叶绍钧《阅读与写作》，开明书店 1938 年版，第 41 页。

生对此二书（指《文心》、《国文百八课》）至少有一半以上的工力”[①]。时至1982年，叶圣陶为《夏丏尊文集》出版写序，忆及“他和我共同写这部书是半个世纪的事了，当时是预先商量好内容讲些什么、情节如何安排，然后彼此轮流执笔，每一回写几节。现在我拿出来重看，竟分不清哪几节是他写的，哪几节是我写的了”[②]。这分不清，岂不标明历经数十年的风风雨雨后，两位作者国文教学思想融合的一种境界？

第三节　中学教育理念交流的平台

《讨论》是《中学生》杂志的一个栏目。自第12号始至第40号举办了24次讨论，第29号第14次讨论《怎样布置小规模的实验室和工作室》，因“来稿不到十篇”、内容又“非常单薄”而暂缺，改在第31号第16次发表。所以，实有23次。从《中学生问题讨论会规则》可知：凡本志读者加入为本会会员，“均有提出问题之权利，及对于问题发表意见之义务”；编者“择其最多数切要者，揭载本志”，并“与以相当之批评”。构建了编者、教师尤其是学生参与的教育交流平台。

综观23次讨论，议题不外乎中学生身心健康与发展、教育与国文。如第1次《中学生时代应否谈恋爱》、第9次《中学生亟须有性知识么》、第12次《青年宜认何等人为模范人物》，可属前者；第2次《中学生需要怎样的课外读物》、第4次《怎样使所习学科与实际生活发生联系》、第7次《在中学各科目中是否觉得多余些什么缺少些什么》、第10次《自学的得失》、第17

① 夏弘宁主编：《白马湖散文随笔精选》，中国文联出版社2001年版，第371页。
② 叶圣陶：《夏丏尊文集》，浙江人民出版社1983年版，序言第4页。

次《中学生必要作文言文么》、第19次《怎样看报纸》等等，可归后者。23次讨论中，编者犹如夏丐尊说记叙文的作者似的，“所处的只是个媒介的地位。媒介虽有拉拢男女之功，然在已被拉拢的男女之间，却是大大的障碍物，非赶快躲避一旁不可的”，所以，绝少抛头露面。只在第2次讨论后附一简短的《编者的话》，尊重学生的提议、暂将讨论进行下去；第29号编辑后记：“题中所谓工作室，系指在那里从事制作的地方，如木工、金工的‘作场’。出题时不曾说明，来稿中就都误认为在那里读书、写字的书斋了。从来稿的稀少上，可见读者诸君还少有实验和工作的习惯，虽然‘动手去干’被认为很切要的。这自有种种方面的因由，简单说来，在我国的经济与教育的情况中，青年颇不易得到机会养成这种习惯。但是我们不相信竟会绝无具有这种习惯的青年，所以再来征求一次，定于明年一月号发表。”可见编者们不仅明了“到底中学生最知中学生”，而且深切地感到中学生究有用先进的教育理念武装自己、指导学习与人生发展的可能和必要。讨论会的主体是中学生，编者起主持、点拨的作用，有如国文课堂的教学模式。

行诸笔端的讨论文字绝不令人失望。如第4次齐佩瑢同学文中认为“欲使所习学科和实际生活发生关系，不外下面两个法子：一、应用自己所得的学问到实际上——就是既知道了以后就把它运用”，“二、把遇着的现象和自己的学问联在一起——人生耳触目接，都是事实的现象，如果能把学问和这一切联在一起，不但明白了它们的原因，并能把已得的学问重温一遍。……前者是拿学问做生活上的利器；后者是拿学问和生活互相印证。真是一举两得”[①]。第13次《怎样使用我们的一双手》，刘秩升同学

① 《中学生》1931年第15号。

首先揭示“这里怎样使用一双手，不是说能使用一双手就是尽了人生的能事；‘人生两件宝，双手与大脑’，我们生在二十世纪，将如何专用大脑之外兼用双手？——这是题旨”，其次以陶行知让教师与学生看修表自修钟、犯难后看书再修的故事为例，总结“以上是陶先生‘做’的真精神，是他使用一双手的好方法。我们脱掉我们的手套，剪掉我们的指甲，把我们的一双手从荷包里拿出来干一干罢。如今的世界不是空想的世界了”①。第 18 次《学校春秋季旅行有无意义》，来自长沙高级工业学校的渔舟同学叙述了一次旅行：“我们起初到了一座煤矿山，我们仅仅看见一群关在黑洞里过着地狱生活的工人和一条轻便铁道，并没有人告诉我们煤的成因和地壳的构造，更没有人采取标本来作一次实验；后来又到马路上的一架横跨深潭底桥上，我们仅仅觉得桥的样式新奇而美观，并没有人告诉我们造桥的工程和造桥所必需的材料，结果我们所知道的，只是煤矿是煤矿桥是桥而已。”他以为须有“严密的组织”和“常识丰富之指导员”，才能使旅行真正有意义。陆合丰同学认为“旅行不是绝对没有意义的”，“但是，我对于现在学校‘走马灯’式的一瞥的春秋季旅行，实在觉得是毫无意义的”。有同学说“著名的科学家达尔文是《进化论》底首创者，他底《进化论》就是他二十多年旅行底成绩。这大约可以证明旅行是有价值的了”。还有同学引“亚米契斯曾说：‘从书本上得来的知识其价值如果比之铜币，那末从他人得来的知识便是银币，从自己得来的知识便是金币了。’由此我们可以知道从书籍得来的知识价值比较少，自己阅历所得的知识最有价值。而旅行却是使我们阅历的一个良好机会，谁说学校中春秋季旅行

---

① 《中学生》1932 年第 28 号。

没有价值呢”[1]？讨论会设置了学生各抒己见、交流想法的平台，也成了他们学习、消化并通过他们传播先进教育理念的阵地。编者们的良苦用心在此。

《中学生》杂志有中学生讨论的传统和氛围。当第49号上《卷头言》刊载了《中学生的国文程度低落吗》一文、《青年论坛》发表吴大琨《谁使我们国文程度低落的——中小学文言文运动中一个学生的抗议》、另有时任浙江第六中学国文教师的尤墨君发表《你们能学出些什么》后，立即作出反响的是一批中学生。当时编者刊出师生各一篇，“写出这一点感想来的意思，在引起贤明的国文教师以及中学生诸君的注意我们应当把国文程度低落的叹息认作一个课题，精密地、仔细地加以考核”，希望“大家提出来共同讨论，然后可以解决低落不低落的问题，然后可以进一步提高中学生诸君的国文程度”，并告示“本志愿意把充量的篇幅刊载关于这个问题的文字”[2]。第51号上讨论的文字全出自学生，他们对编者端出“阅读和写作的训练”与“国文科简直无所不包”两种选择，并以为评价因性质的见解而异，作出了明确的回答。邵舜琴同学说：“请一般贤明的教育专家，在讨论‘关于中学生的国文程度低落问题’以前，先得认清中学校国文科的目标是：‘养成中学生阅读和写作的能力，使应付生活上实际的需要’。”宋畦同学觉得低落论者“他们的目标是使学生能应付会考升学考，他们的方法是驱使学生走上文言写作的路，迫使学生只能在某些范畴里转圈”，既呼应了吴大琨的“抗议”，又检讨了“学生对于国文科的疏忽”；提出补救“当首先树立个学习国文的目标：‘从文字上无错误地理解他人的思想感情，用文

① 《中学生》1933年第33号。

② 《中学生》1934年第49号。

字无错误地发表自己的思想感情’（夏丏尊先生语）”，并认为“国文的学习须联系于现实生活。‘为国文而学习国文是错误的观念，以整个生活的改进为学习国文的最终目的，才是学习国文的正确态度’（见《文心·最后一课》）”。诚如同一期《卷头言》中《读了〈中学生国文程度的讨论〉》一文所说“从这八篇文字看来，学生对于国文科的目标是认识得很清楚的”。夏丏尊《文心》的国文教学思想得到了学生的吸收，并成为他们判断是非的标尺；再则和“叹息着说‘不行’的人似乎都不很顾到学生的阅读能力方面而只偏重在写作能力方面”不同，学生们注意到“基本理解力与写作力的训练”，对以一份限用文言的作文试卷衡量中学生的国文程度提出质疑，对把低落的责任全归咎于学生表示不满，而这一切都得到了编者的肯定。从他们踊跃参与研讨的姿态，从那些既对应又作生发的文篇中，不难看出，今之论者以第49号起始评述这场讨论是不免孤单和突兀的。

低落之叹息既久，编者、读者之关注亦久矣。第29号《卷头言》中《国文科的目的》就是一声通报、一次回应。文中写道：“据多数的意见，似乎所谓国文程度低落就是写不通文言文，甚而至于连不通的文言文也写不来。他们相当的承认，有些中学生写语体文还可以；更有人说他们的儿女写回来的‘白话信’，那种真率的风趣是他们所及不来的；但是，（这个‘但是’表示十二分的不满足）这不是个了局，总得写文言文才行呀。他们以为语体文只是便利初学的过渡，终极的目的却是文言文；语体文是卑浅的，惟文言文才是高深的东西。他们把国文程度低落的原由归到读物的不良上去。课本里没有多少篇文言文，又不能选那最精粹的代表作，成绩不良是当然的了。于是商量国文教材应该怎样编选。”和叹息着低落且“这好几位先生都是教育家”的落点、归因所不同，编者自问自答国文科的目的即同一期上夏丏尊

《国文科课外应读些什么》文中解释语，并指出："要养成阅读能力，非课外多看书籍不可。课本只是举出的例子，以便指示、说明而已。这里重要在方法；本月比上月更善阅读，今年比去年更能了解，就是进步。修养云云那是身体力行的事，民族精神也得在行为上表现。""要养成写作能力，第一宜着眼于生活和发表的一致；说明白点，就是发表的必须是自己的意思或情感，同时又正是这意思或情感。……至于文体，语体文和文言文原没有划然的界限。然而就亲切、便利等条件着想，语体文应该普遍地被应用是无疑的。"[①] 第30号《卷头言》上的《国文试题与科举精神》文里再次申述"中等学校的国文课程自有它的目的，就是我们在上一期说的'整个的对于本国文字的阅读与写作的教养'。至于写作一项，最宜着眼于生活和发表的一致"，劝告中学生："你们做不好《论王者之政必自经界始》这类的题目是应该的，毫不惭愧的。你们学习写作，目的原在发表自己的思想与情感，记录实生活上的一切，而并不在'应制'作这类的题目。"[②] 第32号上的第17次讨论《中学生必要作文言文么》发表九位同学的文章，其中彭雪珍开头就说："这问题该是跟着前二期上所说'有几位中学校的国文先生和教育家在替中学生担忧，为的是他们国文程度低落，更因为他们写不通文言文'而来的吧。"第37号上的第22次讨论《关于毕业会考》，尤墨君在《你们能写出什么》文中也以上海市高中毕业会考试题《衣取蔽寒食取充腹论》之"优良试卷"为例，推测"大概那位作者见到试题下有'能作文言文为尤佳'八字的缘故"，而"据我看来，除了读起来有些叮叮当当的声响而外，这篇文章，一些也没有写出什么"！丁苏

① 《中学生·卷头言》1932年第29号。

② 《中学生·卷头言》1932年第30号。

同学说“自读了本志的一篇《礼义廉耻国之四维论》的讨论后，就想来说几句话的，不知怎的一懒就懒了下来。今天又读了几篇关于中学生国文程度的文字（第49号），觉得大有骨鲠在喉，不吐不快之感”。这一切充分表明：在《中学生》杂志编作者、读者心目中，中学生国文程度的讨论是持续、递进的，可谓有前奏、有序幕、有承转、高潮迭起。

第54号又“选刊了六篇”文字，其中一个自称“既已走完了中学生这一阶段，又不是国文教师”的“旁观者”，却提出国文教材选编与教法改革的设想——“‘单元研究法’（这名词是我杜撰的）。假设每学期有十六星期，以两星期内所有之国文课为一单元，研究某一特定之事项。……”并道出：“这里使我想起了《文心》内王先生的教学方法，也以启发学生的兴趣为主，似乎与我在本文内所主张的相似。但要到什么时候使一般中学生都有乐华、大文们作王先生的学生的幸福呢？那只有国文教师们自己能给我们以答复了。”可见，读者受了《文心》的启发而有新的见解，夏丏尊、叶圣陶也接到过毕业生的建议而编制《国文百八课》，这样的交流是双向、畅通的；《卷头言》上配发了《再读〈中学生国文程度的讨论〉》。在编作者、读者的一再呼唤下，第一线的国文教师欣然提笔，参与讨论。第55号上发表了孟起的《中学生底国文》、劬鬌的《给中学生杂志记者的信》、王忍的《也来谈中学生的国文》三篇，从孟起的文章和《卷头言》上《欢迎国文教师的意见》中，可见在文章发表之前，编作者间有过书信交流。孟起认为：“现在的中学国文教学不但是‘狭的笼’，而且笼内的滋养物又是十分贫乏的！”[①] 和第51号上吴潜英同学“读国文无异于穿紧鞋子”的感受相同。第56号上发表

① 孟起：《中学生底国文》，《中学生》1935年第55号。

顾诗灵的《中学生国文的我见》、大岳的《国文教师眼里底国文教师》两篇，其中大岳以为“现在切要的问题，并不在学生之困于‘狭的笼’，而在多数国文教师本身就是‘瘦的鸟’——肝肠枯槁，羽毛凋零，喉舌哑涩，根本就引不起人们的兴味，撼不动人们的心情”[①]。虽是各有视角、各抒己见，但打破“狭的笼”，课内外结合、读写能力并重，不以一份限用文言的作文为评价中学生国文程度的标准，用语体写出自己的真情实感，在参与讨论的师生、编作者间是形成了共识的。通过讨论，五四白话文运动的成果得以捍卫，夏丏尊国文课程目标论、《文心》读写思想在又一次交锋中得到普及，《中学生》杂志创办的意义也更加突显。

20世纪40年代初朱自清在《国文月刊》上发表《中学生的国文程度》、《再论中学生的国文程度》，是《中学生》杂志讨论的延续，只是叹息的声源不同而已。前者针对汪懋祖、存文会那一帮人，后者针对考选委员会副委员长沈士远对中央社记者说考生“国文之技术极劣，思路不清”，也是“低落”的意思。讨论重又掀起，据有人粗略估计，相关文章收集起来，可以印成厚厚的一册。不过，就朱自清的文篇以及叶苍岑的《中学生国文程度低落的分析》、项因杰的《研读和写作的矛盾——高中国文程度低落之一因》、李广田的《中学生国文程度低落的原因及其补救方法》等来看，基本上还是重述、强调了《中学生》杂志上编作者的观点；不作全面、具体的比较分析，断言“40年代的这场讨论，显然比30年代前期的那次讨论深入一步，使人们对这个问题的认识逐渐趋于全面”[②]，似乎有些勉强。

---

① 大岳：《国文教师眼里底国文教师》，《中学生》1935年第56号。

② 顾黄初主编：《中国现代语文教育百年事典》，上海教育出版社2001年版，第221页。

中学生国文程度的讨论，牵涉评价标准以及课程、教材、教学法诸方面，是个永恒的话题和专栏。较比长期以来专家学者的一言堂、一股风，《中学生》杂志的编者们，精心组织、广泛发动，并多次以《卷头言》的形式，从国文科的性质、目的作高屋建瓴的评点、导向，第一线的国文教师尤其是中学生始终参与其中（第 57 号《青年论坛》上发表于崇光同学《我对于国文科的意见》和立斋同学《也来谈谈中学生的国文》二篇）。信息的来源以及讨论的广度和深度都是空前启后的。可以说，它为这份大型、综合性的教学刊物增色添光。

第七章

夏丏尊与《爱的教育》

第一节　爱是教育家不变的信仰

20 世纪前期，西方教育理论以日本为中介、欧美为指向的传入，从夏丏尊翻译《爱的教育》中可窥一斑。译作问世以来，和读者的悲欢离合，又显现了八十余年曲折前行的历史以及国人对教育核心价值的重新接受和体认。鉴于其为“文学大师钟情的文化经典，几代中国读者的启智读物”[①]，有必要首先理清出版发行的来龙去脉，以便读到真正的夏译本、了解其心境。

一　译文与版本的始末

关于译文的发表以及单行本发行的时间，叶至善《序译林版〈爱的教育〉》以为“是一九二三年介绍到我国来的，在《东方杂志》上连载”，欧阳文彬《夏丏尊先生年表》认定 1923 年的“次年由开明书店出单行本”，两人的说法，均须更正和补充。

查《东方杂志》第 21 卷第 2 号始载夏丏尊《爱的教育》译文，同期前有朱自清、俞平伯《桨声灯影里的秦淮河》，后有洪

---

① 亚米契斯著，夏丏尊译：《爱的教育》，人民文学出版社 2007 年版，封面。

深译的《少奶奶的扇子》，至第 23 号文末注“全书完”，确切的时间是 1924 年 1 月 25 日至 12 月 10 日。第 5、11、12、13、18、19、21 号不见译文，是“中途因忙和病，又中断了几次”。《译者序言》署民国“十三年十月一日丏尊记于白马湖平屋”，《夏丏尊文集·平屋之辑》为“刊开明书店版《爱的教育》(1924 年 10 月 1 日)”，易使读者将发表与写作年份混为一谈。诚然，译文连载未完待续之际，单行本已在计划的行动之中了，而且较为急迫。比较搜集多个译本、反复斟酌书名的从容，与“此次重排为单行本时，除草草重读一过，把初刷误植处改正外，只好静待读者批评了”，不难看到这一点。不过，单行本并未即出，且不是开明书店。“胡愈之君，关于本书的出版，曾给与不少的助力”已透露了讯息，1926 年 11 月 9 日《申报》介绍：“在新近的文学出版物中，我们得到了一册足以使你深深地受它的感动……这书名是《爱的教育》、原著为意大利近代文学家亚米契斯氏译者是夏丏尊、为文学研究会丛书之一，商务印书馆出版。”《新女性》杂志第 1 卷第 7 号上刊登广告称：“去年印成单行本，归商务印书馆发行，好评啧啧，被多数中小学采为教本，不到三个月，初版便即告罄。现在由夏先生将版权收回，改归本店发行，排印将竣，定二月底出版。”其“好评一斑”，引述了傅雷发表于《北新周刊》第 16 期的文字。由此可推测：1926 年 3 月的初版本为商务版，1927 年后才由开明书店排印发行，计入版次。至于收回版权的原委，夏弘宁所著《夏丏尊传》中已有披露。

开明书店发行《爱的教育》先后有初版本（普及本）、修正本两种。因自感“译文虽曾对照日英二种译本，勉求忠实，但以儿童读物而论，殊愧未能流利生动，很有须加以推敲的地方”，为弥补当初的遗憾，名副其实地起到普及作用，作了一次修改。1938 年 8 月推出修订一版，至 1951 年 4 月二十版。叶圣陶在

《〈爱的教育〉指导大概》开头即言："本书初版，在民国十五年发行。过了十多年，又经译者修改过一遍，把一些带有翻译调子的语句改得近乎通常的口语，其他选词造句方面也有修润，这便是修正本。"[①] 他对值得肯定的一面说得较为概括，具体些表现在：（1）把原有地名、人名所注的外文删掉；（2）把日语汉字如"生徒"、"火曜日"改为学生、星期二；（3）把文言词如"终于遁出"改为白话语"终于逃出"；（4）把难以理解的如"玩起人形来"、"调排我"改成"玩起洋娃娃来"、"欺侮我"等，变得明了易懂；（5）把"我全然只有一个人了"、"你父亲是个褴褛的叫花子"分别去掉"全然"和"褴褛"，简洁而适合口语。然而，修正本并未尽如人意，除叶圣陶指出四点缺漏或误排的外，还有几处；翻译的痕迹也有再削弱的必要。如能比对两个版本，作进一步的修润，排印不出差错，想必更好。但开明书店迁至北京西总布胡同甲 50 号后，所出二十版仍是原貌。

1980 年 6 月上海书店印行的《爱的教育》，说是"本书根据开明书店 1949 年版复印"，其实是个自改本。1984 年 7 月浙江文艺出版社《夏丏尊文集·译文之辑》中虽不同于复印本，也是几乎每一页从文字到标点都有改动，且均未见作出说明。这两个版本吸取了叶圣陶明点的三处缺漏包括一处排错外，也有若干处将修正本排错的纠正过来，但随意性较大，似乎是只在原译文上做些小动作。如复印本第 2 页把"惯得一等奖的代洛西"改成"经常得一等奖的代洛西"、"觉得学校里暗闷得讨厌"删去"暗"字；普及本"少年爱国者（每月例话）"中"三个旅客愤怒了举头看时，一握的铜币又被飞掷到脸上来了"一句没有"被"字，从上文看，宁愿以为修正本是错添而不是改成被动的施受，复印本只

① 叶绍钧、朱自清：《略读指导举隅》，商务印书馆 1946 年版，第 233 页。

是将“一握”改为“一把”，文集本只是在“愤怒了”后加上一逗号。应改的不改、不该动的却动，如文集本“格拉勃利亚的小孩”中，把修正本“那里也有森林，也有山岳”的两个“也”字去掉，本是说两地的相似却成为不同的了，若不是从地理上确实了解到这一点，又怎能轻易下手呢？明明白白的一句：“使他知道在意大利无论到何处的学校里去，都是同胞。”却前置逗号至“意大利”、遗漏“去”字，即便无须送自己进文章病院里去，又何必多此一举呢？所谓“对比之下，上海书店6月‘复印’的夏丏尊译《爱的教育》是可信的版本。从事研究和教学工作的读者最好使用这个版本”①，既不可信，也不是最好，包括译林本。

1995年12月华东师范大学出版社出版的《爱的教育》，乃1980年6月上海书店印行的复印本，只是多了篇《重版后记》；1997年3月译林出版社出版的依据了“译文之辑”本，同样销量很大。如今不下二十家出版社以夏丏尊的译名在印发，绝大多数不注明版本和说明修改的理由。一方面，适合读者接受，是夏丏尊作文教学的重要思想，也是其译作的初衷和愿景，倘能认真研讨、精心修润，必能得到认可，包括译者和读者；另一方面，应该看到夏丏尊毕竟是对文章学包括句读和段落有精深研究的人，其遣词造句、语气语调具有独特的个性色彩，通过他译介的文字，今天的中小学生、教师和家长，仿佛穿越时光隧道，不仅可以翻看百余年前亚米契斯笔下《一个意大利小学生的日记》，也可以渐渐感受到二三十年代中国的教育家，为憧憬的理想所承担的使命、所付出的切实劳作和心血，这是其他译者难以企及的。集文学家、教育家于一身的夏丏尊《爱的教育》译本具有无法替代的历史价值和教育文化意义，理应得到后人的尊重。

---

① 龚明德：《昨日书香》，东南大学出版社2002年版，第12页。

翻译无专利，不可能只此一家。施瑛在其译本引言里说："亚米契斯作品介绍到我国来，虽然只有开明版《爱的教育》和龙虎版《爱的学校》二书，可是这一本不朽的小说，已足令无数的少年读者，神往于书中的环境。"他自陈：译者也是"给这本书陶融着"的"其中的一个。这次重译，是从英文本转译的"①。"这书名在翻译时，颇费周折"，"文坛先进夏丏尊先生初译此书，连载于《东方杂志》，用《爱的教育》一名，确乎是画龙点睛的笔法。而且这名字已为中国少年读者所熟知，本书也就借用夏先生的译名了。"② 这里虽无意比较夏丏尊与张栋的译本，但点滴并非细微之处，还是可以看到当时读者兼译者的评价。据悉，上海大江书局出版的夏云山译本、长春大陆书局出版的知非译本……都名曰《爱的教育》。施瑛译本称为"足本"，但他肯定夏丏尊的首译之功。

近年来，先有龚明德《〈爱的教育〉在中国》从日译本在中国的流传接受上追溯，将包天笑《钏影楼回忆录》里的有关内容作进一步的曝光。以为"《馨儿就学记》是中国最早的《爱的教育》'译本'"，随即解说："把天笑生的《馨儿就学记》当作'译本'，有点勉强，加上引号，表明的便是这个意思。"③ 并明确指出"夏丏尊译《爱的教育》的出现使我们有了第一个真正的中译本"。这比较符合事实以及包天笑的说法。不料，后之读者尤其是"原汁原味"的译者，却将加上的引号"逸"出去了。他也举《爱的教育》这块"金字招牌"，而不是用《心》。

以天笑生笔名在《教育杂志》上连载"三记"的，唯独《馨

① 亚米契斯著，施瑛译：《爱的教育》，上海启明书局1946年版，引言第2页。
② 同上书，第3页。
③ 龚明德：《昨日书香》，东南大学出版社2002年版，第4页。

儿就学记》不标明“译”是有缘故的。据作者回忆，商务印书馆原是“要我写一种教育小说，或是儿童小说，要长篇的”，“但是我当时意识中实在空无所有”，只得在日译本中“选取资料”、“译写小说”了[①]。《苦儿流浪记》是“转译得来的”，“颇合原书意味”；“至于《弃石埋石记》，这是日本人所写的教育小说”，“那书倒是直译的”。作为发表的第一部，是典型的译写小说。“写此书时”，“唤作可馨”、“生得俊美而聪明”的儿子夭折了，“因此我写这小说时，便用了《馨儿就学记》的书名”；译的方面，只说“后来夏丏尊先生所译的《爱的教育》一书，实与我同出一源”，译法是学日本人当时把欧美小说“书中的人名、习俗、文物、起居一切改成日本化。我又一切都改变为中国化”[②]。这与其说是一种译法，不如直白为一种留有模仿、借鉴痕迹的写法。包天笑前言后语侧重强调的不是译，而是写。其中“有数节，全是我的创作，写到我的家事了。如有一节写清明节的‘扫墓’，全以我家为蓝本”，并表示“这都是与《爱的教育》原书原文无关的，类此者尚有好多节”[③]。至少，包天笑本人没有把《馨儿就学记》视为日译本《爱的学校》或《真心》的中译本，更没有自诩为第一个译介者。

龚明德提示王干卿自认“从意大利文原版翻译的《爱的教育》(原名《心》)中译本第一次跟我国读者见面”的“表述存在一点危险”[④]；又提示王干卿同许多专家、学者一样，“也以为《爱的教育》最早由夏丏尊译出与国人见面，其实从史实来讲，

---

① 包天笑：《钏影楼回忆录》，大华出版社 1971 年版，第 385 页。
② 同上书，第 386 页。
③ 同上书，第 387 页。
④ 龚明德：《昨日书香》，东南大学出版社 2002 年版，第 17 页。

包天笑《馨儿就学记》要算最早的‘译本’”。[1] 或许是受后一提示的启发，王干卿在《深切的怀念、困惑与无助——为意大利作家阿米琪斯逝世100周年而作》中写道：“从包天笑先生的第一个译本算起，《爱的教育》已在我国出版发行近一个世纪。”夏丏尊“又将该书译成中文”，其中的“误译和漏译不在少数，而且有些日记可以说是节译或简译，与原著出入较大”[2]。且不说他文中诸多错写误记，也不追问他把包天笑的“译本”引号去掉有哪些翻译材料和理论的支撑，就比较夏译本与王译本十月二十六日一节，夏丏尊译为《义侠的行为》，王干卿译为《宽宏大量的品德》，前者题意突出了卡隆为弱者承担过失的义气，与上一则日记衔接，后者题意却侧重了被墨水打击到胸脯还个个宽恕的先生。再看事件发生后的一段对话：

夏丏尊译：过了一会，又说：“决不加罚，投掷者起立！”

克洛西起立了，哭着说：“他们打我，欺侮我，我气昏了，不知不觉就把墨水瓶投去了的。”

“好的！那末，欺侮他的人起立！”先生说了，四个学生起立了把头俯着。

王干卿译：过了片刻，老师接着说：

“肇事者今天不会受到处分，快站起来说吧！”科罗西站起来，伤心地哭着说：

“他们打我，欺负我，我气疯了，就……”

“坐下。”老师打着手势对科罗西说。老师接着以命令的口吻大声说：

---

① 龚明德：《昨日书香》，东南大学出版社2002年版，第19页。

② 王干卿：《深切的怀念、困惑与无助——为意大利作家阿米琪斯逝世100周年而作》，《中华读书报》2008年7月2日。

“那些肇事者赶快站起来!”

四个人耷拉着脑袋站起来。

夏译文简洁明了,“投掷者起立”、“欺侮他的人起立”是课堂情境中适切的口语;王译文均以“肇事者”译之,中文肇事者意即引起事故或闹事的人,发生类似的事件,大概老师不会对小学生这样讲。读者大多不懂意大利语,即便王干卿翻译的是原文原形,也说不上确切和传神。

读者需要好的译本,历史不能也不会忘记曾经的接受和影响。人民文学出版社在推出王干卿直接从意大利语翻译的《爱的教育》时,出版《天火丛书》其中就有夏丏尊的译本。编者“以五四新文化运动为开端”、“选取中国现代著名作家翻译的外国文化名著”,是因为“他们不仅在创作上为我们留下难以企及的经典,在现代的文学翻译领域,也是筚路蓝缕的先行者。他们以普洛米修斯盗取天火的崇高和远见,别求新声于异邦,将国外优秀的文学作品和先锋的文艺思潮拿来借鉴”①。书目的选择上,编者“兼顾了作品的文化价值、在当时的思想影响和作用以及当今读者的阅读要求和口味”,并进一步指出:翻译著作“绝不是简单的传声筒”,“是他们与外国作家心灵交流和对话的通道,是他们观察社会看取人生的窗口,也是他们文化价值取向的坐标”②。自夏丏尊翻译《爱的教育》,不仅使意大利作家亚米契斯的名著在中国得到了广泛而深入的传播,而且创设了一个经久难衰的图书品牌,高举起纯正教育的鲜艳旗帜,汇聚一批批、一代代人,坚信爱,拥有爱,永远践行探究爱的教育。

---

① 亚米契斯著,夏丏尊译:《天火丛书》,人民文学出版社 2007 年版,编者的话第 1 页。

② 同上书,第 2 页。

二　译本与读者的共鸣

夏丏尊为什么会翻译《爱的教育》？是无意的碰巧，还是有心的选择？他初到浙江两级师范学堂（浙江一师前身）为教育学科的日本教习做翻译，后担任舍监时“颇努力于自己的修养，读教育的论著”，不过，就翻译外国教育名著而言，也只有《爱弥尔》的若干片断发表，为什么这一本却“鼓兴开译”终究“全稿告成”呢？用他自己的话说：“这书给我以卢梭《爱弥尔》、裴斯泰洛齐《醉人之妻》以上的感动。”

夏丏尊诞生的1886年，亚米契斯《考莱》在意大利公开出版。“他在这书里把小学生的世界活泼泼地映演在我们眼前了。成人了解儿童的心情本是不可能的事。但读了这几篇日记，谁都要把儿童时代的情感从新唤起。这是亚米契斯的最大成功处。当亚米契斯写这本书时，他的心中便充满了青年之火。”[①] 并因投入全部精力而付出了妻离子亡的代价；夏丏尊翻译时，“不幸我唯一的妹因产难亡了。于是心灰意懒地就仍然延阁起来。既而，心念一转。发了为纪念亡妹而译这书的决心”。亚米契斯自称为马志尼的弟子，夏丏尊年轻时也非常钦佩马志尼。作品的成功，与作者志趣、境遇的某些相似，并不足以表明其翻译的动因。对于日译本或英译本来说，他虽不是最早的阅读者，却是摩玩不已、感激不尽的鉴赏者；他不是为写而读、为畅销而译，而是借翻译反思自己、与人分享、传播爱的教育理念。

从浙江一师、湖南一师来到春晖中学任教的夏丏尊，早已过了而立步入不惑之年，教学与人生都有着丰富的积淀和感悟。他

---

① 亚米契斯著，夏丏尊译：《爱的教育》，上海书店1980年版，“亚米契斯传略”第6页。

对学生实行的就是亲如"妈妈的教育"，丰子恺指出："夏先生后来翻译的《爱的教育》，风行国内，深入人心，甚至被取作国文教材。这不是偶然的事。"[①] 欧阳文彬自述："我听到'妈妈'这个称呼，不觉有点好笑，也有点纳闷。不能想象一个罗汉般高大的学者，而且是'执法如山'的舍监，会被学生公认为'妈妈'。"为此，事隔多年后"我在杭州找到当年一师的学生沈本千、田惜庵、钟英如（白庸）等老人时，他们都已年逾古稀，谈起往事还流露出深深的怀念"，听着听着，不禁感叹"这样的师生之情，实在值得羡慕"[②]。由此可见，他是带着教学生涯的宝贵经验去读、译这本书的，没有身体力行，怎能别具慧眼、心有灵犀一点通呢？

他又是带着强烈的主观情感去读、译这本书的，《译者序言》写道："我在四年前始得此书的日译本，记得曾流了泪三日夜读毕，就是后来在翻译或随便阅读时，还深深地感到刺激，不觉眼睛润湿。这不是悲哀的眼泪，乃是惭愧和感激的眼泪。"他惭愧是因为"我在家中早已是二子二女的父亲，在教育界是执过十余年的教鞭的教师。平日为人为父为师的态度，读了这书好象丑女见了美人，自己难堪起来，不觉惭愧了流泪"。他感激"书中叙述亲子子之爱，师生之情，朋友之谊，乡国之感，社会之同情，都已近于理想的世界，虽是幻影，使人读了觉到理想世界的情味，以为世间要如此才好。于是不觉就感激了流泪"。从文本与读、译者的关系上看，不难理解他的真情流露和良苦用心。"凡熟识夏先生的人，没有一个不晓得夏先生是多忧善愁的人。"[③]

---

① 丰子恺：《丰子恺文集》第6卷，浙江文艺出版社1992年版，第158页。

② 欧阳文彬：《文苑梦忆》，学林出版社1999年版，第98页。

③ 丰子恺：《丰子恺文集》第6卷，浙江人民出版社1992年版，第159页。

“他是热情的人，他读《爱的教育》，曾经流了好多泪。他翻译这本书，是抱着佛教徒了愿的精神在动笔的，从这件事上可以见出他将教育和宗教打成一片。这也正是他的从事教育事业的态度。他爱朋友，爱青年，他关心他们的一切。”[①] 丰子恺、朱自清作为春晖中学时夏丏尊的同事，并具体参与到文字校对、封面和插图的设计之中，是亲历者、见证人。无情未必真豪杰，怜子如何不丈夫。丈夫何以掉眼泪？只缘已到动情处。章锡琛《校毕赘言》：“从前的古文批评家说：‘读诸葛亮《出师表》而不下泪者，非忠臣也；读李密《陈情表》而不下泪者，非孝子也。’这话虽然迂腐，但也未尝没有一部分真理。因为忠臣孝子，无一不是感情丰富的人；倘使读了像《出师表》、《陈情表》那样刺激感情的文字不会下泪，他的感情必是十分麻木，当然难以成为忠臣孝子的。”所表达的正是这样的意思。视学生为子女的“夏先生说曾把这书流了泪三日夜读毕，翻译的时候也常常流泪，我知道这话是十分真确的。就是我在校对的时候，也流了不少次的泪；像夏先生这样感情丰富的人，他所流的泪当然要比我多。他说他的流泪是为了惭愧自己为父为师的态度。然而凡是和夏先生相接，受过夏先生的教育的人，没有一人不深深地受他的感动，而他自己还总觉得惭愧；像我这样不及夏先生的人，读了这书又该惭愧到什么地步呢”[②]？比照《译者序言》，原以为夏丏尊怀着虔敬、谦卑的心，从为父为师的角度表达惭愧之情，以便“介绍给儿童有直接关系的父母教师们，叫大家流些惭愧或感激之泪”。等于是自己放低了姿态，与广大读者交流。其实不然，“夏丏尊先生是一个理想家”，“他办教育，也是理想主义的”。正因为“他有高

---

① 朱自清：《朱自清全集》第 4 卷，江苏教育出版社 1990 年版，第 461 页。

② 章锡琛：《〈爱的教育〉校毕赘言》，上海书店 1980 年版，第 274 页。

远的理想”，时时会感到不足而不断鞭策激励自己，所以，惭愧和感激之情是糅合、交织在一起的，是真切的实感而并非矫情。

除了惭愧、感激外，必须指出其中还有愤世嫉俗之情。他说：“学校教育到了现在，真空虚极了。单从外形的制度上方法上，走马灯似的更变迎合，而于教育的生命的某物，从未闻有人培养顾及。好象掘池，有人说四方形好，有人又说圆形好，朝三暮四地改个不休，而于池的所以为池的要素的水，反无人注意。教育上的水是什么？就是情，就是爱。教育没有了情爱，就成了无水的池，任你四方形也罢，圆形也罢，总逃不了一个空虚。”这里有现状的不满，当时中国的教育界，面对滚滚而来的外国教育思潮随拿随用、浅尝辄止，学风的浮躁和见识的简陋并存。不少人往往视变异为改革，视移动为进步，满足于现象的五光十色，忽略本源的深层挖掘；这里有教育真谛的领悟，没有水的池不是池，只是坑；没有情爱的教育不是人的教育，充其量不过是无生命的教育，这样的教育终将休止、消亡，再生出新教育来。由此可知，他更是带着现实的针对、改革的使命和理想的展望去读、译这本书的，具有更为积极的理论和实践意义。

夏丏尊翻译《爱的教育》，使春晖中学的同志集合有了丰富的内涵和充足的理由，使平屋的聚餐有了更多精神的享受和交谈的话题，令人回味无穷，久久难以忘却。这是现代教育文化史上少有的沙龙、难得的佳话。他们通力合作，相互勉励，共同营造“爱的教育”的新气象。刘叔琴在《课余二则》文中端出对教育“两种绝不相同的意义”理解：“前者底基础是‘爱’，方法是感化，形式是交换，不单是教育者能够增进被教育者底智能，有许多地方被教育者也能增进教育者底智能；后者底形式是买卖，方法是防备，而它的基础就是‘畏’，不单只学生畏教员，有许多地方却是教员畏学生，并且畏得非常厉害。”就教育效果而言，

“前者在狭义的教育社会里就是融洽的师生底关系。他们双方的生活都用不到隐秘，越接近越好，越接近越容易了解，越了解越容易使教育底作用见效；后者是把教育认作谋生上一种不得已的手段，各人谋生的方针不同，所以各人底手段——教育——也就不能不跟着不同。所以难免冲突，为要避免冲突以利他们手段底进行，就不得不互相隐秘，互相敬远，互相防御”[①]。《译者序言》写后半个月，朱自清就在《春晖》第34期上发表了《教育的信仰》。他呼吁：“教育者须对于教育有信仰心，如宗教徒对于他的上帝一样；教育者须有健全的人格，尤须有深广的爱；教育者须能牺牲自己，任劳任怨。”[②] 他认为，教育者“第一先须有温热的心，能够爱人！须能爱具体的这个那个的人；不是说能爱抽象的‘人’。能爱学生，才能真的注意学生，才能得学生的信仰；得了学生的信仰，就是为学生所爱。那时真如父子兄弟一家人，没有说不通的事；感化于是乎可言。但这样的爱是须有大力量，大气度的。正如母亲抚育子女一般，无论怎样琐屑，都要不辞劳苦的去做，无论怎样哭闹，都要能够原谅，这样，才有坚韧的爱；教育者也要能够如此任劳任怨才行！这时教育者与学生共在一个‘情之流’中”[③]。由翻译《爱的教育》引起教育思想的大讨论在春晖中学持续发酵，并一直延伸到单行本出版之际的立达学园。宗旨不外乎主张爱的奉献、人格感化、自化化人，反对知识切卖、关系疏离、急功近利、把教育当作谋生手段而不是一项事业。

匡互生在《青年教育者的修养》文中说到“青年教育者所应

---

① 刘叔琴：《课余二则》，《春晖（半月刊）》1924年第28期。

② 朱自清：《朱自清全集》第4卷，江苏教育出版社1990年版，第144页。

③ 同上书，第143页。

修养成功的，不外三个条件：确定的信仰，丰富的情感，和精密的头脑”。他以为教育的“力量是和春雨一般，慢慢地浸润到社会和个人去的。倘若教育者缺乏宗教的态度，而只在目前的表面的效力上去计较得失，神圣的事业便失却了精神”。他指出“这几年来，中等学校的教授有采什么自学辅导方法的，有采设计教学法的，有采道尔顿制的，差不多一两年就要变一个花头；要是问一声究竟某种方法的坏处在哪里，为什么换了一个方法就可以补救？恐怕少有人回答得出。所以演成这样的现象，就是由于青年教育者缺乏宗教的态度而求速效的缘故”①。这与夏丏尊《一年间教育界的回顾和将来的希望》、《译者序言》、《给青年的十二封信》序文中的表述何其相似，简直是同声相应，同气相求。刘薰宇先谈《母性的教育》再论《人格感化》，他以为：“教育者要想过一天安闲而平静的生活，正和母亲要想再过处女的生活一样，永不会有的。其实，就是有了，又怎样呢？恐怕那时真的苦痛就要降临了！‘我已没有学校，没有孩子了！没有孩子，是不能生存的！我的末日，大约就到了吧！’（《爱的教育》）这便是这种苦痛的呼声！”他表示：“我相信母性是教育的灵魂，应当创造母性的教育！”② 他强调：“人格感化的可能，不是仗着白瓷观音式的面孔，而是全靠从面皮的毛孔里发出来的火一般的热。只有真实地对于学生的情热，感化自然有效。”③ 诚爱的教育，是这批春晖中学走出来的教师共同的人生价值追求、始终不变的信仰。这也是春晖中学无穷魅力之所在。

《爱的教育》似风，从学校吹进社会；如火，温热了多少读

---

① 匡互生：《青年教育者的修养》，《教育杂志》1926年第18卷第1号。

② 刘薰宇：《母性的教育》，《教育杂志》1926年第18卷第5号。

③ 刘薰宇：《人格感化》，《教育杂志》1926年第18卷第11号。

者的心。元清在《申报》上撰稿介绍："这是一册小学教师的圣经，流览一遍，抵得过读几本关于'教育学'的书；又是小学生的恩物，如果你用作课外读物，我敢说一定'百读不厌'，因为所描写的正是小学生自己的生活。"[①] 看到《北新周刊》第13期尤其是《申报》上元清的书评，当时就读大同大学附中并已在杂志上发表作品的傅雷，写了篇情真意切的读后感。文中自述"费了两天的光阴，流了几次的眼泪，读完了它"，"不过夏先生的流泪，是完全因为他当了许多年教师的缘故；而我的流泪，实在是因为我是才跑到成人（我还未满二十）的区域里的缘故！""我读了他们种种勤奋的态度，我真要惭愧至于无地"，"又读到他们友爱的深切真挚，使我联想到现在的我们，天天以虚伪的面孔来相周旋，以嫉妒忿恨的心理互相欺凌。……我读了《少年鼓手》，《少年侦探》，我正像半夜里给大炮警醒了，马上跳下床来一样。我今天才认识我现在的地位！"末了发出："我希望凡是童心未退，而想暂时的回到童年的乐国里去流连一下的人们，快读此书！……我更希望读过此书的人们，要努力地把它来介绍给一般的儿童！这本书原是著名的儿童读物。而且，我想他们读了，也可以叫他们知道童年的如何可贵，而好好地珍惜他们的童年，将来不至像我们一样！从别一方面说，他们读了这本书，至少他们的脾气要好上十倍！他一定不会——至少要大大的减少，——再使他母亲不快活，他更要和气的待同学……总而言之，要比上三年公民课所得的效果好得多多！"[②]

王志成第一次读《爱的教育》"初执教鞭"，重读一遍，感而动之，"并运用了夏丏尊先生所译《爱的教育》中爱的精神

① 元清：《〈爱的教育〉书评介绍》，《申报》1926年11月9日。

② 傅雷：《介绍一本使你下泪的书》，《北新周刊》1926年第16期。

在上海最著名的尚公小学里实施起来，得到了意外的效果”。其著作《爱的教育实施记》由开明书店1929年6月初版、10月再版，同年《一般》杂志8月号以“实施爱的教育的报告”作了推介。据说，有的中学《爱的教育》一书人手一册；即便不至如此，也是争相传阅。为便利读解，叶圣陶、朱自清列入《略读指导举隅》，该书1943年1月重庆初版、1946年12月上海出版。试想，在西风东渐的文化接应中，无论教育著作还是儿童读物，有哪一个译本像夏丏尊《爱的教育》那样，出自教师之手，从基层学校漫溢到社会各阶层，从同事爱读者传染到广大的中小学生、教师和家长？又有哪一个教育课题比得上“爱”更为触及教育的核心价值，关乎教育目的、师生素质以及双边的关系，并能自民间自发自愿地作长期的热议？无法比，比不上。

当然，译本在接受的过程中并不均衡，也非一帆风顺。曹聚仁说道：“夏先生所翻译的《爱的教育》，自从出版以来，销路从未减退过，是一部中学生最适宜的课外读物。曾经有一位某某中学校长，望文生义，在一次公开集会中，说青年男女只知道谈爱情，看《爱的教育》一类的小说；另外一位教员告诉他不要乱说，叫他取原书一看；他看了原书，深悔失言，逢人便说这部小说的好处，反而做了义务的推销员。”[①] 这是一则掌故、一个笑话，然而长达28年不发行译本，尤其是《爱的教育》受到猛烈的大批判，却使人哭笑不得。1980年6月上海书店复印本依然是前有作者《原序》、夏丏尊《译者序言》、《作者传略》，后有章锡琛《校毕赘言》。1995年12月华东师范大学版，增添了一篇夏弘宁的《重版后记》，1997年3月译林版为叶至善作序。不同

① 曹聚仁：《文坛三忆》，三联书店1999年版，第38页。

版不同人的前序后记，从一个侧面反映了不同时期人的接受，均以自己的经验来谈感受，引导新的读者。所以，很有研讨的必要，作一番接受的争鸣。

叶至善序言里说："等到我当教师，已经是抗日战争后期了。可是在内地的中学和小学里，体罚还很盛行。打手心用竹鞭，老师一竹鞭下去，孩子们的手掌上就肿起一条杠来。每逢开学，家长把孩子领到我跟前，指着孩子叮嘱我说：'他要是不学好，给我着实往死里打。'我精神上痛苦极了，于是想起夏先生的挖池塘的比喻：我得往池塘里灌水——实施爱的教育啊！这股子傻劲现在想起来有点儿可笑，可是当时真抱着扭转局面的希望和雄心。"[①] 他看到当时中国教育发展的不平衡，"许多中学小学把《爱的教育》定为学生必读的课外书，许多教师认真地按照小说中写的来教育他们的学生。就在我上学的那所小学里，这样做的教师就不少"，另一方面"体罚还很盛行"，一些家长还以为这样的"严师"才能教出高徒。作者实施爱的教育，怎么说是可笑的傻劲呢？夏丏尊"希望中国有痴呆的人出现"，抱着希望扭转局面也是大有人在呀。

再则，"等到一解放，《爱的教育》就不再印了。这是怎么回事呢？是不是受到了哪方面的压力或指斥呢？完全不是，停印这部小说是开明书店编辑部自己作出的决定"。[②] 这里就不仅有漏记还有误判了。1951 年 4 月《爱的教育》修正本二十版发行后，自 5 月 16 日《人民日报》提出对于电影《武训传》的严正批评、6 月 1 日《人民教育》第 3 卷第 2 期始，就开展了对于曾称赞过"武训精神"的陶行知以及主张"活教育"的陈

---

① 亚米契斯著，夏丏尊译：《爱的教育》，译林出版社 1997 年版，序言第 2 页。

② 同上书，第 3 页。

鹤琴的批判，时间长达两年半。一篇篇文章未必忍心读卒，看一下标题便可知那是一个兴无灭资、褒苏贬美的年代，凯洛夫《教育学》奉为经典，杜威的弟子难以幸免。不过，对于陶行知的批评主要是“教学做合一”，不涉其“爱满天下”的教育；陈鹤琴则与爱有关了。林英才指出：“‘活教育’社的先生们，直到今天为止，他们还不愿意放弃自以为是的那种超阶级、超政治的错误立场，依然在那里抽象的谈什么‘爱国家、爱人类、爱真理’。”[①] 于是，陈鹤琴继《我对“活教育”的初步检讨》后，又作《我对“活教育”的再检讨》，总结出“最重大的错误”，竟是“我自以为一生办儿童教育，是‘爱儿童’，而实际效果却是害了儿童”[②]。1963 年 10 月《人民教育》以许宗实、王泰然、敢峰的三篇文章发起论战，12 月马平直接点名《批判亚米契斯的〈爱的教育〉》，“1926 年，在蒋介石发动反革命大屠杀的前夕，这部世界闻名的培养资产阶级接班人的教育小说——《爱的教育》，由夏丏尊翻译在中国出版了”[③]。开头的这段话，如今的读者也许会看得莫明其妙、一头雾水；当年乃至改革开放前读到，也许会吓得一身冷汗、怕得哭不出来呢，又有哪一家出版社胆敢印刷发行？叶至善以为，“《爱的教育》如果照常重印，在一个时期内可能会一本也卖不出去”。这仅仅是书生的假想，问题并非图书市场的需求和营销，而是非常时期的教育思想论战，且还是“一个开端”[④]，“革命”快

① 林英才：《希望倡导“活教育”的先生们进行自我批评》，《人民教育》1951 年第 3 卷第 4 期。

② 陈鹤琴：《我对“活教育”的再检讨》，《人民教育》1952 年 4 月号。

③ 马平：《批判亚米契斯的〈爱的教育〉》，《人民教育》1963 年 12 月号。

④ 编者：《教育思想论战的一个开端——关于“爱的教育”讨论的评述》，《人民教育》1964 年 8 月号。

到了。编辑部或个人怎能决定得了？形势比人强。

叶至善想到："学校办不好是不是就因为缺少了感情，缺少了爱？是不是以感情和爱为基础，就一定能把学校办好？答案恐怕是否定的，夏先生的比喻并不确切。但是有一点可以肯定，如果不讲感情，不讲爱，学校就一定办不好。我所以敢肯定，因为在'文化大革命'中已经被迫作了大规模的试验，得到的结果是令人十分痛心的。"① 他的肯定，有铁一般的事实，毋庸置疑；他的否定，却有待商榷。首先，他们的爱，既不"超"又不"泛"，爱我所爱，无怨无悔。"因为他爱人类，所以他爱人类中最多数而最不幸之中华民族；因为他爱中华民族，所以他爱中华民族中最多数而最不幸之农人。"② 陶行知"爱满天下"的教育主张，具有国家观念、平民倾向、自我牺牲精神；夏衍记"有一次周予同先生和我说：丏翁的一生，可以用'爱国、爱人民、爱青年'这三句话来概括。我说，读他的文章，看他的待人和处世，他的爱心之深，真可以说是'菩萨心肠'。……他的心是与国家的命运和现实的人生紧紧地联系在一起的"③。大革命失败后，他设法营救原浙江一师学生共产党员叶天底、宣中华，暗中帮助在狱中的楼适夷翻译高尔基三部曲得以发表；自己被日本宪兵抓进去，对方要他用日语回答，却说"我是中国人，我说中国话"。夏丏尊的身上是能说出许许多多爱憎分明的故事的。其次，他们都以爱的言行作了明确的回答。爱是学校的根基、教学的灵魂，陶行知"捧着一颗心来，不带半根草去"，"晓庄是从这样的

---

① 亚米契斯著，夏丏尊译：《爱的教育》，译林出版社 1997 年版，序言第 3 页。

② 陶行知：《陶行知全集》第 2 卷，湖南教育出版社 1985 年版，第 207 页。

③ 夏弘宁主编：《夏丏尊纪念文集》，上虞市文学艺术界联合会 2001 年版，第 205 页。

爱心里出来的”、“育才学校是在朋友们的博爱精神下长进着”[①]，他坚信“有了爱便不得不去找路线，寻方法，造工具，使这爱可以流露出去完成他的使命”[②]。夏丏尊是“爱与劳动的一致融合”，在浙江一师时，他边学边教《中等国文典》，任教湖南一师、春晖中学编写作文教材，延请名师大家来上课讲学，一切的辛劳无一不是出于对学生的爱。只要爱，也只有爱，一切都有可能。从当年摘录卢梭、裴斯泰洛齐、夸美纽斯、福楼拜、第斯多惠、凯兴斯泰纳的言论里，读到“他（裴斯泰洛齐）一切的研究，一切行为的根源，永远不穷的根源，却就是仁爱”、“教育家的特性乃是在于爱人。谁若能够活着不爱别人，他就根本上不堪做教育家”[③]。推而广之，从西方到东方，到马卡连柯、赞科夫、苏霍姆林斯基那里去聆听教诲，都不难悟出：爱是教育家不变的信仰。

第二节　爱是跨世纪续写的篇章

从包天笑的“译写小说”《馨儿就学记》算起，亚米契斯的名著已在中国传播了整整一百年。不过，他仅仅与夏丏尊一样参阅了日译本，而且是后来写文章道出原委。《馨儿就学记》中还有自家人事的艺术加工。那时译与写合二为一，读者不知个中详情。自夏丏尊翻译《爱的教育》出版，译与写一分为二，断中有续。或标举爱的旗帜、爱的篇章，或渗入语文学科教学和班主任工作中去，大致历经了从续译到仿写与创作的过程。

---

① 陶行知：《陶行知全集》第5卷，湖南教育出版社1985年版，第492页。

② 陶行知：《陶行知全集》第2卷，湖南教育出版社1985年版，第207页。

③ 编者：《资产阶级教育家言论摘录》，《人民教育》1964年4月号。

一　从续译到仿写创作

续译指夏丏尊据三浦关造日译本翻译孟德格查所著的《续爱的教育》。作者"是意大利的有名诗人，且是亚米契斯的畏友，一九一零年死于著此书的桑·德连寨海岸"。译者对于"原著者的事略"，未能详悉，只就日译者序文略述一二，知晓"这书对于意大利民众曾给与强大的刺激"。

翻译的动因是读者的千呼万唤，导火索为曾在湖南一师共过事的孙俍工。"亚米契斯的《爱的教育》译本出版以来，颇为教育界及一般人士所乐阅。读者之中，且常有人来信，叫我再多译些这一类的书。朋友孙俍工先生亦是其中的一人，他远从东京寄了这日译本来，嘱我翻译。于是我发心译了，先在《教育杂志》上逐期登载。"译文发表在 1929 年《教育杂志》第 21 卷第 1—4 号和 7—12 号"教育文艺"栏，第 5、6 号中断，大概是编辑而非译者的缘故。第 21 卷第 1 号前有《译者志》，写到"这书以安利柯的舅父白契为主人公，所描写的是自然教育。亚米契斯的《爱的教育》是感情教育，软教育，而这书所写的却是意志教育，硬教育。《爱的教育》中含有多量的感伤性，而这书却含有多量的兴奋性。爱读《爱的教育》的诸君，读了这书，可以得着一种的调剂"为止，也许这一番简要的介绍和比较的述评，只注意到连续阅读者吧？出单行本时，改为《译者序》，只加上"学校教育本来不是教育的全体，古今中外，尽有幼时无力受完全的学校教育而身心能力都优越的人。我希望国内整千万无福升学的少年们能从这书获得一种慰藉，发出一种勇敢的自信来"一段，后署民国"十九年二月丏尊记于沪寓"。

增添这一段，表明《续爱的教育》译本出版，不仅仅是满足了读者的需求和心理的调适，而且是为无力升学甚至中途辍学的小学、初中生提供参照，使之发出自信、生出勇敢的力量来，去直面青春的挑战。如果说《〈爱的教育〉译者序言》中主要针对为父为师者，具有教育情状的批判性，那么，《〈续爱的教育〉译者序》里则更多对于青少年的温情和忠告，均有较强的现实指导意义。译本1930年3月初版，次年4月四版；1946年10月二十一版，文字较前有所改动，封面与《爱的教育》修正本基本相同。

《续爱的教育》译文发表的过程中，王志成《爱的教育实施记》就出版了。可谓仿写与创作的第一部。与《爱的教育》译本相同的是都用日记体，不过译本是"意大利市立小学三年级学生写的一学年之纪事"，它是上海尚公小学教师写的四年级下学期一个月的工作日记或称"实施报告"；译本是"每月例话"，把故事插入日记中；它是"每天例话"起始，然后记课内外的学习生活。把《爱的教育》中的人物故事贯穿其中。

王志成自述其导入："读文课时，儿童要求我介绍几本阅读的书。我说：'我最近看到一本《爱的教育》，可惜你们看不懂！唉！这是一本好书，可惜你们看不懂！'他们就蹙着眉要求我把书中的大意讲给他们听。我把《义侠的行为》和《我的女先生》两段讲了一遍。他们屏息者气，侧耳倾听，脸上现出欢跃的光采。一个孩子尖声惊叫起来：'难道真有这种侠义的同学和和蔼的先生吗?'他们又恳求我讲了几段。铃响了还是坐着不肯散去，课后有许多孩子围着我要听故事。每讲一段，总是露着微笑，称赞不止的。后来我答应他们每天早上课前一刻钟，讲一段给他们听，他们都快乐得欢呼起来。"① 他抓住了小学生想读书的契机，顺应了爱听故事的直接兴趣，渐渐把爱的种子的播种、爱的教育

① 王志成：《爱的教育实施记》，开明书店1929年版，自序第3页。

的实施，变为师生共同的要求和行动。

在第一天（1928 年 12 月 3 日）的例话中，王志成说道："孩子们！我们来实现爱的教育吧！""《爱的教育》上的故事，就是我们的好榜样。"孩子们齐声欢呼。第二天记"晨起见冰，孩子们来得很迟。听讲《爱的教育》的故事的人，不足一半。迟到的都很失望"。这就产生了问题：是讲故事改时间还是不迟到？他把纠正坏习惯、培养好习惯与听讲故事结合起来，于是"听讲故事的比较多一些了。我替他们想好办法的几个孩子，居然不再迟到了"[①]。瞒着家人、骗着自己不肯努力学习的孩子，看听到诚实勇敢的卡隆的影子和声音；家境贫寒的孩子从少年叙利亚笔耕的故事里，体会了爸爸妈妈的心血付出，更感到黄金般的儿童时代不能虚度；老师也加深了对学生的了解，特别是对苦孩子更多同情。他把沈宗良看作"和铁匠的儿子泼来可西差不多"，觉得应像书中的人物那样，把学习上需要的东西"暗暗地送给他"。书中有着丰富的内容，真切可信，是一本不带文学性的报告，但绝非没有情趣。他开设了一条针对小学生阅读《爱的教育》的途径，从自然而然地听故事到自觉自愿地去借书、买书，并逐步去改善学习生活上的一切。他以《爱弥尔》和《爱的教育》为"我的圣经"[②]，其中还包含着夏丏尊把"读书和生活两件联成一气、打成一片"，陶行知读书为用书、"教学做合一"的原理。

夏丏尊虽然没有仿写，更没有以译为写，但这两部书的翻译对他教育思想的构建以及语文教学的探索，都有不小的作用。拿《爱的教育》来说，他初读披文入情，再读还"不觉眼睛润湿"，

---

① 王志成：《爱的教育实施记》，开明书店 1929 年版，第 19 页。

② 同上书，第 50 页。

对照两个日译本、一个英译本，比较种种方定出书名，不正是用上了复读、参读方法的精读？《关于国文的学习》中说“好的作品要读二遍以上”、《文心》里道“你可拣喜欢的取来重读，读出些新意来”，依据的是他语文教学经验还是翻译的经验？也许，二者兼而有之，难分先后彼此。一般以为，《白马湖之冬》里写到平屋“靠山的小后轩，算是我的书斋，在全屋子中风最少的一间，我常把头上的罗宋帽拉得低低地，在洋灯下工作至夜深”是翻译的场所、工作的写照[①]，这是常态。钟子岩、王传绅两位当年春晖的学生反映：1923年秋夏丏尊带他们外出参观旅行，“夜幕垂下以后，我们打开铺盖在船舱里睡了。先生没有就寝，却坐在船头，在微弱的煤油灯下，执着钢笔埋头在写——原来他正在聚精会神地翻译意大利亚米契斯的名著《爱的教育》呵！”[②] 一幅中年“早老者”笔耕的图画叠印心底。“在这条船上，白天，夏先生盘膝而坐，抓紧时间，翻译意大利亚米契斯名著《爱的教育》，休息时就讲片断内容给我们听，讲得很生动，大家都深受教育”[③]。这难道不是其语文教材系列中，趣味、修养类书读法的现场演示和实录？是翻译的情境，也是情境的教学。

《续爱的教育》译后不久，夏丏尊便在《中学生》杂志创刊号上发表《“你须知道自己”》一文，这与译本第十五·三《须自知》同题同源，文章说“想不出好题目，于是就僭越地借用了这句希腊哲人的标语”，译本道“希腊的贤人曾在代尔甫维的亚普罗殿门挂了‘须自知’的匾额，用来警戒国民”。只不过白契是对安利柯一人说，另一角度相关的话语在第十·一《不知身份》

① 夏弘宁：《夏丏尊传》，中国青年出版社2002年版，第95页。

② 夏弘宁主编：《夏丏尊纪念文集》，上虞市文学艺术界联合会2001年版，第263页。

③ 同上书，第169页。

里也能听到；夏丏尊是对中学生诸君说，自以为也是“唠唠叨叨”，却都是庄重真心的话。人称白契为船长、骑士、老板，他自认为“在用脚走着”的人；夏丏尊希望中学生“能在大时代中游泳而不为大时代的怒涛所淹没”，他先做《中学生》杂志的主编后任社长，却始终如一地和中学生、第一线的教师做朋友。白契对安利柯说：“我们须知道自己的长处与短处，知道自己的义务与天分，决心去干与自己相应的事。”楼适夷《我和夏先生》文中记述“有一次，一起在街上走，他对我说：‘一个人啊，不能做自己力量以上的事！比方一个法国人在马路上问路，我不懂法国话，只好看看他们走开。如果是日本人，我自然得上前告诉他，我懂日本话，我就有责任”[①]。不同的时空、不同的对象、不同的话语方式却表达了相同的建议，似乎夏丏尊当过一回白契。

白契只读到“初等小学二年的程度”，便因父母早亡而被驱赶到“自然的怀里”。他遵照牧师唐·爱培里斯德的教训“每日搜求足以使自己身心与知识完善的三件事”，逐渐修炼出“人要身体、感情、思想三者平均协调才好”的生活哲学；安利柯是“学校所授的那些不能满足”，因“用功过度”、“只好休学”来到他身边，接受以大地为书本、实境为课堂、个性适宜的“舅父的学校”教育，其中，“增进自己的健康”是第一位的。夏丏尊凭借《中学生》杂志作课外学习的辅导，对象既有在校的学生，也有多因经济困难而被迫辍学的中国的安利柯和小白契。他要求协调发展的同时尤为重视体育。这从《中学生》杂志上发表《受教育与受教材》、《早老者的忏悔》等篇里可以看出，《夏丏尊先生

---

① 夏弘宁主编：《夏丏尊纪念文集》，上虞市文学艺术界联合会 2001 年版，第 87 页。

在南屏女中》写道：学校初创时，共有七十二人，因与孔子七十二门人巧合，校长曾笑称为“南屏的七十二贤”。不料学生间互相取起绰号来，有的叫子路，有的叫曾参，有的叫冉有，有的叫宰予……陈仁慧被称为颜回。课前大家围着夏先生互相揭发，争着问绰号取得像不像？说到颜回，“他沉默了，若有所思。经不起同学们不断催问，他才说：‘在孔子的学生中，颜回是最短命的……’他又换了语调赶紧加上一句：‘不过，我们的颜回是长寿的。’夏先生有时也跟着同学们玩笑地叫我一声颜回。但是他往往要在‘颜回’之上加上定语，成为‘长寿颜回’。好象如果不加这个定语，叫来叫去，我就会真的被叫得短命了似的。他又说只把长寿的意思取在名字上还是不够的，还要注意锻炼，不要只知道读书，体育课也很要紧哩。身体好了，才能真正做个‘长寿颜回’”。[①] 点滴细微之处，可见爱的深沉、爱的周详。

译本第十七·二是《关于职业》，《中学生》杂志上也有一篇《关于职业》，从就业所需的本钱说，夏丏尊和白契的观点基本一致。但白契主张“勿就不喜欢的职业”并认为那是“最不幸的”，夏丏尊却主张多条思路去“碰”。碰不上，积累本钱再碰，也就是一试再试，提高实力，抓住机遇，具有更为切实的指导意义。

译本第六·一《什么是作文题》、二《这才是作文的好题目》、三《想吹熄太阳的小孩》是白契对安利柯的作文指导，那种独特精细的观察、一瞬间印象的捕捉、充满诗意哲理的片断描写，很容易使人联想到《文章作法》里的《亲恩》以及《文心》中的《领袖》。以译本《续爱的教育》做时空的原点，前顾后瞻，可以清晰地看到一条流畅贯通的文脉，原来是种种因缘的和合作

---

① 夏弘宁主编：《夏丏尊纪念文集》，上虞市文学艺术界联合会 2001 年版，第 157 页。

应啊！《文心》是翻译《爱的教育》、《续爱的教育》后，夏丏尊与叶圣陶共同弘扬爱的教育精神，结合语文教学实际的崭新创作。它既没有前译本的“感伤”，也没有续译本里“把学校的椅子和教科书都抛掉”式的“自然”，而是读文字的书，还读不用文字写的书，课内外打成一片。书中的人物形象，数量上如前译本的一群，彼此关系也是“稍稍理想化一点”；年龄上则近于续译本。续译本白契再记中说“原是我为未出世的孩子预先写下的”，朱自清序文里道“他们俩决定将本书送给孩子们做礼物”。千丝万缕，难脱干系。需补充的是，叶圣陶《〈爱的教育〉指导大概》不仅对于中学生课外阅读作切实的布置，而且从艺术表现和文化心理层面透析文本易于读者接受、感动的因素，因为他理解夏丏尊主张国文学习的着眼点“不在兴奋，不在流泪”；朱自清《〈文心〉序》里以为“这本书不独是中学生的书，也是中学教师的书”，不就如夏丏尊《〈爱的教育〉译者序言》中“不但儿童应读，实可作为普通的读物”似的表述？从翻译《爱的教育》到创作出《文心》，可以看到他们相知互助的身影，听到感人至深的佳话。

二　旧篇新章都写着爱

《爱的教育》与《文心》一译、一作，既有众多的读者，也有为数不少的续写者。像这样，译者与读者、作者互动相生、共享同建的繁荣景象，在中国现代教育文化史上，也实属罕见，且一再呈现，似有某种规律使然。仅以书名标着“爱的教育”者，就有五部之上。

周乐山《新爱的教育》是迄今读到的第一部标“新”立“异”的文学创作，1934 年 9 月世界书局初版、1937 年 4 月四版。其“新”还和原书译本沾上边，其“异”则几乎不涉及《爱的教育》中的人物情节和表现方式，他是以异显新的。作为教育题材的小说创作，五四运动后收获颇丰，若非冠之以新，是不足为第一部的。龚明德曾把夏丏尊译《爱的教育》引起广泛影响后、出现的一个又一个新译本称为“‘搭车’译本”[①]，《续爱的教育》也有如此现象，如上海春明书店印行林俊千的译本（1946年6月二版）等。周乐山的创作类似于翻译的“搭车”，而且不必疑似什么，可以确诊为又一次新的搭车。

继朱光潜《给青年的十二封信》发表后，周乐山《给青年的信》列为北新书局发行的《青年丛书》之一，1932年4月初版、8月再版。分青年修养问题、一般问题、生活问题、读书法四项，共计37封书信；后有“著者的自白——给青年的公开状（代跋）”。信中说到朱光潜，信的称呼、署名、语气一样亲切。《文心》后的《新爱的教育》是既无前言也不见后记，只得从“著者的自白”里推知，大约是以自己的求学经历为线索，杂取种种而创作的小说，绝非自传，许多处都对不上号。小说以1918年春季“我”（成忠）考进故乡的高等小学校、省城读中学、北师大求学时亲历“三·一八”惨案的时空里展开，主要是围绕着这三个地点中三个人物的性格和命运进行刻画。全书共分七十章，第一章“友谊”里介绍“我结识的两个很好的朋友”谢荣生、汪芝龄，彼此传阅《三国演义》过程中，说到刘、关、张“三个人在桃园结为三兄弟”，以及“后来刘备做了皇帝。但关、张两人，却不幸在打仗时被人杀了”[②]，不只是叙述故事情节，也是后来成忠努力向上、南下广东“献身于革命”[③] 和谢荣生、

---

① 龚明德：《昨日书香》，东南大学出版社2002年版，第12页。

② 周乐山：《新爱的教育》，世界书局1934年版，第3页。

③ 同上书，第278页。

汪芝龄逐渐堕落的隐喻。如此人物命运和情节结构，干脆名之曰《新桃园结义》罢了。不过，书中虽以“三兄弟”情义为主，也不乏师生之谊等的叙述。第十二章“毕业典礼”“仿佛赤子脱离慈母的怀抱一样”的感伤，第二十章“勇敢的救火员”的英雄壮举，第三十九章“车夫的家”、第五十三章“可怜的穷人”中世情的了解，第六十二章“读书不忘救国”的决心，第六十四章“‘三·一八’惨案”、第六十六章“五卅惨案”的目睹耳闻，表现了特定时期青年人丰富的情感世界和人生经历，并付出了他们力所能及的爱的行动，如第四十五章“募捐”、第四十七章“冬赈”、第五十二章“白衣天使”、第五十五章“女子教育”、第五十六章“民众教育”等。所以题为《新爱的教育》未尝不可。

赵锦华《爱的新教育》1941 年 2 月出版，为上海国光书店印行的“今代中国文学名著”（封面语）之一。作者写于 1940 年 12 月 10 日的前言中说：“七年前我读到开明书店夏丏尊译《爱的教育》正续两册，感动得我流了不少眼泪。不过，亚米契斯这册书写得果然是好了，可惜有许多不适合中国的国情，似乎给我国的孩子们阅读，还觉得有点‘隔靴搔痒’。后来，我又读到了世界书局周乐山著的《新爱的教育》，觉得此书以革命前后为背景，最适合我们的国情了，并且情节也很好；可惜理论太深一点，只能合于一般青年人的脾胃，却不是孩子们所要看的书！于是，我决意要另行著写一册《爱的新教育》！献给祖国的孩子们阅读；……我只希望每一句话，出于我心坎中的热忱，等到写到纸上，还希望它能维这股热忱，使每个天真烂漫的小朋友，能在字里行间，受到深深的感动，以致于能尽力爱他们自己，爱他们的家庭，爱他们的学校，爱他们的祖国！”这是比较阅读了种种后，历经了长期酝酿的写作构想。“直到去年，我的第一个孩子诞生了，这使我不得不为他打算着，如何如何的教育他，方才不疏忽了做‘父亲’

的责任呢!”于是“赶紧写一本《爱的新教育》，让他长大起来阅读，让天下的父母购赠给孩子们阅读。……算是我的一点微小的礼物”[①]。

五四运动前后，鲁迅不仅发出“救救孩子”的呐喊，还提出了家庭人际关系尤其是子女教育的重要命题《我们现在怎样做父亲》，他认为，作为“新生命的创造者”的父母，应负起教育的责任，注重小孩子的生存、发展，“养成他们有耐劳作的体力，纯洁高尚的道德，广博自由能容纳新潮流的精神”，以利于“此后幸福的度日，合理的做人”[②]。夏丏尊翻译《爱的教育》尤其是《续爱的教育》后，作家们出于为父为师的责任心，纷纷用创造性的精神劳作，为自己和别人家的孩子送礼物，逐渐形成一时之尚。《文心》如此，朱自清《欧游杂记》如此，有感于“在中学教过五年书，这便算是小小的礼物吧”[③]。赵锦华也是如此，开始写后，“又天天督促自己”，希望“早一日与孩子们相见！并且时时警戒自己，下笔时要留心，切莫疏忽了一句话，以致遗害了孩子们纯洁的心”[④]！这样的态度是真挚的。给自己孩子的小礼物，必是倾注了自己全部心力的精华，还用了一颗“善推的心”[⑤] 与他人分享，这本身就是爱的举动。

小说依然是“自传方式写成的”，张叶舟的“感想”里肯定作者在周乐山“中国化”基础上的“大众化”追求，字里行间充满了爱的流露，所谓“抛开了作者写作的经验不说”，即各人才力不同，不必斤斤计较礼物的精粗、贵贱，应看取的是“作者一

---

① 赵锦华：《爱的新教育》，上海国光书店 1941 年版，前言第 2 页。

② 鲁迅：《鲁迅全集》第 1 卷，人民文学出版社 1981 年版，第 140 页。

③ 朱自清：《朱自清全集》第 1 卷，江苏教育出版社 1988 年版，第 290 页。

④ 赵锦华：《爱的新教育》，上海国光书店 1941 年版，前言第 2 页。

⑤ 叶绍钧、朱自清：《略读指导举隅》，商务印书馆 1946 年版，第 241 页。

腔热情”[1]。究竟如何？留待读者鉴赏。

程铮《新爱的教育》1949年6月由上海新联出版社刊行新一版。表现的格式和传达的主旨显然承袭了《爱的教育》的衣钵，形神兼备。第一卷八月有《我的生日》（8月16日）、《假期快结束了》（8月18日）、《建国学园》（8月24日）、《升旗》（8月27日）、《级任老师》（8月28日）、《桐荫下》（8月29日）、《一封信》（8月30日）、《殉难（每月例话）》（8月31日）七篇日记一篇例话。作品以抗战时期从各地逃难来的家庭为背景，主人公凯大是家中的长子，父母亲非常重视对他的国情教育和人格培养。在他生日的那天，爸爸送日记簿作礼物，让他养成记日记的良好习惯。犹如《爱的教育》是安利柯的日记似的，《新爱的教育》是凯大的生活学习实录。凯大的学名叫成志凯，“会画漫画可是他不是姓丰”；学园里“一片绿绒似的草地，中间嵌着一个用花岗石砌成的‘爱’字，远远地看去，很是壮观”。父亲外出留下的一封信“可以当做小品文字来读”，并叫他“多读几遍，仔细留心信里的意思、段落和句读，有不懂的地方自己翻字典”。种种迹象表明作者是夏丏尊、丰子恺等人的崇拜者，并用上了他们指导学生学习语文的方法。作者曾在“跋后”里谈道：“远在十年前，我刚踏进师范学校，早抱定以教育儿童为我底终身事业。”[2] 看得出，是一个有教学经验和事业追求的教师。

他认为，“儿童读物的写作，不比其他抒情的诗、散文、小说、戏剧，它必需要适合儿童的口吻，相当于儿童的程度，尤其不能不注意儿童身心的发展，当我在写作的时候，好像有许多儿

---

① 赵锦华：《爱的新教育》，上海国光书店1941年版，第222页。

② 程铮：《新爱的教育》，上海新联出版社1949年版，第46页。

童站在我的面前……”[1] 就适合儿童阅读而论，程铮《新爱的教育》与周乐山、赵锦华的简直无法相较。桐荫下听来自上海的李新民同学讲四行仓库八百壮士的英勇，国文课上老师让大家笔录“有侠气的一条好汉”游击队长坚持抗日、为救百姓而殉难，并且准备“每月听他讲一个故事，要我们笔记”，把爱国主义教育课内外打成一片，并和语文学习紧紧系于一体，这是因为作者感到“国文一科的教学，文法造句的错误，比较思想塞滞的病症还容易诊治，最要紧的是爱国思想的培养与启发，将是儿童典型的思想中的重要因素”[2]。与《读和写》相比，沐绍良偏于语文学习；程铮侧重爱国主义教育，完全可以说是新写的一册给儿童的《文心》。全卷文笔流畅，情绪饱满昂扬。作者介绍：“这是《新爱的教育》第一卷，只是秋季始业的第一个月。一年有十二个月，每月一卷，应该有十二卷。一年中间我将继续完成。”后署民国“三十二年歌乐山”[3]。按时日说，该全写出来了，不知何故未能见到其他。

新时期谱写的新篇章如郭景瑞《新爱的教育》，会让人们获得极大的满足。这是本亲切又令人感动不已的好书。自“我”刚调入小城的嘉新三中任初一（6）班班主任、教语文起，记下3月3日至12月30日的日记。这个班是年级里的差班、乱班，日记里的“我”不是小说中的艺术形象，而是郭景瑞本人，连学生也是实名制。真人真事真情感，在他的笔下更重要的是实际的言行，产生了无须加工修饰反而更为撼动人心的艺术魅力。

---

① 程铮：《新爱的教育》，上海新联出版社1949年版，第47页。

② 同上。

③ 同上。

一口气读下来，不由得也不能够不在 3 月 12 日与 12 月 14 日一前一后两篇的字里行间逗留、徘徊、沉思，小学校内外有大天地、大文章，普通不过的班主任老师有大胸怀、大哲学。“天时地利人和”，是美丽的图画、理想的憧憬，也是他为师从教、处置一切的法则。令人佩服的一点，首先他是个优秀的语文教师，懂得第一节课、每一节课的重要。“课上让同学们认同，让同学们对你产生好感，这也是和同学们接近的一条捷径。”看了太多课上得不怎么样、言语施暴外加变相体罚的班主任，单凭简介“一年班主任日常工作”云云，也许不会去读，错失良机。书中说：“越乱的班级越需要高超的课堂教学艺术，越需要你有驾驭课堂的能力，越需要你有抓住学生心理，尤其是抓住调皮学生心理的能力。”[①] 可谓真道理。从对刘金龙同学的因材施教、办《作文报》设图书角立“小荷”文学社等中，都能见到他把语文教学与班主任工作协调得科学而艺术。

在电话四通八达、网络越宽越广、辅导班家教遍地开的当下，郭瑞景做得有些传统和另类。他家访有三顾不得见的，相遇的地点也未必是学生的居家。宏利市场卖猪肉的摊位前、华茂商厦鞋柜边、鑫鑫商店、溢香阁酒楼……他赶地点凑时机与为生计忙碌的家长沟通，而不是告状；谈话做学生的思想工作，在回家同行的路上、在校园的东山墙根，而不是叫来办公室里一通训话。家长愿意付钱送孩子去他处做家教，他却利用暑假——送教上门、分文不取。这一切的不同，甚至说反差、惊奇，多么朴素而美好。难道伴随着城市化、都市教育文化建设的进程就一定会丢弃这样的家访和家教吗？郭景瑞利用语文教本并“善于捕捉每一个对学生有教育意义的活教材”，在课室内外借天借地实施逐

① 郭瑞景：《新爱的教育》，华东师范大学出版社 2008 年版，第 9 页。

渐心通人和的教育，都出于一个字“爱”！“教育学生这个法、那个法，实际上只有一个法——就是你得真心去爱他们，只有你真心地爱他们，才谈得上这个法、那个法。”爱是先决条件、持续不断的动力。人和包括与人与己复杂的交结，好在书中袒露了曲折的心路，所以具有逼人的真实感和强大的说服力。上述他的同事（徒弟）小陈感悟概括的，以及郭景瑞反复强调的“爱心是源，方法是流；爱心是根，方法是枝叶。有了源，水流才不断；有了根，枝叶才茂盛。无源之水，就会干涸；无本之木，就会枯萎，都是一个道理”[①]，也都同出于一师。

如果说，郭景瑞《新爱的教育》书中没有提及夏丏尊为一种暗合的话，那么，李镇西《爱心与教育——素质教育探索手记》就是明示了。手记一中就有“《爱的教育》与帮助伍建”。作为高考1977年后毕业于师范院校走上岗位的教师，接受认识的程序大概都是先苏霍姆林斯基而后夏丏尊的。前者是李镇西“教育生涯的早晨投下的第一缕金色的霞光”，后者是1984年刘希亮特意送给他一本《爱的教育》而结的不解之缘。郭景瑞记7月17日带领同学们去独石山玩、乘兴写观察作文，只说到“苏霍姆林斯基提倡的蓝天学校、大自然课堂，实在是哲人之举”[②]，未提及夏丏尊、叶圣陶和《文心》。其实，无论先后还是中外，都是出于“共同的情怀共同的爱”。

自得到友人赠送的书后，“《爱的教育》便成了我历届学生的必读教材；课堂上我和学生轮流朗读‘安利柯’的日记，成了我班最激动人心的时刻，也成了学生们中学时代最难忘的记忆”。[③]

---

① 郭景瑞：《新爱的教育》，华东师范大学出版社2008年版，第292页。

② 同上书，第166页。

③ 李镇西：《不朽的“教育圣经”〈爱的教育〉》，漓江出版社2006年版，序言第1页。

读到李镇西为漓江出版社印行《爱的教育》所写序文，你更容易明了手记中的“小说连播”以及所说“我这是在还债啊”的诚恳；反之，读到手记你也更能够理解他引用“让人们因我的存在而感到幸福”来“概括《爱的教育》全书的灵魂”的开阔、具体和精辟。他说：“我和我的学生们也为《爱的教育》流下了同样感动的泪。……这本书也曾是我女儿的启蒙读物。女儿刚可以独立阅读时，我也送了她一本《爱的教育》，这本书陪伴着她成长。”① 同样，也陪伴着李镇西探索素质教育的生涯，《爱心与教育》就是一串闪光的足迹。这本书也可以和郭景瑞的一本连起来读，一个是从青年走到中年，一个是临近退休现已退休——仿佛全部教师生活的写真和缩影。他们都具有鲜活的“爱心和童心”，他们也都深深感到“教师对学生的爱绝不是‘奉献’，而是回报”②。《新爱的教育》一书，是像伍建一样曾得到爱的关怀的学生韩伟萍为之写引言，2005 年 9 月先在 K12 的教育教学论坛和班主任论坛上发表，也幸亏学生们的促成；受到网友们极大的喜爱和赏识而出书，可见上下广泛一致的心理需求。更主要的是，在平时的教育生活中点点滴滴处，他们都能不断发现和感受到学生身上的真善美，彼此产生爱心的互动、真善美的欣赏。

看到一本本尤其是倘能看到新时期一本本凝聚着爱的教育实践的新篇章，看到李镇西介绍的刘传碧式的一个个普通的“妈妈老师”，也许如章锡琛当初所言，“介绍这书的夏先生”，“可以流欢喜之泪了”③。

---

① 李镇西：《不朽的“教育圣经”〈爱的教育〉》，漓江出版社 2006 年版，序言第 2 页。

② 李镇西：《爱心与教育——素质教育探索手记》，漓江出版社 2007 年版，第 327 页。

③ 章锡琛：《〈爱的教育〉校毕赘言》，上海书店 1980 年版，第 275 页。

第三节　爱是语文综合性学习的主题

语文内涵丰富与学习方式多样而具有的综合性认识由来已久，综合性学习却是2001年全日制义务教育《语文课程标准(实验稿)》率先提出来的，它顺应了新时期大语文教育的需要。为之奠定某种理念基础和实践范式的是上海爱的教育研究会，那是更具规模的跨世纪爱的教育新篇章。爱理应是语文综合性学习的一大主题，而且是永恒的主题。

上海爱的教育研究会是一个非政府资助的、独立的民间学术团体，是非盈利组织，又是为青少年道德教育服务的校外机构，由上海市教育界的一批爱心志愿者组成。1993年3月26日申请成立，其宗旨是教会学生学会付出爱的能力，学会做人。“关心、尊重、理解、责任”是关于爱的基本理念。上网便可以读到这些介绍的文字。

该会理事长、秘书长，一直由倪美琪、董兴茂（醒梅）担任至今，是他们夫妇俩酝酿已久创办了以夏丏尊所译书名命名的研究会。参观会址，你可以看到冰心题写的《爱的教育》报，读到巴金、柯灵、吕型伟、谢希德、于漪等作家、教育家的题词，《金爱心》杂志里也有一批优秀的语文教师参与编辑工作，整合社会教育资源，共同为一代新人的培养尽心尽力，是该会持续发展的重要条件。访谈中得知，董兴茂读初中时，因语文老师的介绍而读到《爱的教育》，如今年逾古稀的老人回顾往事，自然忘不了年少时打下的精神底子，兴奋的表情里流露出深切的感激。倪美琪原在一所中学任政教主任，十年动乱、文攻武卫自不必说，恢复正常后，对于调皮捣蛋、犯错误的学生，常见的方法就是训斥和处分。直到一位毕业生站在面前，为曾有的处分而影响现在的进步，愤愤地说出“你害了我”时，她震惊了，寻找着根本解决问题的良方。如果说，当时情、爱的教育主要还是抚慰教师与学生间心灵的创伤，使大家感到竟有这样的好书可读可鉴，那么20世纪80年代末90年代初，商品经济的大潮冲击，思想观念、人际关系又发生着复杂而微妙的变化，研究会的成立是“因为教师们看到在当前发展经济、重视效率的情况下，拜金主义享乐思想侵袭着学生心灵，关心人、了解人、帮助人的优良风气日渐淡漠，深感有必要在青年学生中提倡和开展爱的教育”[①]。由此可见，该会是因爱而设、为人而立，也是与时俱进的。

据说“爱的教育研究会成立后，工作人员利用各种机会，经常在找寻夏丏尊的后代”，终于打听到夏丏尊的长孙夏弘宁，并聘其为研究会顾问。1996年研究会一行去春晖中学交流，宣讲了上海开展爱的教育的情况，被对方记入校史；2009年3月13日又组织中学校长作寻根之旅，参观平屋、访谈书记校长，真是连绵不断的情缘啊！华东师范大学出版社发行《爱的教育》，仅供研究会就已有25万册，一律半价；研究会给读者又将半价打八折，不过却要求每一个参加读书活动的同学写读书笔记，长短不限，多次多篇，把读书和行动打成一片。倪美琪、醒梅撰写的《爱的常识丛书》之一《什么是爱》，有爱的构成、爱的实质、爱的品类、爱的误区、爱的必须五章，是一本爱的小百科，其中不少就是把学生读书行动的内容作深入的阐述，成为新时期爱的教育的配套书。他们坚信：“爱是教会的，爱也是学会的。我们的任务是提倡爱、实践爱，只要人人都献出一点爱，我们的社会就

---

① 亚米契斯著，夏丏尊译：《爱的教育》，华东师范大学出版社1995年版，第277页。

会有美好的明天。”① 倪美琪曾到青溪讲坛作《爱的教育》名著导读，为上海人民广播电台 990“市民与社会”节目，作金爱心学生和家庭教育的主题直播。

爱作为一种教育方式、活动主题，从自我做起，以身边的人事为榜样，两年交叉评选“金爱心教师”和“金爱心学生”；为帮助家境困难的学生，创建了由上海最好的教师任教的免费提高学校“上海市爱心假日学校”；在上海与外地，举办“体验式”班主任培训班，进行别样的听说读写，落实到工作行动；还在香港“突破机构”、“乐施会”等合作伙伴的帮助下，引进国际全新的教育理念，向学校不断推广。这一切，相似而又不同，继承中有发展。他们曾连续三年组织 13 万中学生利用假期在本地或外出他乡，调查弱势群体中可贵的人和事，并用照片和短故事传达。这不是更具特色规模的写生？他们曾在上海市 24 所重点中学建立调查组，每校一组、一事项分别到不同的产地，如糖到广西、棉花去新疆作实地调查，写出论文，并召开研讨会，证实世界贸易确有保护主义抬头对中国出口的打压，之后派出四位代表出席了世界青年论坛。这不是独立与合作的建构？有同也有大不同。“端午祭”上，吕型伟宣读的祭文出自学生的手笔，你很难想象现今读古文不多的学生居然能写出这样的一篇篇文言佳作，研究会编印了一本集子。这是爱的教育活动具有传统文化内涵的充实和拓展。每年他们都轮流在中学里举办“温馨冬至夜”活动，会场布置得绚丽夺目，气氛情调浪漫神奇，给孩子们带来大量礼物欢度一天的不是圣诞老人，而是陪伴在他们身边和不在身边的爱心志愿者。2009 年 9 月研究会和上海市作家协会、新民晚报社、上海市中学语文教学研究会联合举办“庆祝新中国成立

① 倪美琪、醒梅：《什么是爱》，爱的教育研究会 2003 年版，第 157 页。

60周年上海百校中学记叙文大赛”，出获奖作品选集《少年歌声》；为迎接2010年上海世博会，他们还组织学生自编自演自导戏剧，请相关行业的同志作适当的辅导。

上述列举的只是研究会以爱的教育为主题的语文综合性学习的一部分。80年前王志成借《爱的教育》作为材料所实施的只有一个月的记录；研究会已运作了17年，又有多少教师退而不休的、在职的，多少社会贤达、各行各业，多少学生与家长感受着爱、实践着爱啊！改革开放后推行的素质教育需要爱，语文综合性学习应该有一首爱的主题歌。

附 录

夏丏尊年表

1886 年　诞生

六月十五日生于浙江省上虞县崧夏镇。父寿恒，号心圃，是秀才。兄妹六人，先生行三，名铸，小名钊，字勉旃，自号闷庵。自幼从塾师读经书，除读些《幼学琼林》和尺牍书外，还非读《左传》、《诗经》、《礼记》不可，预备将来做读书人。

1901 年　15 岁

本年中秀才，后在家自修。读《史记》、《汉书》、《唐诗三百首》、《聊斋志异》、《红楼梦》等，还买来《笔算数学》自修。

1902 年　16 岁

时家境已大不如从前。母亲变卖了首饰，由大哥送入上海中西书院。该院注重英文，每日上课前要做礼拜。读了一学期，学费无以为继，辍学回乡。

秋，去杭州考举人。在考场附近购得严复翻译的《原富》、《天演论》等书，又从友人处借来《新民丛报》等，开始接触新思潮，非常钦佩卢梭、罗兰夫人、马志尼等人。

腊月十六日，与金嘉结婚。

1903 年　17 岁

入绍兴府学堂读书。府学堂不收学费，因在家坚持每日 3 小时自修英文达半年之久，程度排在顶高一级，颇受师友好评。同学间话题常说到革命，内容只是排满。见到日本归来的留学生没有辫子，恨不得也去留学，可以剪去辫子。

1904 年　18 岁

辍学回家，替父坐馆，边教书边自习。

1905 年　19 岁

赴日留学，先请人教日文，中途插入宏文学院普通科，毕业前又考入东京高等工业学校。未领到官费，于 1907 年辍学回国。上述内容多出自《我的中学生时代》一文，可见先生与许多好学上进的苦孩子同其命运。

1908 年　22 岁

应聘为浙江省两级师范学堂通译助教。该校延聘日本教习多名，先生为教育学科的中桐确太郎担任翻译。

1909 年　23 岁

鲁迅留日归来，任两级师范学堂生物学科翻译和生理学教员，两人晨夕相共好几年。鲁迅赠以《域外小说集》，先生敬重其教改举措、文字功力以及阅读视野，自称是“受他启蒙的一个人”。上述内容多出自《鲁迅翁杂忆》一文。

先生翻译发表于《教育周报》上的《爱弥尔》，鲁迅曾为之校订。

1911 年　25 岁

辛亥革命推翻了清朝统治，先生对光复满怀希望，积极参加杭州双十节的庆祝活动。

1912 年　26 岁

当时有实行普选的说法，先生不愿当选，改字“丏尊”，其读音与“勉旃”相近。选举人写选票时易误“丏”为“丐”，票即作废。

秋，留日学友李叔同到两级师范学堂。李叔同多才多艺，为人真诚，教图画、音乐两门常被忽视的科目，却吸引了全校学生的注意力。“课余但闻琴声歌声，假日常见学生出外写生”，先生以为“这原因一半当然是他对于这二科实力充足，一半也由于他的感化力大”。敬佩之至。两人共事七年，情同手足。可参见《弘一法师之出家》一文。

1913 年　27 岁

学堂改称第一师范学校。先生与李叔同分别作词作曲，谱写《浙江第一师范学校校歌》：人人，代谢靡尽，先后觉新民。可能可能，陶冶精神，道德润心身。吾侪同学，负斯重任，相勉又相亲。五载光阴，学与俱进，磐固吾根本。叶蓁蓁、木欣欣，碧梧万枝新，之江西，西湖滨，桃李一堂春。

时校中教员只管教书，职员地位低，尤以舍监为甚，常被学生轻侮。原任舍监因而辞职，先生自告奋勇兼任舍监，对学生严格要求，又备加爱护，有人把他的教导比作“妈妈的教育”。

先生见学生国文程度差，又自告奋勇担任国文教员，提倡自由思想，鼓励学生多看新书，多写文章。

又担任校友会文艺部部长。该部下设杂志部、言论部，组织学生办刊物、演讲。课外口语与书面练习双管齐下，《校友会志》成为师生发表的园地。《学斋随想录》里可见他担任国文教师的使命感。

1914 年　28 岁

住杭州城内弯井巷，因窗前有一棵梅树，取屋名为“小梅花屋”。请陈师曾画《小梅花屋图》。李叔同在画上题小令《玉连环》，先生亦自题《金缕曲》。

1916 年　30 岁

9 月校长经亨颐请先生担任国文科主任，着手教学改革。先生看到日本人写的一篇关于断食的文章，给李叔同一阅。文中称断食是身心更新的修养方法。两人都想一试。

1917 年　31 岁

阳历年假，李叔同独自到虎跑寺实行断食。三星期后返校，先生始知，深感意外。

1918 年　32 岁

暑假，李叔同出家。先生恳留不住，深悔不该坚留李叔同在杭州教书，更不该介绍李叔同读关于断食的文章。

1919 年　33 岁

五四运动。是年 4—6 月《教育的背景》连载《教育潮》第 1 卷 1、2 期，主张以人为本的课程设计。先生贯彻“与时俱进”的办学总方针，顺应学生的阅读需求，先生与陈望道、刘大白、李次九等组成国文教改群体，共同拟定《国文教授法大纲》、编印《国语教材》，传授注音字母、标点符号、国语语法，拟出版一系列教材。被称为一师的“四大金刚”。

一师学生施存统在《浙江新潮》第 2 期上发表《非孝》一文，被顽固派视为大逆不道，引起轩然大波。此文曾经先生审阅，浙江教育当局以此为借口，责成校长查办“四大金刚”、开除施存统，经亨颐据理以对、拒不执行。

年末先生发表《一九一九年的回顾》，以为“最纪念的就是一个‘动’字”。

1920 年　34 岁

教育当局站在新文化运动的对立面，攻击一师的《国语教材》，污辱四位教员的名誉，下令撤换校长。学生群起挽留校长与教师，当局竟出动军警镇压，激起学潮。京沪等地教育文化界名人、师生、家长纷纷声援。4 月 8 日《民国日报》上发表陈望道、夏丏尊、刘大白三人署名的《浙一师国文教员为辞职事致学生书》，6 月《浙潮第一声》发表《全体教职员挽留经校长宣言》，不久，经亨颐和先生等四位教师自动离校。稍后，俞平伯、朱自清、叶圣陶、刘延陵相继来一师任教，被称为“后四金刚”。

先生应聘长沙湖南第一师范。同时应聘的有周谷城、舒新城、孙俍工等。湖南一师教导主任匡互生致力教育改革。先生教第十五班国文，提倡发挥学生思想，反对专替古人作注疏，把后一种教学方法讥为“留声机”。教之余，先生曾写新体诗《登长沙白骨山》、《雷雨以后》二首，发表于《民国日报》的《觉悟》副刊，另作遥思故乡夫人的词和书赠王伯祥先生的七言短诗。

毛泽东当时也任教湖南一师，北伐时曾对友人说，丏尊先生不了解政治，但对于他的人格很崇敬。

1921 年　35 岁

回家乡上虞，协助校长经亨颐创办白马湖春晖中学。朱自清以为，校长“似乎将学校的事全交给了夏先生。是夏先生约集了一班气味相投的教师，招来了许多外地和本地的学生，创立了这个中学。他给学生一个有诗有画的学术环境，让他们按着个性自由发展”。先生请来的教师有匡互生、丰子恺、朱自清、朱光潜等。

先生在学校附近盖房定居，题室名“平屋”，既是纪实，又包含着平民、平凡、平淡等意。

1922 年　36 岁

丰子恺来春晖中学任教，名自己的住宅为“小杨柳屋”，与“平屋”毗邻。

先生创办《春晖》半月刊，第 3 期和刘薰宇合作发表《对于本校改进的一个提议》。

1923 年　37 岁

着力进行国文课程、教材、教法的改革。先后发表在《春晖》半月刊上的文章有：《作文教授上的一个尝试——教学小品文》、《叫学生在课外读些什么书》、《答问——为课外读书问题》、《初中国语科兼教文言文的商榷》等，引起较大的反响。

《春晖的使命》是先生办学理念的表达。

1924 年　38 岁

发表《一年间教育界的回顾和将来的希望》，主张“对于各种教育思潮方案等有确实的信念和实际的试验”;《近事杂感》、《作文的基本态度》、《我在国文教授上最近的一个信念——传染语感于学生》等，探讨师生关系和国文教学。

《爱的教育》刊登在《东方杂志》上，先生作序，揭示教育的真谛是爱。

1925 年　39 岁

因在处理学生以及男女合校等问题上意见不合，训育主任匡互生与周为群、刘薰宇等去上海筹办立达学园。先生离校后去上海，在立达学园教国文，兼教文艺思潮。立达学园设在江湾，辟有农场，叶圣陶、朱光潜、方光焘、丰子恺、赵景深、夏衍、白采等都曾任教。先生翻译日本田山花袋的《绵被》，脱稿后曾在同事中朗诵。

1926 年　40 岁

先生在湖南一师和春晖中学教国文课时所编作文讲义，经立达学园同事刘薰宇补订后出版，书名《文章作法》，作立达学园固定的教材。5 月《怯弱者》刊《小说月报》，9 月起兼编立达学会会刊《一般》。先后发表的小说、散文有：《长闲》、《猫》、《白采》等，其中《长闲》为叶圣陶最喜欢的一篇。

1927 年　41 岁

任上海暨南大学中国文学系主任，同时编《一般》杂志。开明改组为公司后，先生任编辑所长。

11 月 6 日，先生邀鲁迅至华兴楼为暨南大学同学演讲。

大革命失败后，先生曾以开明书店为掩护，救助过一些革命青年。原浙江一师学生、中共上虞县委书记叶天底被捕，先生写信请时任教育部次长刘大白救助，未成，叶天底英勇救义。先生十分愤慨。原一师学生（浙江最早的中共党员之一）宣中华也被杀害。先生心情沉痛，曾说："宁愿早死，莫做先生。"

1928 年　42 岁

在《一般》杂志上发表《文艺随笔》、《知识阶级的运命》等，《新女性》上发表《对了米莱的〈晚钟〉》篇。9 月世界书局出版《文艺论 ABC》。

11 月与丰子恺、刘质平等人发起，集资为弘一法师在白马湖建住所。翌年初下竣工，用李义山"天意怜幽草，人间爱晚晴"句意，题名"晚晴山房"。弘一法师秋凉移此小住，后亦自称"晚晴老人"。

1929 年　43 岁

《续爱的教育》刊载于《教育杂志》。为朱光潜《给青年的十二封信》单行本作序，以为是《一般》杂志"最好的收获"。

1930 年　44 岁

创办《中学生》杂志。先生撰写《发刊辞》，每期拟题约稿，写卷头言和编辑后记，对读者的来信必亲自作答。创刊号上的《"你须知道自己"》、《受教育与受教材》，集中地反映了先生对教育的理解和对学生的关心。

为开明书店版《续爱的教育》作译者序。

1931 年　45 岁

发表《关于国文的学习》一文，后编入《中学各科学习法》，由开明书店出单行本，署名夏丏尊、林语堂等著。

为开明书店版贾祖璋《鸟的文学》作序。在《中学生》杂志上发表《致文学青年》、《我的中学生时代》、《关于职业》等。

1932 年 46 岁

在《中学生》杂志上发表《国文科课外应该读些什么》以及科学小品《人所能忍受的温度》。

1933 年 47 岁

在《东方杂志》上发表《新年的梦想》，在《文学》上发表《命相家》，在《上海市教育局无线电广播演讲集》刊登《文学的力量》。在《中学生》上发表《原始的媒妁》、《光复杂忆》、《蟋蟀之话》、《我之于书》等。

创办开明函授学校，先生担任校长。与叶圣陶合写《文心》在《中学生》杂志上连载。

发表《白马湖之冬》，台湾学者称之为白马湖派的代表作。

1934 年 48 岁

《开明国文讲义》三册出版。《文心》单行本出版，陈望道、朱自清分别作序。是给先生幼女满子与叶圣陶长子至善订婚的礼物，也是给中学生和教师的礼物。

在《中学生》上发表的有《紧张气氛的回忆》、《春的欢悦与感伤》、《春日化学谈》、《一个追忆》、《良乡栗子》、《中年人的寂寞》、《两个家》等。

1935 年 49 岁

中日关系紧张，传闻战事即将爆发。先生认为如果真有那一天，一切牺牲都情愿。写《整理好了的箱子》，记此事。另发表在《中学生》上的有《钢铁假山》、《读诗偶感》、《坪内逍遥》、《早老者的忏悔》等。为《平屋杂文》出版作序。

先生与叶圣陶应教育部嘱托，担任中等教育播音演讲，先后向全国中学生作过八次关于国文学习的谈话。先生的讲题是《阅读什么》、《怎样阅读》和《学习国文的着眼点》。讲稿刊于次年的《中学生》杂志上。

与叶圣陶合编《国文百八课》出版。

1936 年　50 岁

1 月《新少年》创刊，先生任社长；3 月在杂志上发表《一个夏天的故事》。

6 月中国文艺家协会成立，先生年最长，被推为主席；与茅盾、王统照、傅东华、洪深、叶圣陶、郑振铎、徐懋庸、沈起予等九人当选为理事。会议提出作家要形成统一战线，为民族解放运动共同努力。8 月为纪念开明书店创业十周年，编辑小说集刊《十年》。应约写稿入集的有鲁彦、老舍、张天翼、靳以等十四位作家，先生作序；另将茅盾、郁达夫、沈从文等人的作品编为《十年续集》，先生写了《流弹》一篇。

在《越风》上发表《我的畏友弘一和尚》，在《文学》上发表《鲁迅翁杂忆》。

1937 年　51 岁

发表《“自学”和“自己教育”》一文，借《中学生》杂志对“各地青年的来信和文稿”作一公开的回答，给予指导和鼓励。

“八·一三”战争爆发，开明毁于炮火。正在排印中的 9 月号《中学生》焚为灰烬。9 月后，开明同人陆续内迁，先生因年老多病，留守上海。

1938 年　52 岁

参加抗日后援会。

《阅读与写作》、《文章讲话》出版。开明书店不能按月支薪，先生去南屏中学兼任国文教员。一为生活所迫，二为该校曾季肃校长的办学精神所感。

1939 年　53 岁

与傅东华等发起组织中国语文教育学会。

5 月《中学生》战时半月刊在桂林复刊，叶圣陶任社长兼主编。

6 月 3 日，先生幼女满子与叶圣陶长子至善在乐山结婚。先生感赋四绝，遥寄祝愿。

作《关于〈倪焕之〉》。

为开明书店主持字典编撰工作。这部字典依词类分列单字，并列举复词印证补充单字的释义，有助于读者了解汉语语法特点和汉语构词规律，可惜未能完成。

1941 年　55 岁

先生邀朋友同译《本生经》，其中有坚持地下工作的楼适夷。

1942 年　56 岁

10 月 13 日弘一法师圆寂于泉州，临终有遗书与先生诀别。先生十分悲痛，作《挽弘一大师联》，又写《怀晚晴老人》、《弘一大师的遗书》等悼念文章，并为《弘一大师永怀录》、《晚晴老人讲演录》、《晚晴山房书简》等书作序。

腊月 16 日，为先生与夫人结缡四十载纪念，章锡琛、王伯祥、顾均正、朱自清、马叙伦等聚宴庆贺，席间吟诗相赠，先生和作一首。叶圣陶亦遥寄一首，共十二首，曾以《夏丏尊羊毛婚和诗》为题，刊于《万象》杂志。

1943 年　57 岁

见日本作家谷崎润一郎新著随笔集《昨今》中有中国文艺评论，尤以关于丰子恺者最详。丰子恺去内地已 6 年，先生思念甚殷，故将此文译出，题为《读〈缘缘堂随笔〉》，寄往重庆，在《中学生》战时半月刊第 67 期上发表。

先生早被日本宪兵部列入“黑名单”，12 月 15 日晨被捕。日本宪兵出示中国文艺家协会主张抗日的宣言，据以问罪；又因知其能说日本话，要求用日本话回答。先生说：“我是中国人，我说中国话。你们有翻译人员，翻译就是了。”后经内山完造等奔走营救，终于 25 日获释。先生遭此磨难，肺病复发，健康更加恶化。

1945 年　59 岁

1 月 13 日，内山完造夫人内山喜美子去世，葬于中国。先生曾前去探视，为之撰写碑文：以书肆为津梁，期文化之交互。生为中华友，殁作华中土。吁嗟乎，如此夫妇。8 月 9 日，日本投降的消息传来，市民涌上街头，欢呼庆祝。周煦良、傅雷等筹办《新语》杂志，先生积极支持，应邀撰写《读日本松方公爵遗札》，发表在 10 月 1 日出版的创刊号上。内地文化界朋友陆续复员来上海，先生常在欢迎聚会上出现。11 月，与李健吾、柯灵、夏衍等十五人被选为中华全国文艺家协会上海分会理事。先生看到国民党接受大员的丑恶行径，写《好话与符咒式的政治》予以犀利的讽刺。撰《中国书业的新途径》表达了他对出版事业发展的关切。

1946 年　60 岁

年初，重庆开明书店叶圣陶、傅彬然等到上海。《中学生》杂志在沪复刊。先生满腔热情地写了《寄意》一文，表达了他对杂志深切的情感，并向阔别多年的青年读者致以关怀和问候，“愿继续为本志执笔”。3 月写《双声词语的构成方式》刊于《国文月刊》，此系先生在世时最后一篇写作。

4 月初先生病情逐步加剧。据《叶圣陶日记》22 日记：“至霞飞坊探视丏翁，肺炎已见好，而心脏转弱，大为可虑。语言甚模糊，为余言‘胜利，到底谁胜利，无从说起’。”23 日夜 9 时 45 分与世长辞。

遵照先生遗嘱，遗体火化。当时上海中共办事处送了花圈。重庆《新华日报》于 4 月 27 日发表社论《悼夏丏尊先生》。社论中说：“丏尊先生数十年来，努力文化运动和民主运动曾建树不可磨灭的功绩。抗战军兴，留居上海，坚持孤岛的文化工作，对敌伪进行了艰苦的文化斗争。太平洋战争爆发后，先生于三十二年春，被敌伪逮捕，迫其屈服。但先生在威胁利诱之下，正气凛然，屹然不动。敌伪虽狡黠残酷，亦无可如何。这真可以说是贫贱不能移，富贵不能淫，威武不能屈了。……中国要走上光明的前途，还需要经过更残酷，更艰苦的斗争，还需要作为一个民主文化战线上的老先生来领导这一斗争。然而先生竟逝世了！

这实在是中国文化界的一大损失，中国民主阵营的一大损失，中国人民的一大损失！”

6月2日下午上海各界在玉佛寺举行追悼会，由马寅初介绍生平事迹，茅盾、姜丹书、许广平、叶圣陶等生前友好致辞，沉痛悼念先生。治丧委员会推选几人组成夏丏尊先生纪念金委员会，募集纪念金，专赠予任职十年以上，成绩卓著，或在语文教学上获得创见之中学语文教师。纪念金征集后，颁发过一次，受奖者为姚韵漪女士。

11月，移灵浙江上虞白马湖，葬骨灰于先生平屋后之山丘上。

参考文献

1. 余寄：《教学法要览》，商务印书馆 1917 年版。

2. 陈望道：《作文法讲义》，民智书局 1922 年版。

3. 孙俍工：《记叙文作法讲义》，民智书局 1923 年版。

4. 张震南等：《中学国文述教》，商务印书馆 1925 年版。

5. 梁启超：《中学以上作文教学法》，中华书局 1925 年版。

6. 胡怀琛：《作文研究》，商务印书馆 1925 年版。

7. 周铭三、冯顺伯：《中学国语教学法》，商务印书馆 1926 年版。

8. 胡适：《胡适文存・卷一》，东亚图书馆 1928 年版。

9. 胡适：《胡适文存二集・卷四》，东亚图书馆 1928 年版。

10. 阮真：《中学作文教学研究》，民智书局 1929 年版。

11. 王森然：《中学国文教学概要》，商务印书馆 1929 年版。

12. 王志成：《爱的教育实施记》，开明书店 1929 年版。

13. 衣萍：《作文讲话》，北新书局 1930 年版。

14. 黎锦熙：《国语运动》，商务印书馆 1934 年版。

15. 周乐山：《新爱的教育》，世界书局 1934 年版。

16. 胡怀琛：《中学国文教学问题》，商务印书馆 1936 年版。

17. 梁启超：《饮冰室合集・专集 70》，中华书局 1936 年版。

18. 梁启超：《饮冰室合集・专集 71》，中华书局 1936 年版。

19. 沐绍良：《读与写》，开明书店 1936 年版。

20. 阮真：《中学国文教学法》，正中书局 1936 年版。

21. 夏丏尊、叶绍钧：《阅读与写作》，开明书店 1938 年版。

22. 蒋伯潜：《中学国文教学法》，中华书局 1941 年版。

23. 赵锦华：《爱的新教育》，上海国光书店 1941 年版。

24. 叶绍钧、朱自清：《略读指导举隅》，商务印书馆 1946 年版。

25. 赵景深：《文人印象》，北新书局 1946 年版。

26. 程铮：《新爱的教育》，上海新联出版社 1949 年版。

27. 黎锦熙：《新国文教学法》，北京师范大学出版社 1950 年版。

28. 郭绳武：《语文教学的方向问题》，西北人民出版社 1950 年版。

29. 包天笑：《钏影楼回忆录》，大华出版社 1971 年版。

30. 陈望道：《陈望道文集》第 1 卷，上海人民出版社 1979 年版。

31. 中央教育科学研究所编：《叶圣陶语文教育论集》，教育科学出版社 1980 年版。

32. 舒新城：《中国近代教育史资料》（上册），人民教育出版社 1981 年版。

33. 朱光潜：《艺文杂谈》，安徽人民出版社 1981 年版。

34. 鲁迅：《鲁迅全集》第 1 卷，人民文学出版社 1981 年版。

35. 张寿康：《文章丛谈》，知识出版社 1982 年版。

36. 叶至善等编：《夏丏尊文集·平屋之辑》，浙江人民出版社 1983 年版。

37. 叶至善等编：《夏丏尊文集·文心之辑》，浙江文艺出版社 1983 年版。

38. 叶圣陶：《文章例话》，三联书店 1983 年版。

39. 曹聚仁：《我与我的世界》，人民文学出版社 1983 年版。

40. 叶至善等编：《夏丏尊文集·译文之辑》，浙江文艺出版社 1984 年版。

41. 陶行知：《陶行知全集》第 2 卷，湖南教育出版社 1985 年版。

42. 中国出版协会编：《我与开明》，中国青年出版社 1985 年版。

43. 宋云彬：《宋云彬杂文集》，三联书店 1985 年版。

44. 钱梦龙：《语文导读法探索》，云南人民出版社 1985 年版。

45. 伊格尔顿著，伍晓明译：《二十世纪西方文学理论》，陕西师范大学出版社 1986 年版。

46. 吕叔湘：《吕叔湘论语文教学》，山东教育出版社 1987 年版。

47. 高平叔编：《蔡元培教育论集》，湖南教育出版社 1987 年版。

48. 厨川白村著，鲁迅译：《苦闷的象征》，人民文学出版社 1988 年版。

49. 朱自清：《朱自清全集》第 1 卷，江苏教育出版社 1988 年版。

50. 朱自清：《朱自清全集》第 2 卷，江苏教育出版社 1988 年版。

51. 朱自清：《朱自清全集》第 3 卷，江苏教育出版社 1988 年版。

52. 朱自清：《朱自清全集》第 4 卷，江苏教育出版社 1990

年版。

53. 叶至善等编:《叶圣陶集》第 6 卷,江苏教育出版社 1989 年版。

54. 朱有瓛主编:《中国近代学制史料》第二辑下册,华东师范大学出版社 1989 年版。

55. 何以聪:《语文教学评论集》,学林出版社 1989 年版。

56. 浙江省委党史征集研委会编:《浙江一师风潮》,浙江大学出版社 1990 年版。

57. 杜威著,姜文闵译:《我们怎样思维·经验与教育》,人民教育出版社 1991 年版。

58. 顾黄初:《现代语文教育史札记》,南京出版社 1991 年版。

59. 许国璋:《许国璋论语言》,外语教学与研究出版社 1991 年版。

60. 杜威著,王承绪译:《民主主义与教育》,人民教育出版社 1990 年版。

61. 刘国正、毕养赛主编:《叶圣陶语文教育思想研究》,江苏教育出版社 1990 年版。

62. 姜丹书:《姜丹书艺术教育杂著》,浙江教育出版社 1991 年版。

63. 吴春荣编:《徐振维教学文集》,天津教育出版社 1992 年版。

64. 丰子恺:《丰子恺文集》第 6 卷,浙江文艺出版社 1992 年版。

65. 钟启泉:《现代学科教育学论析》,陕西人民教育出版社 1993 年版。

66. 张彬编:《经亨颐教育论著选》,人民教育出版社 1993

年版。

67. 陈原：《书和人和我》，三联书店 1994 年版。

68. 王尚文：《语感论》，上海教育出版社 1995 年版。

69. 施良方：《课程理论》，教育科学出版社 1996 年版。

70. 黎泽渝等编：《黎锦熙语文教育论著选》，人民教育出版社 1996 年版。

71. 吕叔湘：《吕叔湘论语文教学》，山东教育出版社 1997 年版。

72. 周谷平、赵卫平编：《孟宪承教育论著选》，人民教育出版社 1997 年版。

73. 邵瑞珍编：《教育心理学（修订本）》，上海教育出版社 1997 年版。

74. 陈星：《白马湖作家群》，浙江文艺出版社 1998 年版。

75. 欧阳文彬：《文苑梦忆》，学林出版社 1999 年版。

76. 曹聚仁：《文坛三忆》，三联书店 1999 年版。

77. 乐齐、郁华编：《俞平伯散文》，浙江文艺出版社 2000 年版。

78. 李杏保、顾黄初：《中国现代语文教育史》，四川教育出版社 2000 年版。

79. 郑国民：《从文言文教学到白话文教学》，北京师范大学出版社 2000 年版。

80. 柳士镇、洪宗礼主编：《中外母语课程标准译编》，江苏教育出版社 2000 年版。

81. 杨再隋等编著：《〈全日制义务教育语文课程标准〉学习与辅导》，语文出版社 2001 年版。

82. 夏弘宁主编：《夏丏尊纪念文集》，上虞市文学艺术界联合会 2001 年版。

83. 夏弘宁主编：《白马湖散文随笔精选》，中国文联出版社2001年版。

84. 董菊初：《张志公语文教育思想概说》，人民教育出版社2001年版。

85. 顾黄初、顾振彪：《语文课程与语文教材》，社会科学文献出版社2001年版。

86. 顾黄初主编：《中国现代语文教育百年事典》，上海教育出版社2001年版。

87. 赫尔巴特著，李其龙译：《普通教育学·教育学讲授纲要》，浙江教育出版社2002年版。

88. 斯腾伯格等著，赵海燕译：《思维教学》，中国轻工业出版社2002年版。

89. 李建盛：《理解事件与文本意义》，上海译文出版社2002年版。

90. 古德、布罗菲著，陶志琼等译：《透视课堂》，中国轻工业出版社2002年版。

91. 夏弘宁：《夏丏尊传》，中国青年出版社2002年版。

92. 赫尔巴特著，李其龙译：《普通教育学·教育学讲授纲要》，浙江教育出版社2002年版。

93. 倪文锦等：《语文教育展望》，华东师范大学出版社2002年版。

94. 龚明德：《昨日书香》，东南大学出版社2002年版。

95. 钱理群：《语文教育门外谈》，广西师范大学出版社2003年版。

96. 王鼎钧：《讲理》，山东文艺出版社2003年版。

97. 倪美琪、醒梅：《什么是爱》，爱的教育研究会2003年版。

98. 陈子善：《发现的愉悦》，湖北人民出版社 2004 年版。

99. 李镇西：《爱心与教育》，漓江出版社 2007 年版。

100. 郭景瑞：《新爱的教育》，华东师范大学出版社 2008 年版。

101. 钱基博：《国文教授私议》，《教育杂志》1914 年第 6 卷第 4 号。

102. 姚铭恩：《小学作文教学法》，《教育杂志》1915 年第 7 卷第 6、7 号。

103. 天民：《自习主义读法预习法》，《教育杂志》1917 年第 9 卷第 11 号。

104. 刘半农：《应用文之教授》，《新青年》1918 年第 4 卷第 1 期。

105. 蔡元培：《国文之将来》，《新教育》1919 年第 2 卷第 2 期。

106. 仲九：《对于中等学校国文教授的意见》，《教育潮》1919 年第 1 卷第 5 期。

107. 孙本文：《中学校之读文教授》，《教育杂志》1919 年第 11 卷第 7 号。

108. 何仲英：《白话文教授问题》，《教育杂志》1920 年第 12 卷第 2 号。

109. 邢定云：《教学法之新研究》，《教育杂志》1920 年第 12 卷第 11 号。

110. 凌冰口译，胡适等编辑：《孟禄的中国教育讨论》，《新教育》1922 年第 4 卷第 4 期。

111. 孙俍工：《文艺在中等教育中的位置与道尔顿制》，《教育杂志》1922 年第 14 卷第 12 号。

112. 周予同：《对于普通中学国文课程与教材的建议》，《教育杂志》1922 年第 14 卷第 1 号。

113. 郃爽秋：《科学化的国文教授法》，《教育杂志》1922 年第 14 卷第 8 号。

114. 叶绍钧：《小学国文教授的诸问题》，《教育杂志》1922 年第 14 卷第 1 号。

115. 夏丏尊：《作文教授上的一个尝试——教学小品文》，《春晖（半月刊）》1923 年第 14 期。

116. 夏丏尊：《叫学生在课外读些什么书》，《春晖（半月刊）》1923 年第 17 期。

117. 夏丏尊：《答问——为课外读书问题》，《春晖（半月刊）》1923 年第 19 期。

118. 夏丏尊：《初中国语科兼教文言文的商榷》，《春晖（半月刊）》1923 年第 19 期。

119. 夏丏尊：《春晖的使命》，《春晖（半月刊）》1923 年第 20 期。

120. 陈东原：《国文学习法》，《学生杂志》1923 年第 10 卷第 6 号。

121. 杜佐周：《国文教学的几个问题》，《教育杂志》1923 年第 15 卷第 7 号。

122. 陈东原：《国文学习法》，《学生杂志》1923 年第 19 卷第 6 号。

123. 杨贤江：《初中学生学习国文底旨趣》，《学生杂志》1923 年第 10 卷第 11 期。

124. 萧楚女：《中学国文修学指导》，《中等教育》1923 年第 2 卷第 5 期。

125. 穆济波：《新制中学国文科课程标准纲要》，《中华教育界》1924 年第 13 卷第 8 期。

126. 朱经农：《对于初中课程的讨论·国语科内容》，《教育杂志》1924 年第 16 卷第 4 号。

127. 舒新城：《道尔顿制功课指定概说》，《教育杂志》1924 年第 16 卷第 6 号。

128. 盛朗西：《重估海尔巴脱派五段教学法之价值》，《教育杂志》1924 年第 16 卷第 11 号。

129. 刘叔琴：《课余二则》，《春晖（半月刊）》1924 年第 28 期。

130. 朱自清：《中等学校国文教学的几个问题》，《教育杂志》1925 年第 17 卷第 7 号。

131. 沈仲九：《初中国文教科书问题》，《教育杂志》1925 年第 17 卷第 10 号。

132. 匡互生：《青年教育者的修养》，《教育杂志》1926 年第 18 卷第 1 号。

133. 刘薰宇：《母性的教育》，《教育杂志》1926 年第 18 卷第 5 号。

134. 沈本权：《评商务印书馆的学生杂志》，《一般》1926 年第 1 期。

135. 夏丏尊：《“一般”的诞生（对话）》，《一般》1926 年第 1 期。

136. 刘薰宇：《人格感化》，《教育杂志》1926 年第 18 卷第 11 号。

137. 元清：《〈爱的教育〉书评介绍》，《申报》1926 年 11 月 9 日。

138. 傅雷：《介绍一本使你下泪的书》，《北新周刊》1926 年第 16 期。

139. 张文昌：《中学国文教学底几个根本问题》，《新教育评论》1927 年第 3 卷第 8 期。

140. 连柱：《夏丏尊的处世与教人》，《萌芽》1930 年第 1 卷第 4 期。

141. 马训政：《评〈中学生〉》，《新思潮》1930 年第 4 期。

142. 宋文翰：《一个改良中学国文教科书的意见》，《中华教育界》1931 年第 19 卷第 4 期。

143. 其保：《初级中学课程标准之讨论》，《教育杂志》1931 年第 23 卷第 9 号。

144. 章锡琛：《从商人到商人》，《中学生》1931 年第 11 号。

145. 阮真：《国文科考试之目的及方法》，《中华教育界》1932 年第 20 卷第 5 期。

146. 祝世德：《初中国文教学经验谈》，《中华教育界》1934 年第 21 卷第 2 期。

147. 孟起：《中学生底国文》，《中学生》1935 年第 55 号。

148. 大岳：《国文教师眼里底国文教师》，《中学生》1935 年第 56 号。

149. 于在春：《要求合理的语文教学》，《语文》1935 年第 1 卷第 5 期。

150. 王伯祥、夏丏尊、叶圣陶：《我们的态度》，《写作与阅读》1937 年第 2 卷第 2 期。

151. 叶苍岑：《对中学新生谈国文学习》，《国文杂志》1942 年第 1 卷第 2 期。

152. 余冠英：《坊间中学国文教科书中白话文教材之批评》，《国文月刊》1944 年第 17 期。

153. 庞翔勋：《我的中学读文教学经验》，《国文月刊》1944 年第 25 期。

154. 傅彬然：《怎样才对得起夏先生对得起自己》，《中学

后 记

一个人、一群人、一段史、一份情，是本书写作的纲要和感受。带着自己任教中学十年淀积的点滴经验，学习研究夏丏尊等老一辈语文教育家的思想几近二十年，获益不少，感慨良多。

在现代语文教育的进程中，实事求是地研究教育家，既表个性，又现共识，既讲和又演不同，方能突出人物行知的先进性和发展脉络的当代性，为时下的语文课程与教学改革以及名师工程的打造提供资源。感谢叶至善先生 1990 年 4 月在“叶圣陶中学语文教学研讨会”上的一番话，使我茅塞顿开。相信照此去做，是动态有背景的、比较分析的综合性研究，可以丰富既有的语文教育家研究和语文教育史研究。

本书写作之初，叶至善先生接到我的信后不久即请其女儿叶小沫回复，并介绍我联系夏丏尊的长孙夏弘宁先生；拜访夏弘宁先生时，他送给我不少资料，并为去春晖中学等地考察提供了方便。杭州高级中学的高宁老师为我解说了浙江一师校史，严禄标老师领我参观了春晖中学、白马湖上的平屋，一切历历在目。

顾黄初、钟为永、倪文锦教授是我从事语文课程与教学研究的引路人，尤其是倪文锦老师，对本书内容、架构和研究方法，都给予了切实的点拨和指导。黄书光、张谊生、刘正伟教授分别对书稿的修改、补充，提出了很好的建议和意见。袁振国教授为书的出版作序，在此，一并表示深深的谢意。

本书能否充分论述夏丏尊“大语文教育”的理论和实践、展现其语文教育大家的风范，能否既忠实地阐释夏丏尊的本意又不至于误解他人的观点并表明自己的看法，尚存有几分疑虑。恳请读者多多批评指正！

程稀

2010年元月于上海师范大学新村